本书为教育部人文社会科学重点研究基地重大项目"传统文化与现代法治"（项目批准号：11JJD840005）成果，获得该项目基金资助

"十二五"国家重点图书出版规划项目

社 会 学 文 库 SOCIOLOGICAL LIBRARY   主编 郑杭生

现代法治建设与传统文化变迁

郭星华 等 / 著

The Construction of
Contemporary Governance
by Law and Transition of
Traditional Culture

中国人民大学出版社
·北京·

总　序

　　现在，文库不少，社会学文库也有几个。在这样的情况下，接受中国人民大学出版社的委托，主持一套社会学文库，就不得不追问自己：这套文库只是单纯在数量上增加一个文库而已，还是应该在质量上力求有自己的某些特点？这就是本套文库不可避免要面对的定位问题。经过考虑，本套文库的定位至少涉及如下四个方面：

　　第一，它是一套研究性的文库。就是说，进入本套文库的著作，必须是研究性、探索性的。研究性、探索性的必备要素是与某种新的东西联系在一起的，即有某种创新性，因此，它们不同于一般资料性的、介绍性的、编译性的作品。这并不是说后者不重要，而是说，因为类别不同，后者应该有自己的出版渠道。

　　社会学研究无疑涉及诸多方面，有理论研究和经验研究、定性研究和定量研究，有对现实社会现象的研究，又有对社会学本身的研究，等等。本文库欢迎一切真正有研究价值的著作；同时，根据社会学国际化与本土化相结合的要求，根据本国的国情，把重点放在如下几个方面：

　　——对转型中的中国社会的认识有所深化的研究著作。

　　——对有中国特色的社会学理论有所贡献的研究著作。

　　——对世界社会学的新发展和走向有所把握的研究著作。

　　第二，它是一套精品性的文库。就是说，在研究性的著作中，我们更看重精品之作。所谓精品，在内容上至少要符合下述几条中的一条或同时具有：一是能够从社会学的视角对人们普遍关心的社会热点和焦点问题作出有说服力的分析，公认有真知灼见，经得起时间和历史的考验。二是能够对实现"增促社会进步，减缩社会代价"的社会学深层理念有所贡献。三是对社会学的学科建设和理论创新有所推动。四是对中国社会学的国际化和本土化有所促进。而在形式上，要有与内容相匹配的叙述形式，要有较好的可读性，力求深入浅出，尽可能雅俗共赏，为大家所喜闻乐见。

第三，它是一套使社会学界新生力量脱颖而出的文库。就是说，通过研究性的精品之作，使那些在社会学界没有什么知名度，或知名度不高的"无名小卒"、新生力量、后起之秀程度不同地提高知名度，把他们实实在在地介绍给学界和社会，使他们尽快成为学界名人，在这个意义上，本文库也许能够成为培养社会学人才的有效渠道之一。众所周知，没有或缺少新生力量的学科和学界，是没有什么希望的。这当然在任何意义上都不是说可以忽视现在的学界名人，他们是我们最重要的依靠力量，他们负有提携后进的重任。我们真诚希望现有的学界名人和即将脱颖而出的学界名人，共同使本文库成为名副其实的名人文库，在学界和社会上发挥更大的作用。

第四，它是一套供不同学派观点争鸣的文库。一个没有不同学派争鸣的学界，不能说是成熟的。我在社会学界多次强调"要多一点学派，少一点宗派"。因为学派之争是学术问题、学术观点的争论，用的是学术标准，可以争得面红耳赤，但过后仍然是朋友；宗派之争则用非学术标准，党同伐异，大有"谁不和我们歌唱，谁就是我们的敌人"的"气概"。因此，学派之争，与人为善，相互切磋，推进学术；宗派之争，与人为恶，相互攻击，阻碍学术。如果本文库在促成不同观点的社会学学派形成方面、在促成不同学派展开富有成果的争鸣方面，起到了应有的积极作用，我们将会感到非常高兴和欣慰。本文库将对各种不同观点的学派一视同仁。

总之，我们真诚希望本文库能够出研究成果、出精品、出名人、出学派。简言之，我们把"四出"作为中国人民大学出版社社会学文库的定位。

古人曾说过这样的意思：定位于"上"，可能得乎"中"；定位于"中"，可能得乎"下"。本文库这种"四出"的定位，从目标上说应该属于"上"，但结果仍有两种可能：或"上"或"中"。我们希望能够争取前一种可能，避免后一种。最后究竟如何，当由读者和时间来鉴定。

应当指出，本文库是在一个不平常的时候出版的。

首先，无论是就政策环境和体制条件来说，还是就国内氛围和国际环境而论，中国社会学正处在新中国成立以来最好的大有可为的发展时期。现在，社会学的学科地位，即作为要加强的哲学社会科学基本学科之一，得到了确认。人们越来越体会到社会因素即非经济因素对改革、发展、稳定的重要性，从而也认识到以非经济因素为切入点的社会学，也和以经济因素为研究对象的经济学一样，是一门与每个人的实际生活息息相关的学问，是一门推进改革、发展、稳定的科学，感受到有许多问题需要从社会学的视角来看待和解读，并领悟到社会学的理论研究和经验研究是制定符合实际情况的社会政策的基础环节。人们对社会学从不了解、不甚了解甚至误解到逐步了解；一些社会学的用语（如社区、社会化、弱势群体、社会转型、良性运行等）日益普及化、大众化，其中一些还为政府部门所采纳和使用。这使中国社会学的发展不仅有了自上而下的体制条件，而且有了自下而上的社会氛围。经过激烈竞争，中国社会学界获得了第三十六届世界社会学大会的主办权，该届会议的主题是"全球化背景下的社会变迁"，将于2004年7月在北京召开，由中国社会科学院社会学研究所承办。现在欧美社会学界都十分关注中国社会的变化、中国社会学的研究。无疑，在世界社会学的格局中，与欧美强势社会学相比，无论从规模、投入，还是从成果、影响等方面说，中国社会学仍然是弱势社会学。强势社会学界如此关注中国社会的研究，对植根于本土社会的中国社会学界来说，既是一种沉重的压力，同时又是进一步发展的强大动力。在这样的情况下出版本文库，应当说是正当其时。我们希望不要辜负这样好的条件。

其次，这种不平常性还表现在世界社会学正处在自我反思和重建的过程之中。这种自我反思和重建的趋势并不是凭空而生，而是有现实根据的。这就是旧式现代性的衰落、新型现代性的兴起。我认为，这种旧式现代性的衰落、新型现代性的兴起，既影响着中国社会学的国际化，又影响着中国社会学的本土化。关于这一点我想多说几句。

所谓旧式现代性，就是那种以征服自然、控制资源为中心，社会与自然不协调、社会与个人不和谐，社会和自然付出双重代价的现代性。20世纪向21世纪的过渡时期，全球社会生活景观呈现出重大转折的种种迹象，人们看到：人类对自然的倒行逆施造成了越来越严重的"绿色惩罚"，导致了天人关系的紧张，甚至"人类对自然的战争，变成了人类自我毁灭的战争"；人欲的激发和资源的匮乏所引发的对资源控制权力的争夺，又不能不导致价值尺度的扭曲、伦理准则的变形、个人与社会的关系的恶化。旧式现代性已经进入明显的危机时期。这样，在世界、在中国，探索新型现代性便成为一种势在必行的潮流和趋向。

所谓新型现代性，是指那种以人为本，人和自然双赢、人和社会双赢，两者关系协调和谐，并把自然代价和社会代价减小到最低限度的现代性。从中国社会转型加速期取得的巨大社会进步和付出的种种社会代价中，我们都能从正反两方面，亲身体会到新型现代性的深刻意涵。

就两种类型的现代性与社会学的关系而言，过往的旧式现代性锻造了以往的社会学——它的感受力和想象力、设问和眼界，甚至它的理论抱负和期望所能达到的限度。当现代性面临重大转折之时，必定也是社会重构、个人重塑、个人与社会的关系发生重建之日。社会学不可避免地卷入其中，经历预设的根本变化、视野的重大调整、理论的重铸和再生过程。

对旧式现代性作出反应的，不仅有新型现代性，而且还有后现代性。如果说，新型现代性是对旧式现代性的一种积极、正面意义的反思，那么主张后现代性的后现代主义则一般是对旧式现代性的一种消极、否定意义的反应。后现代主义批评旧式现代性的弊病是对的，但它的解决方法不是革除弊病，而是连现代性也加以抛弃，从而走向了极端。它对社会和知识基础的所谓"解构"，无助于增进社会的和谐。

因此，处在这样一个旧式现代性步入没落、新型现代性勃然兴起的历史时期，中国社会学必须顺应时代的要求，跟上世界社会学重建的步伐，结合中国的实际，在理论研究上开拓出新的学理空间。而经过我国快速转型期独特经验的熏陶，中国社会学界的主体性、自觉性和敏锐性已经大为提高，将有助于达到这一目标。

我们也真诚希望，本套文库能在实现上述目标的过程中发挥应有的促进作用。

以上权且作为本文库的序言，与大家共勉。

郑杭生

2003 年 8 月于气和文轩

目　录

第一章　社会规范的变迁

第一节　规则僭越：转型时期的社会失范

"规则"是社会学研究领域的重要内容，它为社会成员提供合乎社会目标的社会价值观念和社会行为模式，对于调适人际关系，制约和指导社会成员的社会行为以及协调社会运行的各个系统具有重要意义。"没有规矩，无以成方圆"，正是对规则的召唤。规则那条条框框的棱体，常常给人冰冷、僵硬的印象，这是规则的锐利面向。然而，规则更是人们在日常生活实践中用情感、用智慧建构出来的有血有肉的鲜活体。

一、规则辨析：上位规则与下位规则

（一）概念的厘清

对于"规则"，《现代汉语词典》（第7版）的解释之一是："规定出来供大家共同遵守的制度或章程。"在一定意义上，规则就是人行动的依据。正是有了规则，人们遵守规则，社会才得以形成，秩序才得以显现。学术界对于规则的分类有正式规则与非正式规则、硬规则与软规则、制度规则与非制度规则以及显规则与潜规则等分类方式。正式规则、硬规则、制度规则及显规则是指人们有意识地创造出来的一系列政策法规。在现代社会中，这些规则总是与国家权力或组织联系在一起的。在国家层面上，法律是其代表；在社会层面上，各种组织规章制度是其体现。非正式规则、软规则、非制度规则及潜规则是指那些对人的行为不成文的限制，是与法律等正式规则相对的概念，是人们在长期的社会交往中逐步形成并得到社会认可的一系列约束性规

则，包括价值信念、伦理道德、文化传统、风俗习惯、意识形态等等。

在国家正式法律规范中，世界上很多国家为了区别不同法律法规在整个法律体系中的纵向地位，提出了"上位法"和"下位法"这两个基本概念，以确立区分法律效力等级及法律位阶。简言之，处于高一层次的法律规范称为"上位法"，反之称为"下位法"。在此，我们借鉴"上位法"和"下位法"的概念区分方法，依据规则的实际效用和适用顺序，将规则区分为"上位规则"和"下位规则"。在国家视阈中，由国家制定、由国家强制力保证实施的具有普遍约束力的社会规范是"上位规则"，如正式规则、硬规则、制度规则及显规则等等，具有规范性、强制性和普遍性的特征；由风俗习惯、伦理道德等民间规范长期演变而来并没有通过"国家"正式"授权"的规则是"下位规则"，如非正式规则、软规则、非制度规则及潜规则等等，具有自发性、分散性和地域性的特征。

（二）上位规则与下位规则的关系

为了进一步厘清"规则"概念的丰富内涵，本研究从规则的伦理性及规则实际运作的方式和形式两个维度系统地分析"上位规则"与"下位规则"之间的关系，具体如下。

一致：上位规则所规制的社会行为、调节的社会关系的方向与下位规则的一致。

法律是上位规则的代表，深刻理解法律价值对于我们重新审视上位规则的内涵具有重要作用。法理学家张文显认为，法律价值是指在作为客体的法律与作为主体的人的关系中，法律对一定主体需要的满足状况以及由此所产生的人对法律性状、属性和作用的评价。法律价值作为主体与法律之间特定关系的范畴，标志着法律所追求的一定目标，它包含着人们的需要和理想成分。因此，正式规则、硬规则、制度规则及显规则等上位规则也具有比较浓厚的道德色彩，即具有伦理性。那么，从规则的伦理性角度来考虑，与上位规则一致的下位规则表现为优秀的价值观念、文化传统和伦理道德，如诚信、公正、正义等等，这样的下位规则代表了社会道德观念的主流方向，具有积极意义。此外，上位规则与下位规则的一致还体现在实际运作的方式和形式上，美国著名法学家罗斯科·庞德（Roscoe Pound）说，法律的真正目的是实现正义。何为正义？就其实质而言，正义意味着一种体制，意味着对关系的调整和对行为的安排，以便人们生活得更好，为人们提供享有某些东西或实现各种主张的手段，使大家尽可能地在最少阻碍和浪费的条件下得到满足。从这一分析视角来考虑，与上位规则相一致的下位规则是指那些符合社会公共道德、传统习惯以及绝大多数社会成员利益和价值观的规则，而且它们能够以更灵活、更低成本的方式来化解矛盾、平息冲突和维护社会秩序，如乡土社会中的民间纠纷往往依靠"情""理"而得以解决。

冲突：上位规则所规制的社会行为、调节的社会关系的方向与下位规则的不一致，甚至相反。

从上位规则的伦理性角度来看，与上位规则相冲突的下位规则，是指颠覆了社会基本价值判断标准的规则，与诚信、公平、正义等理念相悖。这些下位规则阻碍了社会发展、损害了绝大多数社会成员的利益，造成了社会的恶性循环。在实际运作的方式和形式上，与上位规则相冲突的下位规则更是肆无忌惮地对法律规章制度等正式规则进行践踏与颠覆，如投机钻营、弄虚作假、行贿受贿和以权谋私等等。这些现象在当前中国社会极为普遍，究其原因在于当前我国社会发展正从传统型社会向现代型社会转变。伴随经济的快速发展、社会的深刻变革、文化的相互交融和价值观念的多元化选择，在传统型社会消解和现代型社会生成的过程中，由于社会关系的不稳定性，原有社会规范呈现出中间性和过渡性特点，使得新旧体制在转型的衔接契合部位出现部分盲区和真空地带，社会规范不能有效地对社会生活发挥正常的调节和引导作用，社会生活在某种程度上出现失衡、失序状况，进而导致大量越轨行为的发生。

无涉：上位规则对某些社会行为、社会关系的方向有所规定，而下位规则没有相应的规定，反之亦然。

与上位规则无涉的下位规则，是指上位规则与下位规则互不影响、互不干涉，下位规则的伦理价值和理念对于上位规则来讲无所谓吻合匹配，也无所谓冲突相悖，对于社会的运行和发展无所谓促进，也无所谓阻碍。例如，在我国一些民族区域自治地区，少数民族的婚丧嫁娶、继承和日常生活方式等方面的民族习惯一般均受到尊重和保护，一些与文化传统息息相关的民族习惯也作为历史文化遗产得到保护和发扬，这些下位规则的理念和实际运行与上位规则既不一致，也不冲突，呈现出无涉的状态。

在上位规则与下位规则的这三种关系中，"冲突"是我们要着重探讨的。在现实生活中，当上位规则与下位规则发生冲突时，如果适用的是下位规则而非上位规则，我们就把这种情形称为"规则僭越"。

二、规则僭越：转型期的社会失范

（一）从"社会失范"看"规则僭越"

对于"失范"，法国著名社会学家迪尔凯姆（Émile Durkheim，又译涂尔干）认为，人们不具备为实现自我和获得幸福所必需的条件便会失范，这些条件是：行为必须由社会规范控制；这些规范应该形成一个完整的、没有冲突的体系；个人应该在道德上与他人发生关系，以便一个自我完满的人的形象变成与我的形象不能分离的形象，并且给生活中所能得到的快乐规定明确的界限。凡是存在着不明确的、彼此冲突的、分散的地方，个人与他人就不存在有道德意义的关系，或者没有规定获得快乐的界限，这就是社会失范状态。简言之，社会失范就是指当社会规范不得力、不存在，或彼此矛盾时，个人和社会所出现的混乱、不知所措的状态。在迪尔凯姆之后，美国社会学结构功能论大师罗伯特·默顿（Robert K. Merton）从功能主义角度提出了社会失范理论。他从价值上将社会结构划分为两大类：一类是目标；一类是达到目标的手段。将社会所规定的目标与决定着达到这些目标的规范不一致的状态称为社会失范。换言之，社会失范就是当人们通过制度化手段无法实现自己的文化目标时，只有用不符合社会规范的手段才能实现自己的文化目标的行为。在本研究中，上位规则也就是默顿所讲的制度化手段，而下位规则即是"不符合社会规范的手段"，这里的社会规范一般是指国家正式的法律制度规范，是狭义的概念。由此可知，上位规则与下位规则的冲突是转型期社会失范广泛存在的重要因素。费孝通认为，传统的中国社会是礼治社会，而现代社会是法治社会，"中国正处在从乡土社会蜕变的过程之中，原有对诉讼的观念还是很坚固地留存在广大的民间，也因之使现代的司法不能彻底推行"，因为"现行法里的原则是从西洋搬过来的，和旧有的伦理观念相差很大"。也就是说，在社会转型过程中，原有的传统习俗、伦理道德等下位规则并没有彻底消失，新建的一系列的所谓现代的上位规则在强制的推行中，可能会与下位规则发生冲突，进而导致转型期社会失范现象的大量出现。

　　在此，需要指出的是，默顿根据文化目标和制度化手段这两个社会因素的相互关系，提出了五种适应模式，即遵从、创新、形式主义、隐退主义和反抗。除第一种类型外，其他四种类型都是不同程度的社会失范与离轨。所以，社会失范带来的并非只是社会矛盾丛生与社会秩序混乱，反而常常成为一种调解社会矛盾、重建社会秩序的力量。法国哲学家让·马利·居约（J. M. Guyan）认为，"失范是一种有创造力的新生事物，是对僵死的观念的一种挑战，不是一种邪恶的东西，也不是当代社会中的一种疾病"。"失范"在居约看来，是伦理进步的标志和道德价值的体现，是个人自治的必然结果，也是个人获得解放后个体自由伸张的标志。

　　从规则层面来分析，社会失范就是社会成员通过上位规则无法实现自身的目标时，只有通过下位规则的规范和逻辑才能实现自身目标的行为。在国家正式法律规范中，上位法与下位法发生冲突时，选择适用上位法而排除适用下位法，这称之为"上位法优于下位法"原则。以此类推，依据"上位优于下位"的原则，非正式规则、软规则、非制度规则和潜规则等下位规则就要服从正式规则、硬规则、制度规则和显规则等上位规则。然而，本研究所讲的"上位"与"下位"，不是国家视阈中的法律制度安排，而是以人们在日常社会生活中的优先行为选择为标准。在日常社会生活中，上位规则的规范和要求往往因其"高高在上"而脱离现实，成为一种无效的理想，它总是试图将人们日常例行事务中的行为固定化，或是强迫人们在日常行为中同它保持一致，但社会成员却努力摆脱上位规则的束缚，使其逐渐成为一种标志和符号而降级为"下位规则"；而下位规则所包含的风俗习惯、伦理道德以及依据实际状况而采用的价值观念和行为方式在人们日常社会生活中发挥着更具普遍意义的重要作用，所以，在社会成员行为选择中的优先地位必然使其荣升为"上位规则"。对此，我们将非正式规则、软规则、非制度规则和潜规则等下位规则超越正式规则、硬规则、制度规则和显规则等上位规则，并且在日常社会生活实践中发挥作用的现象称为"规则僭越"。"规则僭越"不只导致了社会矛盾、社会失序以及大量社会越轨行为的出现，更是调解社会矛盾、重建社会秩序的重要力量，这也是本研究论述的重点所在。

　　著名经济学家、诺贝尔经济学奖获得者诺斯（Douglass C. North）曾指出："在现代社会中，正式规则只是决定选择的总约束中的一小部分，而人的大部分社会生活是由非正式规则调节的。"正式规则、硬规则、制度规则和显规则等上位规则具有强制性和普遍性的特征，在维持社会秩序方面发挥着重要作用，但是法律和规章制度不可能覆盖人的所有行为，即不可能对人的所有行为进行有效的规定，下位规则就成为上位规则的一种扩展和丰富，在上位规则无法规制或不适合规制的场所，下位规则就显得尤为重要。常人方法学创始人哈罗德·加芬克尔（Harold Garfinkel）提出，人是理性的，日常生活也有秩序和逻辑，但常人使用日常推理而不是科学推理来完成日常生活实践。换言之，社会生活中绝大多数社会成员是以大量不断重复的习惯性动作和行为模式等下位规则创造着他们身处其中的社会生活世界，建构他们关于社会世界的实在感。因此，下位规则对于社会成员的日常社会生活实践产生了更重要的影响，发挥了更重要的作用。

（二）实证研究——以我国法律援助制度为例

国家《法律援助条例》（简称《条例》）规定，民事法律援助的范围包括六大项内容：请求国家赔偿；请求给予社会保障待遇或者最低生活保障待遇；请求发放抚恤金或者救济金；请求给付赡养费、抚养费、扶养费；请求支付劳动报酬；主张因见义勇为行为产生的民事权益。

我们的实证研究结果却表明，在法律援助制度的具体操作层面上，法律援助执行者所依据的并不是《条例》规定的内容，而是"胜诉原则""稳定原则"或"同情原则"等下位规则。"胜诉原则"是指援助案件要有胜诉的可能，即要看当事人所掌握的证据是否充分、案件是否已过了诉讼时效等要件；"稳定原则"是指法律援助中心要充分发挥"缓解矛盾、稳定社会"的政治功能；"同情原则"是指法律援助执行者基于对法律援助需求者处境和遭遇的情感认同而给予援助的行为选择。

在实地调查中，我们发现有些法律援助诉求即使不被包含于《条例》所规定的六项内容，但满足了实际操作层面"胜诉原则""稳定原则"和"同情原则"的标准，法律援助制度的执行者就必然给予较为优质的"服务"。在这一过程中，《条例》等上位规则虽然是国家制定的法律法规，具有强制性和权威性，但是在具体操作过程中却不能及时有效地发挥作用，成为"下位规则"，而"胜诉原则""稳定原则"和"同情原则"等下位规则却荣升为法律援助执行者的"行为指南",成为事实上的"上位规则"。这也充分体现了"规则僭越"的深刻内涵。

当前,我国处于社会快速转型期,下位规则荣升为上位规则的例子比比皆是,在正式规定的各种制度之外产生影响、发挥作用。改革开放 30 多年来,我国在立法领域和司法领域都开展了大规模的法律移植,法律移植规模之大,法制建设速度之快,无论在历史上还是世界上,堪称之最。但从实际效果来看,基本上都不太成功。法国思想家孟德斯鸠(Charles de Secondat, Baron de Montesquieu)提出"为某一国人民定制的法律,应该是非常适合于该国人民的。所以,如果一个国家的法律竟然能适合于另外一个国家,那只是非常凑巧的事"。19 世纪德国的法学家萨维尼(Friedrich Carl von Savigny)更是认为法律不可移植的极端代表,他认为法律是一个国家民族精神的产物,也是民族精神的集中体现,从本质上说,它是不可移植的。美国学者罗伯特·塞德曼(Robert B. Seidman)夫妇则在其著作中多次强调了"法律不可移植规律",宣称"从一个地方到另一个地方移植法律,这种世界性的经验表明,由于法律所引起的行为具有高度的时空特定性,被移植的法律在它的新移植地通常不能成功地再产生出它在起源地所引起的行为"。这些年来,中国的法律法规和规章制度大多数是从西方移植而来的,并不是在中国的土壤和气候中成长起来的,其中的许多规则与中国社会的实际生活传统并不吻合,这些上位规则常常使人们无所适从,大量的法律规避使得很多法律形同虚设,成为下位规则。因此,在法律的实践运作过程中,人们不得不回归传统,重新思考本土资源在我国现代法治建设中的作用。

三、秩序重建:"法"中的"规则僭越"

谈到规则,"法"无疑是规则研究中的重中之重,司法领域本身不公正、不透明的规则对大众情感的伤害程度也是最强的,然而,本研究提出的"规则僭越"在"法"中作为调解社会矛盾、维系社会秩序的重要机制和手段发挥着重要作用。此处所讲的"法"与"法律"不同,黑格尔曾指出,"法就是作为理念的自由",这种自由的理念要成为普遍的、现实的、有效的东西,"就必须获得它的普遍形式",这就是法律,所以,法和法律是内容和形式的关系。马克思则把"法"同一定社会的物质生活关系联系起来，把"法"看作一定经济条件的法权要求，而把法律同国家意志联系起来，把法律看作国家意志的一般表现形式。因此，本研究所讲的"法"不只是具体的法律制度，还是宏观意义上的理念、符合社会生活的诉求。本部分内容从如下三方面论述了下位规则超越上位规则而形成的"规则僭越"在"法"中所发挥的重要作用。

（一）司法过程与规则僭越

美国现实主义法学家卡尔·卢埃林（Karl N. Llewellyn）将法律明确分为"纸面规则"（paper rules）和"现实规则"。所谓纸面规则是指关于法律的书面表述，现实规则是法官"在特定案件中将会做的那些东西"，是法院、行政机构和官员的具体行动的真实实践。从司法过程来看，卢埃林所讲的"纸面规则"和"现实规则"与本研究所论述的"上位规则"和"下位规则"含义有相通之处。在司法的实际运作过程中，只有现实规则才是真正的法。当然，上位规则并不是形同虚设，而是强调需要通过研究案件的实际运作情况，来寻求实践的真实，进而确定上位规则中有哪些是符合下位规则的内容，又有哪些只是停留在形式上，此外，还要将上位规则与实践进行对比，确定何时虽有规定但被熟视无睹，何时规定又得到了遵守，其最终目标就是通过最大限度地还原事实以完成司法过程。

杰罗姆·弗兰克（Jerome Frank）以法官职业作为分析突破点，提出"行动中的法律"的概念。他认为，法律不是一成不变的规则，法官的行为在更大程度上对其产生影响。法官绝不是类似自动售货机的法律机器，他们的性格、好恶、心情等各种主观因素都会影响他们的决策。而这些"大概的法律""书本中的法律"只能作为判决的依据，它们本身并不是法律。卡多佐（Benjamin Nathan Cardozo）认为，法官在意识的深层还有一些其他的力量，喜爱与厌恶、偏好和偏见、本能、情感、习惯和信念等这一切构成了一个具体的人。通过众多的法律实证研究[①]，我们发现，对于同一个事实，上位规则相同，不同法官的判断却极为不同。同时，他们对案件的判断还会受到各种下位规则因素的影响，这些正是下位规则超越上位规则的重要体现，也是

---

① 郭星华. 从中国经验走向中国理论. 江苏社会科学，2011（1）.

"规则僭越"在司法实践过程中发挥重要影响的有力论证。

唐纳德·布莱克（Donald Black）通过考察法律执行案件各方的相对效应关系，分别从纵向和横向的维度展开分析。[①] 在纵向的"分层"维度上，执法案件各方在财富占有、文化教育程度、性别、种族等方面的差异，使得他们在社会空间中占据的纵向位置不同，这种社会地位上的相对差别是影响执法者执法行为的因素之一。例如高尔德曼（Nathan Goldman）研究发现，在美国，被警察逮捕的黑人青少年有 65% 被送上了青少年法庭，而白人青少年只有 34%。在横向的"形态"维度上，需要研究的是各方关系的分配，包括社会分工、互动网络、亲密度和整合度，其中一个重要的方面是关系距离——通过各方的关系范围、交往频率、相互交往时间长短以及在社会网络中联系的性质和数量等方式来测定。布莱克认为，在关系距离与法律之间存在一个曲线形关系，超出一定点时，执法者与当事人之间的关系越近，法律就越少。因而在其他因素不变的情况下，警察对与之关系密切的人——如亲属、朋友、邻居或同事——更为宽容。在法律案件执行过程中，布莱克所陈述的"财富占有程度""文化教育程度""性别""种族"以及"各方的关系距离"都是下位规则的重要内容。因此，作为正式法律制度之外的下位规则在司法过程中产生重要影响，而且往往作为"上位规则"发挥着至为关键的作用。

（二）社会控制与规则僭越

美国著名社会学家罗斯（E. A. Ross）在《社会控制》一书中首次提出"社会控制"的概念，其大意为与人类自然秩序相对的，带有一定目的和意识的社会规制。他逐一分析了社会控制的多种手段——舆论、习惯、信仰、宗教、礼仪、伦理等等。波普诺（D. Popenoe）认为，社会控制是指意图促使人们遵从重要社会准则的社会机制。威格（S. Vago）给出的定义是，社会控制是社会成员用来维持秩序和提升行为预测性的各种方法。综合以上观点，我们认为，社会控制是社会组织体系运用社会规范以及与之相适应的手段和方式，对社会成员（包括社会个体、社会群体及社会组织）的社会行为及价

---

① 布莱克. 法律的运作行为. 唐越，苏力，译. 北京：中国政法大学出版社，1994：第二，第三章；布莱克. 社会学视野中的司法. 郭星华，等译. 北京：法律出版社，2002：第一，第二，第四章.

值观念进行指导和约束，对各类社会关系进行调节和制约的过程。社会控制
按照方式和手段进行分类，可以分为制度控制和非制度控制、硬控制和软控
制、正式控制和非正式控制等等，我们将前者统称为上位规则控制，将后者
称为下位规则控制。上位规则控制是指运用法律法规、国家机器等手段对社
会成员的价值观和行为方式进行控制；下位规则控制是指运用舆论、风俗、
习惯、伦理道德等对社会成员的价值观和行为方式进行控制。在人们日常社
会生活中，下位规则常常因其贴近人们日常生活而发挥着更具普遍意义的
作用。

在中国传统社会，下位规则在社会控制中至为关键。郑也夫提出，"中国
传统社会"大致可以分为两个部分：一是中国社会几千年沿袭下来的思想、
价值观念、道德、风俗等，称其为"大传统"；二是新中国成立以来所形成的
社会结构、价值观念和行为方式，称其为"小传统"。"大传统"的中国社会
是一个以"礼治"为主导、以"法治"为辅助的治理结构，"法治"服从于
"礼治"、服务于"礼治"。"小传统"的中国社会是一个社会整合度极高的社
会，所有社会成员都被固化在一定的社会位置上，所有的社会资源都集中在
党政系统，整个社会采用层级控制的方式，下层对其上层负责，每一个"单
位"的权力集中在一个或少数几个人的手中，学术界也称其为"单位制""总
体性社会"或"准军事化社会"，我们把新中国成立之后到改革开放之前的社
会称为"权治"社会。"礼治"社会将伦理道德、风俗习惯以及集权统治下的
价值观念作为社会控制的主要手段，"权治"社会的最高权威就是政府权威，
社会控制的手段也来源于政府权威。新中国成立之后到改革开放之前，我国
还没有科学、健全、完善的法律体系，无法可依也无法可信，也就是没有清
晰明确的上位规则，而"权治"在这一特殊时期起到了替代作用。虽然政府
条令、规章规定等正式制度对于社会治理予以指导和规范，但是政府官员及
其他掌握社会资源的社会成员的思想观念、道德品质和工作风格等因素在具
体的社会控制过程中发挥着更为重要的影响。所以，作为中国传统社会的社
会控制方式和手段，无论是"礼治"，还是"权治"，下位规则都成为维系社
会秩序的主要机制，规则僭越便成为规则运行下的常态。

（三）纠纷解决与规则僭越

纠纷，是指特定的主体基于利益冲突而产生的一种双边或多边的对抗行

为。它也被称为冲突、争议、争执，其本质可归纳为利益冲突，即有限的利益在社会主体间分配时，因出现不公平或不合理而产生的一种对立不和谐的状态，包括紧张、敌意、竞争、暴力冲突以及目标和价值上的分歧等表现形式。

通过以往纠纷解决的实证研究可以得知，尽管司法诉讼的功能、价值和地位是不言而喻的，但是对一般民间纠纷，特别是乡土社会的民间纠纷而言，各种民间社会规范的下位规则纠纷解决机制则具有更大的实用性，当事人对于规则、方式和结构具有更多的选择性、自主性、参与性和认同感，同时可以减少司法救济和地下私力救济的风险，且具有低成本、高效益的优势。例如亲属和邻里之间以及交易伙伴之间的诚信、互助、协商、礼让等，以及长久约定俗成的惯例。日本著名法学家棚濑孝雄认为，社会变化的必然性是以特殊性、偶然性为基础的，只注重抽象的法律条文和法律系统，必然难以把握法律运行过程中复杂多变的实际状态，甚至对推动法律运行的真正力量视而不见。换言之，如果能够充分认识到法律运行过程中下位规则对于处理纠纷过程与结果的重要影响，那么研究的重点自然就会离开法律形式逻辑的推理，而注重当事人行动的现实逻辑和价值基础的维度。

我国法律传统悠久，但是进入 20 世纪以来，特别是 20 世纪中叶以来我国社会结构发生了翻天覆地的变化，因此相当一部分传统的下位规则已经随着其赖以存在的那个时代的结束而消失，成为一种历史记忆。当前，我国不断强化法制建设的同时，原有的下位规则纠纷解决机制发生了解体和转型。这种变化可以理解为国家的上位规则内容更丰富、体系更完善，但也反映了国家权力在社会治理中的偏向，客观上造成了纠纷解决途径单一化的趋势：在强调上位规则权威的同时，民间社会传统与规范等下位规则受到贬斥和忽视。埃里克森曾经指出，法律制定者如果对那些促进非正式合作的社会条件缺乏眼力，他们就可能造就一个法律更多但秩序更少的世界。所以，我们应该更加重视当代中国人的实践，注重中国民间社会在当下时空条件中解决当代现实问题而创造的鲜活的"本土资源"。国家的立法永远也不可能涵盖社会生活的所有方面，即使法典上有的规范，也未必就真正地能够在实践中被人们接受。尤其是在民间社会生活纠纷中，上位规则无法实现的功能，我们可以通过惯例、自治的规范和人情事理等下位规则来加以调整和解决，只有这样才能更好地调和民间社会生活的纠纷，才能形成一个更加有序的社会。

四、小结

（1）借鉴"上位"与"下位"的法学概念分析方法，依据规则的实际效用和适用顺序，将规则区分为"上位规则"和"下位规则"，并从规则的伦理性及规则实际运作的方式和形式两个维度，系统梳理和分析了上位规则与下位规则一致、冲突和无涉的关系。

（2）从我国转型期社会失范的研究视阈出发，提出"规则僭越"观点：以人们在日常社会生活中的优先行为选择为标准，将非正式规则、软规则、非制度规则和潜规则等下位规则超越正式规则、硬规则、制度规则和显规则等上位规则，并且在日常社会生活实践中发挥作用的现象称为"规则僭越"。"规则僭越"不只导致社会矛盾、社会失序以及大量社会越轨行为的出现，更是调解社会矛盾、重建社会秩序的重要力量。

（3）"规则僭越"在作为宏观意义上的理念和符合社会生活诉求的"法"中具有重要的解释意义。它作为除了正式法律制度之外的其他力量（如法官个人因素、法律案件各方相对效应关系等）在司法过程中产生了重要影响，作为风俗、习惯、伦理道德等因素在社会控制中发挥了重要作用，作为惯例、自治的规范和人情事理等手段成为民间纠纷解决的有效机制。

（郭星华　周延东）

第二节　社会规范：多元化下的冲突与互动

改革开放以来，伴随着现代化建设的浪潮，我国一方面正式地确认了"法治"的目标，一方面高速地完成了多层次法律体系的立法建设。然而，在我国社会转型的过程中，法治的发展水平和法律体系的完备程度并不是一种和谐的正比例关系。相反，随着大规模立法活动的开展，法律条文越来越多，我们的社会秩序却越来越趋于混乱，这样我们就面临着一个"法律越多而秩

序越少"的困境。① 其间，最直接、最显著的表现就是：面对不同等级社会
规范之间的冲突，人们对法律效力产生前所未有的质疑，整个社会的秩序感
和安全感迅速下降，各种越轨行为大量发生。因此，本书对当代中国多元社
会规范之间的冲突与互动展开分析，进而对我国转型期的社会控制进行一种
法社会学探究。

一、社会规范的多元化

法国启蒙思想家卢梭在《社会契约论》中说："人生而自由，却无往不在
枷锁之中。"② 中国古代思想家荀子道："人生而有欲，欲而不得，则不能无
求；求而无度量分界，则不能不争；争则乱，乱则穷。"（《荀子·礼论》）这
里，卢梭所说的束缚人们社会行为的"枷锁"与荀子所言的指引人们欲望的
"度量分界"就是社会规范。"规范"一词，古希腊文为 nomos，包含法律、
伦理习惯、宗教礼仪等意义；拉丁文为 norma，英文为 norm，包含准则、标
准、模范、模型、典型等意义。在古罗马，"规范"还曾是丈量土地的工具的
名称。在汉语里，规范最初是指作为测量仪器的规矩，后引申为法、法度。③
美国法学家罗斯科·庞德认为，法律的目的是实现正义，它意味着一种制度，
意味着那样一种关系的调整和行为的安排。④ 在法社会学的视野中，调整社
会秩序、规制社会行为的社会规范可以统称为"法"。

在学界，关于法与法律的界分始终存在于法学家尤其是法哲学家的话题
论争之中，法律结构也从狭义与广义两个层面划分为"一元论"和"二元论"
两种观点：一元论认为，法即法律，是由国家制定或认可的、依靠国家强制
力保障实施的规范性文件，在国家法以外，根本不存在其他类型的法；二元
论认为，法是调整社会的一切规范而法律只是法的反映，在国家制定出法律
之前，法就存在于我们的社会生活之中，并以一种隐性的形式指导着我们的
行为。在现实生活中，不同的社会关系置身于不同的场域之中，各种具备固
有属性的社会规范从不同层面分配着我们的权利与义务，这不仅决定了人们

---

① 郭星华. 法社会学教程. 北京：中国人民大学出版社，2011：341.
② 卢梭. 社会契约论. 何兆武，译. 北京：商务印书馆，1980：8.
③ 舒国滢. 法理学. 北京：中国人民大学出版社，2005：70.
④ 庞德. 通过法律的社会控制. 沈宗灵，译. 北京：商务印书馆，2010：39.

所认可或必须遵守的规范以及随之而来的一系列程序选择是多元的，也使得法律结构的"二元论"在学理和实践中占据主导地位。正如梁治平所言："法社会学家们发现，即使在当代最发达的国家，国家法也不是唯一的法律，在所谓的正式法律之外还存在着大量的非正式法律。"① 因此，无论是社会秩序的多元互动还是社会控制的路径选择，法律多元理论（legal pluralism theory）都是一个有力的分析框架。

"法律多元"的概念源于法律人类学，是指"两种或多种法律制度在同一社会中共存的一种状况"②，或者"在每个社会都存在与群体多样性相适应的法律结构的多样性，它们是相互独立的、相互依赖的、相互渗透的或者三者都存在"③。法律多元理论实际上是对"法律中心主义""国家实证主义"的一种颠覆，它对法律的论述抛弃了法与阶级性、国家强制力、统治者意识形态相联系的观点，直接或间接地承认了多元文化载体下社会规范的多元化与多样性。国内学者对法律多元理论的研究通常是在"国家法"与"非国家法"的基础上，运用"国家法"与"民间法"④ 的二元结构划分展开的。

波斯皮舍尔认为，"任何人类社会——都不具有单个一致的法律制度，有多少发挥作用的从属集团，便有多少种法律制度。反过来讲，社会中每个发挥作用的从属集团都以其特有的法律制度调整其成员的关系，在不同的从属集团中，各自的法律至少在某些方面是存在着必要的差异的"⑤。在中国传统社会，社会成员高度同质性、社会空间高度封闭性等现实条件使得基于血缘、地缘等先赋性因素产生的初级群体构成了整个社会的基础，儒家伦理教条构成了整个社会的主导性价值体系。"国家法"与"民间法"的二元结构划分也基本上符合我国传统社会的法律现实。然而，在当代中国，社会结构的快速转型不但瓦解了旧有的礼法秩序和等级体系，也催生出一系列以科

---

① 梁治平. 清代习惯法：社会与国家. 北京：中国政法大学出版社，1996：32.
② MERRY S E. Legal pluralism. Law and Society Review，1900，22/5：070.
③ NADER L. The ethnography of law. American Anthropologist，New Series，Volume 67，Issue 6，1965：26.
④ 除了民间法，学者们还采用了习惯法、从属法、固有法、本土法、民俗法、民间规则等概念作为与国家法、官方制定法相对应的称呼。
⑤ 埃尔曼. 比较法律文化. 贺卫方，高鸿钧，译. 北京：清华大学出版社，2002：84.

层制①为基础的、大型的、专业化的、非个人的次级组织（如单位、公司、学校、机关等），这些摆脱血缘、地缘因素限制的职业群体成为现代社会联结国家与个人的中间环节。正如迪尔凯姆在《社会分工论》中指出的，"事实上，法人团体却是我们社会结构的基本要素。在我们这个时代的群众组织里，如果不存在任何一种行业制度，那么剩下的便只能是一个真空，这是任何语言都无法形容的"②。从这个角度讲，在现代社会，职业日趋成为社会成员最重要的社会属性，独立于国家法、民间法的规范载体已经形成。在这种社会背景中，从"上位法"与"下位法"的角度将"非国家法"单纯定义为"民间法"而建立起来的概念框架不仅抹杀了我国现阶段规范载体的多元现实，也有悖于"体系化"③的理论预设，从而容易得出千篇一律的理论解释。

因此，针对"国家法"与"民间法"二元结构划分的理论偏颇，我们从社会规范的正当性基础④和效力范围两个角度扩展法的概念范围，将基于法

---

① 科层制，又称"理性官僚制"，它既是一种组织结构又是一种管理方式。伴随着"法理型权威"的确立，这种强调形式化法律规范、专业化职能分工、等级化纵向服从、非人格化日常管理的制度模式日益成为国家与社会、组织与个人之间的中介。科层制既符合现代社会高效、稳定发展的现实要求，也成为架构社会组织内部规章制度的理想要素。我们认为，在现代社会中，以科层制为基础建立起来的各类组织就是现代意义上的职业法团，以科层制为载体细化出的一整套社会规范就是下文提到的团体法。因此，如果将团体法视为现代社会兴起的一种必然现象，那么科层制就是这种社会规范的实践基础与理论源泉。关于科层制、理性官僚制，具体参见韦伯. 经济与社会：上卷. 林荣远，译. 北京：商务印书馆，1997：第三章。

② 涂尔干. 社会分工论. 渠敬东，译. 北京：生活·读书·新知三联书店，2000：41.

③ 所谓"体系"，在康德（Kant）的视野中，即为一个依原则而构成的知识整体，从而一个法学体系可以理解为根据统一的观点将法律概念构成一个整体。所谓"体系化"，就是将某个时点已经获得之知识的全部，以整体的方式把它表现出来，且彻底地将该整体中各个部分用逻辑联系起来。如果将这种观点反映在"法律结构"上就是一种"整体法"（law as integrity）视角，即众多的法律规范之间存在各种脉络关联，呈现出一种体化的结构。具体而言，在纵的方面，法律规范依据效力和隶属关系形成序列；在横的方面，它们则针对不同的社会事实归于不同的谱系，二者交互形成规范体系。因此，"体系化"的理论预设也成为当代"法律多元理论"的核心理念。具体参见黄茂荣. 法学方法与现代民法. 北京：中国政法大学出版社，2001：427；韩忠谟. 法学绪论. 北京：中国政法大学出版社，2002：53。

④ "法"作为社会规范的统称，无论以什么形式予以表达，都有赖于一种权力的支撑。按照韦伯的理解，"权力意味着在一种社会关系里哪怕是遇到反对也能贯彻自己意志的任何机会"。然而，"权威不等于权力，而是一种被合法承认的权力"。任何一种法的有效运行仅依靠规范的强制力的维持是不够的，更为重要的是基于民众内心认可而形成的规范的"正当性"（legitimacy），也即基于权威所形成的社会规范的"合法性"才是法得以存在的根本。因此，"正当性基础"也即"合法性来源"。在具体的社会关系中，民众对规范的盲从或抗拒，实际上就是对权力认可、信任、忠诚的动摇。"合法化危机"就成为理解社会规范失效的重要概念。具体参见韦伯. 经济与社会：上卷. 林荣远，译. 北京：商务印书馆，1997：81，263；哈贝马斯. 合法化危机. 刘北成，曹卫东，译. 上海：上海世纪出版集团，2009：第三部分；陈振明. 哈贝马斯论当代资本主义社会的危机趋势——评《合法化危机》. 中国书评，1995（8）。

人职业团体内部章程而建立的行业规范定义为"团体法",进而将我国的多元社会规范界定为"国家法""团体法""民间法"的三元结构框架。

二、多元社会规范的位阶

在一个国家的法律结构中,多元社会规范因效力等级和适用顺序上的差异呈现阶梯状,即"规范位阶"。从法理上讲,规范位阶首先表现为社会权力的等级性,各种社会权力因规制社会关系、调控社会秩序的差异呈现一种权力架构上的层级结构,不同等级的社会规范居于与其权限相称的位置上。其次,规范位阶表现为社会关系的包容性,处于高位阶的社会规范对社会事实的容纳量更大、抽象程度更高,低位阶则相反。最后,规范位阶表现为多元规范实效的交叉性,在具体的社会关系中,不同等级的社会规范同时调控一个社会事实,特别是在转型社会中,规范位阶与规范实效之间并不呈现实然的对应关系。[①] 基于此,我们对"国家法""团体法""民间法"进行位阶界定,进而对当前我国多元社会规范的内涵予以阐释。

(一)国家法

所谓国家法可以被一般地理解为由特定国家机构制定、颁布、采行和自上而下予以实施的法律。[②] 国家法是一种被称作国家的政治体的官方法,它本身是国家公权力的政治产品。在昂格尔的话语体系里,国家法就是官僚法或规则性法律,这种法律具有公共性和实在性,由一个具有政府特征的组织所确立,并由强制的公开规则组成,从而专属于中央集权的统治者和他们的专业助手的活动领域。[③] 因此,严格地说,国家法是由一个国家中央机关制定和认可、由国家权威作为强制力后盾推行、由具体机构负责普遍实施的一整套格式化概念,其表现为对一系列社会事实的明确表达和成文规范,更多地对社会结构、社会关系进行调整,并随着社会的变迁不断修正。

[①] 关于"规范位阶""法律位阶""规范效力",具体参见邓世豹. 法律位阶与法律效力等级应该分开. 法商研究,1000(2);胡玉鸿. 试论法律位阶划分的标准——兼及行政法规与地方性法规之间的位阶问题. 中国法学,2004(3);陈世荣. 法律效力论. 法学研究,1994(4);凯尔森. 法与国家的一般理论. 沈宗灵,译. 北京:中国大百科全书出版社,1996:第一编第一章,第十章,第二编第一章,第三章。

[②] 梁治平. 清代习惯法:社会与国家. 北京:中国政法大学出版社,1996:34.

[③] 昂格尔. 现代社会中的法律. 吴玉章,周汉华,译. 北京:中国政法大学出版社,1994:44-45.

从历史典章来看，国家法与其说是对万民的律令，不如说是对官吏的指南，其作用主要体现在巩固政权、道德教化以及必要的社会管理上。从法律实效性上讲，在我国传统社会，"国家律例"的直接统治止于州县，用马克斯·韦伯的话说，中国传统社会的治理史乃是一部"皇权试图将其统辖势力不断扩展到城外地区的历史"，国家法"出了城墙之外，统辖权威的有效性便大大地减弱，乃至消失"①。推延至今，伴随着现代化的浪潮，我国的国家法更多地来自西方法律的移植，其正当性最强、法律位阶最高，也在总体上满足了社会一般正义的要求。但是，国家法作为公权力外部强加、程序严密的社会规范对人们来说缺少一种亲情上的联系，从而影响了其效力实施的范围，也直接造成了民众对国家法的质疑与抗拒。

（二）团体法

法律社会学家指出，"在每个社会中都有一些组成该社会的次群体，如宗教、社区和政治联盟等这样一些社会单元。每一次群体都有其类法律秩序，尽管许多类法律制度不是严格意义上的法律，但它们却常常模仿国家法律的机构和符号形式，还有些法律形式的规范式惯例"②。较之于国家法，团体法的出现伴随着现代社会的发展，在初级群体解体、社会组织高度发育、社会成员高度分化的条件下，团体法衍生于社会次级群体内部并作为"非国家法"的一种规范类型丰富着我国的法律多元理论。③

在我国传统社会中，初级关系的建立主要以血缘、地缘等先赋性因素为缘由，从而衍生出一些基于业缘（基于成员之职业联系而形成）和趣缘（基于成员之间共同的兴趣、爱好而形成）的次级关系，初级群体及相应的次级群体就成为这种社会规范的载体与合成。基于此，我国传统社会也产生了一些类似"团体法"的社会规范，如"行会法""帮会法""会社

---

① 韦伯. 儒教与道教. 洪天富, 译. 南京：江苏人民出版社, 1993：109-110.
② 童之伟. 再论法理学的更新. 法学研究, 1999（2）.
③ 如果说，法律多元主义在20世纪80年代以后已经是建立在多元文化基础之上的，那么"团体法"的提出对法律多元理论的贡献也就以"法律亚文化"概念作为补充。"法律亚文化"指的是受这些非国家的或非正式的行为规则、价值观念等支配而形成的一定社会关系或人际关系；"法律亚文化"如果从一种方法论来看，它关注更多的是支配人们行为或调控一定社会关系的行为规则、准则、价值观念；而"法律亚文化关系"的关注重点在于受"法律亚文化"调控而形成的种种次级社会关系。具体参见 MERRY S E. Legal pluralism. Law and Society Review, 1988, 22/5：872-873；杨解君. 法律关系背后的关系——"法律亚文化关系"初探. 南京大学法律评论, 2001（春季卷）.

法"等。① 然而，我国的传统社会远未能形成独立于国家法、民间法的规范载体，这些具有"团体法"雏形的社会规范只是民间法、习惯法的一种成文类型而缺乏独立施效的空间。

当代中国，多元的社会分工形成了多元的职业分类，社会组织如雨后春笋般不断涌现，各种各样的社会组织出于良性运行的需要对组织内部成员进行约束、调节和指导。"实际上，经济体制总是在不断运行，各种人员都会通过相互协作来促进这种运作。对每一个职业来说，都要制定一系列规范，来确定所需要的工作量，对各种人员所付的适当报酬，他对共同体应负的责任，以及彼此应负的责任等等。"② 因此，针对某个职业、某个群体、某个次级组织内部的规章制度也就形成了现代社会多元的团体法类型。其中，既包括与国家法关系密切、血统接近的国企内部的"单位规章"，也包括与民间法更为接近的"团体法令"，更涵盖了私营、外资等各种企业内部的"职业规范"。从性质上讲，团体法作为介于国家法与民间法之间的一种独立的、特殊的规范分类，其正当性基础、法律位阶也处于两者之间，在具体的行业领域内，团体法的实效性往往最为直接但效力范围却最小。

（三）民间法

在中国的话语体系中，与"官府"相对的就是"民间"，"民间法"也就成为"国家法"之外最重要的概念范畴。从广义上讲，民间法的产生与国家的产生相分离，是在"官方制定法"之外、未经过国家正式或非正式"授权"而广泛存在的一切社会规则的统称。从狭义上讲，民间法是在长期历史实践过程中，经由风俗习惯、价值信念、伦理道德和文化传统演变而来的一套行为规范。因此，国内很多学者将"民间法"等同于"习惯法"，对"民间法"的研究也更多地从"实践性规范来源""自发性权威基础""模糊性规范形式"

---

① "行会法"是建立在异地的，以同乡、同业为基础的行馆、试馆、货行会馆内部的规章制度，实际上仍旧是在血缘、地缘基础上发展起来的带有业缘性质的习惯法；"帮会法"，在明清以后，在很大程度上已经演化为社会流民在特定历史条件下利用各种亚文化资源构建其生存空间的制度化规范；"会社法"毋宁说是对行会法的一种补充，小到各种趣缘组织的内部约法，如诗文社、学会、书院的课程、条例，大到各种义社、善会、团练的制度、章程。具体参见梁治平. 中国法律史上的民间法——兼论中国古代法律的多元格局. 中国文化，1997（Z1）。

② 涂尔干. 社会分工论. 渠敬东，译. 北京：生活·读书·新知三联书店，2000：42.

"地方性知识体系"等角度进行。① 我们认为，民间法的产生源于人们的社会需要，是人们适应自然环境、维持生存的文化模式，欠缺成文法规，无完整明确的条文体系。其产生后，主要通过口头、行为、心理进行传播和继承，不像国家法那样有严格的制定程序和文字表现形式。②

在传统社会中，面对"无讼""抑讼""和为贵""皇权不下县"等法律现实，民间法作为指导人们日常生活实践的基础性规范，扮演着最重要的社会控制角色。正如埃尔曼所说："习惯是一种不仅最古老而且也最普遍的法律渊源：它规定了因为经常的遵守而成为'习惯性'的行为，并宣布对背离行为的制裁。"③ 同时，民间法的产生往往基于地缘、血缘等初级社会关系，同一种民间法规可能限于一村一地，也可能及于一省数省，即所谓"十里不同风，百里不同俗"，这其中尤以少数民族习惯法最为典型。在我国现代化进程中，面对社会结构的变迁、社会分化的加剧，民间法保留了其核心构成但却被视为一种过时、落后的规范，它的正当性最弱、法律位阶最低。与此同时，在具体的社会关系中，人们更多地将民间法作为一种最常用的生活实践规范，"对普通人的行为方式的规定和人际关系的调整仍延续了大传统，传统的民间规范依旧以一种模糊的方式约束着人们的行为"④，这也赋予了民间法最广泛的实效性与稳定性。

现如今，我们处在一个多孔的法制或法制的多孔性的时代，一个迫使我们不断地转变和渗入的法律秩序的多重网络时代。我们的法律生活是由不同的法律秩序相互交叉即法制间（interlegarity）而建构的，法制间是法律多元主义的现象对应物。⑤ 因此，在现代社会中，国家法、民间法、团体法三者之间的关系也更多地呈现出相互交叉的特点。同时，基于以上三种法律规范在效力范围上的差异，我们以形状将它们区别，如图 1-1 所示。

---

① 关于民间法的研究成果，可以参见田成有. 乡土社会中的民间法. 北京：法律出版社，2005；梁治平. 清代习惯法：社会与国家. 北京：中国政法大学出版社，1996；苏力. 二十世纪中国的现代化和法治. 法学研究，1998（1）；苏力. 法治及其本土资源. 北京：中国政法大学出版社，2004；郑永流. 法的有效性与有效的法——分析框架的建构和经验实证的描述. 法制与社会发展，2002（2）；高其才. 中国少数民族习惯法研究. 北京：清华大学出版社，2003。

② 田成有. 法律社会学的学理与运用. 北京：中国检察出版社，2002：100.

③ 埃尔曼. 比较法律文化. 贺卫方，高鸿钧，译，北京：清华大学出版社，2002：32.

④ 郭星华，陆益龙. 法律与社会——社会学和法学的视角. 北京：中国人民大学出版社，2004：212.

⑤ 朱景文. 当代西方后现代法学. 北京：法律出版社，2002：113.

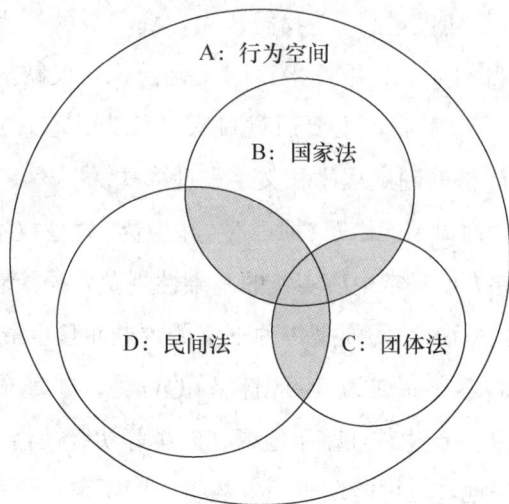

图 1-1　多元社会规范的交叉示意图

需要指出的是，在任何时代、任何社会中，社会规范作为一种应然的"规定性命题"，其核心意义都在于，作为行为的指针和判准，对人们的行为起到指引作用，并在行动符合/未符合其设定的标准时发生相应的积极/消极效果。[①] 但是，社会规范并不会对一个社会中全部的社会事实进行调节，在社会规范之外，总会有一些"真空区域"，这部分中的行为已不再属于社会行为而完全成为个体行为（如个人的家庭陈设、睡觉姿势、饮食习惯、阅读爱好等）。如果将上图的圆形空间理解为社会全部的行为空间（A）的话，那么图中"国家法"（B）、"团体法"（C）、"民间法"（D）表示各自的效力范围，三者之外的空间就属于"规范之外"的领域。同时，伴随着社会结构的变迁，人类行为的种类和范围在不断扩张，"国家法""团体法""民间法"各自的效力范围也在不断外延，因此，上图只是一个静态的宏观表达。

三、多元社会规范的冲突与互动

孟德斯鸠在《论法的精神》中明确地指出："法有各种不同的体系，人类理想所谓伟大崇高，在于它能够很好地认识到法律所要规定的事物应该和哪一个体系发生主要的关系，而不致搅乱了那些应该支配人类的原则。"[②] 国家

[①] 雷磊. 法律规范冲突的含义、类型与思考方式. 法律方法，2008 (1).
[②] 孟德斯鸠. 论法的精神：上册. 张雁深，译. 北京：商务印书馆，1963：173.

法作为具有原则性、普遍性、强制性的法律形式，不仅体现了国家公权力的内涵，也满足了最广泛的社会利益诉求；团体法作为并列于国家法、民间法的规则体系，成为现代社会缔结国家与个人、公共权威与个人权利的重要纽带；民间法作为一种传承、积淀、整合了数千年法律文化的规范类型，代表和满足了一定区域、一定关系网络中社会成员的需要。在法律多元理论的架构中，"徒法不足以自行"，国家法、团体法、民间法分属不同的知识体系，在各自的规范领域中承载不同的目的和价值取向，从而在调整具体的社会关系上存在"分工与合作"的关系。当这三种社会规范在规制社会行为、调节社会关系的方向和方式不相一致甚至相悖时，它们之间表现出规范的冲突与对立；当这三种社会规范在规制社会行为、调节社会关系的方向和方式相一致时，它们之间则呈现出规范的互动与融合。从宏观的角度讲，国家法、团体法、民间法的冲突与互动，是观念与实践的冲突与互动，是现代与传统的冲突与互动，更是理想与现实之间的冲突与互动。基于此，本书将三者之间的交互关系划分为以下几种类型。

（一）国家法与民间法的冲突与互动

我国传统的民间法主要集中在"户婚田土钱债"一类事务，按照现代法律的归类，这些都属于民法的范畴。在现代社会，国家法与民间法之间的冲突，也集中表现在民事范围内。例如，我国西藏地区特有的"一妻多夫""兄弟共妻"现象并没有随着国家法的普及而消失，反而越发普遍。显然，这与国家婚姻法中"一夫一妻"的规定相悖，但却符合西藏地区特有的生存环境和风俗习惯。另如，在我国一些少数民族地区，民间法以罚物、肉刑、当众游街等方式执行规范程序，从而表现出损害名誉、人身伤害、累及无辜等特点，都与国家制定法的处罚方式截然不同。① 因此，国家法与民间法的冲突直接表现为观念与实践之间的冲突。

同时，传统社会中，在国家法未覆盖同时事实上又无力规范的范围里，民间法不仅对封闭的乡土社会起到定纷止争、权利分配的作用，也在一定程

---

① "国家法"与"民间法"的二元结构划分是现今学界的主流观点，两者之间的交互关系也成为学界研究的热点。具体参见田成有. 乡土社会中的民间法. 北京：法律出版社，2005：166；高其才. 中国习惯法论. 长沙：湖南出版社，1995：4，7—12章；夏之乾. 神判. 上海：上海三联书店，1990.

度上重构着国家法的规范理念，这种"援礼入法，融法于俗，浑然无外，包罗万有"① 的礼法结构同样延续到了现代社会中。比如，不久前，《中华人民共和国老年人权益保障法》完成修订，将"常回家看看"写入法规，并强调子女对老人的"精神慰藉"，随即引发了关于亲情回归的民间讨论。此间，国家法与弘扬伦理道德、维护礼仪纲常的民间法之间实现了契合。

（二）国家法与团体法的冲突与互动

社会规范实际上是社会权力的一种表征，不同的社会环境衍生出不同的社会权力关系，也造就了不同的社会规范类型与规范实施效果。迈克尔·曼（Michael Mann）曾将权力划分为"权威型权力"与"弥散型权力"② 两种类型来对应封闭固化的集权社会和自由多元的现代社会中的权力关系。团体法，也正是在"弥散型权力"成为主导社会权力关系的情况下才得以形成的，其更多地表现为以工具理性为指导的、具有多元利益诉求的规范体系。同时，团体法作为一种成文规范，其与国家法的冲突也是基于规范价值取向的差异而存在的。比如：国家制定的《中华人民共和国劳动法》对劳动者的工作时间、加班待遇乃至产假都进行了严格要求，但随着市场化的日益发展，现代性的竞争关系使得团体法与国家法在具体的规范要求上产生严重的冲突。

同时，团体法作为职业法团内部的社会规范，在涉及国家基本政策、社会根本秩序的问题上，趋近于国家法的社会控制功能，也更加体现出两者之间的互动。比如，在国家新近出台的"二孩"政策，以及关乎国家主权的领土问题上，团体法与国家法表现出高度一致。在当代中国，最能体现国家法与团体法契合的莫过于既充分体现国家意志又彰显现代法团概念的"单位规章"③，它甚至被认为以一种国家法"实施细则"的方式在单位内部推行，甚至完善着国家法。

---

① 梁治平. 清代习惯法：社会与国家. 北京：中国政法大学出版社，1996：26.
② 史密斯. 历史社会学的兴起. 周辉荣，等译. 上海：上海人民出版社，2000：160-162.
③ "单位制"作为我国一种特殊的社会现象，其内部规章涉及单位人及家庭利益关系之深，远超过其他非国家法和其他类型的团体法，诸如住房、教育、医疗、交通、退休、就业等；同时，面对市场化的转型，很多原有的单位出现了破产、重组等现象，这些变化中的"单位规章"作为我国团体法的一种特殊类型与国家法之间的互动也更为深刻。关于"单位规章"的内容，具体参见周翼虎，杨晓民. 中国单位制度. 北京：中国经济出版社，1999；李路路，李汉林，王奋宇. 中国的单位现象与体制改革. 中国社会科学季刊（香港），1994（2）。

（三）民间法与团体法的冲突与互动

从规范来源上讲，团体法在现代社会趋近于国家法，但在传统社会却寄生于民间法，同时，现代社会多元的社会关系表现为多元的团体类型，有些甚至就是民间组织的法团表征。在这种背景下，民间法与团体法的冲突与互动也就更为自然。

就两者的冲突而言，在具体的社会规范场域中，民间法捍卫着传统的法则而团体法则推行现代伦理，这使两者之间表现出传统与现代、实践与观念之间的矛盾。例如，在资源丰富的林地、矿山、牧场的开发中，团体法基于自身利益往往强势地将人们生活实践中形成的一套规制人与人、人与自然关系的民间法视为陋习甚至流弊。特别是在文化资源丰富的民族地区，团体法坚持商业化的运营机制，却遭到民间法的强烈抵制，以致各种群体性抗争事件层出不穷。另如，一些职业法团内部关于休假的规定往往与我国清明、端午乃至春节等传统节日相冲突，甚至刻意回避民间法对传统文化的规定，从而加剧了两者之间的冲突。

就两者的互动而言，在多元的社团类型中，有很多非政府的团体实际上就是基于血缘、业缘、趣缘关系建立起来的现代意义的"行会""会社""帮会"，甚或是具有公益性质的非营利性团体。在这种组织类型上产生的团体法，往往与民间法存在千丝万缕的联系。比如，我国著名的晋商、徽商、闽商通过公众募捐、各省公立起来的行帮组织仍旧沿用流传上百年的内部约法，以保证自身团体的稳定与发展。再如，为了传承经典文艺资源而流行于各地的票友俱乐部，其内部规范仍旧以民间方式推行。在这些社团组织内部，民间法与团体法之间呈现一种传统与现代之间的传递与交融。

（四）国家法、团体法、民间法三者的冲突与互动

从某种意义上说，任何社会形态下的规范制定都旨在稳定社会关系，但是社会关系本身是不断变化的。因此，在社会转型的过程中，社会规范的冲突实际上反映了法律稳定与社会变迁之间的冲突。如果说以上列举出来的国家法、团体法、民间法两两之间的冲突与互动，存在交互类型偏颇的话，那么，在时间、空间和逻辑上体现位阶差异的国家法、民间法、团体法三者之间的交互关系，即同一个社会事实、同一类社会关系被国家法、

民间法、团体法三者共同指涉，三种规范的法效果不同且互不兼容甚或三者法效果一致且彼此相衬的情形，才真正体现出多元规范在社会变迁中的现实意义。

首先，在我国社会结构变迁中，国家法、民间法、团体法均不能独立、有效地完成社会秩序的维持与社会行为的规制，这种现象就是"规范真空"。实际上，"真空"状态并不是没有规范，而是社会没有为其成员提供清晰的规范，多种规范杂然并存，而且互相冲突。人们在"真空"状态中，可以遵循原有的规范，也可以遵循新的规范，还可以遵循自己创造的规范，而无论遵循哪一种规范，其结果都会受到其他规范的排斥甚至制裁。[①] 在日常生活中，这种规范盲区往往以社会规范之间隐性冲突的方式普遍存在。以我国民间借贷为例，国家法规定民间借贷利率不得超过人民银行同期贷款基准利率的四倍，超出则被视为高利贷，且对借贷时间、书面合同等都有严格规定；然而，从事借贷的团体往往以超额的回报利率进行融资与放贷，交易多数发生在基于血缘、地缘、业缘构成的熟人关系网络中；同时，民间法对债权关系的界定建立在传统互助基础之上，且以私力救济[②]的方式规定了事后保护的细则。在这种规范冲突的环境中，民间借贷乱象丛生，人们在面对纠纷时无法真正通过任何一种方式有效地达成利益诉求。因此，在社会转型期，国家法、民间法、团体法三者之间的冲突使得游离于三种规范之外的"潜规则"大行其道，人们以社会未认可的规范来实现自身认可的利益，从而出现"越轨泛化"的乱象。

其次，就三者之间的契合而言，诸如杀人、抢劫、吸毒、乱搞男女关系等违背社会根本正义原则的社会行为会同时受到国家法、民间法和团体法的制约。并且，由于它们的规范空间和施效领域存在差异，在这种情况下，人们实际上面临来自国家强制制裁、民间舆论惩罚及单位规章的三重压力。所以，当这三种社会规范在规制社会行为、调节社会关系上方向一致的时候，往往是社会控制效果最佳的规范环境，也最有利于社会的稳定。

---

① 郭星华. 社会失范与越轨行为. 淮阴师范学院学报，2002 (1).

② 关于我国民间法中私力救济的研究，具体参见 BLACK D. The elementary forms of conflict management//BLACK D. The social structure of right and wrong. San Diego：Academic Press，1993.

四、小结与讨论

（一）小结

（1）从我国转型期多元规范的研究视阈出发，运用法律多元理论作为分析框架，从社会规范的正当性基础与效力范围两个维度拓展国家法与民间法的传统概念划分，将我国现阶段社会规范的多元化界定为国家法、团体法、民间法的三元结构框架。其中，团体法是本书的一个创新点，表现为现代社会介于国家法与民间法之间的一种特殊的、独立的规范类型。

（2）借鉴"位阶"与"效力"的法学概念分析方法，依据社会规范的效力等级和适用顺序，确定国家法、团体法、民间法的概念内涵与规范位阶：作为公权力政治产品的国家法位阶最高，形成于现代职业法团内部的团体法位阶次之，彰显"小传统"精神内核的民间法位阶最低。同时，按照"法制间"（interlegarity）的观点图示多元社会规范的交叉关系。

（3）从规制社会行为和调节社会关系的方向与方式的角度，结合具体案例，系统探讨和分析三种社会规范互构关系：国家法与民间法的冲突与互动、国家法与团体法的冲突与互动、民间法与团体法的冲突与互动和国家法、团体法、民间法三者的冲突与互动。

（二）讨论

德国法学家约瑟夫·科勒指出："每种文明的形态都必须去发现最合适其意图和目的的法律。没有永恒的法律，因为适合于一个时期的法律并不适合于另一个时期。法律必须与不断发展的文明状况相适应，而社会的义务就是不断地制定出与新的情势相适应的法律。"① 回归现实，我国当前的社会已不再是人们想象中温情脉脉的"礼俗社会"，也不是法治建设所追求的建立在"理性祛魅"基础上的现代社会，而是从传统向现代过渡的转型社会。在传统中国，乡土社会本身作为一种秩序形态，在长期的运行过程中建构了国家法与民间法的二元结构框架，也实现了正式法律与非正式法律的内在整合，进而维持着相对稳定的社会发展秩序。在转型社会中，由于近代西方法律制度

---

① 博登海默. 法理学——法哲学及其方法. 邓正来，姬敬武，译. 北京：华夏出版社，1987：133-134.

以及法律秩序方面的知识在中国的传播、国家正式的立法、相关制度构造对于这种知识的接受以及国家权力异乎寻常的扩张，乡土知识遭受严重贬损，乡土秩序受到肆意破坏，由此带来了知识分离、法律多元以及社会失范等问题。[①] 需要说明的是，社会转型的过程是一个现代性不断排挤传统性的过程，尤其在中国应激型现代化的进程中，根植于社会内部的传统性与移植于社会外部的现代性之间的兼容关系十分脆弱，从而难以从社会内部产生出推动法治现代化的强大动力。这种宏观的社会环境不仅催生出国家法、团体法、民间法多元的社会规范体系，也直接导致了嵌入式的国家法、传递型的团体法以及本土性的民间法之间的冲突。

从社会控制论的角度讲，任何时代、任何社会条件都需要一定的社会规范来调整社会关系、规制社会行为。然而，变迁并非一定意味着破坏，多元并非一定意味着杂多，冲突并非一定意味着混乱。我们应该明白，我国现阶段多元社会规范的冲突只是一种外在的表现，其深层原因在于撑托社会规范的内在权威产生了动摇，即社会规范之间出现了"合法性危机"。无论国家法、团体法、民间法三者之间的关系如何变化，整个社会都缺乏一个能够驾驭全局的权威力量，从而呈现出一种"多元而非共识"的情境。

面对这样的困境，我们应该回归到"法治"的本源问题上来探讨规范体系的合理架构。法治本土资源（苏力语）更多地体现为民间法，而法制现代化则用国家法来建构社会秩序。从人类社会发展的经验来看，法律传统作为一种历史文化的力量，具有深厚的社会基础，存在于普通民众的法律意识、心理、习惯、行为方式及生活过程之中，甚至在某种程度上构成了社会成员信仰或认同的载体。[②] 因此，现代化的法律结构并不是由国家法能够建构起来的，而是基于民众对社会规范的心理信仰演化而来的。民间法作为具有"社会本位"属性的社会规范，在特定的领域内，实际上构成了国家法产生实效的社会文化环境，尤其在社会转型的过程中，"规则信仰心理是法治最坚固的支撑系统"[③]。为了避免法律的机械运行和规范冲突，民间法应得到国家法的"观照"，从而在互动的基础上更多地强调多元规范之间的契合与交融。正

① 贺卫方. 具体法治. 北京：法律出版社，2002：45.
② 公丕祥. 法制现代化的理论逻辑. 北京：中国政法大学出版社，1999：347.
③ 谢晖. 法律信仰的理念与基础. 济南：山东人民出版社，1997：1.

如美国法学家博登海默（E. Bodenheimer）对秩序稳定性作出的定义，"真正伟大的法律体系是那些把僵硬性、弹性和独特性似是而非地混合起来的体系，它们在自己的原则、制度和技术中把稳定的、连续的优点同进化的、变化的优点结合起来，从而取得在不利条件下长期存在的能力"①。也许，这才是我们现如今最应该学习的地方。

（郭星华、石任昊）

第三节　无赖生存的社会环境

荀子说过："人生而有欲，欲而不得，则不能无求；求而无度量分界，则不能不争；争则乱，乱则穷。"为了避免社会纷争就必须约束人们的行为，形成维系社会运行的秩序规范，这个过程也就是社会控制。作为社会秩序的外在风貌，"社会风气"表现为一种"社会性的习气"，是一定时期内社会成员共同遵守的行为方式和思想观念，即"不令而自行，不禁而自止"。良好的社会风气对引导价值取向、规范社会行动、维护社会秩序具有重要意义。"勿以恶小而为之，勿以善小而不为"，就是对公序良俗的呼唤。然而，败坏社会风气的"无赖"自古都有，社会风气除了抑恶扬善的正功能，也在礼崩乐坏时呈现是非颠倒的反功能。在社会转型期，"耍无赖"频现于人们的日常生活并越发演化为一种社会风气，需要我们重新思考这一特殊的社会现象。

一、"无赖"与"无赖的生存"

在现代汉语中，对"无赖"的解释之一是指"强横无耻、放刁、撒泼等恶劣的行为作风"（《辞海》）。从词根上讲，"赖"即"依靠"，"无赖"实指"无所依靠"，最早出现在西汉的《史记》之中。到了魏晋南北朝"品行不端、泼皮刁蛮"意义的"无赖"已经很普遍了，万历《休宁县志》给"无赖"所作的定义是"游惰成习……寡廉鲜耻而居下流，则所谓无赖也"。可见，在中古、近古的汉语言中，"无赖"一词经历了从本源向外延的拓展。时至今日，

---

　　① 博登海默. 法理学——法哲学及其方法. 邓正来，姬敬武，译. 北京：华夏出版社，1987：392.

"无赖"通俗地被释义为"游手好闲、品行不端"的社会主体及"凶狠狡诈、奸刁撒泼"的社会作风。

首先，"无赖"被释义为"耍无赖"的社会主体。"耍无赖"是试图僭越社会规范的"偏差行为"，这种社会规范可能是一种风俗习惯、伦理道德、舆论导向，也可能是一种法律法规、纪律典章、社会制度，甚至还可能是一种个人、群体的文化和利益。① 同时，这种"偏差"只是一种"轻微的僭越"，属于"不按常规办事的违规行为"，并没有与国家典章、伦理信仰发生根本的冲突。从社会越轨的角度讲，大部分偏差行为仅仅是脱离了一些社会标准、规则和坐标而区别于本质性的犯罪行为。② 因此，"耍无赖"在多数情况下表现为一种"越轨但不犯罪"的行为。同时，从"耍无赖"的行为动机上，我们可以将"无赖"分为三种类型：第一，工具型无赖，这种无赖遵循"工具理性"、以侵占他人或社会的合法权益为目的来谋求实质利益。比如当前在景点、车站等公共场所强行揽客、兜售服务的闲散人员在执法人员面前一哄而散，就是这种"获取不当利益、规避社会惩罚"的工具型无赖。第二，激情型无赖，这种无赖行为在以强凌弱心理的作用下，以给他人造成心理创伤为乐来追求自己主观上的愉悦。比如，韩信的"胯下之辱"，施辱者并非贪图韩信的钱财而只谋求一种心理上的快感，但对受辱者却造成了严重的伤害。第三，混合型无赖，这种无赖既谋求不义之财又追求"霸凌"的心理满足。比如，《水浒传》杨志卖刀中的"没毛大虫牛二"就属于这种胡搅蛮缠、为非作歹的无赖。需要指出的是，被释义为社会主体的"无赖"不仅可以指向个体还可以代表社会群体。

其次，"无赖"被释义为不良的社会风气。"风气"是人们在社会生活中因"从众"而形成的彼此默认的行为准则，"社会风气"就是公共生活中具有影响力的行为方式。从规范僭越的范围上讲，正因为"耍无赖"满足了行为主体的社会需求，当偶发性的越轨行为拓展为普遍的社会现象，整个社会就弥漫着"蛮不讲理""不讲信誉"的习气，"无赖"也就变成修饰社会风气的形容词。当"无赖之风"蔓延，可谓"其机甚微，而所动者大"，其影响主要

① 郑杭生. 社会学概论新修. 3版. 北京：中国人民大学出版社，2003：403-404, 408.
② 梯尔. 越轨社会学：第10版. 王海霞，等译. 北京：中国人民大学出版社，2011：9.

表现在两个方面：第一，它贱化了社会成员的人格取向，大众在人格矮化甚至是自我丑化的过程中不择手段地达成目的，从而败坏了正常的社会风气。如先前网络曝出"24 年储蓄不保值，银行尽显无赖之风"的新闻，在缺乏基本契约精神的氛围里，"出尔反尔"就成为可资利用的获利手段，从而使人们丧失了基本的道德底线。第二，它产生了"反向激励"的示范效应，使"耍无赖"从原本"隐性地僭越"发展为"显性地表达"。从社会文化的角度讲，"无赖"终归属于一种亚文化，但当这种"损人利己"的亚文化得到了社会大众的心理认可，人们就会纷纷效仿，从而将其发展为一种常态化的行为表达。

作为主体的"无赖"与作为风气的"无赖"同时存在于社会秩序的连续体中，连续体的一端是"人人都是君子""处处遵纪守法"的文明社会，另一端则是"人人尔虞我诈""处处彰显劣根"的无赖社会。当然，绝对的"文明社会"与绝对的"无赖社会"在现实社会生活中都不存在，它们类似于韦伯所说的"理想类型"，现实社会既有"文明的风尚"又有"无赖的习气"。同时，社会风气与社会秩序是一个相互影响、连续的动态过程，社会风气既是社会秩序的表现，也是影响社会秩序的重要因素。当"文明的风尚"抑制了"无赖的习气"，正常的社会秩序才会形成；当"无赖的习气"盖过了"文明的风尚"，社会秩序就会出现混乱。事实上，任何社会、任何时代都有"无赖之人"，但从主体的"耍无赖"扩展为无赖的社会风气就需要一种适合"无赖生存"的社会土壤。基于此，我们以我国转型社会为切入点，在结合社会现实案例的基础上，分别从价值混乱、关系松散、规范真空三个方面对催生"无赖之风"的社会机制进行分析，即探讨"无赖生存"的社会条件。

二、价值混乱：无赖生存的社会条件之一

按照马克思的社会形态理论[①]，伴随着第一种社会形态向第二种社会形态的转变，"依赖性"的社会关系会逐渐转向"独立性"的社会关系，使得左右人们行为方式和社会评判标准的价值观念从"一致"向"多元"过渡。然而，多元的价值取向缺乏共同价值的指引就会造成"价值混乱"，人们奉行

---

① 马克思在《政治经济学批判》中曾指出，"人的依赖关系（起初完全是自然发生的），是最初的社会形态。……以**物**的依赖性为基础的人的独立性，是第二大形态"［马克思恩格斯全集：第 46 卷（上）. 北京：人民出版社，1979：104］。

"一切皆可为"的行动原则，整个社会呈现一种善恶不分、黑白颠倒的混沌乱象。就"无赖"而言，当确定性、整体性的价值规范失去了原有的约束力，"耍无赖"会在"一人一是非"的社会环境中获取更多的生存空间和舆论支持。

（一）"求辟谣式传谣"：网络环境中的"无赖"

伴随着网络社会的崛起，互联网在使人们摆脱现实社会中的身份限制的同时，提供了互动交流的空间，也使网络成为了"众生喧哗"的世界。相较现实社会，由于网络这个"虚拟场域"缺乏相应的规制，"无赖"不仅存在还会表现出一些特有的行为方式，正如埃瑟·戴森所言，"数字化世界是一片崭新的疆土，可以释放出难以形容的生产能量，但它也可以成为恐怖主义者和江湖巨骗的工具，或是弥天大谎和恶意中伤的大本营"[①]。

在轰动全国的"网络传谣"事件中，"秦火火""立二拆四"等网络推手以"求辟谣式传谣"便是网络环境中"耍无赖"的例证。从2011年"温州动车事故"至今，"秦火火""立二拆四"已经造谣、传谣3 000余条，包括在网上制造传播铁道部巨额赔偿外国游客、雷锋生活奢侈、张海迪拥有日本国籍等谎言。[②] 诸如，在对军事专家罗援将军的攻击中，"秦火火"就使用了肯定式质疑的方法，以"求网民辟谣""求证事实真相"的方式故意扩散谣言。在被问及为什么使用这种手段的时候，"秦火火"交代"这些编造的谣言，用肯定式的质疑，不但能引起网友的共鸣，还能给网民造成一种当事人不回应就是真的的错觉。此外，这里还有一分侥幸心理，一旦追查下来，还可以以'我也是求真相'来推脱"[③]。可见，在"网络传谣"的过程中，这些谣言的编造者表面上将自己包装成"护卫者""求证者"的角色，借助"啄木鸟"的面具，其实质就是在发布谣言。对于这些网络推手而言，有些是利用自己网络名人的身份享受造谣后"受追捧的喜悦"，属于"激情型无赖"；更多的则是在炒作负面新闻的过程中获取丰厚的利益，但对谣言给他人带来的痛苦与伤害却无动于衷，这种既追求利益又追求心理快感的"网络大谣"就属于典

① 李一. 网络行为失范. 北京：社会科学文献出版社，2007：98.
② 新华网. 打击网络造谣传谣，引发社会热议. （2013−08−22）[2017−12−20]. http://news.xinhuanet.com/video/2013−08/22/c_125221822.htm.
③ 天津网. 网络大谣是如何出炉的？（2013−08−30）[2017−12−20]. http://news.163.com/13/0830/09/97H1AEKK00014AED.html.

型的"混合型无赖"。

（二）价值混乱与"无赖的生存"

时至今日，在政府的强力打击下，这些"以讹传讹"的网络推手纷纷落网，受到了应有的制裁，但肆虐网络数年的"传谣之风"所带来的负面影响却没有完全消退。就谣言而言，"三人成虎"的故事古今中外屡见不鲜。但是，从"网络传谣"的生成机制可以看出，网络推手制造谣言是起点，众多网民"传谣信谣"则成为谣言传播的催化剂。从传播学的角度讲，人们倾向于相信自己愿意相信的东西。因此，"网络传谣"的社会土壤是一种混乱的价值取向，只要出现了负面传言，网民大多怀揣"宁可信其有不可信其无"的价值判断复制谣言，而缺乏理性的思考，这也成为"网络无赖"得势的重要原因。从这个角度讲，价值混乱造成社会舆论的控制作用出现偏差，进而为"无赖"提供了生存的丰沃土壤。

社会舆论是蕴藏在人们思想深处的共同心理倾向，其具体作用方式是带有价值判断的社会评价，对某种具体的价值观或行为方向进行褒扬、赞赏，或进行批判、谴责。① 作为文化控制的手段之一，社会舆论的重要功能就在于通过"舆论监督"这种非强制性的软控制，来影响和引导社会成员的价值观和行为方式，及时揭露和制止社会成员的越轨行为。并且，"在大多数情况下，法律必须等待'明显行为'才能予以制裁，相反，舆论却能运用逐渐增加的压力制裁预期中的越轨行为，它能在任何时刻干预人们的行动。舆论预先警告的咆哮比法律静悄悄的恐吓更能阻止罪过的发生"②。因此，舆论监督是民众基于内在价值对社会事务的道德评判所形成的文化氛围，是客观存在的公众意见的无形压力，其实质是社会主导价值观作用下的社会控制。

在转型期，人们的心理结构失衡、社会责任感缺失，紧张、焦虑、不满等消极情绪不断滋生，整个社会呈现出价值混乱——人们拒绝接受任何单一的价值，不同主体具有不同的价值而缺乏"底线共识"，社会价值的整合性让位于离散性，舆论监督无法发挥"抑恶扬善"的社会功能。正如迪尔凯姆在《自杀论》中所说的："社会生活的剧烈变化也自然而然地使欲望迅速增长。

---

① 郑杭生. 社会学概论新修. 3 版. 北京：中国人民大学出版社，2003：408.
② 罗斯. 社会控制. 秦志勇，毛永政，译. 北京：华夏出版社，1989：72.

繁荣愈盛，欲望愈烈。在传统约束失去权威的同时，渴望得到的报酬越厚，刺激越大……脱缰野马般的激情就更加剧了这种无规则的混乱状态。"① 多变的社会环境反映到社会心理领域就表现为社会主体的个性解放，但当多样化的价值取向走向了极端，就会造成"情绪化盲从"——人们对任何新鲜的事物缺乏最起码的理性质疑。比如，在"秦火火"对原铁路发言人王勇平的"谣指"中，"北京市交通局""北京市中心医院""北京市妇联主任"等子虚乌有的名称被"张冠李戴"。② 这些漏洞百出的谣言被人们竞相传播，就表明这种"情绪化盲从"导致非理性的情感释放，使得原本的舆论监督流于表面，而无法产生真正意义上的"去伪存真"。由于"无赖"坚持"个人利益最大化、逐利风险最小化"的行为原则，只要有一次违德篡法的成功而没有受到社会舆论的有效制裁就会激发更强的行动欲望，"无赖"也就是在这种盲从心态不断持续的过程中获得了生存的土壤。

三、关系松散：无赖生存的社会条件之二

社会关系既是社会结构的基础，也是社会结构的表征。亚里士多德曾指出人在本质上是社会性的动物，人存在于社会就是生活在由人际联结的社会关系之中。英国人类学家拉德克利夫-布朗使用"社会网络"概念阐述社会结构中的人际关系，认为人与人之间的交往类似于社会结构形成的网络的结点，结点的特征就代表了人际关系的强弱、有无。③ 中国传统社会的封闭性、聚合性决定了人们基于血缘、地缘关系结成了相对紧密的社会关系。然而，在农业社会向现代社会的转型中，流动性代替了封闭性、异质性代替了同质性，原有的社会结构出现了解体，社会关系也表现得更为多样、松散。从社会控制的角度讲，关系松散意味着社会控制网络致密度④的降低，受到

---

① 杜尔凯姆. 自杀论. 钟旭辉，等译. 杭州：浙江人民出版社，1988：212.

② 光明网. 网络谣言：让谣言止于智者. (2013-08-23) [2017-12-20]. http://theory.gmw.cn/2013-08/23/content_8682376_3.htm.

③ 郑思明，程利国. 从社会网络分析的视角看青少年的人际关系. 集美大学学报，2004 (5).

④ 如果将社会控制网络比喻成一张渔网，渔网中间的"空洞"就是指社会行为不受控制的领域。"社会控制网络致密度"就是渔网中"空洞"的大小以及"空洞"之间的间隙。致密度越大，表明受控制的社会行为越多；致密度越小，则受控制的社会行为越少。"关系松散"造成"社会控制网络致密度降低"就是指社会控制网络中"空洞"和"间隙"比例加大，使人们的行为更少受到约束。参见郑杭生，郭星华. 试论社会控制的度. 天津社会科学，1993 (5)。

控制的社会行为在不断减少。在这种情况下，"无赖"获得了更有利的生存条件。

（一）"杀熟"[①]：信任解构中的"无赖"

就社会关系而言，"中国人之关系取向，在日常生活中最富有动力的特征是'关系决定论'或'关系中心主义'。在社会互动中，对方与自己的关系决定了如何对待对方及其他的相关事宜"[②]。这也决定了中国人传统的信任结构：熟人关系成为大多数人相互信任的重要纽带，对于"外人""生人"采取一种排斥、不信任、不合作的交往态度，而对人际圈子内部的"自己人"则多表现为合作互惠，共享一定的人际资源与社会资本。从社会交往的角度讲，基于初级群体、次级群体建立起联系紧密、彼此信任的熟人关系（包括亲属、朋友、邻居、师生、同事、同学及同乡等）可以降低社会交往成本，也更容易形成相互协作的社会风尚。在我国转型社会中，原本自觉、自律的熟人关系正面临信任解构的危机，"杀熟"成为经济生活中"工具型无赖"的惯用手段。

（二）关系松散与"无赖的生存"

我们可以将"杀熟"理解为转型期"熟人"之间社会关系的失范。在日常生活中，面对越来越多利用熟人关系获取不当利益的"无赖"，我们一方面要分析传统紧密的熟人关系在转型期面临信任解构的内在原因，另一方面也要看到在转型期建立起的"熟人关系"本身的负功能对"无赖"所产生的催化作用。通过这两个方面，我们试图建构关系松散与"无赖的生存"之间的逻辑关系。

首先，关系松散破坏了社会行为的"人情法则"，"耍无赖"获得内在道德的许可。中国的传统社会是一个流动性较低、基本没有分工的农业社会，人际关系就是初级群体内部的伦理关系，正如梁漱溟所说"社会秩序所为维持，在彼殆必恃乎法律，在我则倚重于礼俗。近代法律之本在权利，中国礼

---

① 在第5版《现代汉语词典》中，"杀熟"正式成为一个名词，被定义为"做生意时，利用熟人对自己的信任，采取不正当手段赚取熟人钱财"。

② 杨国枢，余安邦. 中国人的心理与行为：理念及方法篇（一九九二）. 台北：台湾桂冠图书股份有限公司，1993：106.

俗之本则情与义"①。在这种由"此一人与彼一人相互间的情谊关系"构成的社会中，人们具有强烈的"集体意识"，一旦越轨他首先要承担"内化成本"②，受到自己良心的谴责。同时，在传统社会中，资源的获取其实还循着这样一个维度：道德水准高—向上流动的机会多—获取的资源多，所以在更微观的层面，对于一个理性的"经济人"而言，他是轻易不会"杀熟"的，因为"杀熟"的成本往往要远远高出他的收益。③ 因此，紧密的关系网络造成了人们对"人情法则"的依赖，"耍无赖"不仅意味着局部关系的终止，也会成为生活共同体内绝不允许的"非理性行为"。在这种社会结构中，即便存在"无赖"也不会扩展为社会风气。

然而，在传统向现代的转型中，伴随着社会流动的加快，包括伦理实体在内的组织载体不断解构，社会关系的松散就直接表现为"社会原子化"。所谓"社会原子化"不是指一般性的社会关系的疏离，而是指在社会重大转型变迁时期，由于人类社会最重要的社会联结机制——中间组织的解体或缺失而产生的个体孤独、无序互动状态和道德解组、人际疏离、社会失范的社会总体性危机。④ 迪尔凯姆在《社会分工论》中对这种现象做了明确的阐释："如果在政府与个人之间没有一系列次级群体的存在，那么国家也就不可能存活下去。……国家与个人的距离越来越远，两者的关系也越来越流于表面，越来越时断时续，国家无法切入到个人的意识深处、无法把他们结合在一起。"⑤ 因此，在联结纽带断裂的社会中，失去组织依附的社会主体所表现出的个人主义"是一种只顾自己而心安理得的情感，它使每一个公民与其同胞大众隔离，同亲属和朋友疏远。因此，当每个公民建立了自己的小社会以后，他们就不管大社会而任其自行发展了……个人主义首先会使公德的源泉干涸"⑥。从这个方面看，在转型社会，当集体意识衰落、道德共识瓦解时，人情规则与利益规则由统一走向分离，人们只关心属于自己的生活方式。因此，"耍无赖"的"内化成本"在不断降低，"无赖"利用原本熟人之间的社会关

---

① 梁漱溟. 梁漱溟全集，第三卷. 济南：山东人民出版社，1989：81.
② 科尔曼. 社会理论的基础（上）. 邓方，译. 北京：社会科学文献出版社，1999.
③ 杨光飞. "杀熟"：转型期中国人际关系嬗变的一个面相. 学术交流，2004（5）.
④ 田毅鹏，吕方. 社会原子化：理论谱系及其问题表达. 天津社会科学，2010（5）.
⑤ 涂尔干. 社会分工论. 渠敬东，译. 北京：生活·读书·新知三联书店，2000：40.
⑥ 托克维尔. 论美国的民主：下卷. 董果良，译. 北京：商务印书馆，1988：625.

系获取不正当利益也就不再具有心理负担和道德约束。

其次，关系松散造成"人际关系的理性化"，低级别的社会整合利于"无赖的生存"。从关系建构的角度讲，在现代化浪潮的推动下，人们发展社会关系网络一方面仍然利用"差序格局"中血缘、地缘关系不断向外延伸，另一方面开始基于工具理性在更广泛的社会空间里主动建构关系网络。然而，这种松散的"熟人关系"是以人们追求社会资源共享、社会资本互助为动力建立起来的，人们之间的信任也不再是"发生于对一种行为的规矩熟悉到不假思索时的可靠性"[①]，其本身就具有"过度理性化"带来的信任危机。从社会整合的角度讲，这种转型社会中的契约性整合既不具有传统社会先赋性整合的情感基础，也缺乏来自行政性整合内部的强制性制约。只要关系网络中的一方认为一次性的"耍无赖"带来的"收益"大于长久的关系维持，熟人之间的越轨行为就会发生。同时，在流动的社会空间中"无赖"也更容易建立临时性、交易性的人际网络。因此，在这种松散的"熟人关系"不断建构与解构的过程中，社会风气的衰落在所难免，"无赖的生存"也就成为一种可能。

四、规范真空：无赖生存的社会条件之三

社会规范是明文规定或约定俗成的社会标准，在一定意义上讲，规范就是人们的行为依据和行为准则。正是有了明确的社会规范，人们的行为才能持续地互动，社会秩序才能得以维持。从法社会学的角度讲，社会规范可以统称为"法"，大体包括"国家法"与"民间法"两种类型。改革开放以来，许多新的价值观和行为方式不断涌现，新旧体制在社会转型的契合部位出现盲区，国家法与民间法均不能独立完成社会秩序的维持，呈现出"规范真空"。

其实，"真空"状态并不是没有规范，而是社会没有为其成员提供清晰的规范，多种规范杂然并存，而且互相冲突。人们在"真空"状态中，可以遵循原有的规范，也可以遵循新的规范，还可以遵循自己创造的规范，而无论

---

① 费孝通. 乡土中国. 上海：上海世纪出版集团，2007：10.

遵循哪一种规范,其结果都会受到其他规范的排斥甚至制裁。① 因此,"规范真空"是形式上有规范而实际上无规范的状态,也即规范形同虚设的状态。"规范真空"的出现必然导致越轨行为的滋生和蔓延,进而提供了"无赖生存"的社会条件。

(一)"钓鱼执法":"潜规则"下的"无赖"

从规范实效上讲,人们之所以能够一致地行动,是因为社会规范可以提供具有奖惩性质的交换机制,遵循规范的人可以获得一定的酬赏,而违反规范的人则会受到一定的惩罚。在"规范真空"的条件下,正常的规范奖惩机制出现了"异化",人们往往遵循日常生活中默许的、不成文的隐性规范,也即"潜规则"。"潜规则"在学界存在类型划分、功能定位的争论,这里从大众语义上将"潜规则"定义为一种游离于正常规范之外并提供更低越轨成本的替补规范机制。因此,在"潜规则"下出现的越轨行为更能体现"无赖"的行为逻辑,我们以"钓鱼执法"作为案例予以阐述。

2009年10月,河南小伙孙中界在上海好心搭载路人,却遭遇"执法圈套"②。在途中,车辆被城管执法人员拦截,路人在扔下10元钱后消失,而孙中界则"被强行拖下车""被拿走驾驶证和行车证"并因为"非法营运黑车"遭受处罚。在这一过程中,城管执法人员扮演了"钓头"的角色,所谓的"路人"实际上是执法人员事先设计好的"钩子",而当事人孙中界就成了"被钓的鱼"。这就是轰动一时的"上海钓鱼执法事件"。"钓鱼执法"广受诟病,其原因就在于"非执法人员采用了引诱、欺诈、胁迫甚至暴力的方式取证,违反了执法取证的基本要求",同时钓鱼执法"也暴露出一线执法人员大胆越界随意行政的执法恣意,似乎为了达到处罚的目的,可以任意创造执法方式,用奖励的方式将国家法律赋予的执法权让渡给牟利的个人(钩子和钓头)"③。

---

① 郭星华. 社会失范与越轨行为. 淮阴师范学院学报,2002(1).
② "执法圈套"(entrapment)是英美法系的一个专门概念。从法理上讲,当事人本身没有违法的意图,在执法人员的引诱下,才从事了违法活动。从性质上讲,"钓鱼执法"类似于"执法圈套"。但是,本书此处的"执法圈套"有别于这种法理意义上的解释,而仅指一种事先设计好的陷阱,当事人孙中界是单纯的受害者而非经过引诱从事违法活动的行为人。
③ 人民网. "钓鱼执法":缺乏正当性的执法是公权敲诈. (2009-10-29)[2017-12-20]. http://society.people.com.cn/GB/10278183.html.

因此，"钓鱼执法"是当事人运用正式规范之外的"潜规则"，以"霸凌"的强制手段试图获取高额罚金的越轨行为，属于"现代版的牛二"，也即"混合型无赖"。尽管"上海钓鱼执法事件"最后得到了公正的判决，但随后全国各地纷纷曝出"钓鱼执法"事件。时至今日，"钓鱼执法"已经被认为是"潜规则"下"越轨执法"的代名词。

(二) 规范真空与"无赖的生存"

在"规范真空"的环境中，人们使用缺乏社会同意的手段追求自身认同的目标，实际上就是"潜规则"发生作用的内在机理。作为社会主体的"无赖"，如果其越轨行为没有得到明确、有效的行为规范就会"反向激励"更多的人"耍无赖"，进而发展为"越轨泛化"。从理性行为的角度讲，弗里德曼提出的"代价和好处模型"认为某人采取行动前，先估计一下他将获得什么，要冒什么险，只有他认为自己可能从该行为获利时才采取行动。对这个行为人来说，制裁极为重要，他的行为是按照奖赏和惩罚而定的。[①] 从这个角度讲，越轨者的行为通常要考察行为成本 (C)、行为后果的危险系数 (P)、被发现时可能会遭受的惩罚 (M) 以及行为的收益 (S) 几个变量，通过比对越轨成本 ($C+M\times P$) 与越轨收益 (S) 之间的关系来确定是否采取越轨行为。具体而言，当越轨收益大于越轨成本的时候，即 $S-(C+M\times P)>0$ 时，行为人会偏向于实行越轨行为；当越轨收益小于越轨成本的时候，即 $S-(C+M\times P)<0$ 时，行为人则会倾向于放弃越轨行为。也就是说，"合乎社会规范的理性行为（合规行为）的目的是在社会规范容许的范围内以最小的成本获取最大的利益，那么越轨行为的目的则是通过违反社会规范的方式，以比合规行为更小的成本获取更多的利益，这部分利益可称之为越轨利润，显然，越轨成本越低，越轨利润越高，该行为在经济上就是越'合算'的，其发生率就可能越高"[②]。因此，在规范真空的条件下，对"耍无赖"这种越轨行为的解释就需要从"越轨成本"与"越轨利润"两个方面展开。

从越轨成本的角度讲，无论是国家法施加的法律惩罚还是民间法施加的社会惩罚，社会规范带来的惩罚强度与惩罚概率共同构成了越轨行为的实际

① 弗里德曼. 法律制度. 李琼英，林欣，译. 北京：中国政法大学出版社，2004：73.
② 郭星华. 社会失范与越轨行为. 淮阴师范学院学报，2002 (1).

成本，即越轨成本＝惩罚强度×惩罚概率。在我国社会转型期，"规范真空"造成的规范失效带来了惩罚强度的下降。甚至，在极端情况下，社会惩罚与法律惩罚共同失效，惩罚强度趋近于零，人们的社会行为实际上变成个体行为而摆脱了社会规范的约束。同时，从规范来源与实施效果的角度讲，社会规范实际上是社会权力的一种表征，在不同的社会环境中，社会规范的实际作用机制是不同的。迈克尔·曼曾将权力划分为"权威型权力"与"弥散型权力"两种类型来对应不同的社会类型。伴随着我国社会的转型，社会权力也从适宜于相对封闭、固化社会类型的"权威型权力"开始逐渐转变为协调社会生活的"弥散型权力"。在这一转变的过程中，社会规范对越轨行为的惩罚概率发生了变化。对于"轻度违法""缺德不犯罪"等越轨行为，社会规范会降低惩罚的概率来保证社会运行的活力。可见，在社会转型期，"规范真空"使惩罚强度与惩罚概率同时下降，自然造成了越轨成本的明显降低。从越轨利润的角度讲，除了"激情型无赖"所追求的心理快感，"工具型无赖"和"混合型无赖"都是在物质利益的驱动下完成越轨行为的。正如"钓鱼执法"中呈现出的高额处罚金，越轨利润超出合规的正常收益在社会转型期表现得越发明显。

基于这两个方面的分析，在"规范真空"的条件下，越轨成本与越轨利润同时"异化"：越轨成本不断降低而越轨利润则持续攀高。在这种情况下，遵守社会规范的人反而会吃亏，"轻微僭越"社会规范的越轨行为就成了见怪不怪的事情，这样使得"耍无赖"越发成为一种可资利用的生存手段，进而催生出"无赖"的社会风气。

五、小结

社会风气说到底是一种社会现象，其根本上仍旧是社会结构的产物。就"耍无赖"而言，作为一种轻微僭越社会规范的"偏差行为"任何时代、任何社会都会存在，但是在社会价值高度统一、社会关系联结紧密、社会规范行之有效的社会中，作为行为主体的"无赖"会受到内在道德与外在规范的双重制约而失去扩散的可能，更不会形成一种社会风气。然而，随着我国传统社会向现代社会的转型，社会价值混乱造成了人们"情绪化盲从"，进而使舆论监督失去了对"无赖"的文化控制；社会关系松散一方面降低了社会行为的"内化成本",一方面加速了"过度理性化"的人际关系的解构,从而失去了对"无赖"的社会约束;社会规范真空则不断拉大越轨成本与越轨利润之间的落差,日常纠纷产生的阈值也不断降低,因而提供了"无赖生存"的社会土壤。这三个方面构成了"无赖生存"的社会条件,从而使得社会秩序从"稳定端"向"失序端"发生偏离。

尽管转型社会提供了"无赖"滋生、蔓延的社会条件,但我们仍要以一种反思性的眼光来看待这些问题,将其视为社会发展的必经阶段:社会风气的偏离与社会结构的变迁具有重要的关联。因此,在社会风气归位、社会秩序重构的过程中,"价值混乱""关系松散""规范真空"这些问题将需要我们从更宏观的背景、更深刻的角度重新思考,从而创造出一个不利于"无赖"生存的社会环境。

(郭星华、石任昊)

第二章 法律文化的转型

第一节 无讼、厌讼与抑讼：中国传统诉讼文化的本质

在汉语中，"诉，告也"，"讼，争也"（《说文解字》）。在中国传统社会，诉讼一定程度上特指为解决民事纠纷而依照法定程序所进行的活动，如《周礼注疏》云："争罪曰狱，争财曰讼。"① 本书所论述的中国传统诉讼文化，主要讨论的是汉代至清末这一历史时期的民事诉讼文化。②

要分析中国传统诉讼文化，就不可避免地要提到孔子的"无讼"理想。孔子说："听讼，吾犹人也，必也使无讼乎"（《论语·颜渊》），孔子虽然像别人一样听理各种诉讼，但追求的却是人世间没有诉讼的境界。儒家倡导"天人合一"，认为人类社会是从自然界发展而来的，是自然界的一部分，社会秩序应与自然秩序相统一。自然秩序是和谐的，由纠纷而起的诉讼会破坏和谐，不仅不能维护社会秩序，反而会破坏社会秩序。此外，伦理秩序是社会秩序的基石，在熟人社会，由具有强制力的国家参与纠纷解决往往预示着乡党、宗族关系的破裂③，这是儒家所极力反对的。因而在儒家思想体系中，诉讼与儒家社会理想相背离，需要对诉讼加以抑制。

---

① 郑玄注曰："讼，谓以财货相告者。"
② 原因在于：随着汉武帝"罢黜百家，独尊儒术"，儒家思想逐渐成为社会主流价值观，法律体系开始了"礼法结合"的过程。到唐代已实现"礼法合一"，后世法律体系皆是在《唐律》基础上加以调整的。而清末以后，中国开始大规模地引进西方法律，法律制度也以西方为参照，表现出与传统迥异的特征。
③ 宋代司法官胡颖指出："与宗族讼，则伤宗族之恩；与乡党讼，则损乡党之谊。"（《名公书判清明集》卷四《妄诉田业》）

自汉代以降，儒家思想逐渐成为社会主流价值观，"无讼"① 理想也就成为精英阶层诉讼观念的核心，并随着"礼法合一"的实现而成为中国传统社会法律体系的终极价值取向。如果没有相应的措施，"无讼"理想并不会自动地变成社会现实。我们认为，这种措施就是"抑讼"，即在实践层面上对诉讼行为采取抑制、贬斥、摈弃的价值取向和具体规则。为了实现"无讼"理想，统治者从多个维度对诉讼加以抑制，根据制度化程度的不同，即规范的系统性、强制性程度以及执行主体的不同，可分为非制度化、制度化和半制度化三种途径。

一、道德教化：非制度化的抑讼途径

孔子赋予教化以极高意义："道之以政，齐之以刑，民免而无耻；道之以德，齐之以礼，有耻且格。"（《论语·为政》）用政令、刑罚来治理百姓，虽然可以令百姓免于罪过，但他们不会有羞耻心。相反，如果用道德礼教来治理百姓，那么百姓不仅有羞耻心还会人心归服。国家精英试图通过思想劝导、榜样示范、社会舆论等多种方式，努力使"无讼"的社会理想内化为民众的道德规范和行为准则。

朱熹在《四书章句集注》中引"范氏曰：听讼者，治其末，塞其流也。正其本，清其源，则无讼矣"，又引"杨氏曰：子路片言可以折狱，而不知以礼逊为国，则未能使民无讼者也。故又记孔子之言，以见圣人不以听讼为难，而以使民无讼为贵"。听讼折狱的好处，只是解决国家治理"末"和"流"的问题，通过正本清源实现"无讼"才是值得称道的。因而在中国传统社会，官吏的真正职责并不在明断案件，而是"以德化人"，恳切劝谕，通过调处平抑纠纷，努力使当事人主动息讼。正如清代刘礼松所说："听讼而使民惕然内讼以至于无讼，此守土者之责也。"（《判语录存》）如果治下诉讼迭起，就会被视为官吏德化不足的表现，只有讼清狱结，实现"无讼"，才算是真正的政绩。

孔子担任鲁国大司寇期间，劝讼息讼，成为后世官吏的楷模。官吏进行

---

① 张中秋等学者认为，先秦诸子百家的政治法律思想和理论都以"无讼"为归宿，只是实现的具体途径不同。道家倡导"无为而治"，儒家宣扬"修礼复仁"，法家则提出"以刑去刑"。参见张中秋. 中西法律文化比较研究. 南京：南京大学出版社，1999：233。

思想劝导的方式是多种多样的：有些官吏通过自我反思来感化当事人，如《后汉书·循吏列传》载："人有蒋均者，兄弟争财，互相言讼。（许）荆对之叹曰：'吾荷国重任，而教化不行，咎在太守。'乃顾使吏上书陈状，乞诣廷尉。均兄弟感悔，各求受罪。"有些官吏则用道德文章来感化当事人，如"逵为光泽县尹，有兄弟争田。逵授以《伐木》之章，亲为讽咏解说。于是兄弟皆感泣求解，知争田为深耻"①。

"无讼"和思想劝导之所以成为官吏"听讼"实践的指南，与皇帝的价值导向同样密不可分。例如清代《钦颁州县事宜》中有"州县官为民父母，上之宣朝廷之德化以移风易俗……由听讼以驯至无讼"的文字，康熙在圣谕十六条中也提到"和乡党以息争讼"。皇帝希望每一个地方都治理得如舜的历山、雷泽，周公的周邦一样②，人们"皆以争讼为耻"，是"无讼"的地方。最高统治者也通过树立榜样来引导官吏的诉讼实践，如隋文帝在褒奖齐州参军王伽等人的诏书中曾说："若临以至诚，明加劝导，则俗必从化，人皆迁善。往以海内乱离，德教废绝，官人无慈爱之心，兆庶怀奸诈之意，所以狱讼不息，浇薄难理。朕受命上天，安养万姓，思导圣法，以德化人，朝夕孜孜，意本如此。……若使官尽王伽之俦，人皆李参之辈，刑措不用，其何远哉！"（《北史·循吏传》）隋文帝认为，之所以会有诉讼，与当地民众缺乏教化有关，如果官吏都认真地对民众进行道德感化、思想劝导，就有可能实现"无讼"。

可见在诉讼实践中对民众加以道德感化和思想劝导从而实现"无讼"，是国家精英的共识，国家精英不赞同甚至反对通过诉讼来解决纠纷。然而仅靠正面引导，提高民众的道德水平是不够的，营造"抑讼"的社会舆论同样是道德教化的重要内容。

我们常能见到对诉讼持消极评价，宣扬"为讼有害"的文献材料。早在《周易》中就有"讼，有孚，窒，惕，中吉，终凶"的文字，认为诉讼是不吉祥的，应适可而止，即使在诉讼过程中可能会获利，最终也是不会有好结果

---

① 瞿同祖. 瞿同祖法学论著集. 北京：中国政法大学出版社，1998：318-321. 除了思想劝导外，官吏还采用其他非制度化抑讼手段，如拖延时日，重征讼费等，在此不作展开。

② 《韩非子·难一》载，"历山之农者侵畔；河滨之渔者争坻"。舜与他们同吃同居，最后"历山之人皆让畔，雷泽上人皆让居"（《史记·五帝本纪》）。《史记·周本纪》中写道：周公辅佐成王，使"天下安宁，刑措四十余年不用"，"民和睦，颂声兴"。

的，健讼者必有凶象。就算通过争讼赢得了利益，也不能让人佩服，"以讼受服，亦不足敬也"。朱熹曾经在其《劝谕榜》中指出："劝谕士民乡党族姻所宜亲睦，或有小忿，宜各深思，更且委曲调和，未可容易论诉。盖得理亦须伤财废业，况无理不免坐罪遭刑，终必有凶，切当痛戒。"国家精英试图告诫民众，诉讼对个人来说是不体面的，会破财伤身，破坏邻里乡党关系，因而诉讼有害无益，得不偿失，提起诉讼应当慎重。

此外，在社会舆论中，是否进行诉讼被视为判断一个人道德品性优劣的标准，社会舆论对为讼者加以道德贬斥，增加诉讼的道德成本。孔子说："君子喻于义，小人喻于利。"（《论语·里仁》）在这种义利观指导下，如果为了争财夺利而提起诉讼，是小人行径，为君子所不齿。忍让为先、以德服人者是规矩本分的良民；睚眦必报、以讼为能者则是惹是生非的刁民。即所谓"良民畏讼，莠民不畏讼；良民以讼为祸，莠民以讼为能"（《皇朝经世文编续编》）。在国家精英看来，民众兴讼是道德败坏的标志，而作为诉讼代理人的讼师更被视为社会稳定的敌人，讼师在中国传统社会长期受到打压和排挤。春秋时期的邓析，作为最早的"讼师"，因承揽诉讼、收取讼费，被批评为"不法先王，不是礼义，而好治怪说"（《荀子·非十二子》），"以非为是，以是为非"（《吕氏春秋·离谓》），最后被当权者"杀而戮之"。中国古代文学作品也习惯用颠倒是非、惯弄刀笔等负面词语来评价他们的行为，对讼师的贬斥可见一斑。

由此可知，道德教化主要包括两个方面，即以道德感化、思想劝导为导向的官吏诉讼实践，以及宣扬"为讼有害"、对为讼者加以道德贬斥的社会舆论。从社会控制的角度来看，二者要想发挥抑讼的效果，依靠的是社会评价、内心反省等非强制性力量，需要人们自觉自愿地遵从，人们即使背离价值理想或社会舆论也不会受到严厉的直接制裁①，因而道德教化属于非制度化的抑讼途径。相对而言，以明文规定颁行的诉讼制度为人们提供行为模板、范畴和模式，个人的社会行为受到制度的直接规定和制约，制度化的社会规范对于抑制诉讼来说就显得十分重要。

---

① 官吏在诉讼实践中所进行的道德教化与社会舆论所发挥的作用有所不同，如果为讼者不服官吏的教化和调处一意孤行要提起诉讼，仍需由官吏加以审决，那大多是不会有好结果的。

二、诉讼设置：制度化的抑讼途径

这里所说的制度化社会规范，是指比较稳定、形成了书面文字并有明确适应范围的正式的社会规范体系。法律作为国家制定或认可，并依靠国家强制力推行的社会规范体系，是对社会成员具有最强约束力的控制手段。中国传统社会的统治者通过制定严格的民事诉讼制度来增加民众提起诉讼的难度，从而形成了中国传统社会以"抑讼"为主要特征的诉讼制度，本书主要从对诉讼主体和诉讼时间这两个方面的限制进行分析。①

中国传统诉讼制度从社会关系和生理状态两个维度对诉讼主体加以限制。中国传统社会十分重视伦理纲常，法律体系也对伦理关系和阶级关系加以维护，强调血缘关系及社会关系的差别，民众不得对血缘关系中处在尊长的一方，或是对社会关系中自己所从属的一方提出诉讼，几乎历朝历代的法律都严禁子孙控告父母、祖父母，奴婢、部曲控告主人。

据《国语·周语》记载，西周时已严禁儿子对父亲提起诉讼，所谓"父子将狱，是无上下也"。在湖北云梦出土的秦简《法律答问》中，诉讼被分为"公室告""非公室告"两类，有"子告父母，臣妾告主，非公室告，勿听"，"主擅杀、刑、髡其子、臣妾，是谓'非公室告'，勿听。而行告，告者罪"的记载，可作为佐证。唐代实行"同居相为隐"制度，规定同居者犯罪可互相隐瞒，不可相互控告；如果有控告的，要追究其刑事责任，而且按尊卑亲疏用刑。卑告尊的，越是亲近用刑越重；相反，尊告卑的，越是亲近用刑越轻。《唐律疏议·斗讼》"告祖父母、父母""告期亲以下缌麻以上尊长""告缌麻以上卑幼"和"部曲奴婢告主"条对此有详细规定。宋代延续了唐律的法条，《宋刑统·斗讼》规定："诸告周亲尊长、外祖父母、夫、夫之祖父母，虽得实，徒二年；其告事重者，减所告罪一等。"对尊长提起诉讼，即使属实，也要受到惩罚。从元代开始，实行"干名犯义"制度，进一步将亲属诉讼、主仆诉讼与道德伦理相联系。②明代律令在"干名犯义"制度的基础上，继承了唐律依尊卑亲疏用刑的差异性规定，根据不同的社会关系和具体情况

---

① 关于诉讼方面的制度性限制，限于篇幅，这里并未完全展现相关规定和历史变化。
② 《元史·刑法志》记载："诸子证其父、奴讦其主及妻妾弟侄不相容隐，凡干名犯义为风化之玷者，并禁止之。"

量刑，更加细致、全面、明确。①

　　生理状态上的限制则可概括为"老、妇、笃疾者，不得告"，法律对诉讼主体年龄、性别、健康状况加以规定，限制有特殊生理条件的人提起控告。至今可知的最早的相关法律条文是《唐律疏议·斗讼》"见禁囚不得告举他事"条："年八十以上、十岁以下及笃疾者，听告谋反、逆、叛、子孙不孝及同居之内为人侵犯者，余并不得告。官司受而为理者，各减所理罪三等。"这一规定为后世所沿用。宋元时期延续了从生理状态上限制诉讼主体的制度，将年龄限制调整至七十，允许一定条件下亲属代为诉讼。② 明代将年龄限制恢复为八十岁③，并且与唐律一样，不仅受限制的诉讼主体不能提起诉讼，而且官府也不能受理相关诉讼主体的案件，受理者同样会受到惩罚，"官司受而为理者笞五十"（《大明律·刑律》）。因而在中国传统社会，并非人人都可以作为诉讼主体提起诉讼，违反律令将受到处罚。

　　此外，中国传统诉讼制度对诉讼时间也有严格限制，最迟自唐代开始，就有明确的制度对民众提起诉讼的时间加以限制。《唐令拾遗·杂令》"诉田宅婚姻债负"条记载："诸诉田宅、婚姻、债负，起十月一日，至三月三十日检校，以外不合。"官府只有在十月一日至次年三月三十日间可以受理相关民事案件。《宋刑统·户律》特设"婚田入务"门，对唐代法条加以继承，十月一日至次年三月三十日的受理、审理期为"务开"或"务停"，其余时间不得提起诉讼，称之为"入务"。④ 明代法律取消了"婚田入务"的制度，原则上当事人可以随时提起各类诉讼，然而除了重大案件外，各地官府都自行规定"放告日"，只有在"放告日"才能够提起诉讼。清代康熙年间制定"农忙停

　　① "凡子孙告祖父母、父母，妻、妾告夫及夫之祖父母、父母者，杖一百，徒三年。但诬告者，绞。若告期亲尊长、外祖父母，虽得实，杖一百；大功，杖九十；小功，杖八十；缌麻，杖七十。……若奴婢告家长及家长缌麻以上亲者，与子孙卑幼罪同。若雇工人告家长及家长之亲者，各减奴婢罪一等。"

　　② 宋太平兴国二年（977）规定："自今应论讼人有笃疾及年七十以上，所讼事不实，当坐其罪而不任者，则移于家人之次长。"（《宋会要辑稿·刑法》）元代规定："凡陈词，年七十已上，十五已下，笃废疾，法内不合加刑，令以次少壮人陈告。若实无替代，诉身自告。""诸妇人辄代男子告辨争讼者，禁之。若果寡居，及虽有子男，为他故所妨，事须争讼者，不在禁例。"（《元史·刑法志》）

　　③ 《大明律·刑律》"见禁囚不得告举他事"条规定"其年八十以上、十岁以下及笃疾者若妇人，除谋反、逆、叛、子孙不孝或己身及同居之内为人盗、诈、侵夺财产及杀伤之类听告，余并不得告"。

　　④ 郭建，姚荣涛，王志强. 中国法制史. 上海：上海人民出版社，2000：452.

讼"条例，地方官府经常从四月一日起就在衙门两侧树立"农忙""止讼"木牌，除了受理重大案件外，不受理民间细事，在"农忙停讼"期间受理民事案件被视为官员的一项政务劣迹。① 在其余的八个月里也并非每天受理诉讼，而是沿袭明代的惯例，要在"放告日"才允许提起诉讼。② 在年末"封印"停止办公的一个月里也禁止诉讼，民众能起诉的日子十分有限。

从对诉讼主体和诉讼时间的限制我们可以看出，并非人人、时时都可提起诉讼，中国传统诉讼制度具有明显的"抑讼"特征。

三、民间调处：半制度化的抑讼途径

人作为社会性动物，在朝夕相处的社会生活中难免产生摩擦、矛盾和冲突。"无讼"理想追求的是民众的纠纷不经由国家强制力而得以解决，并非民众没有利益诉求、没有纠纷。纠纷的解决十分重要，若不能妥善解决，会导致民怨，危害社会稳定。根据费尔斯丁勒（W. Felstinler）和萨拉特（A. Sarat）所提出的纠纷金字塔理论③，人们对生活中的纠纷所可能采取的解决方式包括双方协商、找第三方仲裁、提出诉讼等高低不同层次，如果大量的纠纷通过民间调处的方式得到解决，就会大大降低诉讼规模。对官府来说，田土户婚之类的民事纠纷与那些受到国家关注的重情要案相比，只是无关紧要的"细事"④，因而官府将民事纠纷交由民间组织调处，并对民间调处的结果加以认可，甚至将民间调处纳入国家司法体系之中。根据仲裁者身份的不同，民间调处包括乡里调处、宗族调处等具体类型。

乡里调处是指乡老、里正等基层小吏调处辖区内的民事纠纷和轻微刑事案件。早在秦汉时期乡里就设有啬夫，"职听讼，收赋税"（《汉书·百官公卿

---

① 《大清律例》"告状不受理"条规定，"每年自四月初一日至七月三十日，时正农忙，一切民词，除谋反、叛逆、盗贼、人命及贪赃坏法等重情，并奸牙铺户骗劫客货查有确据者，俱照常受理外，其一应户婚、田土等细事，一概不准受理。自八月初一日以后，方许听断。若农忙期内受理细事者，该督抚指名题参"。

② 清初一般是每月逢三、逢六、逢九为放告日，清末则大多为逢三、逢八，称之为"三六九放告"或"三八放告"（那思陆. 清代州县衙门审判制度. 北京：中国政法大学出版社，2006：105）。

③ 陆益龙. 纠纷解决的法社会学研究：问题及范式. 湖南社会科学，2009 (1).

④ 《大清律例》"告状不受理"条将"谋反、叛逆、盗贼、人命及贪赃坏法等"名之为"重情"，而以"细事"来指称"户婚、田土等"。

表》），负有调解职责。北宋时期设有"耆长"，"主盗贼、词讼"（《宋会要·
职官》）。元代司法机关鉴于"民诉之繁，婚田为甚"（《元史·刑法志》），开
始将里老纳入国家纠纷解决体系中，处理"婚姻、家财、田宅、债负"四类
纠纷，"诸论诉婚姻、家财、田宅、债负，若不系违法重事，并听社长以理谕
解，免使妨废农务，烦扰官司"（《元史·刑法志》）。明代设立"申明亭"，宣
教礼义道德，进一步规定户婚、田土、斗殴等纠纷须先由民间的里老进行调
处，调处不成方可提交官府，"民间户婚、田土、斗殴、相争一切小事，不许
辄便告官，务要经由本管里甲老人理断……若不经由者，不问虚实，先将告
人杖断六十，仍发回里甲老人理断"（《教民榜文》），"若不由里老处分而径诉
县官，此之谓越诉也"（《明会要·民政》）。可见里老调处已成为法律意义上
纠纷解决的必经阶段，如果不先由里老调处就直接向官府提起诉讼，就被视
为"越诉"，要受到惩罚。

　　所谓宗族调处，是指宗族内部发生纠纷时，族长依照家法族规进行调解、
处置。宋代以后随着宗族势力的扩大和族权的加强，宗族调处成为民间调处
十分重要的环节，形成了独特的"宗族法诉讼模式"。

　　宗族法历史悠久，郑玄的《诫子书》、诸葛亮的《诫子书》、嵇康的
《家诫》、颜之推的《颜氏家训》被视为中国早期宗族法的典范。宋代家法
族规逐渐进入成文法阶段，如司马光的《家范》《涑水家仪》，陆游的《放
翁家训》，朱熹的《朱子家礼》等，但仍以伦理说教为主，缺少具体规定。
明代以后家法族规中惩戒条文不断增多，系统性也不断完善，宗族调处不
仅仅调解纠纷，还有裁决、处置不法行为的职能，家法族规成为国家法律
的重要补充。[①]

　　从宗族法与国家法的关系来看，族规、族约要求族内纠纷一般先由族长
调处，不得轻易向官府提起诉讼，自觉承担起调处纠纷的职能。[②] 国家也肯
定了宗族在解决内部事务方面的职权，并对家法族规中的惩罚措施加以认可，

---

① 相关研究可参见费成康. 论家族法中的惩罚办法. 政治与法律，1992（5）；赵华富. 徽州宗
族研究. 合肥：安徽大学出版社，2004：404；刘广安. 论明清的家法族规. 中国法学，1988（1）。
② 如安徽桐城《祝氏宗谱》规定："族众有争竞者，必先鸣户尊、房长理处，不得速兴讼端，
倘有倚分逼挟侍符欺弱及遇事挑唆者，除户长察首外，家规惩治。"江西南昌《魏氏宗谱》也规定：
"族中有口角小愤及田土差役账目等项，必须先径投族众剖决是非，不得径往府县逛告滋蔓。"

明确承认宗族法的效力。① 如明代徽州祁门《奇峰郑氏本宗谱》中就记载了向地方官府申请制定族规的批文，该批文说："参照所告营复宗祠以奉祀显祖、定立堂规、以联属族人等事，皆有裨于民风，且无背于国法，诚可嘉尚，拟合准行。"清代更是以法令形式将宗族调处纳入国家司法体系之中，《皇朝经世文编》记载："凡劝道风化，以及户婚田土争竞之事，其长（族长）与副先听之，而事之大者，方许之官。"并赋予宗族缉拿不法之徒的职权，"凡遇族姓大小事件，均听族长绅士判断。（族中）如有不法匪徒，许该姓族长绅士捆送州县审办"（《大清历朝实录·宣宗朝》）。

从上文的分析中我们可以看出，民间调处尤其是宗族调处在宋代以后形成了系统的纠纷解决规范，有能力解决民事纠纷和一些轻微的刑事案件。国家也希望大量民事纠纷能在宗族、乡里内部得到解决，减轻官府的诉讼压力。于是国家在一定程度上赋予里老调处纠纷的职权，使民间调处具有强制性，将其纳入国家司法体系之中，成为纠纷解决的必经阶段。民间调处虽然有很强的系统性和强制性，但与国家正式制度相比具有民间自治的特征，故而我们称民间调处为半制度化的抑讼途径。

四、抑讼力度的变化：对"厌讼"与"好讼"矛盾的一种解释

基于以上分析，中国传统社会通过非制度化、制度化和半制度化三种途径对诉讼加以抑制，试图实现"无讼"理想。一些学者根据上文所引用的皇帝、地方官吏、儒学大家的相关言论，以及文献中"无讼"、少讼的记载②，用"厌讼"这一概念来概括中国传统诉讼文化的特点，认为中国传统社会存在回避诉讼的现象，"人们不愿意或不积极主动地用司法审判的方式来解决自

---

① 虽然如此，但宗族法仍服从于国家法，族长的特权受到限制。例如族长原则上不能以"私刑"处死或间接处死子孙，《唐律疏议·斗讼》规定，"若子孙违犯教令，而祖父母、父母殴杀者，徒一年半；以刃杀者，徒二年；故杀者，各加一等"，《大明律·刑律》规定，"凡祖父母、父母，故杀子孙及家长故杀奴婢图赖人者，杖七十，徒一年半"。虽有如此规定，但在司法实践中往往是免议或从宽议罪。

② 例如，后汉的王堂在山东任职时，"至数年无辞讼"（《后汉书·王堂传》）。北齐天保年间宋世良任地方官时，"狱内稀生，桃树、蓬蒿亦满。每日衙门虚寂，无复诉讼者"（《北齐书·循吏传》）。隋代开皇年间的刘旷也是一位典型，"在职七年，风教大洽，狱中无系囚，争讼绝息，囹圄尽皆生草，庭可张罗"（《隋书·刘旷传》）。

己与他人之间的纠纷"①。在这些学者看来，"厌讼"不仅是情感倾向，也是实践特征，他们将"厌讼"的原因归结为传统社会的人们法律意识滞后。②然而史料中不仅有"无讼"、少讼的记载，也有"健讼""好讼"的文字，官府为"讼案山积"所困扰的现象并不鲜见。③ 明清诉讼档案为学者们基于实证资料来研究中国传统诉讼实践提供了条件，夫马进提出："中国历史上毫无疑问确曾出现过名副其实的'诉讼社会'。"④ 滋贺秀三⑤、寺田浩明⑥、黄宗智⑦等学者的研究在一定程度上佐证了这一观点。

那么，应当如何理解文献中"厌讼"与"好讼"的矛盾呢？针对健讼之风，古代国家精英普遍将其归因于民众道德水平的下降⑧，并归咎于讼师教唆。近年来学者们则更多地讨论"诉讼社会"的社会经济基础⑨，认为商品经济的发展与人口规模的激增使纠纷类型日渐多样化、复杂化，诉讼压力随之增大。也有学者对民众的诉讼观念加以分析，认为民众的诉讼观念与精英的诉讼观念存在分离，民众基于现实利益考量和社会关系而形成具体的诉讼偏好⑩。限于篇幅，在此不作展开。我们认为，作为诉讼的制度基础和实

---

① 邓林俊昌. 法治及其制度性条件——对厌讼思想的另一种法理学思考. 研究生法学, 1999 (3).

② 这一分析思路源于日本学者川岛武宜，他开启了运用"厌讼"文化解释诉讼行为的"文化解释进路"。在《日本人的法意识》一文中，川岛武宜写道："传统社会中的厌讼倾向是由人们的法意识决定的，而这种法意识的特点在于缺乏权利的觉悟或者说是缺乏对权利与义务的关系的正确理解。"（川岛武宜. 现代化与法. 王志安，等译. 北京：中国政法大学出版社, 1994）

③ 关于官员眼中的词状纷繁景象，可参看尤陈俊. "厌讼"幻想之下的"健讼"实相？——重思明清中国的诉讼与社会. 中外法学, 2012 (4)。

④ 夫马进. 中国诉讼社会史概论. 范愉，译//徐世虹. 中国古代法律文献研究：第六辑. 北京：社会科学文献出版社, 2012.

⑤ 滋贺秀三. 中国法文化的考察——以诉讼的形态为素材. 比较法研究, 1988 (3).

⑥ 寺田浩明. 中国清代的民事诉讼与"法之构筑"——以《淡新档案》的一个事例作为素材//易继明. 私法（第 3 辑第 2 卷）. 北京：北京大学出版社, 2004.

⑦ 黄宗智. 民事审判与民间调解：清代的表达与实践. 北京：中国社会科学出版社, 1998: 171.

⑧ 海瑞曾说："淳安县词讼繁多，大抵皆因风俗日薄，人心不古，惟己是私，见利则竞，以行诈得利者为豪雄，而不知欺心之害；以健讼得胜者为壮士，而不顾终讼之凶。"（《兴革条例》）裕谦也提出："人既好讼，则居心刻薄，非仁也。"（《饬发戒讼说檄》）

⑨ 相关研究可参见邓建鹏. 健讼与息讼——中国传统诉讼文化的矛盾解析. 清华法学, 2004 (1)；陈宝良. 从"无讼"到"好讼"：明清时期的法律观念及其司法实践. 安徽史学, 2011 (4)；范愉. 诉讼社会与无讼社会的辨析和启示——纠纷解决机制中的国家与社会. 法学家, 2013 (1)。

⑩ 相关研究可参见霍存福. 法谚：法律生活道理与经验的民间形态——汉语谚语的法文化分析. 吉林大学社会科学学报, 2007 (2)；胡旭晟. 狱与讼：中国传统诉讼文化研究. 北京：中国人民大学出版社, 2012；第四章"民间诉讼意识"。

践环境，抑讼力度对诉讼规模同样会产生影响，抑讼力度大则诉讼规模得到控制，民众诉讼偏好弱；抑讼力度小则造成诉讼规模膨胀，民众诉讼偏好强。

非制度化抑讼途径方面，明清一些官吏、儒生对孔子的"无讼"思想有新的理解，在他们看来，"无讼"不是无所为，而是有所为，主张通过公正严明的审判使民众的冤屈得到伸张，由"无冤"而至"无讼"。这一理念与上文所论述的通过道德感化和思想劝导调处纠纷的非制度化抑讼途径是截然不同的，虽然追求的都是无讼，对诉讼均持否定态度，但前者重判决，后者重调处。① 在"无冤"理念影响下，一些官吏认为片面追求对诉讼规模的控制会使一些冤抑得不到处理，于是在诉讼实践中放松了对诉讼的限制，如海瑞任应天巡抚期间宣称："若先亿其诬捏，十状九诬，弃九人之诬，而一人之实亦与其中矣。况十人中或不止一人之实，十人中一人为冤，千万人积之，冤以百以十计矣。不能执我严法，使诬者惧之不来，乃并实者弃之，使含冤之人不得申雪，可以为民父母哉！"（《示府县状不受理》）通过消除冤屈而减少诉讼，从理论上是说得通的，但在现实生活中，一旦民众提交的词状得以顺利转化为诉讼，不仅可能使冤屈得以伸张，也可能刺激民众的诉讼偏好，从而造成"诉讼爆炸"。当海瑞的指令下达后，民众争相提起诉讼，使松江府上海县等地诉讼激增，甚至导致书写诉状的用纸价格飞涨，一个店铺光卖状纸一天的营业额就高达三十两银子。② 海瑞的听讼努力不仅没有实现"无讼"，反而扰乱了当地的社会秩序。③

制度化抑讼途径方面，虽然中国传统社会对民众提起诉讼加以制度性限制，但制度限制只是塑造了一个框架，满足条件的民众可以自由地提起诉讼，

---

① 如清代袁枚在《答门生王礼圻问作令书》一文中所指出的："今之人不能听讼，先求无讼，不过严状式，诛讼师，诉之而不知，号之而不理，曰'吾以息讼'云尔。此如防川，怨气不伸，讼必愈多。不知使无讼之道，即在听讼之中。当机立决，大畏民志，民何讼耶？"

② 夫马进. 中国诉讼社会史概论. 范愉，译//徐世虹. 中国古代法律文献研究：第六辑. 北京：社会科学文献出版社，2012.

③ 从非制度化抑讼途径的另一个方面社会舆论来看，在一些地方，不仅没有形成"抑讼"的社会舆论，反而形成"健讼"的社会风气。欧阳修曾在文章中认为江南东路的歙州（今徽州）难治："民习律令，性喜讼，家家自为簿书，凡闻人之阴私毫发、坐起语言，日时皆记之，有讼则取以证。其视人狴牢、就桎梏，犹冠带优赁，恬如也。"该记载表明一些地区的民众熟悉法律条令，喜欢诉讼，乐于窥探并记录他人的生活隐私，以作为今后诉讼的证据。民众对涉足诉讼并不感到羞耻，即使受到刑罚也不以为意，丝毫没有"厌讼"的影子。

对诉讼的实际抑制作用有限。[①] 此外，中国传统社会的统治者对诉讼制度也不断加以调整，在此我们主要结合明代对"越诉"限制程度的宽严变化讨论制度层面抑讼力度的调整。据《明史·刑法志》记载，洪武元年（1368），"置登闻鼓于午门外，日令监察御史一人监之……或府州县省官及按察司不为伸理，及有冤抑重事不能自达者，许击登闻鼓，监察御史随即引奏，敢阻告者死"（《明太祖实录》）。洪武十五年（1382）对越诉严加禁止，"凡军民诉户婚、田土、作奸、犯科诸事，悉由本属官司自下而上陈告，毋得越诉……违者罪之"（明《续文献通考·刑考二》）。洪武末年（1398）下令凡越诉者发配边远充军，"乃用重法，戍之边"（《明史·刑法志》）。宣德八年（1433）规定"越诉得实者免罪，不实仍戍边"（《明宣宗实录》），如果所诉为实情，就不追究越诉之罪，无疑又放松了对越诉的限制。到了景泰中期又重归严苛，规定"不问虚实，皆发口外充军"（《明史·刑法志》）。回顾历史，历朝历代普遍要求上诉人必须向司法机关逐级上诉[②]，在具体历史时期关于"越诉"的制度规定包括全面禁止越诉和有条件地允许越诉[③]两类，并不存在完全放开越诉的时期，对"越诉"仍以抑制为主要特征。对"越诉"限制的宽严变化与越诉案件的规模有直接关系，一旦放宽限制就可能导致越诉案件激增，洪武初年就存在"州县小民，多因小忿，辄兴狱讼，越诉于京。及逮问，多不实"（《日知录集释》）的情况，严重影响了正常的司法秩序。

半制度化抑讼途径方面，民间调处的效果与关系网络的强弱相联系，如果关系网络较弱，那么民间调处的效果就受到限制。[④] 仲裁者的个人权威以及民间组织的力量同样会对民间调处的效果产生影响，个人威望越高、组织力量越强，民间调处的效果越好。伴随着商品经济的发展和人地矛盾的日益

---

① 故而夫马进认为：产生"好讼之风""健讼之风"的根本原因在于明清时代的诉讼制度本身是一种向千百万民众开放的制度，尽管当时的社会从价值取向和国家的政策措施上对诉讼持否定态度，但由于诉讼制度本身的开放性，无论诉讼费用如何之高，只要有够打官司的资财，任何人都可以提起诉讼。参见夫马进. 明清时代的讼师与诉讼制度//王亚新，梁治平. 明清时期的民事审判与民间契约. 北京：法律出版社，1998：392-393.

② 相关规定参见胡旭晟. 狱与讼：中国传统诉讼文化研究. 北京：中国人民大学出版社，2012：第十一章"诉讼程序"第三节"上诉程序".

③ 之所以在一些历史时期放宽对越诉的限制，多是出于平反冤抑的考虑，要求有重大冤情且所告属实。宋真宗曾说："军民诉事，有琐细非切害者，朕常寝而不行。若明谕有司，则下情壅塞，人有冤滞矣。"（《宋会要·刑法》）

④ 刘正强. 缘"分"的时代：异变中的初级关系与民间纠纷. 社会学评论，2013（2）.

尖锐，地缘、血缘等关系网络受到冲击，里老若不能对纠纷作出合理、有效的调处，那么民间组织对群体成员的约束力将减弱，民众可能不再将民间调处作为首选，而是直接诉诸官府。学者们对诉讼档案的研究发现，在一些地区由家产分割、宗祧继承、借贷关系引起的诉讼十分常见，正说明民间组织的纠纷化解功能处于弱化乃至失灵状态。正如顾炎武在《日知录》里写道，"宣德七年正月乙酉，陕西按察佥事林时言：洪武中，天下邑里皆置申明、旌善二亭，民有善恶则书之，以示劝惩……今亭宇多废，善恶不书，小事不由里老，辄赴上司，狱讼之繁，皆由于此"。即使民间调处被纳入国家司法体系之中成为法律意义上纠纷解决的必经阶段，也不能起到抑制诉讼的作用。

概而言之，"厌讼"与"好讼"的矛盾与抑讼力度有关，任何一个维度上抑讼力度的减弱都可能导致诉讼社会的出现。抑讼力度的变化既可能源于官府的主动变革，如官吏听讼实践中观念的变化以及国家对诉讼制度的调整，也可能源于社会经济变迁所导致的客观变化，如商品经济发展和人地矛盾日益尖锐对民间调处效力的冲击。因而，将抑讼力度纳入分析框架中，可以促进我们对"厌讼"和"好讼"矛盾的理解，我们需要在具体历史情境下分析影响诉讼规模的抑讼途径及相关关系。

五、结语

金耀基在《从传统到现代》中写道："社会文化是一'全体系'，它的复杂的性格有一'多变项的因果关系'，因此决不能执一以概全。"[①] 美国学者伯尔曼认为法律文化具有三重本质，既是一种现实的法律规范和制度，又是一种价值追求和道德准则，还是一种因袭而成的社会行为模式。[②] 诉讼文化作为法律文化的特定范畴，同样具有不同的维度。中国传统诉讼文化不是单一的、凝固不变的，而是不断变化与发展的，需要从不同的维度、不同的时期加以分析。

在儒家看来，诉讼违背自然秩序，破坏社会秩序，并对伦理秩序形成

---

① 金耀基. 从传统到现代. 北京：中国人民大学出版社，1999：自序.
② 伯尔曼. 法律与革命. 贺卫方，高鸿钧，张志铭，夏勇，译. 北京：中国大百科全书出版社，1993：683-684.

挑战，因而"无讼"成为古代国家精英的社会理想。为了实现"无讼"理想，中国传统社会通过三种途径来抑制诉讼。非制度化抑讼途径方面，国家精英通过思想劝导、榜样示范、社会舆论等多种方式进行道德教化，不仅试图借助道德感化提高民众的道德水准，劝民息讼，也努力营造"为讼有害"的社会舆论，增加诉讼的道德成本。制度化抑讼途径方面，中国传统社会的统治者通过制定严格的诉讼制度来增加民众提起诉讼的难度，我们结合对诉讼主体和诉讼时间的限制对此展开论述，以说明中国传统诉讼制度的抑讼特征，诉讼不是人人、时时都可采用的手段。半制度化抑讼途径方面，在中国传统社会，民间调处在纠纷解决中扮演重要角色，明清时期被纳入国家司法体系之中，成为纠纷解决的必经阶段。宋代以后，宗族调处成为民间调处的重要组成部分，家法族规提供了纠纷解决的依据，国家也肯定了宗族在解决内部纠纷方面的职权，对家法族规中的惩罚措施予以认可。

　　在国家精英的努力下，历史上确实有一些地方实现了"无讼"或少讼，然而宋代以后"好讼"的记载同样常见。针对这一矛盾，我们借助"抑讼"框架加以分析。非制度化抑讼途径方面，明清时期出现了通过明断案件来实现"无讼"的思潮，一些官吏在诉讼实践中放宽了对诉讼的限制，导致诉讼规模急剧膨胀，海瑞的听讼实践颇具典型性。制度化抑讼途径方面，这里以"越诉"为例分析诉讼制度的宽严变化，在一些历史时期有条件地允许民众越诉，然而一旦放宽对越诉的限制，就会造成越诉规模激增，扰乱正常的司法秩序。半制度化抑讼途径方面，商品经济的发展和人地矛盾的日益尖锐使民间调处所依靠的关系网络受到冲击，如果民间组织不能有效应对冲击，将使民间调处对民众的约束力弱化，民众可能越过民间组织而直接向官府提起诉讼。

　　综上所述，我们从非制度化途径、制度化途径、半制度化途径三个角度对中国传统诉讼文化加以梳理，虽然历史上抑讼力度不断调整，存在强弱变化，但国家精英自始至终对诉讼持负面评价，制度设计和诉讼实践也以抑讼为主流，因而我们认为中国传统诉讼文化以"抑讼"为主要特征。

　　今天，在我国着力推进现代法治建设的同时，"诉讼爆炸""恶意诉讼"也正日益成为影响社会秩序的重大问题，我们能否批判性地借鉴中国传统诉讼文化中的有益成分，以促进和谐社会的建设，值得学者们深思。

(郭星华、郑日强)

第二节　转型社会中法律意识的代际变迁

　　法律意识是人们理解法律的方式。在"态度取向"的研究范式①中，这种理解方式被定义为个体的法律观念、信仰和态度，如个体对某项行为合法与否的判断、对法律值不值得服从的认知等。② 在此研究范式下，研究者们认为，个体的法律态度和观念结合起来就决定着社会生活的形式与结构，因此可以用人们在法律信仰、态度和行动方面的差别来解释法律制度的特征。③ 正如卢梭所言，"一切之中最重要的一种法律既不是铭刻在大理石上，也不是铭刻在铜表上，而是铭刻在公民的内心里"④。这里所说的铭刻在公民内心的法律可以理解为公民的法律意识。可以说，公民的法律意识状况会对法律制度的运行效益以及法治秩序的建立产生直接影响。⑤

　　对于中国建设现代法治国家这一宏大事业而言，提高公民的法律意识至少是政府推行法治建设的目标之一。⑥ 与此相契合的是，中国公民的"法律意识"和"权力意识"正在逐渐增强业已成为社会各界的共识⑦，即"中国公民越来越倾向于借助法定权利来使其诉求合法化，并且尝试通过各种形式的法律参与来援引法律以维护这些权利"⑧。当然，这一论断与我们的生活经

---

　　① 学界对法律意识的研究主要存在三种取向，即态度取向的法律意识、作为上层建筑的法律意识和文化实践取向的法律意识。

　　② 弗里德曼. 法律制度. 李琼英，林欣，译. 北京：中国政法大学出版社，1994：79.

　　③ 梅丽. 诉讼的话语——生活在美国社会底层人的法律意识. 郭星华，王晓蓓，王平，译. 北京：北京大学出版社，2007：56-57.

　　④ 卢梭. 社会契约论. 何兆武，译. 北京：商务印书馆，1980：73.

　　⑤ 刘旺洪. 法律意识论. 北京：法律出版社，2001：305.

　　⑥ GALLAGHER. Mobilizing the law in China："informed disenchantment" and the development of legal consciousness. Law & Society Review，2006，40（4）：783-816.

　　⑦ PAN P. In China, turning the law into the people's protector. The Washington Post，2002-12-28（A01）；GALLAGHER. Mobilizing the law in China："informed disenchantment" and the development of legal consciousness. Law & Society Review，2006，40（4）：783-816；文泽纯. 农民呼唤法律——关于湖南省农民法律意识现状的调查. 中国司法，2001（11）.

　　⑧ 同⑥.

验和日常观察相吻合，比如中国社会的诉讼率在持续上升。①

具体到中国农民工群体，如果上述论断为真的话，那么我们不难推断，在经过法治建设和普法运动的浪潮之后，农民工群体的法律意识在提高，尤其是新生代农民工的法律意识要高于老一代农民工。但法律实践的"知情祛魅"逻辑表明，在法律参与过程中，个体的法律意识往往存在着复杂的变化，比如一方面个体运用法律的效能感在增强，另一方面其对法律制度公正性的评价在降低。② 因此，新生代农民工的法律意识高于老一代农民工，甚至农民工群体的法律意识在提高这一判断本身在多大程度上反映了社会事实，这是一个需要讨论的问题。基于此，本研究关注两个方面的议题：一是两代农民工的法律意识是否存在显著差异，二是新生代农民工的法律意识是否高于老一代农民工。

一、研究梳理

（一）农民工代际差异的研究

就农民工的代际研究而言，王春光最先提出"新生代农村流动人口"概念，将 20 世纪 90 年代初次外出的农村流动人口定义为新生代，并且根据温州市、杭州市和深圳市的问卷调查，指出新生代农村流动人口的一些群体性特征，如新生代农村流动人口的平均年龄为 22.99 岁（相比之下，第一代农村流动人口的平均年龄为 30.86 岁，二者相差 7.87 岁），76% 的人尚未结婚（而第一代农村流动人口未婚比例仅为 18.2%），平均受教育年限为 3.28 年（第一代农村流动人口的平均受教育年限为 2.91 年，二者相差 0.37 年）。③ 另一项对武汉市新生代农民工群体的研究则表明：在人口学指标上，新生代农民工的年龄区间为 16～29 岁（以 2008 年为时间点），均值为 22.84 岁，第一代农民工的年龄区间为 30～72 岁，均值为 41.12 岁，两代农民工的平均年龄相差 18.28 岁；就性别变量而言，女性在新生代农民工中的比例有较大幅

---

① 在改革开放初期的 1978 年，我国的民事诉讼率只有 31.46 件/10 万人，而到 1999 年，这个数字增长到 403.23，前后 21 年的时间里增长了 11.82 倍。参见冉井富．当代中国民事诉讼率变迁研究——一个比较法社会学的视角．北京：中国人民大学出版社，2005。

② GALLAGHER. Mobilizing the law in China: "informed disenchantment" and the development of legal consciousness. Law & Society Review, 2006, 40（4）: 783-816.

③ 王春光．新生代农村流动人口的社会认同与城乡融合的关系．社会学研究，2001（3）．

度的提高；在文化程度方面，第一代农民工平均受教育年限为 8.03 年，新生代农民工平均受教育年限为 9.75 年，二者相差 1.72 年，并且新生代农民工念过初中及以上的人数比例高于第一代农民工。①

对于上述调查数据之间的差异，王宗萍、段成荣将其归因为调查资料的代表性不足。他们基于 2005 年全国 1‰ 人口抽样调查的原始数据，对新生代农民工的群体特征进行了分析。统计数据显示，新生代农民工已经占到农民工总数的 34.6%。在新生代农民工中，女性比例为 54.7%，比男性高 9.4%，而在第一代农民工中，女性比例为 39.8%，比男性低 20.4%；未婚的新生代农民工比例高达 79.5%，而在第一代农民工中，这一比例仅为 6.9%；在受教育方面，新生代农民工的受教育程度以初高中为主，平均受教育年限为 9.37 年，高于第一代农民工 1.12 年。②

当然，农民工代际的差别不仅仅是年龄和性别这些人口学变量，而且包含社会经历、文化技能、价值观念、行为方式和社会认同等内容。比如在就业方式上，新生代农民工多半不再"亦工亦农"，还完全从事第二、第三产业。③ 他们进城的目的不仅仅是赚钱，还呈现出从"生存理性"向"发展理性"转变的趋势④，就业的目的也从"谋生"转变为"立业"⑤，职业生涯更具自主性⑥。在收入方面，新生代农民工的月收入和时收入均低于第一代农民工。⑦ 在城市融入方面，新生代农民工定居城市的意愿更为强烈⑧，表现出更强的自主和自觉意识，与市民的差异缩小，市民化的意愿和能力更强⑨。另外，新生代农民工在生活方式、消费方式和休闲方式上也呈现出独特的群体特征。汪国华的研究指出，随着新生代农民工的经济实力增强，其消费结

---

① 刘传江. 新生代农民工的特点、挑战与市民化. 人口研究，2010 (2).
② 王宗萍，段成荣. 第二代农民工特征分析. 人口研究，2010 (2).
③ "新生代农民工基本情况研究"课题组. 直面新生代农民工. 调研世界，2011 (3).
④ 刘成斌. 生存理性及其更替——两代农民工进城心态的转变. 福建论坛（人文社会科学版），2007 (7).
⑤ 何明洁. 工作：自我转换的平台——服务业青年女性农民工日常工作研究. 青年研究，2008 (2).
⑥ 童宗斌. 职业生涯与工作适应——新生代农民工的城市实践. 中国青年研究，2011 (1).
⑦ 钱雪飞. 新生代农民工收入及影响因素的实证分析——基于代际差异的视角. 江海纵横，2010 (5).
⑧ 郑志华. 新生代农民工居住状况和发展趋势. 中国青年研究，2011 (1).
⑨ 董延芳，刘传江，胡铭. 新生代农民工市民化与城镇化发展. 人口研究，2011 (1).

构与城市社区愈益趋同，并且其生活方式也日益成为他们与传统农村社会相区隔的重要标识，但由于主客观的诸多限制，新生代农民工无法与城市生活融为一体，成为徘徊在农民与市民之间的第三方群体。① 符平更明确地指出，乡土性仍然在青年农民工的生活中发挥较大作用，青年农民工虽然获得了一些现代性特征，但这并不代表他们就能融入城市。② 与此相关的是，新生代农民工对自己的身份认同处于一种混乱、模糊的状态。③ 史斌的研究则从新生代农民工的主体角度考察了他们的城市融入意愿和排斥预期，并以此测量他们与城市居民的社会距离感，结果表明，与老一代农民工相比，新生代农民工与城市居民的社会距离在增大。④ 在价值观念方面，傅慧芳认为，青年农民工在思想认同、价值观上的矛盾性更为突出，心理不平衡感更为明显。⑤ 而张文霞强调青年农民工遭遇的这些内心冲突和矛盾是一种再社会化过程，其实质是向现代性的转型。⑥

就这里的研究议题（法律意识）而言，有论者认为，新生代农民工的权利意识比第一代农民工强，更渴望得到与城市工人同等的待遇，如平等就业权、社会保障权、教育和发展权、政治参与权等。⑦ 有论者甚至将"权利意识的增强"视为新生代农民工与老一代农民工的典型差别之一。⑧

此外，对于农民工代际的差异，王春光提醒我们，年龄和代际差异只是农民工分化的一个方面，农民工（包括新生代农民工）群体内部差异也应受到关注。⑨ 例如在就业方式上，新生代农民工群体内部就存在打工型和

① 汪国华. 第三方群体的出现——新生代农民工生活方式的变异性研究. 中国青年研究，2011 (1).
② 符平. 青年农民工的城市适应——实践社会学研究的发现. 社会，2006 (2).
③ 许传新. 新生代农民工的身份认同及影响因素分析. 学术探索，2007 (3).
④ 史斌. 新生代农民工与城市居民的社会距离分析. 南方人口，2010 (1).
⑤ 傅慧芳. 青年农民工价值观的矛盾透析. 福建师范大学学报（哲学社会科学版），2006 (2).
⑥ 张文霞. 青年农民工的城市经历、自我型塑与现代转型. 调研世界，2006 (6).
⑦ 何瑞鑫，傅慧芳. 新生代农民工的价值观变迁. 中国青年研究，2006 (4)；刘传江. 新生代农民工的特点、挑战与市民化. 人口研究，2010 (2).
⑧ 长子中. 当前新生代农民工群体观念特征分析及思想引导. 思想政治工作研究，2010 (3)；许叶萍，石秀印. 新生代农民工的价值追求及与老一代农民工的比较. 思想政治工作研究，2010 (3)；葛朝辉. 新生代农民工——新特点与新启示. 中国就业，2011 (1)；吴春梅，肖帅. 新生代农民工价值观现状及其引导. 社科纵横，2011 (2).
⑨ 王春光. 对新生代农民工城市融合问题的认识. 人口研究，2010 (2).

创业型之分。① 这些差异理应得到研究者的关注。

（二）农民工法律意识及相关研究

在惯常的认知模式中，老一代农民工被描述为法制观念淡薄，权利意识低下，在权益受损时常常处于"失语"状态，所以，农民工群体需要学法、用法和守法，提高自身的法律意识，树立法律信仰，唯有这样才能维护自身的合法权益。② 而造成农民工法律意识、权利意识低下的原因之一是他们的农民身份和地位，这集中体现于农民工在法律面前的境况和待遇。陆益龙的研究指出，农民工群体的边缘身份地位影响着他们在城市社会中的法律地位，他们只能通过与权力或特权的社会交换，才能得到法律的照顾。③ 因此，提高农民工法律意识的路径之一是改变城乡二元结构，破除对农民工的制度歧视，从法律层面为农民工赋权。④

除此之外，普法教育是培养农民工权利意识、提高他们维权能力的重要手段。⑤ 但也有论者指出，普法运动的侧重点是宣传具体的法规条文，强调对法律规范的知晓和遵守，并没有致力于培育农民工的法治信仰，致使农民工难以对法治产生普遍的认同感和信任感。⑥ 尽管学界对普法运动的实效存有一定的质疑，但主流的观点认为，在普法运动和法制教育的影响下，农民工的法律意识和权利意识在不断提高，这突出表现于农民工通过抗议、诉讼等方式来维权的人数在增多。⑦ 这一判断所依据的逻辑是，"权利意识与诉讼行为之间必然存在着正比例的相关关系；诉讼率可以作为法和权利的意识发达程度的衡量指标"⑧。

---

① 郭星华. 新生代农民工创业与城市适应研究. 国家社会科学基金项目申请书，2011.

② 曹锋. 浅议农民工权益的法律保护. 法制与社会，2007（8）；钟精明. 我国农民工法治意识的缺乏及其原因探析. 辽宁行政学院学报，2007（6）.

③ 陆益龙. 进城做工人员的法律偶遇. 郑州大学学报（哲学社会科学版），2004（1）.

④ 张波. 农民工的法律意识演变分析. 桂海论丛，2006（2）.

⑤ 陈立. 普法教育与农民工劳动权益维护. 甘肃农业，2007（10）.

⑥ 钟精明. 我国农民工法治意识的缺乏及其原因探析. 辽宁行政学院学报，2007（6）.

⑦ 江立华，胡杰成. "地缘维权"组织与农民工的权益保障：基于对福建泉州农民工维权组织的考察. 文史哲，2007（1）；徐昕. 为权利而自杀——转型中国农民工的"以死抗争". 中国制度变迁的案例研究，2008（00）；廖晨歌. 关于我国农民工职业病维权困境的思考——从"开胸验肺"事件谈起. 南京医科大学学报（社会科学版），2009（3）.

⑧ 川岛武宜. 现代化与法. 王志安，等译. 北京：中国政法大学出版社，1994；季卫东代译序.

需要强调的是，对农民工群体法律意识的讨论更多的是放在中国现代化、城市化背景之中，其背后的论题是，法律意识的现代化实际上是对权利义务关系的正确理解，即形成现代意义上的权利意识。对此，川岛武宜在研究日本人的法意识时便指出，日本人在社会生活中表现出来的"厌诉"特征是日本在法的现代化过程中，"书本上的法"与"行动中的法"脱节，法律意识滞后造成的①，而随着社会现代化程度的提高，"今后人们会更加强烈地意识到权利之所在，并坚持其权利。而且作为手段之一，将会更频繁地利用诉讼、裁判制度"②。

具体到中国社会，与此密切相关的是对中国农民甚至是中国人的法律意识的分析。王海涛的研究显示，尽管经济发达地区农民要比经济欠发达地区农民的法律意识高，但法律意识淡薄仍然是中国农民法律意识的表征，造成这一状况的原因是农民习惯服膺于传统伦理和乡土规范，并且他们所处的简单的经济关系使其缺乏诉诸法律的利益驱动力，而农民的非农化以及市场经济和市民社会的发展将极大促进农民法律意识的觉醒。③尤其当农民从农村进入城市，身份变成农民工之后，其法律意识将会发生相应的转变。究其根源是他们在城市中的生活方式、社会关系已发生变化，其法律意识需要与工业社会的行为规范、价值观念相适应，这样才能在城市中生存和发展。④

总体而言，上述研究多是从理论层面来探讨特定群体的法律意识状况以及变迁方向的，但由于缺少具体的数据支持，在论证的充分性方面有所欠缺。而对法律意识的实证研究则在一定程度上弥补了这一缺陷。

1990年，郑永流等在湖北省内的16个农村开展了一项关于农民法律意识的问卷调查，涉及的内容包括农民对法律的知晓程度、对法律与人情的看法、对纠纷解决途径的选择等。调查发现，大多数农民了解的法律知识较少，20.63%的农民认为生活中有人情大于国法的现象，44.28%的农民不同意这一说法，55.72%的农民认为法律与政策差不多，只有43.83%的农民认为法律与政策是不同事物。在纠纷解决途径的选择上，农民一方面倾向于选择成本低

---

① 邢朝国. 农民工选择纠纷解决方式的影响因素. 湖南社会科学，2009（1）.
② 川岛武宜. 现代化与法. 王志安，等译. 北京：中国政法大学出版社，1994：212.
③ 王海涛. 中国农民法律意识现状探讨. 政法论坛，2000（5）.
④ 张波. 农民工的法律意识演变分析. 桂海论丛，2006（2）.

廉的干部来解决纠纷，另一方面又肯定诉讼的公正性，在低廉的诉讼成本选择与公正的结果追求之间出现矛盾。① 此外，他们专门对农户户主的法律意识进行了分析，发现户主在抽象意义上对法律的作用做出了积极评价，但在具体意义上的负面评价较多，比如85.62%的户主认为自己与法律有关系，并且77.59%认为法律的主要功能是管理国家，但在纠纷解决途径的选择上，首选诉讼途径的农户比例较低。②

另外一项有影响的法律意识调查是1995年在北京市开展的。该调查对中国人基本的价值观念、对法律知识的掌握情况、对纠纷解决途径的选择以及对司法部门的认知与评价等进行了测量。统计数据表明，17.59%的被调查者认为法律是民主的，20.79%认为法律是阶级的，34.7%认为法律是公平的。在权利意识方面，有58.27%的被调查者认为尊重权利和自由是社会生活中最为重要的事情。在诉讼倾向方面，当权利受到侵害时，"立即想"起诉的被调查者比例为28.3%，选择"有时想"和"不太想"的被调查者比例分别为48.89%、14.88%。就性别变量而言，选择"立即想"起诉的男性比例高于女性，前者为55.28%，后者为44.74%。在年龄分布上，18～30岁的被调查者中有43.49%选择"立即想"，31～40岁的有33.91%，而41～50岁的只有11.06%。此外，对于那些既可以诉诸法院判决，又可以通过调解来解决的纠纷，88%的被调查者选择了调解。总体来说，中国人对法律有一定的信任，并且与过去强调履行义务相比，他们对自己的权利有明显的重视，但是中国人对诉讼的利用率低，有回避诉讼的倾向。③

基于上述实证调查的结果，杜立聪对当前中国公民法律意识的现状进行了总结，如：中国公民对法律的认知逐渐理性化，但也存在一些误解；权利意识有明显的提高，尤其是对财产权利和人身权利比较关心；对法律总体上持比较信任的态度，但对执法的现状并不满意。④

---

① 郑永流，马协华，高其才，刘茂林. 中国农民法律意识的现实变迁——来自湖北农村的实证研究. 中国法学，1992 (6).
② 郑永流，马协华，高其才，刘茂林. 初步了解与初步理解的错位——农户户主法律意识分析. 现代法学，1991 (4).
③ 董璠舆. 中国人法律意识的基本构造及提高途径——以北京为中心的调查. 社会科学战线，1996 (6).
④ 杜立聪. 试析当前中国公民的法律意识问题. 甘肃行政学院学报，2003 (2).

更为系统规范的法律意识调查是 2002 年郭星华等开展的一项"农民法律意识与行为"的实证研究。研究发现，农民评价纠纷解决途径时，无论纠纷属于何种类型，或者其家庭背景如何，对社会网络的满意程度最高，其次是政府部分，最不满意的是司法部门。[①] 另外，郭星华对中国城市居民的法律意识进行了问卷调查，并将调查数据与美国的同类研究进行了对比。其研究发现，中美服从法律的程度存在显著差异，即北京的被调查者对警察、法院、法官的公正性的满意度高于芝加哥，但相比之下，芝加哥的被调查者对警察更为"尊重"，更为警察"自豪"。郭星华认为芝加哥被调查者对警察的这种尊重和自豪实际上是对司法机构的权威性、合法性的尊重，而这恰恰使他们更加关注司法机构在法律实践中的公正性，更容易对不公正现象产生不满。通过对相关指标进行比较，郭星华得出的结论是，北京的被调查者的责任意识、法治意识弱于芝加哥，对司法机构的不公正现象表现出更大的宽容度。[②]

陆益龙同样基于此次调查数据，对影响农民守法行为的因素进行了分析，认为农民遵守法律的行为倾向较强，这一行为倾向是工具性因素和规范意识因素共同作用的结果。另外，农民的法律意识较为模糊，对法律原则的理解和态度常常处于中间状态，但这并不会减弱他们对法律的服从。

以上研究从不同层面、不同路径分析了农民工、农民乃至中国人的法律意识状况，不管其具体结论存在何种差异，一个基本的认知逻辑是，在法治现代化进程中，农民（农民工）的法律意识是低下的，需要提高和发展，并且实际的情况是，农民（农民工）的法律意识在发生着变化，而且变化的方向是从低到高，从传统到现代（至少这是现代法治建设所期望的）——无论这种变化的动力是来自权利维护的主体需要，还是国家自上而下的法治建设的外部推动。[③]

本研究将根据对北京市建筑业农民工法律意识的经验调查，通过比较探讨农民工的法律意识是否存在代际差异以及新生代农民工的法律意识是否高

[①] 郭星华，王平. 中国农村的纠纷与解决途径——关于中国农村法律意识与法律行为的实证研究. 江苏社会科学，2004 (2).

[②] 郭星华. 走向法治化的中国社会——我国城市居民法治意识与法律行为的实证研究. 江苏社会科学，2003 (1).

[③] 唐学文. 论我国公民法律意识的现代化. 法学与实践，2007 (1)；高静丽. 试析公民法律意识现代化过程中存在的问题及影响因素. 史志学刊，2009 (3).

于老一代农民工，尝试对上述论断进行检验。

在进入数据分析之前，我们需要对本研究所涉及的相关概念进行说明。参照以往研究者对新生代农民工的一般定义，本研究所说的新生代农民工是指在 20 世纪 80 年代之后出生，没有城市户籍，但在城市从事非农业劳动的人群。我们所讨论的法律意识同样是按照态度取向来定义的，即人们对法律以及法律现象的观点、态度、知识、认知以及评价的总称。当然，这样的定义仍然是抽象的，我们需要对此进行操作化，以便于测量。此处，我们按照朱景文等提出的法律意识内在结构三分说，将法律意识的内涵分为三个维度，一个是知识维度，一个是心理维度，另一个是行为维度。[①] 具体而言，知识维度是人们在日常生活和法律实践中所了解的法律信息以及对其进行的判断，如对法律的本质和作用的认识，对法律条文的知晓、对权利义务的认知等。心理维度是人们对法律现象的体验和感悟，即对法律现象的态度和评价，如对法律是否值得服从、组织或个人的行为是否合法、司法机构是否公正和平等地对待每个人等。而行为维度是指人们行为的内在动力，包括法律性行为的意向和意愿等。对法律意识概念的具体化过程如图 2-1：

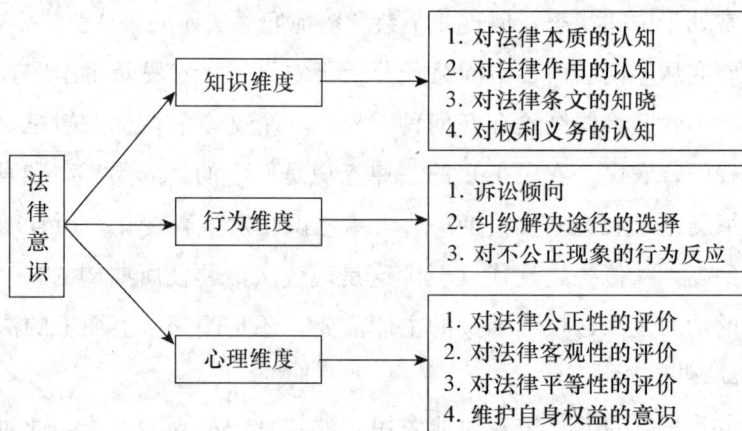

图 2-1 法律意识概念具体化的过程

二、数据说明及农民工群体的代际特征

我们分析中所用的数据来自对北京市的 4 个工地农民工的问卷调查。问

---

① 朱景文，李正斌. 法律意识的概念与本原辨析. 中央政法管理干部学院学报，1995 (1).

卷的内容包括三大部分，第一部分是有关个人基本信息和家庭背景的问题，第二部分是关于个人工作情况和人际关系的问题，第三部分是关于法律认知、态度、行为和意识的问题。样本的抽取采用了多阶段抽样方法，第一阶段以4个工地所有农民工宿舍为抽样单位，第二阶段以每个民工宿舍中的床位为抽样单位，根据抽中的床位号来确定相应的农民工为最终调查单位。在工地共发放400份问卷，回收366份，其中有效问卷338份，问卷有效回收率为84.5%。

在338个样本中，新生代农民工的样本数为126，老一代农民工的样本数为212。在人口学指标上，新老农民工群体特征的基本差异如下：

（1）在年龄变量上，建筑业新生代农民工的平均年龄为21.66岁，老一代农民工的平均年龄为38.44岁，相差16.78岁。这一数值与前文提及的调查数据比较接近。

（2）在性别构成方面，老一代农民工中的男性比例为91.5%，女性比例为8.5%，而在新一代农民工中，男性比例上升到99.2%，女性比例仅为0.8%。由此可知，新生代农民工中的女性在建筑行业就业的比例大幅度降低。产生这种变化的一个可能原因是新生代农民工就业领域的变更，越来越多的女性农民工进入制造业、服务业等领域，脱离建筑行业。这一性别比例明显不同于王宗萍、段成荣对新生代农民工性别结构的分析数据，即女性占新生代农民工的54.7%[1]，这表明新生代农民工群体存在内部差异（如行业差异）。

（3）在婚姻方面，已婚的新生代农民工比例为49.2%，已婚的老一代农民工比例为79.7%。这符合婚姻状况的年龄分布。

（4）就受教育程度而言，在老一代农民工中，文化程度为小学及以下、初中、高中、中专/技校、大专及以上的人所占的比例分别为9.9%、70.3%、13.2%、3.3%、3.3%，新生代农民工的相应比例依次为9.5%、70.6%、13.5%、5.6%、0.8%。这在一定程度上表明，与以往那些认为新生代农民工的文化程度高于老一代农民工的研究结论不同，建筑行业的新老农民工在文化程度上并没有明显的代际差异，均是以初中文化程度为主。

---

① 王宗萍，段成荣. 第二代农民工特征分析. 人口研究，2010（2）.

（5）在收入方面，建筑业新生代农民工个人的平均月收入为 1 479.59 元，家庭平均年收入为 25 177 元，而老一代农民工个人平均月收入为 1 484.19 元，家庭平均年收入为 19 172 元。由此可见，建筑行业新老农民工在个人月收入上并没有多少差异，但新一代农民工的家庭年收入明显高于老一代农民工。

三、农民工群体法律意识的代际比较

（一）农民工法律知识的代际比较

对法律的本质和作用的认知是法律意识的一项重要内容。问卷调查了被访者对法律本质的认知，即是否同意"法就是刑"（统计结果如表 2-1）。从表 2-1 的数据，我们可以得知大部分新老农民工并不同意"法就是刑"，在此项认知上，二者没有明显的代际差异。

表 2-1 对法律本质的认知 （Valid N=332）

	非常同意	同意	不同意	非常不同意
新生代农民工	3 （2.4%）	29 （23.6%）	75 （61.0%）	16 （13.0%）
老一代农民工	9 （4.3%）	45 （21.5%）	126 （60.3%）	29 （13.9%）

$\chi^2 = 0.941$，$p = 0.815 > 0.1$。

表 2-2 数据显示了农民工群体对法律作用的认知。认为法律是国家用来管理老百姓的工具的新老农民工的比例分别为 10.5% 和 6.7%，有 28.2% 的新生代农民工认为法律是镇压违法犯罪的工具，持相同看法的老一代农民工的比例为 32.2%。新老农民工认为法律是保护老百姓的工具的比例最高，前者有 55.6%，后者有 59.1%。二者之间的差别非常小。

表 2-2 对法律作用的认知 （Valid N=332）

	新一代农民工	老一代农民工
国家用来管理老百姓的工具	13 （10.5%）	14 （6.7%）
镇压违法犯罪的工具	35 （28.2%）	67 （32.2%）
保护老百姓权利的工具	09 （55.6%）	123 （59.1%）
其他	7 （5.6%）	4 （1.9%）

$\chi^2 = 5.159$，$p = 0.161 > 0.1$。

表 2-3 测量了新老农民工对一些法律规定的知晓情况。统计结果显示，

在测量的六项法律规定中，新老农民工只在对就业证卡的办理和工伤保险费用的缴纳这两项规定的知晓程度上存在显著差异，并且是老一代农民工的知晓程度高于新生代农民工，对于其他四项法律规定（加班加点工资的支付、工伤待遇、基本医疗保险费用的缴纳和基本医疗保险的定点医疗机构），老一代农民工的知晓程度均略高于新生代农民工，但这种代际差异在统计学意义上并不显著。

表 2-3　　　　　　　　　　农民工法律知识的代际比较

	新生代农民工频数（%）	老一代农民工频数（%）	χ^2 Sig. (2-Sided)
农村劳动者外出务工，不再需要办理就业证卡			
知道	53（42.4%）	119（56.1%）	5.934
不知道	72（57.6%）	93（43.9%）	0.015
用人单位安排劳动者加班加点应依法支付加班加点工资			
知道	96（76.2%）	173（81.6%）	1.425
不知道	30（23.8%）	39（18.4%）	0.233
外地农民工参加工伤保险，由用人单位缴纳工伤保险费，农民工个人不缴费			
知道	65（51.6%）	136（64.2%）	5.175
不知道	61（48.4%）	76（35.8%）	0.023
北京市农民工发生工伤享受北京市城镇职工工伤人员同等待遇			
知道	43（34.1%）	79（37.3%）	0.337
不知道	83（65.9%）	133（62.7%）	0.561
外地农民工参加本市基本医疗保险，由用人单位缴纳基本医疗保险费，农民工个人不缴费			
知道	40（31.7%）	84（39.6%）	2.111
不知道	86（68.3%）	128（60.4%）	0.146
外地农民工就医，可选择四家本市基本医疗保险定点医疗机构作为本人就医的定点医疗机构			
知道	24（19.0%）	43（20.3%）	0.076
不知道	102（81.0%）	169（79.7%）	0.783

总体而言，农民工除了对加班加点工资的支付这一法规知晓程度相对较

高之外，对其他法规的了解程度并不高，尤其是知晓基本医疗保险定点医疗机构的人数比例仅为20％左右。另外，与我们通常所认为的新生代农民工的法律知识高于老一代农民工不同，建筑行业农民工的法律知识并没有呈现出明显的代际差异，并且从统计数据来看，老一代农民工对一些法律规定的了解程度要略高于新生代农民工，而不是相反。

造成这一状况的一个可能原因是两代农民工的生活经历和生存境遇导致他们对法律的关注度以及法律需求存在差异。老一代农民工遭受的歧视和权益受损情况要超过新生代农民工，这很可能促使老一代农民工对那些与其生活和就业密切相关的法律规定更加关注，更积极地获取相关信息。根据表2-4的数据，认为法律与自己有点关系和有重大关系的老一代农民工的比例分别为19.8％和60.9％，而新生代农民工选择这两项的比例相应为9.1％和51.2％。这表明，老一代农民工中有80.7％认为法律与自己是有关系的，而新一代农民工只有60.3％这样认为，这一差异在统计学意义上非常显著。需要注意的一点是，超过三分之一的新生代农民工对法律与自身关系的认知处于一种模糊状态。这在一定程度上验证了此处的判断。

表2-4　　　　两代农民工对法律与自己关系的认知（Valid N = 323）

	没有关系	有点关系	有重大关系	说不清楚
新生代农民工	6（5.0％）	11（9.1％）	62（51.2％）	42（34.7％）
老一代农民工	5（2.5％）	40（19.8％）	123（60.9％）	34（16.8％）

$\chi^2 = 18.380$，$p = 0.000 < 0.001$。

此外，调查考察了农民工对权利义务的认知状况。其中一项是"警察有保护我们的义务，因为纳税人支付他们的工资"。结果显示，比较赞同和非常赞同这一说法的新生代农民工的比例为53.2％，老一代农民工的相应比例为63.1％，尽管二者在相应的比例上存在差别，但这个差别在统计学意义上并不显著（见表2-5）。

表2-5　　　　　　对义务的认知状况（Valid N=330）

	非常赞同	比较赞同	不太赞同	非常不赞同
新生代农民工	21（16.9％）	45（36.3％）	43（34.7％）	15（12.1％）
老一代农民工	39（18.9％）	91（44.2％）	53（25.7％）	23（11.2％）

$\chi^2 = 3.527$，$p = 0.317 > 0.1$。

（二）农民工行为倾向的代际比较

前面的文献梳理部分提到，诉讼率常常被视为法律意识和权利意识高低的衡量指标。此处，我们对农民工的诉讼倾向进行考察，以回答农民工诉诸法律的倾向是否存在代际差异。表 2-6 的数据显示，82.8％的新生代农民工在权利受到损害时想过以诉讼的方式来维权，而老一代农民工的这一比例为88.5％，二者相差 5.7％，但这个差异在统计学上并不显著。

表 2-6　　　　　　　权益受侵害时的诉讼倾向（Valid N=330）

	想过	没想过
新生代农民工	101（82.8％）	21（17.2％）
老一代农民工	184（88.5％）	24（11.5％）

$\chi^2=2.103$，$p=0.147>0.1$。

为了进一步讨论农民工的诉讼倾向是否存在代际差异，问卷测量了农民工在遇到别人借钱不还以及老板不签合同时如何选择纠纷解决途径。结果显示，新生代农民工和老一代农民工首选的纠纷解决途径都是自己找对方商量解决，其次是忍着，二者选择诉讼的比例都很低。整体而言，农民工在纠纷解决途径的选择上没有呈现出显著的代际差异（见表 2-7）。

表 2-7　　　　　　　农民工选择纠纷解决途径的代际比较

	新生代农民工	老一代农民工
借钱给别人，别人一直不还[a]		
忍着	45（36.3％）	49（23.3％）
托人	9（7.3％）	22（10.5％）
找政府、领导	3（2.4％）	9（4.3％）
自己找对方商量解决	63（50.8％）	126（60％）
打官司，诉诸法律	3（2.4％）	3（1.4％）
其他	1（0.8％）	1（0.5％）
（Valid N=334）		
老板不和自己签合同[b]		
忍着	24（19.4％）	37（17.7％）
托人	11（8.9％）	20（9.6％）
找政府、领导	6（4.8％）	27（12.9％）
自己找对方商量解决	77（62.1％）	118（56.5％）
打官司，诉诸法律	4（3.2％）	3（1.4％）
其他	2（1.6％）	4（1.9％）
（Valid N=333）		

a.　$\chi^2 = 10.151$，$p= 0.118 > 0.1$；
b.　$\chi^2 = 7.289$，$p= 0.295 > 0.1$。

表2-8考察了农民工在遇到警察不公正对待时的行为选择。数据表明，超过一半的新老农民工都选择找政府领导来解决，12.7%的新生代农民工选择忍着，而老一代农民工选择忍着的比例更高，为20.9%。另外，选择直接反抗的新生代农民工的比例为10.3%，而老一代农民工选择直接反抗的比例仅为5.7%。在诉讼途径的求助上，新生代农民工选择打官司的比例为18.3%，老一代农民工的比例略高一些（21.8%）。总体而言，新老农民工在该项行为选择上的差异在统计学上显著，老一代农民工选择忍着的比例高于新生代农民工，新生代农民工选择直接反抗的比例高于老一代农民工。

表2-8　　农民工遇到警察不公正对待时的行为倾向（Valid N = 337）

	忍着	找政府领导	直接反抗	起诉、打官司	其他
新生代农民工	16（12.7%）	71（56.3%）	13（10.3%）	23（18.3%）	3（2.4%）
老一代农民工	44（20.9%）	109（51.7%）	12（5.7%）	46（21.8%）	0（0%）

$\chi^2 = 11.060$，$p = 0.026 < 0.1$。

（三）农民工法律认知的代际比较

表2-9的数据显示了农民工对法律公正性、客观性、平等性的认知与评价。在对法律的四项评价中，老一代农民工给予积极评价的比例均高于新生代农民工，对法律的认同感相对高一些，但除了对"法律能够提供公正"这一项评价之外，农民工对其他三项的评价并没有显著的代际差异。具体而言，新老农民工对法律能够提供公正和法律能够平等地对待每个人均持比较积极的肯定态度，但只有一半左右的农民工对法律的客观性以及法院判决的公正性给予了积极评价。

表2-9　　农民工对法律公正性、客观性、平等性的评价

	新生代农民工	老一代农民工	χ^2 Sig.（2-Sided）
法院所做的各种判决是公正的 同意 不同意 Valid N=338	56（44.4%） 70（55.6%）	108（50.9%） 104（49.1%）	1.336 0.248
法律是客观的 同意 不同意 Valid N=328	58（46.8%） 66（53.2%）	107（52.5%） 97（47.5%）	0.994 0.319

续前表

	新生代农民工	老一代农民工	χ^2 Sig. (2-Sided)
法院平等地对待每个人 同意 不同意 Valid N=333	89 (71.2%) 36 (28.8%)	157 (75.5%) 51 (24.5%)	0.741 0.389

　　对自身权利的认知是法律意识的一个重要内容。表 2 - 10 考察了农民工的权利意识状况。数据表明，新老农民工认为人们应该为了自己的利益去报警上诉的人数均超过了一半，分别为 54.5% 和 56%，二者的比例很接近，其差异在统计学意义上不显著。

表 2 - 10　　　　　　　　　　农民工的权利意识

	新生代农民工	老一代农民工
人们应该为了自己的利益去报警上诉 同意 不同意 Valid N=332	67 (54.5%) 56 (45.5%)	117 (56%) 92 (44%)

$\chi^2 = 0.071$, $p=0.789>0.1$。

四、结论

　　通过对北京市建筑行业农民工法律意识的实证研究，我们发现，新老农民工除了对办理就业证卡、工伤保险费的缴纳这两项法律规定的知晓程度、遭遇警察不公正对待时的行为反应、对法律与自身关系的评价存在显著差异之外，他们对法律知识的了解程度、对法律的公正性、客观性和平等性的评价、诉讼倾向以及维护自身利益的权利意识并没有明显的代际差异。这也就是说，我们无法得出新生代农民工的法律意识比老一代农民工高的结论，相反，统计数据显示，老一代农民工对法律知识的知晓程度、对法律与自身关系的认知、诉讼倾向等都略高于新生代农民工，尽管这在统计学意义上并不显著。这一研究发现提醒我们，目前学界对农民工法律意识代际发展模式的惯常认知（新生代农民工的法律意识、权利意识比第一代农民工高）可能存在误判。

　　就农民工法律意识没有呈现出明显的代际差异这一发现而言，一种可能的解释方向是着眼于建筑行业农民工的群体特征。正如我们的调查数据所显

示的，在群体特征方面，建筑行业的新生代农民工除了在人口学变量（年龄
分布、性别结构、婚姻状况）上与老一代农民工有着明显差别之外，在受教
育程度、个人月收入上并不比老一代农民工高，这很可能意味着新老农民工
在学习法律知识以及运用法律的能力上并无多大差异。而这些因素会影响他
们的法律意识和法律行为。[①]

另一种可能的解释是农民工尤其是建筑行业的农民工在城市生存际遇的
变化对其法律意识状况产生影响。其理据是，老一代农民工在城市遭受的制
度歧视、权益受损（突出表现为工伤和劳资纠纷）情况远较新一代农民工严
重，他们对法律的需求更大，会更积极地获取法律信息和知识，并通过法律参
与来维护自身的权益。而随着农民工愈益被社会各界贴上弱势群体的标签，其
艰难的生活境遇、缺乏保障的工作环境、拖欠工资的侵权问题等广受媒体、学
界以及政府相关部门关注，这无疑有助于促进农民工的赋权过程，使农民工的
相关权益逐渐从制度层面和法律层面获得保障和维护，进而改善他们在城市的
就业环境和生存际遇。在此状况下，新生代农民工对法律的需求和关注可能不
再像老一代农民工那样急迫，在一定程度上甚至出现降低的情况，而这会对他
们的法律意识产生影响。对于这一判断，本研究的调查数据提供了一些支撑，
即 80.7% 的老一代农民工认为法律与自己是有关系的，而新一代农民工只有
60.3% 这样认为，这一差异在统计学意义上非常显著（见表 2-4）。当然，这
种解释只是推测性的，个中问题需要后续研究做进一步的探究。

最后，要特别强调的是，农民工群体代际内部的差异使我们需要探讨本
研究发现是否适用于其他行业的农民工，以进一步检验这一结论在多大程度
上反映了农民工群体法律意识的实际状况。不过，这已经超出了本研究力所
能及的范围。

（黄家亮、邢朝国）

第三节　中国传统文化的现代性转化

法治作为一种治理方式，在中国已经获得了普遍的认可和接受，但是，

---

① 邢朝国. 农民工选择纠纷解决方式的影响因素. 湖南社会科学，2009（1）.

从文化传统上说，法治毕竟是异于我们民族特质的外在的东西，它能否真正融入我们民族血液中并内化为我们的生活习惯还是一个有待社会实践去证实或证伪的未知问题。不过，在这个问题上，答案的阙如并不影响我们现在法治建设的开展，相反，正因为此，我们更要以一种积极努力的姿态来加快法治建设，以使法治作为一种价值理念深入民众心中。在法治理念的培育中，中国传统法律文化存在着许多积极的因素可供我们挖掘利用，这里拟以传统儒家文化为例，探讨在法律全球化背景下中国传统法律文化的定位问题，并对传统法律文化对现代法治理念和中国法治建设的可能贡献作一番逻辑意义上的挖掘与研究。

一、法治理念的文化向度

在法治研究问题上，当前法学界基本上抛弃了把法治单纯作为一种治理方式和制度形态的工具主义进路的研究，而主张从价值层面对法治的存在依据和终极意义进行研究，在此基础上对法治的合法性问题和法治理念的正当性作出回答。但是，众所周知，价值领域是一个见仁见智、人言人殊的特殊领域，在缺乏一个客观统一的价值标准作为评判依据的情况下，对法治价值的每一种阐述都可能具有理论上的依据和事实上的证明。所以在法治的价值尤其是法治的终极价值问题上，学者们由于研究立场的不同和观察方法的迥异，对这个问题的回答大相径庭。但是在法治理念的选择上，不论是正义主义者、自由主义者还是秩序主义者或功利主义者，对法治的根本目的在于人这个判断应该是毫无异议的，因为不管是正义、自由，抑或是秩序和功利，归根到底，还是为了人类的发展和人伦关系的和谐。

（一）法学界对传统文化的法治定位

在法学界，对西方法治理念的引入是伴随着对中国传统法律文化的批判而同时进行的。早在五四运动时期，对西方发达国家的制度框架和文化精神的引进与介绍就已经成为所谓的开明知识分子的唯一使命。在他们那一代人眼里，中国传统文化与西方先进文化是一对水火不容的矛盾，以至于要想使中国尽快地走向现代化的发展道路，必须对传统文化进行彻底的清理与改造，在这种主张的基础上形成了著名的五四时期激烈的"全盘性反传统主义"或

"整体性反传统主义"。① 而在法学界，传统中国留给我们可供借鉴和利用的法治资源是少之又少，所以在法治建设中，以西为法变成了我们唯一的选择。应当说，这种对西方法学知识和法治理念的大规模介绍和引入，对于我们尽快地了解西方法治发达的国家的发展经验有着巨大的借鉴作用。但是，如果把这种借鉴作用夸大到极端的境界，认为西方一切都好而中国却一无是处，那也不是一种冷静的态度。所以，要想真正建立起一个现代化的法治国家，除了继续学习西方以外，还必须把目光转向国内，注重对自己传统法律文化的挖掘与研究。

但是，囿于西方中心主义的研究立场，法学界对中国传统法律文化的定位基本上是一种消极和片面的定位，这种研究大部分只关注了中国传统法律文化对现代法治的消解与阻碍作用，而对于它对现代法治的积极意义却关注甚少或根本不予关注。例如，在概括中国法律传统的特征时，很多学者都会总结出类似"家族本位""伦理法治""等级制度""法自君出""权大于法""重刑轻民"等有违现代法治本义的特征②，而对儒家人文精神对现代法治和人权理念的积极意义缺乏关注，至于对儒家所力倡的人性理论，则更是不遗余力地进行批判，斥其为"误尽法治的性善论"③。因此，在对中国法律传统的概括上，法学界在内心里已经自觉不自觉地将其定位为现代法治所必须改造的内容，即使是所谓的互有优劣的比较式的研究，也往往将中国的法律传统与西方的法治理念进行对比，而着重突出中国法律传统与西方的差异，从而为中国法律传统向西方的学习埋下伏笔。④ 另外，承认中国法律传统具有一定积极意义的学者也认为，虽然中国法律传统与西方法律文化存在着理念

---

① 林毓生. 五四式反传统思想与中国意识的危机//林毓生. 中国传统的创造性转化. 北京：生活·读书·新知三联书店，1988.

② 张晋藩. 中国法律的传统与近代转型. 北京：法律出版社，1997.

③ 郝铁川. 误尽法治的性善论//郝铁川. 法治随想录. 北京：中国法制出版社，2000：148. 试与作者的另一篇文章《片面而深刻的性恶论》相比较，对于文章内容我们不作评论，这里仅就作者的态度作一比较，仅看题目，作者的价值取向就一览无余。

④ 如张中秋先生就将中西法律文化的比较概括如下：形成上的部族争战与氏族斗争的不同、本位上的集体本位与个人本位的不同、文化属性上的公法文化与私法文化的不同、宗教伦理上的伦理化与宗教化的不同、体系上的封闭性与开放性的不同、学术上的律学与法学的不同、精神上的人治与法治的不同以及价值取向上的无讼与正义的不同。显然，通过这种略显简单的对比，我们自然会得出结论，中国法律传统确实是我们进行法治建设所必须改造的对象。详细参见张中秋. 中西法律文化比较研究. 南京：南京大学出版社，1999。

上的暗合，但是单纯依靠中国的传统法律文化还不能支撑现代法治，在这种基调中，对中国传统法律文化造诣颇深的范忠信教授的论断尤具代表性。他认为，中国传统哲学是一种重视人的哲学，这种人本主义哲学，以作为物种群体的人为宇宙的核心、灵魂，认为一切神灵都应该为人类服务。这种哲学倾向，与欧洲所谓人文主义（重视个性的解放、个人的价值和自由）、人道主义（重视生命的价值和意义）、人权主义（重视个体在社会生活中应得的权利和利益，特别保障个人自由和天赋权利）等都有一定的区别。在中国传统哲学中，个体的人被淹没在整体之中，没有独立的地位和价值。① 对此，一个随之而来的推断则是，中国传统的人本主义是压抑人的本性与自由的，是漠视人的权利与利益的，再进一步推论，这种传统的人本主义与现代法治所倡导的权利和人权理念也是相对立的，所以，中国的传统文化必须成为我们进行法治建设所首先要改造的文化资源。中国法律史学界内部尚且这样认为，其他领域的研究者的观点更可想而知了。

虽然从整体上看，法学界对中国传统文化的定位是其消极作用要远远大于其积极意义，但是，即便是在这样的大环境中，对于传统文化尤其是儒家文化对现代民主法治建设的意义，有不少学者也予以了同情的理解和真诚的关注。以法学家苏力为代表的"本土资源说"的提出意味着法学界开始了对割裂传统的全盘西化式的法治发展模式的质疑，苏力通过对个案的研究对西方现代法治制度与中国传统法律文化之间的凿枘不入提出了反思，认为中国的法治建设不仅要借鉴吸收西方法治发达国家的成功经验，而且还要注重利用我们的本土资源，从本土资源中挖掘出现代法治的制度因子，从而更有效地建立起法治秩序。② 而对中国传统法律文化造诣颇深的梁治平教授更是非常重视发掘中国传统法律文化的现代意义和中华法系形成过程中的本土特色，对法学界不太注意或未经省察的法律传统，提出新的制度和行为中的解释，以期能对中国传统法律文化有一个全面的再认识。③ 另外有学者对儒家思想尤其是儒家人文精神中所蕴含的丰富的民主法治资源作了一些大胆的逻辑挖掘，认为从儒家思想中完全可以推衍出现代意义上的民主观念，因而，儒家

① 范忠信. 中国传统法律文化的哲学基础. 现代法学，1999（2）.
② 苏力. 法治及其本土资源. 北京：中国政法大学出版社，1996.
③ 梁治平. 寻求自然秩序中的和谐. 北京：中国政法大学出版社，1997.

学说与现代民主政治并不是一种天然的对立关系。① 或许这种单纯逻辑的推衍在实践层面存在着一些反差，但是，这种从中国传统法律文化挖掘现代化逻辑因子的努力却是我们必须予以尊重的。因为，从文化层面而言，法律其实也是一种文化。作为一种文化表现形式的法律虽然可以从西方引入介绍，但是，最终它必须转化为自己的民族文化才能为民众所真正理解掌握。因此，制度层面的借鉴必须融入文化层面才会具有现实意义。而在中国传统的文化中，儒家文化又对中国的文化传统起着统领与涵摄作用，因而，我们在学习西方法律制度的同时，必须考虑如何将西方的法治理念与传统儒家文化结合起来，使之能水乳交融，浑然一体。只有这样我们从西方引进的各种法律制度与法治理念才能切实有效地发挥其应有的作用。

（二）传统儒家文化对现代法治的可能意义

从文化层面看，儒家传统文化作为中国传统文化的灵魂必然会对中国的法律文化以及西方法治理念的引入起着一定的作用，但是，在法治建设层面，儒家传统文化对法治建设究竟具有多大的实践意义呢？这是我们研究儒家传统文化时所不得不回答的一个问题。对于儒家文化对现代民主法治建设的作用，学术界存在着两种截然不同的观点：对立说与融合说。对立说以美国著名政论家亨廷顿为代表。他认为，就儒家文化而言，所谓"儒家民主"几乎是明显的语词矛盾，因为他说，就他所知，国际学术界几乎无异议地一致认为，传统儒家的诸要素不是非民主的就是反民主的。亨廷顿对儒家地区的一个基本看法是，民主政治在东亚的发展取决于外来西方文化与本土儒家文化的消长关系：凡儒家传统越弱、西方文化影响越强的地区，民主政治的前景

---

① 如邓小军先生就认为，儒家天道、人性的本质同一是善。儒家的人性来源于并同质于天道的思想，与西方人性来源于并同质于自然法的思想是一致的。儒家政治思想的根本精神是，人性高于政治，修身先于从政。儒家政治理想，由天赋人性本善推至天赋人性平等，推至天下为公，即最高政治权力属于天下人民，儒家实际政治思想，由天道人性论推至民贵君轻、君权有限合法性、君臣关系相对性、人民有权推翻暴政，完全具有政权合法性观念之实。儒家思想在中国政治史上的正价值大于负价值，对欧洲启蒙运动起过支援作用，是孙中山民主思想的重要资源之一。关于儒家思想与民主思想的结合问题，邓小军提出，以儒家的天赋人性本善、人性平等为逻辑前提，正当地接上民主思想的天赋人权人人平等、政治权利人人平等，然后以此为逻辑前提，正当地接上儒家思想的天下为公。参见邓小军. 儒家思想与民主思想的逻辑结合. 成都：四川人民出版社，1995；郭齐勇. 近五年来中国大陆儒学研究的现状与发展. [2017-12-20]. http://www.yuandao.com/zazhi/6ji/jwnlzgdlrxyjdxzyfz.html.

就越好，反之则民主政治的前景越黯淡。① 融合说则以海外著名新儒家学者杜维明教授为代表，他认为儒家价值完全可以和西方法治价值相融合，并对主流的认为中国传统文化无用的论调提出了质疑："西方的价值如人权、正义、法制等现代性，这些都是人类普世化的价值。用这样的价值对三纲五常进行批判，我认为是非常正常的。但这些价值与我们自己所拥有的价值如仁、义、礼、智、信，为什么就不能配套呢？为什么自由、民主、人权是价值，而仁、义、礼、智、信就是非价值？"② 言外之意，中国的儒学价值与儒家文化在价值层面上完全有可能与西方的民主法治价值相配套，而且在价值高度上也完全可以与西方的价值相媲美。③

（1）"内圣外王、返本开新"的现代阐释。

"内圣外王"是儒学界所公认的儒家文化的理想人格和精神方向。内圣指内有圣人之德，外王指外施王者之政。"内圣外王"的含义可以概括为"致知、格物、诚意、正心、齐家、治国、平天下"。其中"致知、格物、诚意、正心"指的是内圣，"齐家、治国、平天下"指的是外王。儒家认为，内圣外王是统一的，其中内圣是外王的基础和出发点，外王是内圣的落实和体现。对此当代大儒熊十力先生解释说，君子以修身为本，而修身却是内外兼修，格致诚正是内修之目，齐治平是外修之目。④ "返本开新"则是"现代新儒家的文化纲领，旨在通过返回儒家心性学之本，以开出现代新内圣、新外王（科学、民主）。这个思路是强调由内在的道德主体向外推出或开出外在的现实社会"⑤。所以，如果对儒家传统的"内圣外王、返本开新"精神进行现代意义上的解读，就会发现，所谓内圣实际上指的就是以儒家人文精神为核心的儒家传统精神，而外王则是现代社会的科学、民主、法治、人权等价值；所谓"本"也即是传统的儒家人文精神，而"新"也即是现代意义上的科学、

① 亦陶. 儒家：民主的最后障碍？读书，1992（5）.
② 杜维明. 人文精神与全球伦理. ［2017-12-20］. http://www. siwen. org/wenhua/rwjsyqqll. htm.
③ 著名学者刘蔚华先生曾将现代文明与中华文化的契合点总结为11个方面，如人道意识、自主意识等，这从另一个方面揭示了儒家文化与现代文明融合的可能性。参见刘蔚华. 儒学与未来. 济南：齐鲁书社，2002。
④ 黄克剑. 百年新儒林——当代新儒学八大家论略. 北京：中国青年出版社，2000：63.
⑤ 赵吉惠. 论儒学前景与21世纪人类文化走向//中国孔子基金会. 儒学与廿一世纪——纪念孔子诞辰2545周年暨国际儒学讨论会会议文集（上）. 北京：华夏出版社，1995：41.

民主、法治诸价值。所以，传统的"内圣外王"之学和现代的民主法治建设，在价值理念上是完全可以契合和沟通的。这也就是当代新儒家们所津津乐道的"内圣开出新外王"学说的现代价值。

对于儒家的这种以内圣开外王的逻辑进路，美国著名汉学家墨子刻教授曾经以儒学特有的"困境意识"为起点，作过深刻的考查。按照墨子刻的介绍，所谓困境意识，"是指受儒家思想影响的中国人的意识中，由财富和权力的追求产生的焦虑不重要，但有着一种根深蒂固的不满足感、不和谐感。儒家思想中个人具有一种神圣的道德自我力量，同时也包含了一种害怕道德失败的焦虑，即无法将内在道德力量加以践履的担忧意识。两者的纠缠便构成了一种困境意识"。其实，这种困境意识究其根源是传统的儒家人文精神的"内圣外王"要求。按照传统的儒家学说，单纯事业功名上的成就并不能完全证明一个人的成功，在拓展外王的同时，对自己内心道德境界的修养也是同等重要的。所以，儒家才有"为天地立心，为生民立命，为往圣继绝学，为万世开太平"的雄心壮志。根据墨子刻对中国历史文化的了解，中国古代"以内圣开外王"的信念主要表现为两种基本的政治观念模式：激进主义与温和主义。激进主义侧重于外王方面，汉唐儒者都认为君子的政治参与、儒者的政治措施可以使人乐观地期望社会改造的成果，这种乐观的激进主义在王安石变法中达到高峰。而变法的失败是一个重大的历史事件，从那以后，儒家对依据制度自身改造社会已不抱期望，导致了儒家在学术上整个转向内心生活和在实际事务中转向温和的现实主义。这样通过外王改造社会的雄心就转变为对自己修身养性的道德要求。① 尽管在具体的济世途径上，二者有着不小的差别，但是从根源上说，这些发展途径上的差别只不过是儒家"内圣外王"精神的一个具体体现。从这里我们也可以看出儒家文化中的"入世"精神对社会实践的巨大的影响，这也为传统儒家文化与现代法治建设的内在契合提供一种历史上的说明或依据。

另外，在传统儒家文化中，一个不容回避的问题就是儒家义利观问题。在儒家看来，义是内圣的要求，而利则是外王的内容，因而，义在价值层面上要高于利。对于儒家的传统义利观，法学界一般认为其消极意义要大于其

---

① 陈来. 困境意识与相互依赖. 读书，1992（3）.

积极价值，但是有不少学者同时认为，儒家义利观在经过现代诠释和整体性转化创新之后，与现代意义上的民法文化存在着价值相通之处。第一是在原则层面上，儒家义利观的社会优先、互尊互利等道德原则与现代民法的公共秩序、善良风俗、诚实信用、禁止权利滥用等原则是相契合的。第二是在文化层面上，中国伦理可充当中国人法律生活的价值本体，来满足中国人在实现权利和遵循形式法律之后超越功利的形而上关怀的需要。第三是在人的素质层面上，法律最终得由法律人来操作，法律人的知识固然影响法律的运作，而其素质更能决定法律的效益。在历史上，儒家的义利关系准则大大提升了中华民族的道德情操，提升了法律人的人格素质，这种在执行公务和法律时必须"重义轻利"的精神至今仍应保持和提倡。① 所以，儒家义利观对于现代民法与市场经济也有其积极的一面。

(2) 中国古典意义上的治理模式："仁治"。

对于中国古典的治理模式，法学界一般概括为"人治""礼治"或者是"德治"。当然这种概括并不是完全没有道理的，但是，将儒家所倡导的"人治"与其他威权君主所实行的人治等同起来或者不加以严格的区分，其实是对儒家治理模式的一种误读。例如斯大林在"大清洗"中所体现的是赤裸裸的人治思维，但是这种人治与传统儒家所倡导的人治有着本质上的区别。实际上，儒家所倡导的人治是一种贤人政治，即"贤君为安国之本"，与柏拉图在《理想国》中所描述的"哲人王"统治有着异曲同工之妙。儒家主张人治，是以性善论的人性预设为前提的，正因为人性本善，所以不需要借助外在的约束就可以治国安民。而治理国家"最为关键的是统治者的人格，是谓有乱君无乱国，有治人无治法"②。所以，性善的假设是人治模式逻辑上的根据。如果对儒家人治模式进行细致的梳理，我们就会发现与其说儒家古典治理模式是一种人治模式，不如说它是一种"仁政"或"仁治"模式。"仁治"包括"人治""礼治"和"德治"三种因素在内，或者说"人治""礼治""德治"皆为"仁治"的有机组成部分或表现形式，单独将其中任何一个因素抽出来都不能充分表达"仁治"的复杂含义。在这三者之中，"人治"是从治理

---

① 徐永康. 儒家义利观与市场经济. 法律科学：西北政法学院学报，1996 (1).
② 唐凯麟，曹刚. 重释传统——儒家思想的现代价值评估. 上海：华东师范大学出版社，2000：278.

主体角度而言的，儒家强调，治理国家必须以人为本，因为人是社会活动的主体，任何制度规定得再完善，最终也离不开人的执行，即"徒法不足以自行"。不论是作为统治者的人，还是作为具体执行者的人，都必须是道德高尚的人，而不是任意的人，更不是道德卑劣的小人。而"礼治"主要是从治理方式而言的，古代的礼在作用与内涵上相当于现代的民法，所以蔡元培先生才说："我国古代有礼、法之别。法者，今者所谓刑法也；而今之所谓民法，则颇具于礼。"礼法并用，是中国古代社会法律思想和法律制度的显著特点。"礼"不仅具有法的属性，同时又是道德规范。礼与法在作用上的区别是："礼者，禁于将然之前；法者，禁于将然之后。"① 而"德治"则是从治理精神角度而言的，从逻辑上看，"德治"是"人治"的自然延伸，"德治"的一个重要体现就是"德主刑辅"思想的提出。"德主刑辅"是儒家法律思想的核心，它有两层含义：一是在治国方略上，应以德教为主，以刑法为辅；二是指刑法应体现儒家的道德原则，成为维护儒家道德的工具。"德治"实际上是一种德教优先主义的主张，认为通过道德教化而培养民众的道德品质，就会使其自觉遵守社会秩序，而且其效果要远远好于单纯的刑罚。② 在这三者中，以"人治"为特征，以"礼治"为形式，以"德治"为目的，三者三位一体，共同构成了完整意义上的"仁治"模式。因此，儒家心目中理想的治理模式应该是包容"人治""礼治"和"德治"三者在内的"仁治"思想，将其中任何一个要素拿开，都不是完整意义上的儒家古典治理模式。③ 所以，当前法学界对中国传统人治模式的阐述与批判，固然不能说是完全错误的，但至少可以说是"一叶障目，不见泰山"，仅仅停留在对人治的批判上，只攻一点，不及其余，对于整体意义上的"仁治"的另外一些因素视而不见，从而对中国传统治理模式的特征得出似是而非的结论或论断。

（3）当代新儒家的努力与尝试。

在努力拓展儒家传统文化的生存空间，以使其与现代民主、法治理念尽可能地加以融合上，以张君劢、牟宗三等为代表的当代新儒家们作出了卓有

---

① 王良学. 儒家学说对中国历史上民商法经济法的影响（上）. 新东方，1996（3）.
② 崔永东. 儒家道德法思想及其现代价值. 中国人民大学学报，2000（1）.
③ 对于"人治""礼治"和"德治"的具体内容及相互关系，请参见唐凯麟，曹刚. 重释传统——儒家思想的现代价值评估. 上海：华东师范大学出版社，2000。

成效的贡献。他们的努力主要体现如下：

第一，张君劢的"德法一体说"。张君劢指出，儒家重德，西人尚法，但有法而无德，或有德而无法均不可，理想的政治形态是德法合一。因为他认为，国家赖以存在、民族赖以生存者，有两大源头：一是法律，一是道德。在德法合一之中，张君劢认为德比法更重要，因为法的制定必须合乎道德的原则，而法的执行也需要道德的力量，道德是法背后的价值源泉。[①] 其实这里的"德法合一"也即是主张儒家传统文化与现代西方法治理念的结合。

第二，牟宗三的"三统并建说"。牟宗三将儒学"内圣外王"理念，亦即儒家式人文主义的完成概括为三统的建立："道统之肯定，此即肯定道德宗教之价值，护住孔孟开辟之人生宇宙之本源。学统之开出，此即转出知性主体以容纳希腊传统，开出学术之独立性。政统之继续，此即由认识政体之发展而肯定民主政治为必然。"[②] 他认为，道统、学统、政统是统一的，道统指的是内圣方面，学统和政统指的是外王方面。所以，通过"三统并建说"，牟宗三将儒家的内圣外王之说发挥得淋漓尽致，也为儒家人文精神的完成，或儒家人文精神与西方法治理念的融合提供了内在依据。

第三，徐复观的"德权结合说"。徐复观一生在学术与政治之间徘徊，但他最终选择了弃政从学，而他所有的学术著作几乎都是围绕一个"近于神话"的命题而展开的，对这个命题的研究也使他成为当代新儒家的学术大师之一，这个命题就是："将道德观念与权利观念结合起来，使东方的民主政治可以不通过对立斗争而实现。"[③] 他的研究重心也即是如何使西方的民主政治和法治理念在中国传统的文化根基上萌芽成长，最终使西方的民主法治观念成为内在于儒家传统文化的东西。

这里需要注意的是，当代新儒家们对传统文化和西方观念的关系的界定，虽然从形式上看与洋务派的"中学为体、西学为用"的论调有些相似之处，但是，实际上，二者之间有着根本的区别。所谓"中体西用"之说，从其本质来看，不过是洋务派拒斥西方、故步自封的一种借口，或者说是为自己的保守行为寻求一个冠冕堂皇的理由。在内心里，他们对西方所谓的器物之学

---

① 颜炳罡. 当代新儒学引论. 北京：北京图书馆出版社，1998：176-178.

② 同①447.

③ 黄克剑. 百年新儒林——当代新儒学八大家论略. 北京：中国青年出版社，2000：270.

还是鄙夷的，对自己传统的心性之学仍然怀有一种强烈的道德优越感。而当代新儒家却是在对西方文化有了深刻的体验之后，才主张对西方的政治理论进行借鉴吸收的。他们大多是学贯中西的大家硕儒，如张君劢先生曾经留学英伦多年，对英国的代议制政体颇有研究，而牟宗三先生更是将康德的三大批判全部译为中文的第一人。正是基于对西方文化深入精髓的了解，再加上他们自幼所耳熟能详并身体力行的儒家文化传统，所以他们对"以儒家之本开西方外王"的理念才有一种更深层面的体验。他们对西方的了解，与洋务派走马观花式的出访所形成的对西方文化的浮浅认识不可同日而语。所以，当代新儒家们的融贯中西的努力与洋务派的"中体西用"之说有着天壤之别。

（三）传统儒家文化与现代法治理念的价值契合：人权观念

从西方法治发展的经验来看，文化与法治建设有着密不可分的联系。文化中的人文精神可以说是现代法律产生和不断改革的强大动因，权利本位，契约自由，法律面前人人平等，法无明文规定不为罪，凡是法律没有禁止的都是允许的，以及以"自然法""自然权利"观念为核心的人权理念，都是文化和人文精神的伟大体现。人文主义在法律中的含量是法治文明和社会进步的重要标志。因此，我国的法律和法治建设也必须以人文主义为基调，并不断地扩大这种精神要素的含量。[①] 而且从我国的实际情况看，儒家人文精神的积极价值也为我们法治建设的"以人为本"提供了潜在的价值资源。儒家人文精神强调人是一个道德主体，强调人的崇高地位，强调人的尊严与价值，反对虐待人的残暴统治。"法治的真谛是人权"，法治必须以实现人权、保障人权为根本目的，儒家人文精神的精髓也是尊重人、保护人。这样传统的儒家人文精神在新的背景下就可以有新的解读，以此观之，儒家传统文化与现代人权理念在价值理念上存在着契通之处，其共同目的都是人的更好发展。所以从儒家传统中的"以人为本"出发完全可以在逻辑上推导出人权理念。

如果我们的法治建设坚持了人权本位，那么我们必须也要坚持权利本位的法律观念，因为权利本位不过是人权观念的一个自然延伸。所以法治中的法必须是以权利为本位的良法。实行法治的前提是要有良善之法，而只有洋

---

① 张文显. 市场经济与现代法的精神论略. 中国法学，1994（6）.

溢着公平、正义、自由、权利、人道等人文精神的法才可以称为良善之法。良善之法的目的说到底还是要维护社会中的人的利益与权利，所以，有人才说"现代法学应是权利本位的人学"①。而众所周知，儒家文化中蕴含着丰富的"以人为本"的思想，这完全可以拿过来为我们的权利本位的法学提供本土意义上的解说。虽然在具体内容上，儒家传统的"以人为本"的人文精神与现代意义上的"权利本位"有着较大的差别，但是我们也不应该完全用一种排斥的眼光认为儒家传统文化一无是处，而应该主张尽可能地从古典文献中挖掘出现代法治的成长因子，以为我们的法治建设减少一些不必要的阻力。

二、法律全球化背景中的中国传统法律文化的定位问题

（一）法律全球化背景下的中国传统法律文化的"失语"现象

（1）法律全球化的浪潮。

现今随着全球经济贸易一体化趋势的增强，法学界对法律全球化的呼声越来越高，尤其是在国际经济法和国际私法的带动之下、在 WTO 的鼓舞之下，法律全球化开始成为一种强势的话语力量影响着传统法学的话语体系。对于法律全球化的定义，法学界至今没有一个让人毫无争议的确切答案，但是从内容上看，法律全球化可以归结为以下三个方面：

第一，法律规则的趋同化。从根源上说，法律全球化主要源于经济领域的全球化，确切地说，是贸易规则的全球化。因为随着市场经济结构在全世界的确立，由市场经济的同构性所带来的交易规则的相同性或相似性也就日益引起人们的重视。因而在国际贸易领域，交易规则与法律保护的全球化问题就自然浮出水面。所以在这个意义上，有的学者才提出了"法律的趋同化"问题。② 这里的法律趋同化实际上指的就是经济交易规则的趋同化问题。所以法律全球化首先表现在法律规则的趋同化，尤其是经济交易规则的趋同化上。由于经济规则的一体化并不仅仅是经济主体之间的交往，它还涉及各个主权国家和政治团体，所以它必然会以国家的政策与法律的变革为先导，这同时又会进一步推动国家政策与法律的变革。所以有学者指出"全球化"一

---

① 邱本. 现代法学应是权利本位的人学. 长白论丛，1995（6）.

② 李双元，等. 中国法律趋同化问题之研究. 武汉大学学报（人文科学版），1994（3）.

词不仅仅是指一种经济现象，还指一种文化现象、政治现象。^①

第二，法律价值的共同化。由于法律全球化不仅仅是法律规则的全球化，它还指涉文化价值领域，所以它的一个必然结果是法律价值的共同化，也即是作为一种文化价值表现形式的法律，必须要反映全人类共同的道德要求和价值追求。现今法律的一些基本价值，如正义、民主、自由、人权、秩序、效率等等，已经超出某些国家和某个法学的范围而成为全世界人类的共同选择和目标，所以法律全球化自然也要体现在法律价值的共同化上。虽然可能由于具体国情的不同，每个国家对这些价值的理解可能不完全相同，也有可能在某些特定的时期对这些法律价值的优先选择程度不同，但是并没有一个国家会公然反对或拒绝这些人类共同的价值。从法律全球化的实现过程看，法律全球化是全球分散法律体系向全球法律一体化的运动或全球范围内的法律整合为一个法律体系的过程。这个统一法律体系当然并不意味着全球适用完全同一的法律，而是在基本的共同法律原则的基础上，将全球法律统合为一个规范等级体系，最终的目的是产生真正的全球法或世界法。^② 所以，所谓法律全球化的过程同时也即是法律价值全球化或共同化的过程。当然，由于具体的情况不同，这种共同化在现实中可能体现为法律价值的共似性。

第三，法治理念的普适化。法律全球化概念的兴起同时还隐含着一个逻辑前提，即法治作为一种治理方式可以普遍性地适用于全世界。所谓法治即是"法律之治"，法律全球化的一个必然结果就是法治理念的全球化或普适化。对于法律全球化的本质，有学者曾概括为：法律在继续其"地方性"职能、反映"地方性"需要的同时，也在越来越明显地反映全人类的需要并实现对全人类行为的规制。因此，它不只是"地方性知识"，更不只是"主权者意志"。只要更换一个角度，我们就会发现它在全球化背景下，也会是"普适性知识"和"全人类意志"。^③ 而这里所谓的"普适性知识"和"全人类意志"实际上也是从不同侧面对法治理念的普适化的表达或概括。所以，坚持法律的全球化，必然也要坚持法治理念的普适化。二者是唇齿相依的关系。

---

① 朱景文. 关于法律与全球化的几个问题. 法学, 1998 (3).
② 周永坤. 全球化与法学思维方式的革命. 法学, 1999 (11).
③ 谢晖. 法律的全球化与全球化的法理. 山东警察学院学报, 2002 (3).

　　（2）西法东渐与中国传统法律文化的"失语"。

　　从历史上看，中国近现代意义上的法治建设始于清末改制时期。由于军事外交上的屡屡失利，当时的学者们对外国学习也逐渐由坚船利炮意义上的器物层面和政治议会意义上的制度层面，过渡到民主法治意义上的文化层面。在和西方源远流长的法治传统进行比较时，中国自身法治传统与法治资源的贫瘠与匮乏一览无遗。在这种情况下，对西方法律传统的学习和对法律制度的借鉴便成为中国法学的一条不归之路。一时之间，"言必称罗马"或"言必称西方"成为中国法学界一道独特的风景。而中国古典文献所遗留下来的法律传统，以及古典文献所隐含的一些具有永恒生命力的、可能对现代法治具有积极意义的法治精神，也如敝屣一般弃之不理。这样一来的一个必然结果是，中国法学似乎是一个没有传统的学科，它没有自己的话语，总是把西方的话语如获珍宝一般地奉为经典，所以我们看看形形色色的西方法学流派与西方法学家在中国法学研究领域穿梭而过，一波还未平息，另一波又已呼啸而来。从启蒙思想家到康德、黑格尔，从哈特到德沃金，从哈耶克到波斯纳，从哈贝马斯到伽达默尔，从自然法思想到后现代主义，每一次不经意的介绍或引入都会在中国掀起一阵创世记般的轰动，但是风起云涌，过了一段时期又会有新的学者或新的理论被引进来取代前者。所以，中国法学界实际上成了西方法学界的传声筒或实验场。在这场貌似轰轰烈烈的西法东渐运动中，中国自身的声音被湮没了，中国几千年的法律传统也被无情地冲刷掉了，似乎中国法学是一个没有传统、没有历史或者没有自我的研究领域，因为我们听不到中国法学界自己发出的声音，借用文艺界的一个术语来说，中国法学患上了严重的"失语症"。

　　"失语"或"失语症"的提法首先肇始于文学界。自从曹顺庆教授首先用"文化失语症"这个概念来描述和形容文学界对西方的盲目崇拜与自己的无限自卑现象后，这个形象、生动而又一针见血的称谓便不胫而走，成为文化界普遍接受的一种泛称。按照曹教授的论述，所谓"失语"，并非指现当代文论没有一套话语规则，而是指它没有一套自己的而非别人的话语规则。当文坛上到处泛滥着现实主义、浪漫主义、表现主义、唯美主义、象征、颓废、感伤等等西方文论话语时，中国现当代文论就已经失去了自我。它并没有一套属于自己的独特话语系统，而仅仅是承袭了西方文论的话语系统。"我们根本没有一套自己的文论话语，一套自己特有的表达、沟通、解读的学术规则。我们一旦离开了西方文论话语，就几乎没办法说话，活生生一个学术'哑巴'。想想吧，怎么能期望一个'哑巴'在学术殿堂里高谈阔论！怎么能指望一个患了严重学术'失语症'的学术群体在世界文论界说出自己的主张，发出自己的声音！一个没有自己学术话语的民族，怎么能在这世界文论风起云涌的时代，独树一帜，创造自己的有影响的文论体系，怎么能在这各种主张和主义之中争妍斗丽！"①

之所以不惜笔墨地大幅引用曹教授的论断，是因为他这里所批判的这种文化失语症现象并非仅仅是文艺界的个别现象，在整个中国学术界都或多或少地存在着这种弊病，而在法学界，这种病症表现得尤为突出。对于法学界的这种失语症现象，夏勇教授以其极具穿透力的眼光作了一些论述，并对造成这种现象的原因作出了言简意赅的说明："尽管法治在本世纪里已经成为中国的流行话语，但迄今为止，我们在从学理上阐释法治的时候所使用的语言主要是翻译过来的西方语言，我们所援用的原理主要是翻译过来的西方原理。究其缘由，一因西方法治先行，经验厚积，且学术经年，易成文化强势；二因法治乃人类共求之物，人类社会共通之理，故先知先述、多知多述者遂居语言优势；三因吾国近世灾难深重，学人难以从容梳理故旧，接应西学，且多患'文化失语症'，不能用自己的语言讲述当前发生的与自己相关的事情。问题在于，翻译或许可以勉力做到所谓'信、达、雅'，而且'信、达、雅'的术语、概念、原则或许还可以在业已经过法律移植的新的制度环境里使用无碍，但是，倘若用它们作为工具来研究中国的历史，或者，来表述一种已经成为历史的不同的法律经验，就会成为一件极易出错的事情。"② 因为在学术界，失语症意味着丧失了反思和独创的能力，"当一个人在某个问题上认同另一个人的时候，前者就可谓'失语'了。'失语'就是丧失了自己对世界理解的能力"③。而失去了反思与创新能力的学术界是无法承担其文化重建的历史重任的，同样的道理，患有严重失语症的法学界也无法承担起建设法治国家的历史重任。

---

① 曹顺庆. 文化失语症与文化病态. 文艺争鸣，1996（2）.
② 夏勇. 法治是什么——渊源、规诫与价值. 中国社会科学，1999（4）.
③ 汪政，晓华. 贫困与失语. 读书，1996（4）.

（3）是否存在纯粹的"中国法学"？

法学界的集体失语所随之带来的另一个问题是，是否还存在纯粹意义上的"中国法学"或中国法学研究？对于中国的传统法律文化，学术界已经批判得太多，而学术界的批判工具则以西方的理论工具为主，不仅仅包括传统意义上的马克思主义的思想改造，还包括近来的所谓法律全球化理论以及异军突起的后现代主义法学。在这种内外交困的情况之下，所谓纯粹意义上的中国法学早已是理论奢求，所以才有学者不无愤激地说："根本没有什么中国法学，只有西方法学在中国。"即使是在最具中国特色的中国法制史领域，也远远抛弃了中国的研究传统而逐渐地走上了西化的道路，例如我们采用马克思主义所谓的社会发展阶段的五分法来对中国法律发展的历史阶段进行任意裁剪，将并不一定适用中国现实的原始社会、奴隶社会、封建社会、资本主义社会和社会主义社会的五分法，作为一条绝对的真理来划分中国的法律发展阶段。又如，我们传统的法学是以"诸法合一、民刑不分"为主要特色的，但是在我们的法制史教科书中，却常常以西方法学的"公法-私法"为理论工具，把"诸法合一、民刑不分"的中国法律传统割裂为民法、刑法、行政法甚至司法制度等许多互不相容的部分。所以在西方法学理论的话语霸权之下，纯粹意义上的中国法学，以至于除了中国法制史领域的琐碎的制度考证与繁细的文献考据之外，早已经不复存在了。也正是这种中国法学的消失，使中国的法学研究步步以西方为师，最终导致了法学界的集体失语症现象。

（二）法律全球化背景下的中国传统法律文化的定位

现今，经济全球化理论已经风靡全球，我们每个人只能去接受它而不能去抗拒它。但是在法律全球化领域，我们传统的法律文化是否可以为中国的法治现代化尽到它应有的绵薄之力，应该成为我们关注的一个重点，这个问题实际上也就是法律全球化背景下，中国传统法律文化如何定位的问题，也即是全球化与本土化的关系问题。在全球化背景下，全球化与本土化的关系问题是最引人注意的问题之一。经济的全球化并没有如一些学者所乐观的那样直接形成一个全球性的大市场，反而加剧了本来就有的全球化与本土化矛盾。这样，一方面全球化的努力遍布全球，在市场、科技、经济、环保等方面，都出现了全球化的趋势；而另一方面本土化现象也日益突出，民族意识、语言、地域、宗教等差别逐渐明显。这样全球化理论就带来了所谓的"全球化与本土化"的对立。而在中国法学界,法律全球化所带来的问题之一就是中国法学发展中的"西化与本土化"之争。"西化与本土化"之争的一个焦点问题就是中国的法治发展模式中的"建构论与进化论"之争。

(1)法治建构论与中国法学的全盘西化。

法治建构论认为,在中国这样一个面积巨大且发展失衡的国家里,要想尽快地建立起一个现代化的法治国家,必须借鉴西方发达国家的成功经验,吸收西方发达国家的先进成果,在最短的时间内引进并建立起一套先进的法律制度,以帮助中国成功实现法治现代化的宏伟目标。在法律体系的建构方面,建构论者大力主张从已经实现法治现代化的西方国家那里移植已经被那些国家的实践所证明为确实有效的法律规章和法律制度,以加速中国法治现代化的发展步伐,因此,他们又被称为法律移植派。法治建构论崇尚人类理性的力量,认为依据理性可以创设一个完美无缺的人类世界。在法治建设问题上,他们是纯粹的理性主义者,认为历史上遗留下来的传统、习惯、各种各样的民间规则和民间秩序都是陈旧落后的表现,必须以现代理性为标准予以整理、清除,只有这样才能减少我们法治发展的历程,缩短法治建设的时间,克服本可以避免的失误,争取以尽可能小的代价尽可能快地建立起现代化的法治。建构主义者一般都是激进主义者,他们认为中国的法律传统是落后的代名词,是建设现代法治国家的障碍,必须予以改造,然后再移植外国先进的法律制度,建设一个现代化的法治国家,因而在法治建设的资源取向上,建构主义者主张大力吸收国外先进的法律制度,进行大规模的法律移植。西方在经过漫长的法治发展历程后,已经建立起一套成熟完美的现代法律制度,这些制度对于我们这些后发达国家来说,是可资借鉴的宝贵资源,而且对西方发达国家的法律制度的借鉴和移植也是可能的。通过移植和吸收这些先进法律,后发达国家在较短时间内就可完成西方国家几十年或几百年的时间才能完成的法治历程,顺利地走上建设现代法治国家的道路。因而建构主义者认为,法律移植和法律建构是落后国家学习、赶超西方先进国家的一条捷径。从逻辑结果上看,法律建构论的一个必然结论就是中国法学的全盘西化,因为中国的法治建设是在对传统法律文化进行改造的基础上,吸收、借鉴西方法治发达国家的经验和制度而建立起来的。在法治建构论者看来,中国法学的全盘西化应该是中国法治建设的正确路径,甚至是唯一的路径。

（2）法治进化论与中国法学的本土化努力。

法治进化论依据"法律是一种地方性知识"的论断，反对在中国大规模移植西方的法律制度，认为作为一种文化现象的法律是无法靠移植获得真正的生命力的，因而主张中国的法治建设必须依靠中国自己的社会实践和努力，在社会自身的发展中逐渐地探索出一套适合中国国情的法律制度。由于法治进化论强调经验对于人类理性的认知的特殊意义，因此，它又被称为法治经验论。法治发展问题上，法治进化论者主张经验主义的发展道路，反对法律建构和法律移植。法治进化论者否认人类理性的万能，认为不仅人的理性能力是有限的，而且理性本身也是值得怀疑的。任何人都不可能通晓一切知识，来为社会的发展设计一条完美无缺的康庄大道。社会本身也是复杂的，人作为社会的一部分能否跳出社会自身的束缚去认识社会的发展规律，这本身就是一个有待证实的问题，我们怎么能不加辨别地就接受呢？理性主义者主张的"人为世界立法"只是一种价值上的预设，表达了人类改造大自然的决心和信心，但同时也表明了理性的僭妄与自负。事实上，任何人对社会的设计和规划都不得不建立在社会自身发展的基础上，不能脱离社会自身。按照经验主义的逻辑，社会制度和法治秩序从来不是人类设计的结果，而是经验累积的结果。① 因此法治进化论者反对按照个别人或少数人的理论和理想对社会进行彻底的改造和激进的革命，而主张从传统的制度和秩序中演化出新的制度和秩序。② 他们极为强调传统的意义，在他们看来，传统是千百年来人们智慧和经验的历史积累，比建立在纯粹的理性和抽象的推理基础上的事物更具可靠性。基于这种看法，经验演进模式对法治建设持一种进化论的态度，认为法治建设是人们在实际生活中根据自己的经验所积累下来的治理形式的总结。经验主义者从经验演进的立场出发，认为法治建设的资源取向应以本土资源为主，外国的法律制度虽然先进，但它们毕竟是西方国家特定历史条件下的产物，并不具有普遍适用性。换言之，任何法律都只是"一种地方性

---

① 邓正来. 法律与立法二元观. 上海：上海三联书店，2000.

② 苏力明确提出："中国的法治之路必须依靠中国人民的实践，而不仅仅是几位熟悉法律理论或外国法律的学者、专家的设计和规划，或全国人大常委会的立法规划。中国人将在他们的社会生活中，运用他们的理性，寻求能够实现其利益最大化的解决各种纠纷和冲突的办法，并在此基础上在人们的互动中，逐步形成一套与他们的发展变化的社会生活相适应的规则体系。"参见苏力. 法治及其本土资源. 北京：中国政法大学出版社，1996：19。

知识"，这种地方性知识虽然能为我们提供一种借鉴的参照，但它的帮助作用是有限的。另外，外国的法治经验并不完全等同于中国的经验，如果不加分析地照搬西方的经验，很可能出现的情况是，在西方社会里成功的经验，到了后发达国家却成了一种不切实际的引进，劳民伤财而又全无用处。因此，在中国的法治建设问题上，法治进化论者主张只能从中国的国情出发，依靠中国传统资源的挖掘，发现法治主义的因素，在自身资源的基础上建立现代化的法治国家。一般而言，法治进化论者都是坚定不移的法治资源本土化的支持者，并且在与法治建构论者的论辩之中，对中国法治的本土资源也作了卓有成效的挖掘与整理。①

对于法治进化论者批判最多的一个理由，也是本土资源说所不得不面对的一个问题是，中国的本土资源在多大程度上能支撑中国的法治建设？换句话说，中国的本土资源能给中国的法治建设带来多大程度的积极因素？法治建构论者之所以对法治进化论者诟病颇多，并斥之为一种"法治保守主义思潮"②，一个重要的论据就是中国的本土资源不是非法治的就是反法治的，它根本无法为中国的法治建设添砖加瓦，而只会釜底抽薪。而法治进化论者也没有充分的证据可以证明中国的本土资源可以为中国的法治建设贡献力量，所以本土资源的努力广遭批驳也是可以料想之事。但是我们说，不能证明本土资源对中国法治建设有利，并不能成为否定本土化努力的充要理由，因为我们现在虽然无法证明本土资源的积极作用，但是我们也同样无法证明它的消极作用。社会领域的实践性特征决定了任何一种理论只有被社会实践证实或证伪之后，才能对它进行盖棺论定。因此，本土资源的积极意义是一个有待社会现实证实的未知问题，在社会现实对其作出证明之前，我们任何人都无法对其作出终极意义上的价值定论。

---

① 在这方面，苏力的贡献尤其突出。在《送法下乡——中国基层司法制度研究》中，苏力通过对中国基层司法制度的实践调查，对原本被视为阻碍法治进程的种种现象，如基层法院的审判委员会制度，基层法官的复转军人身份问题，以及基层法官的审判方式问题等作出了新的解读，从而揭示了长期被我们忽略的问题的另一个方面。这些问题的揭示，有可能会成为我们法治建设中所必须要考虑的国情因素。虽然在某些论断上，我们可能不太同意苏力的结论，但是苏力的研究方法与研究进路却是我们不得不重视的一个问题。参见苏力. 送法下乡——中国基层司法制度研究. 北京：中国政法大学出版社，2000。

② 谢晖. 法治保守主义思潮评析. 法学研究，1997 (6).

三、中国传统法律文化的"创造性转化"

（一）中国传统法律文化的现代意义

任何文化与制度都存在于传统之中。中国的法治建设也必须和中国的法律传统进行有机的结合才能发挥真正的作用。虽然从制度层面看，中国法律传统留给我们可资利用的法治资源微乎其微，但是从文化心理层面看，中国的法律传统是中国进行法治建设与制度建设所必不可缺的价值源泉，它不仅可以为现今的法治建设提供心理支持，而且其自身的有益的方面还可以作为法治建设本身的一个有机组成部分而为人们所接受。在法治建设中，单纯制度层面的制度引进虽然可以在一个较短的时期内，建立起一套初步完备的法律体系，但是，要想使从西方引入的制度发挥其应有的实际效力，就必须将其融入本民族的血液中去。如果单纯地视制度引入为法治建设的唯一目的，那么很有可能出现的情况是，在西方运行良好的制度在中国却会出现与中国国情方凿圆枘、龃龉不入的尴尬局面。因此，西方的法律制度必须以中国的法律传统为心理支撑，才能彰显出制度上的优越性。所以，在这个意义上，有学者才说："法律传统是民族文化不可分割的重要组成部分，是民族发展的根基和民族进步所必不可少的丰厚资源和巨大动力。民族法律文化无论是消极的部分还是积极的部分都依其固有的惯性影响，积淀于民众的心底，并支配人们的行为，从而对法制活动产生深刻影响。中国古代的法律传统是中国古代法律文化长期聚集的结果，它包含了中国传统法律文化的基本精神。全盘否定传统文化，根本不可能引导民族走向现代化，而现代化则是传统文化的必然发展，是对传统文化的批判继承和在更高阶段上的综合与创新。"①

在法治建设的发展模式上，不论是法治建构论者还是法治进化论者都无一例外地承认传统对法治建设的巨大影响，二者的区别仅仅在于这种传统对法治建设的利弊的多少不同。法治建构论认为中国的法律传统对于中国的法治建设实践没有太大的促进作用，因而要在改造或改良法律传统的基础上建立起一个全新的法治社会；而法治进化论则主张中国现今的法治建设必须建立在对传统法律资源的挖掘和利用的基础上，否则离开了传统资源的支持，

---

① 黄晓明，吕艳利. 法律传统与当代法制. 法商研究，1997（6）.

我们的法治建设就会是无源之水、无本之木。所以，维护传统与建设法治之间，存在着巨大的张力。但是，从西方古典法治理论的发展来看，法律传统对现代法治的积极意义还是占据着法学界的主流。对于维护传统与建设法治之间的关系，林毓生教授曾经作出过精辟的概括，他认为，从自由主义的观点来看，维持社会与文化的稳定而又同时促进社会与文化的进步最重要的条件之一是一个丰富而有生机的传统。这个传统对于维护自由和促导进步的重要性是历代纯正自由主义思想家所公认的。"可是，二十世纪中国思潮的主流却偏偏是：一方面企盼与要求自由、理性、法治与民主的实现与发展，另一方面则是激烈反传统主义的兴起与泛滥。这是中国近代与现代思想发展的最大矛盾之一，也是过去中国自由主义内在的最大困扰之一。自由、理性、法治与民主不能经由打倒传统而获得，只能在传统经由创造的转化而逐渐建立起一个新的、有生机的传统的时候才能获得。"①

（二）中国传统法律文化的创造性转化

既然传统对中国现在的法治建设具有如此深远的影响，而且传统不论是消极意义上的还是积极意义上的，都会对现实实践发生潜移默化的作用，那么我们对传统的态度只能是正视而不能忽视它的存在。对此学术界长期以来采取的原则就是"取其精华、弃其糟粕"。这种原则诚然不错，但是如果我们深入分析的话，我们就会发现这实际上是一个分析命题或同语反复。问题的关键不在于我们该不该取精华、弃糟粕，而是首先要分清哪些是精华，哪些是糟粕。所以，笼统的一句"取其精华、弃其糟粕"并不能对我们的法治建设实践产生任何积极的影响。在对待中国传统的态度上我们既不能夜郎自大、盲目乐观，也不能自惭形秽、全盘西化。对此，我国台湾学者林毓生教授所倡导的"中国传统的创造性转化"理论尤为引人注意。

根据林教授的界定，所谓"文化传统创造的转化，是把一些中国文化传统中的符号与价值系统加以改造，使经过创造的转化的符号与价值系统，变成有利于变迁的种子同时在变迁过程中，继续保持文化的认同。这里所说的改造，当然是指传统中有东西可以改造、值得改造，这种改造可以受外国文化的影响，却不是硬把外国东西移植过来"。从内容上看，这种"创造性转

---

①　林毓生. 中国传统的创造性转化. 北京：生活·读书·新知三联书店，1988：自序.

化"主要包含两层含义：第一，它必须是创造的，即必须是创新，创造过去没有的东西；第二，这种创造，除了需要精密与深刻地了解西方文化以外，而且需要精密而深刻地了解我们的文化传统，在这个深刻了解交互影响的过程中产生了与传统辩证的连续性，在这种辩证的连续性中产生了对传统的转化，在这种转化中产生了我们过去所没有的新东西，同时这种新东西却与传统有辩证的衔接。① 林教授对五四时期激烈的反传统主义提出了尖锐的批评，认为"中国的学术文化思想，总是在复古、反古、西化、反西化或拼盘式的折中这一泥沼里打滚，展不开新的视野，拓不开新的境界"。要想使中国的学术在一个更高层面的价值维度上进行发展，我们的任务不是对传统进行批判，而是要对传统进行一种"创造性转化"，在维护传统的基础上延续和拓展出我们自己的学术传统。林教授以儒家思想为例，对儒家思想与现代法治的沟通或融合进行了乐观的分析。他认为，在理论上，儒家思想可以作为中国自由主义的道德基础。儒家的"仁的学说"也的确可以作为我们为了发展中国自由主义所应努力而进行的"文化传统创造的转化"的一部分基础，所以中国的自由主义建设也好，民主法治建设也好，都可以在对儒家传统的创造性转化中加以发展。②

（秦强）

---

① 林毓生. 中国传统的创造性转化. 北京：生活·读书·新知三联书店，1988：291，63.
② 同①288.

第三章　乡村秩序的重构

第一节　转型乡村中的"豪强秩序"

一、研究背景与理论探讨

近代以来，伴随着来自西方的压力和现代化的浪潮，建立现代民族国家成为中国必须面对的现实。在此背景下，基层社会的构造成为研究者着力处理的难题：一方面，不理解基层社会构造及其治理方式，就无法顺利实现对传统社会的整体改造；另一方面，深入理解中华帝国政府的基层治理方式，也成为当代中国在西方化之外探索另一种可能的现代化路径的前提。

关于中国传统基层社会构造的关键，大致有两种截然不同的判断：一种观点认为，作为基层社会基本形态的乡村社会是一盘散沙，以一家一户分散生产的农业经济为主要组织形式，"家"构成社会的基本生产和生活单位，各家各村之间缺少内在的经济文化联系，必须依赖于不同形式的帝政控制将"家"统合起来，形成皇权控制下的"编户"[①]，而帝政控制能力的缺乏和控制手段的低效，又直接导致乡村秩序在事实上的分散性[②]；另一种观点指出，

[①] Hsiao Kung-Chuan. Rural China: imperial control in the nineteenth century. Seattle: University of Washington Press, 1960；杜正胜. 编户齐民——传统政治社会结构之形成. 台北：联经出版事业公司，1990.

[②] Hsiao Kung-Chuan. Rural China: imperial control in the nineteenth century. Seattle: University of Washington Press, 1960；瞿同祖. 清代地方政府. 北京：法律出版社，2003；徐勇. 乡村社会变迁与权威、秩序的建构——对两部乡镇政治研究著作的评价和思考. 中国农村观察，2002（4）.

中华帝国政治的特点是政权高度放任，地方高度自治。虽然国家权力的基层渗透力很差，但这不意味中国没有整合的乡村社会。[①] 至于整合力量的来源，学者们亦有不同见解，但乡绅和地方精英在公共事务和地方治理中的重要角色，受到格外的关注。[②]

历史维度的讨论直接关乎对整个中国社会结构的理解，而关于现代基层秩序的讨论则直接将问题推进到当代中国治理模式的探索与选择。无论是松散论还是地方自治说都不会否认，近代以来中国社会最重大的变化之一正是国家权力深入社会基层。[③] 国家的正式制度在进入社会基层的过程中，不但结束了乡族自治的传统，而且逐渐地影响、改变和控制民间的非正式制度。[④] 那么，对比中国基层治理的前现代模式，现代乡村秩序究竟发生了怎样的变化？这种变化对于今天的国家基层治理有怎样的意义？此类疑问已成为现代中国研究的关键问题。而在基层治理方式现代化的过程中涌现出来的种种问题与弊端，也使得寻找现代国家下沉这一基层治理模式的替代性方案成为学术界的热门话题。

因此，除了对基层社会结构的历史性回顾和研究，现代国家建设背景下的乡村秩序也成为学界讨论的热点。其中，作为现代国家基本治理手段的国家法的意义与遭遇，以及国家法与民间法的关系，尤为关键，其学术价值超出法学范畴，成为整个中国基层社会研究的重要领域。

强调法律多元的学者，主张民间法生长于民间社会，与普通民众日常生活秩序密切相关，即使在政体变更、国家法被彻底改写之后，它仍然可能长久地支配人心，维系民间社会的秩序。[⑤] 也有学者把关注点放在国家法渗入乡村日常生活的具体方式，讨论国家法如何通过各种途径确立其在乡村秩序中的地位，达到国家改造基层社会的目标。[⑥]

---

① 费孝通. 费孝通文集：第五卷. 北京：群言出版社，1999：368；张静. 基层政权——乡村制度诸问题. 杭州：浙江人民出版社，2000：18.

② 吴晗，费孝通. 皇权与绅权. 天津：天津人民出版社，1988；张仲礼. 中国绅士——关于其在十九世纪中国社会中作用的研究. 李荣昌，译. 上海：上海社会科学院出版社，1991.

③ 郑卫东. "国家与社会"框架下的中国乡村研究综述. 中国农村观察，2005 (2).

④ 杜赞奇. 文化、权力与国家：1900—1942 年的华北农村. 王福明，译. 南京：江苏人民出版社，1996：194—200.

⑤ 梁治平. 清代习惯法：社会与国家. 北京：中国政法大学出版社，1996.

⑥ 强世功. "法律"是如何实践的——一起民事调解案的分析//王斯福，王铭铭. 乡土社会的秩序、公正与权威. 北京：中国政法大学出版社，1997：488—514.

随着研究的深入，更多学者试图跳出简单的二元论范畴，发掘国家法与民间法互动的多元关系，以阐发在国家建设过程中乡村秩序的复杂性。黄宗智提出"第三领域"的概念，以凸显实践中的法律包括"带有成文法典和官家法庭的正式司法体制，由通过宗族/社区调解解决争端的根深蒂固的习惯法构成的非正式司法体系，以及在两者之间的第三领域"[①]。在他看来，这种三分法不但适用于清代司法，也是理解中国基层社会和司法状况的基本框架："过去的调解者是因事而定，此时的政府却要求专设官员负责调解事务，并由社区干部组成的半正式的调解委员会配合其工作。这种农村调解组织构成了中国司法中一种新型的第三领域。这种第三领域虽然已经制度化，但既不完全属于正式政府，也不完全属于民间社会，依其结构，它同时包括了两方面的影响因素"[②]。强世功透过"法律的治理化"概念，强调在全能主义国家政权建设进程中，司法实践实际上消弭了国家法与民间法的明确界限，"国家法在民间社会确立合法化的过程既是国家法改造民间法的过程，同时也是国家法向民间法妥协让步的过程"[③]。通过这一过程，国家打通了社会治理的通道，但同时也使得"法律无法建立独立于政治、道德和经济的自身逻辑，无法确立其内在的自主性，而这种自主性恰恰是现代法治的必需条件。……法律与道德、政策和习惯之间并没有泾渭分明的分界线。与此同时，法官与干部、村长、村中有威望的人也没有根本的不同，……由此导致'司法的政党化'和'法律的惩罚化'构成了当代中国法律治理化的两个重要主题"[④]。

虽然都是为了超越基于西方历史社会背景的国家/社会二元划分，以更真切地刻画中国当前基层秩序的历史和现状，但黄宗智和强世功各自的努力之间还是隐藏着价值判断的对立。强世功在指出国家法和民间法界限日益模糊的同时，强调"法律的治理化"与"现代法治精神的价值内核是不相符的"[⑤]，在国家法向民间法妥协让步的过程中，"对调解的过分强调给国家法

---

① 黄宗智. 中国的"公共领域"与"市民社会"? ——国家与社会间的第三领域//邓正来，亚历山大. 国家与市民社会——一种社会理论的研究路径. 北京：中央编译出版社，1999：430-431.

② 同①437.

③ 强世功. 法律移植、公共领域与合法性——国家转型中的法律（1840—1980）//苏力，贺卫方. 20世纪的中国：学术与社会（法学卷）. 济南：山东人民出版社，2001：131.

④ 同③256-257.

⑤ 同③256-257.

也带来不良的影响"①。不难看出，这里所指的国家法，浸染着传统国家/社会二元框架中"市民社会"和"公共领域"的理想因素。② 黄宗智则认为，这样的价值预设是伴随近代制度建立而移植到中国的法律形式主义理想，脱离了中国的实践历史，带来了错误的政策和严重的社会影响。③ 因此，他强调发挥第三领域"集权的简约治理"的优势。④ 由此可见，强世功所批评和忧虑的"模糊"和"不良影响"，对于黄宗智而言则正是中国特有的"半正式行政方法以及国家发起结合社会参与的模式"，在中国"追求自身特色的政治现代性中扮演一个角色"⑤。

反过来看，上述两种价值立场又共享一个基本的假设：以政府为代表的国家权力所面对的是一个相对自治的民间社会。强世功假设在这个民间社会层面上，国家法与民间法相互影响，最终形成了一个与现代法治不相符合的社会背景；黄宗智则相信民间社会和政府的互动，可以通过在第三领域的合作达到治理效果。那么，后续的研究应当追问：是否真的（仍然）存在这个相对独立自治的民间秩序？如果存在，其内在整合机制是什么？如果不存在，国家法深入基层社会所造成的影响究竟如何？

二、研究案例背景与方法说明

笔者所在的课题组于 2009 年 4 月在东北某市的四所监狱实地调查时发现的现象对于回答上述问题或许具有特别的意义。这次调查以"民事转刑事"案件的纠纷解决机制与过程为研究对象，涉及四所监狱，以所有在押犯人为总体，以"纠纷是否发生于农村"和"纠纷是否发生于熟人之间"为条件进行排查，符合条件的犯人共 312 名，调查人员向在场的所有犯人发放问卷 290 份，回收率 100%，其中有效问卷 272 份，有效率 93.8%。问卷内容主要包括个人信息、家乡的社会情况和纠纷的解决过程。个人信息主要涉

① 强世功. 法律移植、公共领域与合法性——国家转型中的法律（1840—1980）//苏力，贺卫方. 20 世纪的中国：学术与社会（法学卷）. 济南：山东人民出版社，2001：131.
② 张佩国. 乡村纠纷中国家法与民间法的互动——法律史和法律人类学相关研究评述. 开放时代，2005（2）.
③ 黄宗智. 集权的简约治理——中国以准官员和纠纷解决为主的半正式基层行政. 开放时代，2008（2）.
④ 同③.
⑤ 同③.

及被调查者判刑时的年龄、学历、职业、收入、社会网络等；家乡的社会情况包括家乡的纠纷情况、邻里关系、社会风气、纠纷解决的常用途径、司法部门的状况与作用等；纠纷解决过程包括纠纷的性质、纠纷双方的基本情况、双方在纠纷解决过程中各自寻求的帮助、产生的效果等。在问卷调查基础上，调查人员根据"纠纷是否长期存在"排查出 66 名犯人，并随机抽取 12 人进行结构性访谈，详细询问他们的基本情况（个人、家庭、村庄）、案情陈述（纠纷本身、自身、对方、村里其他人）、判刑之后对于自身处境的反思与感受以及其他一些在问卷中无法获得深入了解的问题。通过访谈以及访谈过程中的观察和沟通，调查人员获得了关于具体受访者的更为丰富连贯的知识。

在前期研究中，通过对问卷数据和结构性访谈的分析，我们发现一类在既往的纠纷解决机制的理论分析中长期被忽视的纠纷，它们无法被例行化的纠纷解决机制所消化和解决，最终"溢出"纠纷解决机制，成为国家暴力治理的对象，以一种激烈而悲剧的形式重新进入国家法的视野。①

这一发现对国家法和民间法争论的意义在于：第一，这类现象的广泛存在，标志着民间秩序整合力量在特定情境下的失败；第二，它也没有被国家法系统处理和吸收。在这一发现基础上，笔者通过对结构性访谈中 7 个案例的详细剖解，在乡村暴力犯罪的语境下，继续深入探讨在民间秩序整合失败的极端情况下国家法秩序扮演的角色，以及民间秩序和国家法治理双双失败后现实乡村秩序的可能图景。

受限于访谈对象的独特性，笔者不能勾勒出所涉及的各个案例的全貌，也不可能对受访者述说的具体环节的真实性做出辨别和判断。或许会有学者因此批评笔者所援引的材料只是来自对服刑人员的访谈，难免片面和失真。但笔者的研究目标并非是对相关案件的是非曲直做出"裁决"，而是想通过受访者关于整个纠纷过程的叙述、行为的选择及理由的陈述，来挖掘个人关于国家法秩序的观念。换言之，经由对受访者所讲述的故事背后的整个意义结构的发掘，我们可以探知在这些人的观念里，国家法究竟意味着什么；进一步，透过这些受访者的讲述，洞悉国家法的背后隐藏着的世界图景的样态；

---

① 储卉娟. 暴力的弱者：对传统纠纷解决研究的补充. 学术研究，2010（2）.

以这样的世界图景反观现实的乡村秩序，将会获得什么样的一条线索？①

三、法：异乡人的保护机制

【案例1】赘婿的故事

Q，37岁。故意伤害致人死亡，无期徒刑。在入狱之前，他曾被某村一名富有的寡妇招为上门女婿，摆了酒，但是没领结婚证。三年后，由于生活琐事双方发生争执，感情破裂，他被女方赶出门。Q并未试图挽回这段婚姻，但希望可以拿回一些共同的财产，多次上门讨要，女方坚决不答应。最后一次讨要时，女方的亲戚朋友不断恶言嘲笑，还出手殴打他。Q抄起院子里的锄头，挥舞自卫，导致其中一人重伤不治，当场死亡。

女方是本村人，家族势力较大，且家境富有，Q是一文不名的外来户，几乎没有任何社会支持，甚至连婚姻的法律保障也不曾得到。虽然处于绝对的劣势，但Q从未放弃争取各种权威的支持：他曾找过村里的老人，但大家都说别人家里的事，不方便管；他也曾希望获得村干部的支持，虽然村干部很同情他，却也表示无能为力，劝他去找派出所和法院；派出所则告诉他，没有合法婚姻关系，拿回财产是不可能的。

在与Q的访谈中，印象最深的便是他不断地重复同一句话："我就亏在不懂法。"在回想自己做过的各种努力时，他显得无可奈何但又很温和。村

---

① 确切地说，对于服刑人员的访谈无法揭示"事实"的说法，可能正是出于对服刑人员的固有偏见。为什么我们可以通过对农民工的调查和访谈，揭示农民工的所思所想，不需要辅以包工头的访谈，而这种方法却偏偏在用到对服刑人员的调查时会受到很多质疑？所谓罪化和标签理论，作为研究者本身也应时时反思，不要身入彀中，遮蔽了真正的方法和理论问题。也许有另一种质疑，认为犯人的讲述很可能不是"犯罪"过程及其前后的真实所思所想，而可能是犯人被逮捕甚至服刑之后，经由同犯人交流以及公安、法院、监狱的教育而形成的，而他原初的观念或许已经难觅踪迹。诚然，对于意义脉络的追溯性访谈，无法完全避免这种可能性。但这种质疑的前提假设，即犯人交流以及公安、法院、监狱对犯人的教育会触及并着重于重建犯人的"知识体系"和"社会认知"，至少在我们的调查中没有获得明显支持。无论是法院处理过程，还是监狱管理过程，都将重点放在"法律事实"的描述和灌输上，而较少关注犯人的"知识体系"与"社会认知"。法律形式主义和标签化，社会学视角对于当前法律实践的这一批评，不但适用于司法，在某种程度上也适用于监狱实践。这一点或许应当另文讨论，但正是基于这一观察和判断，我们相信，在这个特殊的主题上，通过访谈技巧的控制，仍然可以在很大程度上展现受访者原初的意义世界。

里的老人、村干部、当时的媒人、派出所工作人员，甚至经常嘲笑殴打他的女方家人对他的态度和行动，在 Q 看来，都是可以理解的，"他们都是自家人"，"我一外来的"；得不到来自这些人的同情和帮助，也没什么可埋怨的，"怪就怪自己不懂法"。Q 在入狱之后，在与狱友的交流中得知，摆酒三年后，按照国家婚姻法，其实已经可以被看成是事实婚姻，并可以依据这一法律关系提出财产分割要求。"我吧，没文化，不懂法，就不知道机会。只能去她家里要"，"要是早知道这个，我就不去找她了，也就不会打死人了"。

在这个案子里，我们看到的是一个与乡土社会迥然不同的场景。乡土社会的人口流动率低，"乡村里的人口似乎是附着在土上的，一代一代地下去，不太有变动"，是一个"富于地方性的""没有陌生人的社会"。在这样的社会里，社会秩序主要倚靠老人的权威、教化以及乡民对于社区中规矩的熟悉和对传统的服膺来保证。[①] Q 的故事所表现出的乡土社会，则是一个已经开始流动、基于"熟人"关系而运作的、排外的社会，其逻辑是帮亲不帮理。Q 作为一个外来者，尽管大家私下都表示同情，但 Q 在他们的潜意识里显然不被视为这个"熟人社会"的成员。对于 Q 这样的乡土社会的"陌生人"或者"他者"，无人愿意为他做任何调解或者疏通的工作。他们的这种选择，不仅被他们自己认为是正确的，甚至也被 Q 视为理所当然。那么，在这样的"乡土社会"，Q 要如何实现他的正义？[②]

或者说，Q 构成了民间秩序讨论的盲点。学者们在讨论民间秩序对乡村社会的规范力量以及对国家力量渗透的抵抗时，并未将 Q 这样的外来人考虑在内。然而，我们必须看到的是，随着整个中国流动性的加强，乡村社会早已不是人口流动性低、人们都附着于土地的世界，而是"村庄边界日益开放，

---

① 费孝通. 乡土中国　生育制度. 北京：北京大学出版社，1998.
② 为什么 Q 认为他有"正义"需要伸张？假如我们能够找出这个原因，那么，它与现实纠纷解决机制之间的张力，确实构成了国家法与民间法讨论的重要脉络。Q 对于正义的认知和需求如果来自国家法的教诲，那么这就很接近秋菊的故事；如果由 Q 在原本归属群体中习得，那么不同"乡土社会"法律的冲突就构成了万民法的前提。由于缺乏相应的访谈资料，笔者无法就此问题展开讨论。然而，在这个案例的语境下，故事也许更为简单。由于 Q 的正义得到了广泛的认同，那么我们或许可以假设，"夫妻同居共财"是一项得到这一地方性社会认可的正义，但关键的问题仍然在于我们的观察：这项正义仅仅被认可，却没有落实的机制。

流动性大大增加，使得人们的生活面向发生了巨大的变化"① 的社会，农村里像 Q 这样的外来人越来越多，乡土社会的陌生人化日益加强。在这种背景下，一方面，乡土社会的"特殊性"逻辑没有因为人口流动而发生本质的变化，仍然构成乡村日常生活的底色，熟人间发生的纠纷和案件往往表现出与国家法逻辑格格不入的"本土文化特征"，这一点也构成了民间法学者的主要关注点和现实依据。但另一方面，以 Q 这样的陌生人为当事人的案件则暴露出这个被假设具有道德感和秩序感的前现代民间法体系面对陌生人时的封闭和规范上的无力：规则的构成和使用因人而异，内部的道德化以对外人的去道德化为前提。陌生人的问题无法在这个秩序内得到解决，从而埋下尖锐冲突的种子。

【案例2】家务事没人管

L，47 岁。故意伤害罪，有期徒刑 3 年。早年当过十年大队队长，后来外出谋生，四处收古董，收入可观。离家期间听说妻子有外遇，回家后多方打听，基本证实。L 提出离婚，并保证财产大部分归妻子。但妻子坚决不同意，声称要好好过日子。事情暂时平息。L 某次中途回家，发现房门紧闭，再后来看见传说中的姘头从房内出来。围绕外遇的纠纷再次出现。妻子不能断绝与情人的联系，却死活不肯离婚。事情一拖再拖。直到某一天 L 在家里遇见姘头男，双方扭打起来，L 将对方打成重伤。

"我挺好一个人，怎么就陷在这里了？"叙述过程中，L 显得非常困惑，并反复提到"咱关键是不懂法"。在详细追问之后，我们才明白，他所谓的"不懂法"，不是说不该打人，而是追悔当年没有直接向法院起诉离婚。对于一个事业有成、在当地享有威望的中年男人，面对老婆偷情这件事情，他几乎没有任何可以启动的纠纷解决机制：与妻子协商离婚，"成全他们"，但妻子坚决不同意；能不能靠村委会或者村里的其他人调解呢？做生意之后，家"搬到市里。……就脱离村里很远了，从××店坐车回××（镇），得 40 分

① 董磊明，陈柏峰，聂良波. 结构混乱与迎法下乡——河南宋村法律实践的解读. 中国社会科学，2008（5）.

钟。从包产到户起我就没有什么来往，给我安排了工作，我没干，我搞单干，养车，各方面，开个小煤矿。当地人都知道咱，都有名的。就这么样呢，我脱离他们很远。""眼前只能靠朋友，你说我能不能跟朋友说这些事呢？"好事没问题，但是"你说这个事儿，丢咱自己脸面。不好说"。在同乡人印象中属于勤奋、努力一类人的他，在这个时候却无计可施。至于兄弟姐妹，家里人劝和不劝离，"力度不大"。

在回忆了当年的走投无路后，L有了Q那样的感慨：现在知道了，一定要懂法，懂法就能解决当年解决不了的纠纷，就不会有后来的悲剧。在L看来，法是一种拉大社会距离的力量。无论是双方协商，还是本村干部、同乡、朋友、父母亲戚，大家都关系太近了，没法插手家务事，只能看着他束手无策。但司法机关不一样，"因为他们懂法，能把这个事情从头到尾……他们也不会外出去告'谁谁谁，他们家什么个情况'，都很保密的。调解起来"。

L是另一种意义上的Q。他虽然是乡村社会土生土长的人，甚至曾经属于乡村精英，但后来住到了城里，逐渐远离了原来的世界，跟自己曾经属于的乡村世界"没了来往"，变成了那个"熟人社会"的"陌生人"。在生活顺利时，他感觉不到这种自我陌生人化，等到出现生活上的波折，他才发现，虽然还是用"朋友""兄弟姐妹"等称谓来彼此称呼，但其内涵已经完全不同于传统的家族亲友关系，曾经附着于这个熟人社会之中的各种"社会性"关系，早已在不经意间演变成纯粹的个体之间的关系：跟朋友交往在乎的是"面子"，兄弟姐妹则宛如陌生人，人们虽然在劝和不劝离，但没有人在乎他是否受到亏欠，是否需要补偿，他日常生活中的正义是否需要重新实现。一言以蔽之，他曾经依附的民间秩序不再是他可以倚靠的、为他主持正义的当然途径。

研究者曾孜孜不倦地探讨人们为什么规避国家法[1]，法律多元视角则在探讨民间法和国家法的关系时形成了如下观点：民间纠纷解决机制依据的是乡土社会日常生活的内在逻辑，是乡民们所了解、熟习、接受乃至于视为理所当然的知识；相反，通过宣传和普及等方式自上而下灌输给乡民的国家法，

---

[1] 苏力. 法律规避与法律多元//苏力. 法治及其本土资源. 北京：中国政法大学出版社，1996；苏力. 再论法律规避//苏力. 法治及其本土资源. 北京：中国政法大学出版社，1996.

并没有变成乡民自己的知识，无法指导他们的生活和解决他们的问题。在没有陌生人的社区共同体当中，成员基本上拥有同一种知识，受制于同一种生活逻辑。对乡民而言，国家法所代表的是另一种知识，而且往往是一种异己的、难以理解的、压制性的知识。

但在以上两个案例里，我们看到了相反的情形：Q作为外来人，被以乡土社会差序格局为基础的各种纠纷解决机制拒之门外；L则在法律之外的各种纠纷解决机制里看不到自己的未来以及怨恨解决的可能性，这些机制虽然可以被启动，但不能真正发挥效力。换言之，乡村社会的成员虽然拥有同一种知识，受制于同一种生活逻辑，但他们之间发生纠纷时并不必然意味着乡村秩序会自然而然地发挥调节作用。这样，民间法研究者的"民间法的动力自然孕育于乡土社会的共享知识之中"的假设就变成了一种"美好的想象"。L的故事充分证明了这一点："我肯讲理，性格善良，不善良我也不会跟我对象拖延这么长时间。我就寻思能成一家人还是成一家人吧，孩子都那么大了。走一家进一家也不容易，都不容易。谁也没想到这次还是这样。……如果当时要懂法，各方面，找派出所也好……就不会发生，到我今天这个地步来。"

民间法系统失效的原因我们在前文中已有所涉及，这里可以从另一个角度做进一步探讨。正如萧凤霞、包弼德等人[1]观察到的，在历经新中国成立后几十年的基层建设运动之后，农村里原本存在的一层层的市场、寺庙、宗族、社群等组合和网络都消失了，或者虽然在形式上有不同程度的保留，但其背后的由很多跨区域想象（translocal imagination）和制度关联（institutional linkages）一层层构成的农村却消隐了，乡村社会演变成革命和国家建设的场所。改革开放以后，随着整体社会流动性的增强，陌生人成为乡村社会不可回避的现象，而改造后的所谓民间秩序，已经丧失了原有的丰富性和弹性，蜕变成一个完全本地化的秩序。"差序格局"原本可以借由跨区域想象而荡漾开来的余波被切断，保留下来的只是从"个人"或"家庭"向外有限延伸的"熟人"逻辑。这种狭窄逼仄的圈子逻辑无法应对一个流动性不断加强的乡村社会的秩序维持要求。在此背景下，无论是真正外来的陌生人，还是由于斩断了社区生活的联系而陌生化的个人，要想实现个人的正义，都无

① 萧凤霞，包弼德，等. 区域·结构·秩序——历史学与人类学的对话. 文史哲，2007 (5).

法从这一强调特殊性的民间法系统获取支持。可能的情况是，纠纷解决只能够依赖于一个建立在陌生人基础之上的制度与价值体系。

在这里，我们看到了国家法对于乡土社会的积极意义。国家法确实代表的是另一种知识，一种异己的知识，但这种知识并非时时处于日常生活的对立面，以至于不能很好地解决农民的需要和问题。对于乡土社会中的"陌生人"，这种不依赖于任何本地秩序而存在的、以原子化的个人为对象的知识系统，可能构成了他们唯一可以诉诸的秩序。在这里，我们看到现代社会作为整体力量对人的塑造，以及这一塑造背后牵连的整体社会问题。当以"非地方性"的公民为成员的现代国家秩序建立起来并成为中国人首要的"最具合法性"的身份认同之后，以陌生人为对象的国家法系统就成了人们的另一个选择。或许很多乡民还没意识到自己身边存在这样的选择，但处于囚牢中的L和Q显然是终于知道了。在回溯性的评论中，他们都表示，唯一有效的机制可能就是国家法，而阻碍他们获得这种机制帮助的最大障碍则是对法律的无知。

四、法：为什么没有用

【案例3】邻居家的狗死了

X，36岁。故意伤害致人死亡，无期徒刑。X的媳妇儿精神不大好，某日邻居家的狗死了，邻居推断一定是X的媳妇下药毒死的，要求X家赔偿2 000元。X觉得自己的媳妇虽然精神有些问题，也不至于去毒狗，更何况家里没有毒药，他媳妇也没有能力购买，所以坚决不赔。为此双方僵持不下，邻居屡次索要赔偿，毁坏X的菜地，直到有一天拿着斧子来X家闹事，被X夺下，混乱中反被X砍中，重伤死亡。X投案自首。

在诉说经历的时候，X异常激动，"为了条狗我这下半生就毁在这里边儿了"，并且一直强调自己"从来没被派出所罚过款没被派出所拘留过，完了也没跟别人打过架，跟邻居之间也都挺和谐，就是个老实人，靠干活儿为生，不偷也不抢，我就这么个人"。不管X的诉说是否属实，起码说明，X认为，像他这样的老实人不应该遭受这种荒谬的无妄之灾。在他的观念里，这场荒

谬悲剧的根源就是受害人太跋扈。"平时就挺称霸，我要说这意思是什么呢，你要说他老实，也不会没看见就说是我媳妇儿药死的。这家人啊就是不讲理，骂你也没有事儿，打你也没有事儿，他们就是这么想，平常跟其他人也这样。"X还专门提到，他虽然平常讨厌这家人的霸道，但还是顾及邻居应有的情分，逢年过节的礼数都不缺。"他们家盖房子我们还都去送过礼钱呢，送了20块钱，农村啊邻居之间虽然没有太大的来往，但有事儿不能袖手旁观哪，面儿上还得送，逢年过节的咱们也到他屋里去坐一会儿，拜个年啥的，咱们也就这么个人。有时候家里菜吃不了，倒了也白瞎了，我就说你们吃吧，……跟邻居之间还做到这种程度。"也就是说，在X的叙述和观念里，被害人及其家庭才是乡村秩序真正的破坏者，"就是不讲理"。

　　为什么对方不讲理、破坏乡村秩序，最后反而是自认为谨守规矩的老实人进了监狱呢？在访谈的时候，我们曾留意到如下的问题：X会否就此将原因归结为双方家庭经济政治地位的差距，相信是因为对方很有权势或者特别有钱，以至于可以直接打击陷害。也就是说，在X的观念里，这是不是一个"仗势欺人"的故事，而在这个故事里，纠纷解决机制失效的真正原因是什么？X的回答并非我们的预期："他家呢就是，钱还没有，就是打下那个底儿了……称王称霸那个底儿，他敢跟你打，敢跟你干，也敢跟你纠缠。他家三口人，爷俩，都挺厉害，谁也不敢得罪。"那么，面对这样无权无势、至多只是蛮横的家庭，为什么研究者们假设的乡村纠纷解决机制不能发挥应有的作用呢？X的解释或许能给我们提供一个答案。X最初提出找村干部来解决纠纷，被害人同意其建议，并主动找来治安主任，但X不相信他，因为这个治安主任"是他（对方）妹妹的（干）哥哥"。X只好去找村长，但由于自己"就是在家靠干活儿，跟他也没什么关系。那个治安主任呢就是……跟我这个被害人他们是亲属关系，完了他俩（指治安主任和村长）一串通，到那儿就让我赔。谁去都让我赔，村长去也让我赔，那个治安主任也让我赔"，"都没看着就让你赔偿，还不让我上班"。X觉得不服气，要求把案子提交到派出所，"我说这案子你们上交给派出所，我这么告诉他他们也没解决，也没管"。不仅如此，X还描述说，自己被堵在家里不能上班，一出门就被打。整个过程没有邻居过来劝解，"打的时候也没有，都不想得罪人，因为又没打着你，谁都不上前，都瞅着。这家人打人狠，大家都上不了前，上去也说不了话，也只能不吱声。到后来我就躲，躲他就打不着了"。

（为什么不找法律途径解决？）"那阵我就以为……不是我造成的，也不是我家的错，说什么我也不会赔偿，所以也没多想。"无论 X 给出的理由是否是他当时的原意，但就这桩事件本身来看，即使他选择了诉诸法律途径，也很难得到他想要的"解决"。在抽象的以"权利"为核心的法律推理领域，这个故事无疑会涉及众多法律问题，例如"诬陷""损毁财产""骚扰"，从而产生众多可诉诸的法律权利。但在实际的法律系统当中，仅仅有合法合理的权利主张并非国家法启动的充分条件，效率也是一个不可忽视的决定性因素。法律运行本身是一个建立在成本收益基础上的社会控制系统，即使在作为法治"模板"的美国司法系统中，成本考量和效率也通常是影响普通人获得法律服务和正义分配的关键因素。[①] 在本案所涉及的中国基层社会情境当中，司法服务"供给"上的不足，导致了国家法系统不可能以"权利"为首要价值，而只能以解决问题为第一任务。

既然国家法系统不能处理所有的纠纷和"权利"诉求，只能解决有限的问题，那么，这样的国家法系统实际上预设了社会自发调节能力的存在，这一基本前提关注往往为"法治"的宣传者和普通民众所忽视。因此，抽象地谈论国家法系统对于整个乡村原有秩序的摧毁和无孔不入，往往会造成误解，认为国家法旨在且能够全面取代原有的秩序和内生调节力量。事实上，由于国家法系统的根本特征之一便是关于法律调整范围的确定，任何一个社会事件进入国家法系统之前，必须经过立案的步骤，这一筛选机制就意味着，必然存在一个界限，在这个界限以内，才是国家法接管的世界，在此之外，则是社会或国家行政权力的范畴。

首先，在 X 的故事里，我们看到了派出所的"失灵"。"派出所有时候就下来看看，调查一下怎么回事儿就走了，都解决不了。"在乡村社会，虽然派出所担负着国家行政权力和治安权力末梢的重要角色，但在很多基层社会，它作为外来机构，只是一个偶尔出现的权力的影子，没有进入整个乡村生活的语境，其权力的行使依赖于更基层的机构提供的信息。其次，村长、治安

① 梅丽. 诉讼的话语：生活在美国社会底层人的法律意识. 郭星华，等译. 北京：北京大学出版社，2007.

主任和其他村干部也无法担任中立的判断者或者正义执行者的角色。在 X 的讲述里，他们更接近于拥有权力的普通村民，其立场的选择完全基于个人与具体事件、当事人的关系。再次，是否存在一个纯民间社会的调节力量？至少在这个故事里，这一点是不得而知的。

也就是说，X 所描述的乡村社会不再是一个由地方权威、精英、乡绅领导起来的自治共同体，清晰地呈现在我们面前的，只有一个个个体，包括不讲理的个人，作为亲戚的村干部，作为前者朋友或者同类的其他村干部，不敢说话的其他人。

在这个故事里，我们发现的国家法的"没用"，与一般的民间法研究中所呈现的情形完全不同：国家法系统并不意味着对社会自治性的取消，相反，它预设了国家/社会两分格局的存在。在这个意义上，所谓的国家/社会视角是内在于国家法秩序的，因此国家法系统作用的充分发挥，必须以"社会"的存在和运转为前提。而国家法秩序面对乡村社会所表现出来的无力，有可能并非来自民间秩序的抵抗，而是源于民间秩序的缺席。

【案例4】冯沟村世仇

F，25 岁。故意伤害罪，有期徒刑 8 年。F 与被害人是远房亲戚，但自爷爷辈开始便因分房而结下怨仇，几十年间两家矛盾不断，时有冲突。F 小学一年级时，父亲曾在与对方家庭的打斗中失去四个手指。后经法院调解，对方赔偿 9 000 元结案。这次 F 的母亲与被害人的妻子为了琐事发生争执被打，F 跑去找被害人打架，互殴中将对方打成重伤。

这是一个典型的纠纷解决失效的故事。F 与被害人的世仇起源于几十年前的"占道"纠纷，F 的父亲拿到一套房子，但进出的某条通道被被害人的父亲给堵了，后者在通道上盖起了小院。从 F 的叙述里，F 的姥姥和大爷分别担任过村里的大小干部，例如村长、队长，都曾为此事找过被害人的父亲。F 本人当时尚未出生，关于这个世仇的了解都源于家庭和邻里的诉说，不清楚细节，我们对于其中到底发生了什么当然也是不得而知的。但至少可以肯定一点，即过去几十年里两家为此冲突不断，直到今天，纠纷还是没能解决。

国家法曾在两个时间点上介入这一案件：第一次是十几年前，当 F 的父亲失去四个手指头时，第二次是导致 F 入狱的事件发生后。但国家法对这两次事件的处理方式大相径庭。无论按照哪一个版本的《中华人民共和国刑法》，造成受害者四指残废的行为都毋庸置疑地触犯了刑律，但当时的处理方式是调解，施害者赔偿 F 的父亲 9 000 元人民币了事。这在民间法研究当中可以被看作经典的"刑事转民事"案件[①]，体现了国家法面对民间惯习、为了"社会效果"而采取的司法实践上的折中和妥协。[②]

那么，这样的处理究竟有无达到"社会效果"呢？很显然，在 F 家的故事里，事情并未像民间法学者所想象的那样终结：首先，矛盾和冲突此后继续频繁发生，没有减缓的迹象；其次，据 F 转述，"听我爸说就是不满意还能怎么样，我爸当时就是这么说的"，（这么听起来你还是不太满意，是吧？）"对"。既然无论在主观满意度还是客观效果上，这种为"社会效果"而妥协的司法实践都未能达成其目标，那么问题的症结究竟在哪里呢？

当我们假设"刑事转民事"可以起到缓和社会矛盾的效果时，其实预设了社会矛盾在国家法不介入的情况下自行缓和的可能性。在这种假设下，虽然同样是国家权力的行使，但不同行使方式的效果是不一样的。刑事案件意味着国家权力直接介入社会关系，将一方定义为犯罪人，另一方定义为受害人，其结果指向的不是这个关系本身，而是更为抽象或者说更宏观的非地方性的秩序，即刑罚本身的"报应"性特点，一次性地抚平了抽象的社会关系由于刑事犯罪行为而出现的裂痕，至于具体当事人之间的社会关系，则不在考虑之列；刑事转民事的效果（或者说优势）则在于让原有的社会关系维续，此一犯罪行为不构成从地方共同体领域向以国家为背景的抽象领域的飞跃。这种设想无疑有其合理性，但能否在实践中实现初衷，却不能骤下结论。

如果社会仍然拥有自行修复社会关系的能力，即矛盾可以通过基层社会非诉讼纠纷解决机制逐渐被吸收或者彻底解决，则刑事转民事的做法无疑是有益的，这也构成民间法学者的基本看法。但是，他们错误地将这一预设看成民间社会秩序的题中应有之义。正如前一个案例所分析的，基层社会并不一定蕴含这样的力量。同样的逻辑，在 F 的访谈中，我们几乎可以看到完整

---

① 梁治平. 乡土社会中的法律与秩序//王斯福，王铭铭. 乡土社会的秩序、公正与权威. 北京：中国政法大学出版社，1997：432-449.

② 同①442.

的再现：（1）"没有，从来没有。农村里……嗯……这么说吧，恨不得没有这个……一年到头没有这样的事啊，他都觉得没意思，都喜欢看热闹"，"从来没人管过。就是……这次我打人的时候他哥哥，他对象的哥哥，然后就是我婶，就他们俩拦着，就再也没有其他人，毕竟是亲戚嘛，再就没有了。"（2）"被害（人）他的父亲以前就是在村上干过，可能跟上面的乡里什么领导都有些关系吧，应该是的。"（3）派出所根本没有出现在 F 所列的可被选择的纠纷解决机制当中，只是在提及被害人的社会关系时，说到"我这个被害（人）啊，他弟弟还是表弟的在派出所，我们市的"。

这个案例表明，单靠国家法无法修复受损的社会关系。但与民间法逻辑不同的是，这并不能就此推导出"修复社会关系"属于民间社会的范畴，应当回归到由民间法来支配。因为这样的假设忽略了在以上两个案例甚至所有案例中都或多或少体现出的民间秩序的缺位。与通常的理解不同，这种缺位并非加强而是在根本上制约了国家法系统作为一整套生活安排和行为规范的效果和作用。

【案例 5】杀私奔妻

D，52 岁。故意杀人罪，无期徒刑。D 一直以既漂亮又有高中学历的老婆为荣，后来老婆开了个洗头房，招了四个小姐，时常与流氓地痞来往，D 也不以为意。某日，老婆跟当地的流氓 C 私奔，D 大为惊诧。之后曾努力挽回，请儿子的老师、亲戚、朋友去劝说，希望老婆回心转意，全无效果。后来 D 亲自找到老婆，想劝她回家，结果反被流氓打成重伤。在老婆私奔后的第九个月，D 决定杀死她。事后，D 投案自首。

除了民间秩序的缺席导致国家法的无力之外，D 的故事向我们展示了国家法在人们的意义系统中的另一层面相。

D 的悲剧的起因与 L 相同，都是妻子的外遇；然而 D 与 L 不同，他一开始就想到利用国家法来解决自身的问题。"我怕碜碜你知道吗，你媳妇儿跟人跑了，多窝火儿啊，多碜碜。（所以谁都没跟说？）谁也不知道啊，家里也不知道啊"。后来他去找老婆被流氓打，"三次被打，不敢说呀，跟谁说啊，说了还挨谁笑话，又帮不了忙，不碜碜事儿嘛，媳妇儿跟人跑，完了还叫人打了，啥好事儿啊。我本身在家还大一点儿，叫弟弟妹妹们咋看待啊"。他特别指出，直到他杀人为止，他的生活圈子里知道这件事情的只有四个人。在这种背景下，他首先想到的是找司法机关，除了"法治"的意识形态力量之外，国家法系统所代表的陌生化世界与现实熟人世界的区别，D一定深有体会。

国家法系统眼看就要发挥L在后来的追悔中所盼望发挥的功能，但D选择了放弃。原因是他通过一桩事件感知到了对方的势力：

> 在潘井又开一个理发店儿，他俩跑到潘井又开一个理发店儿，没见着人。开业的时候去了好多人，剪彩啊啥的，她二哥也去了，她二哥是潘山天秀公司的一个书记。开业那天他们就被潘山市公安局给抓过去了，因为没有合法手续，把他俩都给抓走了，他们家（C）大哥和侄儿一个电话就给放了，他大哥在司法局上班，他侄儿，他大哥的大儿子，在检察院上班。所以为啥我就不敢相信这个司法部门呢，人家都有，那小子，那男的都有直系亲属在里边上班，你说我他妈能上哪儿告去啊，我能告得了吗？我一个小穷工人……就只能……实在是没办法了……

这次事件让D相信C一定拥有不同寻常的家庭关系和能耐，认为自己根本没有办法通过法律途径来制约有多个亲属占据各司法部门要职的C。在D的这种想象中，国家法不是一个高高矗立于乡村社会之外给予陌生人保护的体系，而是一个与基层政治权力结构有着千丝万缕联系的系统。至少在D的观念里，国家法对于个体的有效性取决于这个人对政治权力的拥有、分享和动员能力。C作为众多权力人士的亲属，在D看来，自然具有极大的优势。

然而D没有立刻完全放弃诉诸国家法。"我就再找朋友，那朋友好像管点事儿吧，也没起作用。"（那朋友是干吗的呢？）"我那朋友是……台安县有宾馆，宾馆里的……就像派出所那样的，那……那个系统的，那叫什么的，派出所吧，宾馆里面那叫派出所还是啥的啊，他就像所长那性质的，是个小头头，管治安的。（是保安吗？）哎，对，好像就是叫这个。（你们什么关系呢？）我们是亲戚，是……我妈那头的亲戚，怎么个关系我也整不清楚呢，因为我上我舅舅家串门儿，过年时串门儿，正好他也去看我舅舅，他叫我舅舅叫姐夫，说他在宾馆上班，说有啥事儿找他去，就再没见过，这回有事儿我就找他去了。"粗看起来也许很可笑，他居然找了个只有一面之缘的转弯抹角的亲戚，甚至连对方的职业都没弄清楚。但他为什么会有这样的选择？"当时我寻思他这个管治安的，好像懂法律这方面还是啥的，公安局也好啊各方面可能认识点人儿，也能点拨点拨，我又不会说。"可见，D还是渴望通过司法途径来解决老婆外遇的问题，可能也是出于同样的"陌生化"理由，他找了一个跟自己的生活圈子几乎毫无交集的人，期望他能够增加自己与国家法系统的联系，从而对抗C的优势。

结果可想而知。他跟保安朋友"溜达去了，人家根本没把他放眼里，把门锁了，面儿都没见着"。至此，D对国家法不抱期望了，认为这不是自己有能力利用的纠纷解决机制。这一判断甚至影响到他被暴打之后的行为选择，"我不敢相信公安局啊，他们家有人在司法局上班，有在检察院上班的。因为他本身……那个……他俩在那儿租房被公安局抓住了完了当天就给放了，打个电话就给放了，于是我就不敢相信他们（公安局）了"。

在D的观念里，国家法系统表现出对基层政治现实极强的依赖性。它不像学者所想象的那样，是一个以强力和孤绝的姿态进入基层社会的完全"异质性"的系统，它的运行必须是以乡村社会的政治力量为基础的。尽管作为"法治"建设的主角，国家法总是被宣传为一套保护公民权利与义务的抽象实体规范，然而不可忽视的是，法律永远都是作为一整套制度出现的，一桩刑事犯罪所牵涉的部门包括派出所、公安局、检察院、法院，甚至还有司法局，每个部分都是现实的政治体，充满各色行动者出于各种利益诉求而进行的行动。中国整体司法制度的行政化运作，更是让国家法的这一特质得到更充分的发育。

在这个意义上，D的观念与其说来自社会底层对权威的变形想象，毋宁说更为真实地反映了他所面对的乡村社会和国家法。L的故事告诉我们国家法面对新的乡村社会时所可能具有的意义；而在D这里，现实更为复杂。他所要面对的，并非国家法强行压制活泼的民间秩序，或是国家法自然填补民间秩序缺位造成的空白，而是笔者开头就强调的，是二者都无法解决其需求的真空状态。

那么，摆脱了对国家法和民间法关系的诸多假设与描述，直接进入这一真空本身，我们又会看到一个怎样的世界呢？

五、法！我懂法

【案例6】乡村霸王

T，25 岁。故意伤害罪，有期徒刑 4 年。当时村里有两块闲置土地，被害人 Y 想通过 T 的父亲（现任村长）接手那两块地，被拒绝，Y 当时抱怨了几句。几天后，刚刚回乡的 T 得知此事，赶到 Y 家扇了他两巴掌，给予警告。两个月后，被害人 Y 酒醉后在小卖店遇到 T 的父亲，争执之下用啤酒瓶打了 T 父亲的头部，造成轻微伤口。T 知道后，堵在被害人 Y 回家的路上，在大量村民的围观下殴打被害人 Y 长达两个小时之久，造成 Y 终身残疾。T 出外躲了几天，后投案自首。

在所有的访谈对象里，T 是最符合日常生活中所建构的"罪犯"形象的，但坐在访谈人员面前的他既乐观又活泼，全然没有想象中的暴戾和阴沉。这种洋溢的"主流感"和其他犯人的边缘感形成极大的反差，让访谈者一直陷于震惊之中。在某种意义上，他所扮演的就是笔者引用的所有访谈材料中都出现的那个"霸道不讲理"的角色，区别仅仅在于，他是"犯人"，而非其他材料中的"被害人"。

T 无疑构成了乡村秩序中的暴力因子。"我从小就打架，打大的"，"敢打我爸，我打死他"。他还反过来告诫访谈者，"有人要打你爸，你也得打他，不然养你干什么的"。这种暴力分子，某一次没能控制住拳脚的轻重，将别人打成重伤，于是被法律制裁。仅从表面上看，从 T 的故事中我们可以得出如上结论。

但现实要复杂得多。首先，T 是村长的儿子以及前任村长的孙子。这一点他本人也不讳言，"我爷爷、我爸爸都是村长"，"从小我就在街上打架，没人敢管我"。这让我们联想到几乎所有案例里都存在的跟基层干部有着或现实或想象的联系的"恶霸"，T 则用自己的成长经历说明其他人的这种"想象"是有现实依据的。从 Y 与 T 父之间的纠纷来看，村长握有的权力是实质性的，可以分配闲置土地。但与通常的想象不同的是，村长并非传统秩序中具有权威性的分配者，如"地方精英""乡绅"；从 Y 的反应看，村长的分配权与其说来自权威，不如说来自体制。村长拒绝 Y 的请求时，Y 可以当面抱怨甚至谩骂村长几句，且不会招致体制的惩罚，惹来的却是 T 的巴掌和警告。Y 的后续反应说明，明显他害怕 T 要远远胜过 T 的村长父亲。他仗着酒醉拿酒瓶敲了村长的头，事后害怕地让所有当事人做见证，"说以后要是被我打了，做个见证"（T 转述）。T 在回忆自己打 Y 的情节时，神色镇定，仿佛在描述别人的经历。据 T 说，他殴打 Y 的现场，来往人极多，但人们只是在充当看客的角色，即使 Y 被踢得奄奄一息，也没有一个人敢报警。究竟 T 凭借什么样的力量在当地造成了如此恐怖的气氛？单凭个人的蛮横霸道，似乎不足以有这样的杀伤力，若将之归结为"村长的儿子"，又难以解释为什么村民害怕 T 要远胜害怕村长本人。在这里，我们能隐约看到"村长的儿子"和"从小打架的恶霸"这两种形象的叠加。这才是解释 T 在乡间横行无忌的关键。那么，这种叠加又意味着什么呢？

T 自己的叙述提供了一条线索，"谁敢报警？派出所都是我兄弟，敢报警我下一个就打死他"。爷爷和爸爸都是村长，对于 T 来说，这意味着"从小就在街上打架，没人敢管我"。T 虽然屡次被关进派出所，但凭借他父辈的关系每一次都"没事就出来了"。久而久之，村里人对 T 的"派出所都是我兄弟"要不然是亲戚的说法变得深信不疑。他在将 Y 踢到动弹不得、生死不明之后，在众目睽睽之下离开现场，走之前还威胁在场的人不准报警。三个小时后，他自己觉得可能要出事，才打电话报警和叫救护车。等救护车赶到现场，Y 还躺在那里。Y 被送到医院之后，T 在派出所的兄弟一直跟 T 电话联系，告知 Y 的抢救情况。"反正他要不行了，我就跑路。杀人不行，这个事情大了"。T 在外地躲避了三天后，派出所的人打电话给他，说 Y 可能不会死，顶多变植物人。T 决定回来自首，"可以减刑嘛"，同时安排家人去跟 Y 的家人谈判，警告他们不要出首告状，接受私下赔偿。这个案件的处理结果是，受害人家属接受私下赔偿，T 以自首论，并积极抢救受害人，"家里人也费了老力气了"，被判了四年。

T 犯事的整个过程简直就是 D 的噩梦。D 所忧心恐惧的一整套机制都在现实地运转，并且发挥了极大的作用。派出所的个别工作人员负责给 T 望风，提供信息咨询，他们的私人关系也是 T 恐吓乡里依凭的力量，这使得 T 获得了常人所不能拥有的充裕时间，来判断下一步要怎样行动。同时，T 家的社会地位和经济状况也为他用金钱赔偿换取受害人家庭的私下和解创造了条件。在整个国家法的核心裁决过程中，T的家人是否动用了"公权力"，T说不清楚，但如果不是"家里人也费了老力气了"，很难想象他只需要面对四年的刑期。

荒谬的是，T在被问及对法律的认知时，爽朗地说，"关键就是我懂法啊"，而他最后悔的则是"我不该自己去打啊，找个人去打他，查都查不出来"。T是否有暴力倾向或者是否是"犯罪人格"，笔者不做评论，但倒推他与Y的纠纷的整个过程，我们可以清楚地看到一个悲剧：Y和X一样，遭遇了一个蛮不讲理的对手。如果说X的对手还只是依靠蛮横以及与村干部的"可能"关系，那么Y就要更加悲惨，他所直面的是一个"地方土豪"。Y在愤怒时敢当面谩骂村长，是因为"乡权"已然不存在了，但当面对与基层权力、国家法的整个运行机制结合在一起的强力人士时，他彻底沦为一个得不到任何保护的个体，生死不明地躺在人来人往处，整整数个小时无人理会。

更为荒谬的是，正是这种"地方土豪"，成为乡村社会中所谓纠纷解决机制的实际启动力量。T首先是一个无赖少年，但他的力量来自他与父辈掌握的基层权力的结合，更来自他与国家法秩序代表的更强大的"权力"的结合，只要他愿意，他可以发动任何一种纠纷解决机制来对付他的敌人，来维护自己的利益。

六、法？忍忍算了

【案例7】他上面有人

W，59岁。故意伤害罪，致人伤残，刑期9年。在访谈过程中，他一直反复申明自己的委屈。言谈和举止间显示出他性格中的软弱。在他的讲述中，被害人本是他的邻居，试图抢占他的宅基地，多次挑衅，更公然在W的后院种阴宅树。W一直忍气吞声，最激烈的反抗也只不过是站在家里对着窗外咒骂几句。直到案发当日，被害人持刀闯入W的家里，当面侮辱谩骂并出手打他。W无奈与之厮打起来。结果两败俱伤：W折断了被害人的手指并造成筋脉不可恢复的伤害，被认定为重伤；被害人砍伤W的额头，伤口长7cm，未达轻伤标准，不予刑事追究。

这个案例的意义在于给以 T 为代表的"地方土豪"提供了一个活生生的注脚。

在这个故事的所有转折点，都存在同一个问题：W 有没有尝试找人调解，或者找政府、派出所来解决，为什么不这样做？W 的回答很一贯："忍忍算了，他上面有人。"至于对方上面有什么人，究竟这个人有多大的权力，可以让被害人肆无忌惮地仗势欺人，W 一直说不清楚。"是村里的""派出所都是他的人""他上面有人，在市里"，在纠纷的不同阶段，他都会主动给对方换一个靠山。甚至到了诉讼阶段，他虽然质疑验伤报告，但没有胆量要求复验，原因仍然是"他上面有人"。"为什么觉得他上面有人？"在访谈者的反复追问下，W 给出的证据仅仅是"他进过派出所，第二天就被放出来了"。

受害人究竟有没有手眼通天无处不在的靠山，姑且不论，至少在 W 的观念里，在纠纷发展的任何一个阶段，他都认为自己实际上处于弱势地位。这种心理认知导致他一直回避同权威发生关系的任何可能性。他不敢去找村干部，因为他怕对方上面有人；他也不会去找派出所，因为他相信派出所甚至都不敢把对方怎么样，"只好放出来"。当纠纷升级成恶性事件，从乡村社会转移到县法院时，他仍然不敢主动提出任何要求。

在这个故事里，与其说地位较高的一方是"土豪"，获得了权威更多的支持，因而在纠纷过程当中占尽上风，不如说是地位较低的一方由于对"土豪"的想象和恐惧，主动放弃了所有让权威介入纠纷解决的机会，甚至主动放弃了维护自身权利的所有可能性。

在 T 与 W 的故事所勾勒出的世界里，我们看到的是强大的地方势力与毫无凭依的弱小个体之间的对峙。当然，现实并非永远如此残酷。但在以 T 和 W 为两极的连续谱上，我们看到的却是国家权力、国家法都集中于少数强力者手中，弱者则退回到国家权力之下的"赤裸"生命的状态，他们唯一的选择是忍耐，直至忍无可忍。

与此相应的是，在国家法与民间法讨论中所涉及的现代国家作为公权力与民间秩序作为公权力的对抗或妥协的二元关系，在上述案例中却变成了如下情况：无论是民间秩序还是国家法秩序，在基层生活实践中，都难以保持自身的公共性，而蜕变为各种形态的"私权"。在人们的想象中，这些"私权"被同一种人操控，彼此关联，互相依存。它们不是可以被学者进行比较和选择的不同性质的"公共"秩序，而是基于同一个源头的强大压迫。

当然，这种图景并非随时随地都在发生，但它作为"偶尔"出现的现实，作为人们对政治和日常权力世界的印象，确实正在生产和再生产着难以估计的破坏作用。至此，我们或许可以更好地理解通过本次调查所得到的若干数据信息。①

特征1：在纠纷发生之后，大多数当事人希望以"私了"的方式解决纠纷，即"忍"和"双方自行解决"占到61.8％，其他的纠纷解决方式仅占不到四成。

特征2：被调查的这些纠纷大部分发生在"相对经济地位较低"的服刑人员和"相对经济地位较高"的受害者之间。

特征3：卷入这些纠纷的行动者对于制度性纠纷解决机制的功能，同时存在普遍的不信任和较低的关注度（占比高达77％）。

七、"豪强化"的危险：总结与讨论

一直以来，国家法与民间法的关系是透视现代中国基层社会秩序的重要视角。基于东北四所监狱的"民事转刑事"案件中的犯人的问卷调查和结构性访谈，我们发现，在现代乡村社会，存在着一类既标志着民间秩序整合力量在某类情境下的失败又没有被国家法系统处理和吸收的特殊纠纷。通过对结构性访谈中7个案例的详细剖解，笔者检视了在民间秩序整合失败的极端情况下国家法秩序所扮演的角色，以及在民间秩序和国家法治理双双失败的背后现实乡村秩序的可能图景。

透过"赘婿的故事"（案例1）和"家务事没人管"（案例2）这两个案例，我们看到，与传统民间法理论的预设相反，国家法构成了现代乡村社会的备选秩序。这个秩序对于民间秩序而言不见得一定是破坏性、压迫性的，在某种程度上，国家法秩序的"异己性"和"外来性"决定了它是地方性社会中的"陌生人"获得保护的唯一途径。

然而，国家法并非一种超然的、仅以国家强制力为保证的力量，它的行使依赖于基层政治运作，它的功能取决于民间秩序的配合，这是由国家法本

---

① 储卉娟. 暴力的弱者：对传统纠纷解决研究的补充. 学术研究，2010（2）.

身所预设的国家/社会二元性决定的。在目前的基层社会，正如"邻居家的狗死了"（案例3）与"冯沟村世仇"（案例4）两个案例所体现的，"社会"的缺席加剧了国家法的危机：它被迫直接面对个人，由此必然产生的无力或失效又会降低其合法性。"杀私奔妻"（案例5）案例则透视出国家法系统作为一套实践机制，是如何与基层政权的运作紧密联系在一起，或者干脆被想象成同一种东西的。

"乡村霸王"（案例6）和"他上面有人"（案例7）作为两个极端性案例，向我们展示了乡村社会的强力人士基于对基层政治权力的控制和分享，获得了一定的减弱/增强国家法作用的力量。这种现象的存在，在某种程度上瓦解了国家法与民间法理论探讨的意义：问题的症结可能并不在于国家法秩序和民间法秩序作为两种公共权力/权威的对抗，而在于不同的场景下公权力的日益"私人化"。那么，无论这两种公权力如何消长，落实到生活世界的层面，我们看到的都是强力人士在乡村权力结构中的凸显和对权力的垄断。

有必要重提本次调查和分析的局限性。诚如前文所述，本研究不是对整个中国基层乡村结构变迁现状的完整分析，而是在国家法和民间法同时失效的极端案例中，探讨一种现实存在的危险性。至少在这些受访者的日常生活中，无论是国家法秩序还是法社会学者寄予厚望的民间法及其所维系的社会秩序，都付之阙如。或许他们只是乡村秩序病态化的产物，但正是通过对病态的考察，我们才能更深刻地了解"常态"生活中蕴含的风险，以及怎样才能避免或者降低风险现实化的可能性。

秉持这一基本取向，我们发现，在民间秩序和国家法系统都无法对此类纠纷进行调节和吸收的情况下，传统的国家法/民间法分析视角很容易走向两个隐含价值判断的结论：（1）民间秩序的失败意味着国家法系统对传统地方秩序的瓦解，国家力量将进驻民间秩序撤退的地方，实现基层社会的进一步"国家化"；（2）国家法系统的失效意味着民间秩序依然起作用，移植自西方现代国家/社会背景下的国家法系统面临来自本土传统社会和生活方式的抵抗。但从上述七个案例来看，这两个结论都无法容纳一个正在发生的现实：民间秩序的衰弱和国家法系统的无力可以同时存在，且在某种程度上二者相互关联。

回到笔者开始时提出的两种判断：现代中国基层结构是一盘散沙，还是有内在整合力量的自治领域？答案是，很难说现代中国基层仍是一盘散沙，无论是基层政权建设，还是以国家法系统为手段的整体国家法律，都已经实现了国家权力在体制和实践上的下沉，至少在制度和权力运作层面上，中国的基层已然被纳入现代国家系统。其次，这是否意味着国家或者国家与社会合作/融合的机制已经成为基层社会的整合力量？从民间纠纷解决机制的选择和实际作用来看，似乎也不能做此判断。理想中的纠纷解决过程假设，村庄内日常生活中的纠纷可以经由"村长调解→村委会调解→驻村干部→乡镇司法所→乡镇政府→派出所→乡镇政府→乡镇法庭"这一制度化路径被层层解决，但在我们的调查范围内，这样的纠纷解决链条往往是不能正常运转的。无论是"法律的治理化"还是"第三领域"，都没有显现出学者们在理论分析中呈现的"胜利"和"实践作用"。再者，是否可以就此否认国家权力下沉的合法性，回退到对传统民间秩序的"寻找"和"重建"中？笔者分析的种种现象清楚说明此种路线在很多时候已无事实基础。相反，我们在上述案例分析中逐渐清晰地呈现出了一种人物形象："强力人士"。这一形象在传统的国家法/民间法秩序中一直被遮蔽。"强力人士"完全不同于传统乡村秩序中的"士绅"或"地方精英"，几乎不具有任何社会阶层上的共性，来源高度多样化，既有村长的儿子，亦有地方流氓的小头目，还有穷困潦倒的底层人士，也不具备任何传统、品行、法理上的权威，不能被视为地方共同体秩序的化身或代言人。换言之，这一在民间秩序与国家法系统的中间地带崛起的关键角色既不是通常所说的国家权力拥有者（村干部），也不是乡村秩序代表者（地方权威），更不是"第三领域"，而以强悍为突出特征，其共性是"无赖""霸道""狠"。

这不禁让人联想到增渊龙夫刻画的"豪强"秩序。与一般的理解不同，增渊龙夫特别强调"任侠"和"豪强秩序"的意义，强调在中国社会中一直存在以人与人之间联结为特征的个别秩序。在现实中，这种个别秩序的群小世界大量并存，群小世界间起支配作用的规则是弱肉强食，构成各种群小世界的中心力量是土豪、豪侠与豪族。① 根据这一看法，这类个别秩序虽然在

---

① 增渊龙夫. 汉代民间秩序的构成和任侠习俗//刘俊文. 日本学者研究中国史论著选译：第三卷. 北京：中华书局，1993.

汉代以后消失于史书记载，但作为秩序构造本身却一直存留于中华帝国体制当中。

然而，笔者所呈现的"强力人士"形象与以"任侠"为基础的"豪强"秩序也有所差异。"强力人士"并非在国家与传统社会秩序之外形成的人与人联合的核心，其个人拥有的力量也不来自它作为个别秩序缔造者本身。"强力人士"的特点是，除了个人的勇悍之外，与国家权力的紧密关系。这一差异必须放回中国正在进行的法治建设以及基层社会结构变化的现实当中，才能够获得更深刻的理解。

与国家政权紧相连属的"豪强化"倾向因此成了一种现实的危险。它本身虽然不构成单独的"公共"秩序，但一方面依赖于国家对社会的渗透力和控制力，仰仗自身的"强力"，向下瓦解传统秩序的力量，另一方面借助国家法和国家政权在权力来源上的同一性，向上颠覆国家法秩序的合法性。在民众参与度高或区域经济发达的地区，这或许成为新的豪强秩序的起点①，而在人们纷纷外出务工、罕有地方集体性事务的某些东北农村，这种现象则可能造成个人面对世界的彻底的无力感。

（储卉娟）

第二节　基层暴力与基层纠纷解决过程

近年来，暴力事件频发成为中国社会矛盾激化的外显指标。社会稳定逐渐成为政府、社会和思想界最为关注的话题。稳定的核心要素即减少纠纷，或者使得纠纷妥当解决，不致过度激化。在此背景下，纠纷解决机制的重要性日益凸显。

关于纠纷解决的研究，法学界与社会学界主要聚集在两个研究主题：解决机制，以及解决对象。具体来说，研究纠纷解决机制，即探讨基层社会的纠纷可以通过哪些途径来得到解决，不同途径的合法性和有效性，以及相互竞合的关系；而研究纠纷的解决对象，则更注重基层民众的需求，探讨纠纷

---

① 刘岳，陈柏峰. 乡土"混混"对村庄秩序的影响——两湖平原与湘南农村的比较. 当代世界与社会主义，2010（2）.

当事人诉诸解决机制所实际希望获得的是什么。研究的两大维度存在紧密的相关性。提倡法治建设之初，学界多集中于讨论法律作为纠纷解决机制的重要性与必要性，聚焦于如何通过普法和基层法律建设，让普通民众知法、守法、用法，用司法的手段来解决纠纷。是时，民众对于其他纠纷解决机制的依赖和运用，常被处理为"民智待开""盲目依赖政府"，属于需要通过法治教育和建设纠正的心态，并不被视为合理需求。之后，苏力的法治本土资源论开启了法学界对于法治建设的反思潮流。建立在"地方性知识"基础之上的本土论，提出要充分挖掘中国基层社会的纠纷解决机制，重视民间生活的逻辑，不能强以法律权利压制"真实要求"。在此思潮下，学界重新认识了各种属于"民间秩序"的"本土知识"，并在这些需求的基础上，认可法律之外纠纷解决需求和机制的合法性与重要性。

随后，在机制方面，法学界多聚焦于多元诉讼解决机制的构建，即以法治为前提，司法解决为最终步骤，将基层政府、民间权威、专门调解等多种解决方式整合到一个有序的纠纷解决体系当中。① 而来自社会学的研究，则对法律本身的合法性与优势地位多有反思，从经验数据中挖掘目前各种纠纷解决机制实际的效果，希望可以在经验的基础上，建立一个更符合中国基层社会实践的纠纷解决体系。相应的，关于纠纷解决主体需求的研究也在反思中不断深入。从最初的"乡土文化""民间法""民间秩序"等偏重文化分析的大概念，发展到对于普通人日常生活中"法律的想象"，即法律意识的探讨，从主体角度分析纠纷发生以及解决过程中当事人的实际"需求"。②

近年来，有关机制和需求的研究呈现出与时代发展同进的特点。在学术研究的同时，现实也在不断演化。法治建设十数年，各种舆论宣传、具体个案逐渐进入普通人的日常生活与观念，基层社会的经济和社会结构的变化也同时在人们的行动选择和意识层面留下刻痕。近年来，研究者发现，基层民

---

① 关于纠纷解决与多元纠纷解决机制的理论研究，参见范愉. 非诉讼纠纷解决机制研究. 北京：中国人民大学出版社，2000；第四章。

② 法律意识对于纠纷及解决机制研究的重要性，美国法社会学安赫斯特学派对此有相当著名的论证，可参考尤伊克，西尔贝. 法律的公共空间. 陆益龙，译. 北京：商务印书馆，2005。中国基层法律意识的具体研究，可参考郭星华，王平. 中国农村的纠纷与解决途径——关于中国农村法律意识与法律行为的实证研究. 江苏社会科学，2004（2）；储卉娟. 法律的想象与想象的法律——基于法律援助事件的个案研究. 北京：中国人民大学，2005。

众的需求正在发生变化，随之对机制的研究提出新的要求。对此，学术界有两种截然不同的观察和观点。

其一，有研究发现，国家法在人们的需求层面上正在变得更加重要。[①]如果说在 2000 年前后，法学界还在力图纠正人们关于国家法的迷思，那么现在的研究则迫使我们重新思考"民间法"的适用程度是否正在随着基层社会的变迁而日渐降低。研究表明，人们正在越来越多地表现出对国家法的需要，希望获得正式的法律服务，并期待着国家法进入他们的纠纷解决过程。这一观察和分析，指向的是一种对于纠纷解决机制的重新思考。既然人们正在变得更需要国家法，那么，国家法与其他纠纷解决机制之间的关系，以及整个机制体系围绕正规法律服务的重新构造，成为当前的关键问题。

其二，关于群体行为的研究则显示，基层社会正在酝酿着一股暴戾之气，人们在纠纷斗争中想要获得的往往并非现实利益调整，而是一种伦理性的正义。最具代表的说法是"气"。通过这个中国式的概念，应星表达了与前述观察截然不同的观点：气所指向的是一种伦理秩序，是"中国人在蒙受冤抑、遭遇不公、陷入纠纷时进行反击的驱动力，是中国人不惜一切代价来抗拒蔑视和羞辱、赢得承认和尊严的一种人格价值展现方式"[②]，它不可能通过诉诸以"权利"和"义务"为主要内容的国家法体系得以解决。这种分析将纠纷解决指向了一个整体性的伦理政治层面，现行机制体系的重新组合则无法满足这种需求。

暴力事件在当前的频发本身就已经指出一个事实：现行纠纷解决体制及其运作存在相当大的问题，而关于这个问题的认识角度与结论，则关涉着改革目标的选择，以及政策调整的方向。因此，对于截然不同的观点和对策，我们不能止步于认为这是一个问题的不同侧面，或者层次。问题正在于，这些侧面和层次之间是怎样的关系，如何在一个更为整体性的体系中把握这两个来自经验研究的中层理论，并综合二者，观照当下的政策改革，抓住根本性的问题。

---

① 董磊明，陈柏峰，聂良波. 结构混乱与迎法下乡——河南宋村法律实践的解读. 中国社会科学，2008（5）.

② 应星. "气"与中国乡村集体行动的再生产. 开放时代，2007（6）.

一、调查、数据与研究方法

调查。2009 年，本课题组在 D 市四所监狱进行了一次以服刑人员为对象、以纠纷解决为主题的调查，针对农村地区民事转刑事案件的犯罪人，综合问卷调查、结构性访谈和个案深入访谈，获得了纠纷解决需求和过程的数据和访谈资料。在对他们的问卷和访谈中，我们反复询问了他们对于纠纷解决的态度、在寻求解决的过程中（包括暴力行为）最想得到的结果、对各种解决机制的主观认识，等等。通过对资料的分析，我们认为，这批访谈正提供了一个检验前述问题的机会。

对于这批材料的使用，可能会有以下批评意见。例如，认为所有材料只是来自对服刑人员的访谈，属于片面说辞，无法获得"真实""全面"的信息，在研究方法上存在偏差。然而，我们认为，服刑人员确实是特别的群体，但在本研究所涉及的问题上，可能也正是难得的研究群体。一个简单的例子，如果我们要获得关于婚姻需求的信息，最佳访谈对象不是未婚人士，他们所表达的只是对于婚姻的想象和期待，也不是正在婚姻当中的人，出于合理化自身处境并使得婚姻可以持续下去，他们更倾向于表达一种更能被接受的看法。最佳访谈对象应该是婚姻破裂的人。首先，他们经历过婚姻的一整个过程，有过爱情，有过现实生活的压力，有过个性的磨合，他们对于各个环节有深刻的个人体验。其次，婚姻已经破裂，也许他们会粉饰自己在婚姻中的表现，但不会粉饰婚姻本身。在经历了失败之后，他们谈及对婚姻的理解，或许比其他人能更好也更真切地表达出他们本身对于婚姻的"需求"。同理，在纠纷解决的问题上，我们所选择的服刑人员正是经历了漫长的纠纷解决过程，并且最终失败的人，他们是我们进行"需求"访谈的最佳对象。

关于一面之词的批评，如果我们询问的是，谁在此次纠纷中有更多过错，谁更冤枉，谁更应该为此付出代价，那显然研究方法有偏颇，但我们通过访谈所要获得的信息是，在整个纠纷过程中，他们想获得的是什么。针对这个问题，访谈服刑人员，还是访谈受害方，在获得虚假信息的概率上并无差别。

数据。这次调查以"民事转刑事"案件的纠纷解决机制与过程为研究对象，涉及四所监狱，以所有在押犯人为总体，以"纠纷是否发生于农村"和

"纠纷是否发生于熟人之间"为条件进行排查，符合条件的犯人共有 312 名，除去住院和当日执勤的犯人之外，对余下所有犯人发放问卷，回收 290 份，其中有效问卷 272 份。问卷回收率为 100％，有效率为 93.8％。问卷内容主要包括个人信息、家乡的社会情况和纠纷的解决过程。个人信息主要涉及被调查者判刑时的年龄、学历、职业、收入、社会网络等；家乡的社会情况包括家乡的纠纷情况、邻里关系、社会风气、纠纷解决的常用途径、司法部门的状况与作用等；纠纷解决过程包括纠纷的性质、纠纷双方的基本情况、双方在纠纷解决过程中各自寻求的帮助、产生的效果等。在此基础上，根据"纠纷是否长期存在"，排查出 66 名符合条件的犯人，并随机抽取 12 人，进行结构性访谈，进一步详细询问基本情况（个人、家庭、村庄），案情陈述（纠纷本身、自身、对方、村里其他人），判刑之后对于自身处境的反思与感受。通过访谈，实现对被访谈者的观察、对话以及沟通，获得更为丰富连贯的知识，并就问卷中无法深入的问题进行追问。

在之前的研究中，我们已然发现这些案例涉及了一种为以往纠纷解决研究所忽视的纠纷[1]，即它们不能为常规的纠纷解决机制所消化，最后经由暴力行动，终结于国家强力机关的强制性行动。而从服刑人员的访谈当中，我们也可以看到，无论是国家法还是民间法，都需要一个相对自治的基层社会秩序作为背景，而这一背景，面对今天基层社会的经济和社会结构变化，已经在褪色，更为关键的是，国家法的强力推行以及法治话语的意识形态化推广，和基层社会秩序的瓦解联系在一起，反而使得一种与国家政权紧相连属的"豪强化"成为现实的危险。它依赖国家对社会的渗透力和控制力，向下瓦解传统秩序的力量，同时借助国家法和国家政权在权力来源上的同一性，向上瓦解国家法秩序的合法性。[2]

那么，这里我们要提的问题是，在民间原有秩序瓦解，而豪强化成为现实危险的背景下，此类特殊纠纷的当事人，尤其是遭到国家法制裁的这部分

① 储卉娟. 暴力的弱者：对传统纠纷解决研究的补充. 学术研究，2010（2）；郭星华，曲麒翰. 纠纷金字塔的漏斗化——暴力犯罪问题的一个法社会学分析框架. 广西民族大学学报（哲学社会科学版），2011（4）.
② 储卉娟. 现代乡村秩序"豪强化"的危险：与国家法/民间法视角的对话.（会议稿）. 第 11 届两岸三地历史学研究生论文发表会.

当事人，怎么理解纠纷解决及其过程中的实际需求？在他们的意识世界里，国家法、"气"究竟是怎样的位置，其具体意义又是什么？

方法。我们将对四份有代表性的结构性访谈采取内容分析法，探讨被访谈人对于需求的分类、不同需求之间关系的认识，以及对于需求具体所指的实际认知。因为分析目标偏向于类型和认知，这里主要采用定性方法，对访谈材料进行开放编码，得出一级编码目录，然后对于编码目录进行领域分析和类别分析，并在此基础上，对类别中不同内容进行成分比较，逐步厘清词句的准确意义，逼近受访者的意义世界。① 需要进一步说明的是，内容分析是一种将定性材料进行编码，从而实现定量转化的方法，而编码本身是一项主观性很强的活动，虽然可以进行有效性和相关性检验，但仍然只能是概率分析。考虑到分析文本数量的限制，笔者将研究内容尽量限制于对于过程的整理和分析，以意义结构的发现和总结为主，减少变量相关性的讨论。

以往的法社会学研究已经发现，基层的纠纷解决往往不是一锤子买卖，而是一个在不同的纠纷解决方式之间逐步发展的过程。民众会在政府、派出所、调解员、律师和法院等方式之间选择并递进式地谋求纠纷的解决。② 但此类研究大多并未真正重视"过程"这一时间维度，在讨论人们为何先选择 A 而非 B 的时候，忽略了对 B 的选择是建立在选择 A 之后的。一方面承认纠纷解决是个过程，一方面刻画个体在一个无时间向度的空间里的选择偏向，仿佛这一偏向是本体存在的，而非具体情境下的选择。从我们的访谈材料来看，几乎没有人在同一个解决机制上耗费大量时间，他们都遵循着提交解决—不能解决—找别的途径提交解决—不能解决这样的行动模式。由此，我们可以区分两个时间框架——纠纷解决过程（T）和提交某机制寻求解决的过程（Tn），在不同的时间框架下来看待表述的具体指向和准确意义。

二、"忍"中蕴含的实体性需求

在开放编码的过程中，"忍"的反复出现，值得注意。

---

① 内容分析法建立在常人方法学的基础之上，着力于从语词和情境的关系中发掘被访谈者内心的意义结构，关于理论和方法，参见 SPRADLEY J P. The ethnographic interview. New York: Holt, Rinehart and Winston, 1979: Steps 5-6.

② MICHELSON E. Climbing the dispute pagoda: grievance and appeals to the official justice system in rural China. American Sociological Review, 2007, 72 (3): 459-485.

在关于基层纠纷解决的现有研究中，"忍"也得到了相当多的关注，并在某种程度上被当成中国基层纠纷解决的特点。陆益龙将纠纷解决方式划分为"法律途径"、"行政途径"（找领导）、"集体上访"、"自行解决"（找媒体投诉、武力解决、自己协调解决、看情况而定）以及"忍忍算了"[①]；在麦宜生（E. Michelson）的纠纷宝塔模型里，"忍忍算了"也被视为一种纠纷解决方式，并占到 33.1%[②]。寺田浩明则认为忍让是中国人"认识到自己生业的脆弱性，同时又有一定余力的"的状况下，"在每日的生活中为了避免暴力冲突而支付某种程度的代价，对于生活在那个空间的人们来说属于一种常识性的选择"[③]。在此基础上，应星认为，当忍让到达极限之时，反而会激发起"气"，人们为了保卫自己的人格尊严、追求基本的社会承认，会投入坚决的、执着的战斗[④]。

综合以上思路，现有研究中的"忍"大概可以被总结为：（1）源于常识性逻辑的一种解决纠纷的机制；（2）"忍"是向内的解决机制，一旦向内压力过大，便会转化为向外的"气"，引发总体性战争。

与这一假设相呼应的是，四个案例中当事人在被问及"事情发生后，你怎么想"时，都反复提到了"忍"。但深入分析"忍"出现的情境，我们发现，他们所提到的"忍"或许有不同的意义。

首先，"忍"并非在纠纷解决过程之初才出现的一次性选择，相反，在这四个案例中，在纠纷解决整个过程的相当一段时间内，"忍"都是反复出现的诉求。例如，在案例 7 中，与邻居起地界纠纷的当事人 W，在纠纷发生之后，先是通过商量，后来是吵架，吵过好几次架，甚至发展到动手。但在叙述每个阶段的行动时，他都反复强调，"忍了呗"，"只能忍了"。而案例 2 当事人 L 的妻子与人通奸，他得知后提出离婚，对方不肯。他决定"迁就着她吧，让着她吧"，"能成全的就成全了吧"，同时也积极和妻子谈，还要把对方"找来我家，和我对象俩，解释，弄清楚，我以后该怎么打算"。

---

① 杨敏，陆益龙. 法治意识、纠纷及其解决机制的选择——基于 2005 CGSS 的法社会学分析. 江苏社会科学，2011（3）.

② MICHELSON E. Climbing the dispute pagoda：grievance and appeals to the official justice system in rural China. American Sociological Review，2007，72（3）：459-485.

③ 应星. "气"与中国乡村集体行动的再生产. 开放时代，2007（6）.

④ 同③.

换言之，如果按照传统的思路，"忍"在整个纠纷解决机制中的位置应当表述为 Tn。例如，如果当事人首先想到"忍"，则位置应当表现如下：

"忍"	机制 A	机制 B	机制 C

但在受访案例中，"忍"不但反复出现，且时间位置散落在 T，即整个纠纷解决过程当中的任意阶段，例如在案例 7 中，即表现如下：

商量（忍）	吵架（忍）	村干部（忍）	打架

四个案例里，"忍"都不表现为一个和"调解""商量""找政府"等并列的纠纷解决机制，相反，在他们表达出"忍"的同时，仍然伴随着积极解决纠纷的行动。因此，"忍"毋宁说表达了一种心理状态，即可以不追求究竟谁对谁错，只要事情可以得到解决，比如妻子肯回家，邻居肯把树拔掉，一家人继续好好过，就可以当什么都没发生过。"忍"当中确实隐含了消极处理的一面，但不意味着"不撕破脸"的消极性回避，它的对立面是执着于对错的"较真"。

因此，纠纷发生之后，在整个解决过程当中，人们所实际追求的可能不是法律权利或者利益，但也不是像"气"的理论所描述的，直接上升到对人格和尊严的追求。在相当一段时间内，当事人在积极追求一种完全实体性的要求：要求冲突和纠纷得到解决，利益得到重新分配，被纠纷打乱的原有生活秩序得到恢复。在"忍"的心理支配下，无论人们积极诉诸哪一类纠纷解决机制，都是为了实现这一实体性要求。

简言之，在纠纷解决过程中所反复被提及的"忍"，有可能并非一种解决纠纷的方式。我们不能说，他们选择了"忍"，纠纷就到此为止，而当他们将纠纷提交到其他机制时，就意味着放弃共同体关系，进入斗争状态。"忍"同时意味着"不较真"的容让，以及"进一步解决"的要求，很可能连带着一系列向外的积极行动，以及对纠纷解决机制投射的愿望。在这个意义上，经验中所观察到的，中国人遇事多选择"忍"这一现实反而对纠纷解决机制提出了更高的要求：必须直面纠纷当事人的实体性需求。而这一层，往往为以往的纠纷解决机制研究所忽视。

三、从"忍"到"气"，怨恨的跃迁

（一）两种需求，两种怨恨

通过对访谈资料进行开放编码，我们可以在整个纠纷解决过程中清晰地辨识出两类不同的诉求：

实体性需求："帮忙""化解""保护""起作用""平息""解决"。

伦理性需求："咽不下这口气""窝火""磕碜""憋气"。

也就是说，除了伴随着"忍"而来的实体性需求，以"气"的形式体现出来的与实体利益无关的伦理性需求，也隐含在当事人面对纠纷解决过程时的内心期待之中。

再将时间框架 T 和 Tn 带入分析，进一步考察两类诉求的出现和时间框架的对应关系，我们发现，伦理性需求并非出现于纠纷发生之初，在当事人讲述某一类纠纷解决机制发生作用的过程中（Tn）也很少出现。它被提及，或者说被表述出来，往往是在转换纠纷解决机制的时候，特别是当他们要解释对某种纠纷解决机制的态度，或者合理化最后的暴力行为之时。

例如，案例 7 中，当地界纠纷发生后，当事人 W 去跟对方商量，没有结果，后来直接拔掉了作为地界栽上的树。实体纠纷升级，开始进入积极解决的阶段。先是要求村委会解决，村委会说不行，当事人对解决失败的原因的理解是，"人家有人。比如说你中央有人，谁还敢管你。村委会管不了"。这一理解延续到派出所阶段，"找派出所有什么用，人家上面有人，一点儿用都没有"。至此，他不再提及实体性需求，并在被追问地界纠纷的时候，表示根本放弃了走向司法途径这个方向，"人家法院、检察院有人，就听人家的，哪听你的"。"上面有人"，构成了案例 7 中出现频率最多的词汇，伴随以极强烈的愤怒情绪，并在叙述整个纠纷解决过程之后，激动地总结，"人家有势力，谁敢管？权力大就是大哥呗"。

由此我们发现，实体性需求没有得到满足与伦理性需求的产生可能是相伴随的，也就是说，利益调整的实体性需求无法解决，这一结果可能导致伦理性需求的出现。

劳拉·纳德尔（L. Nadre）曾从纠纷过程角度将纠纷分为三大类：一是第一阶段的怨恨（grievance），二是第二阶段的冲突（conflict），三是第三阶

段的纠纷（dispute）。① 麦宜生进一步指出，不是所有的怨恨都会最终上升到法律层面成为纠纷，中国基层语境下，纠纷解决的核心，并非仅是权利归属和利益冲突，更是人们内心的怨恨。② 在以往的分析里，我们必须要面对一个分析上的难题：冤有头，债有主，为何对具体人事的怨恨，会上升到对社会的怨恨。这其中"惊人的一跃"究竟如何发生？我们的发现或许可以在此问题上给出一个相当具体的解答。

从对纠纷解决过程的分析来看，"气"是在实体性需求得不到满足，对利益相对方的怨恨得不到消解之后，实实在在产生的新的怨恨，新的需求。这种伦理性需求指向的并非纠纷的另一方，而是对其观念中认为应当起作用的第三方缺席的不满，以及希望获得能够切实解决问题之第三方的需求。换言之，是希望实体性需求通过某种方式得到满足的需求。

因此，我们可以在纠纷解决过程中分离出两种不同的怨恨：对利益相对方的怨恨，以及对第三方的怨恨。第三方可以是政府、乡里、亲戚、派出所，或者更抽象的法、国家。后一种怨恨，与其抽象地说成是对社会的怨恨，不如更具体地表述为对纠纷解决机制和背后权威的失望和怨恨。因此，这种怨恨不是一个由历史和社会结构决定的既定结果③，而是在社会行动过程中慢慢积聚起来的。

（二）怨恨的跃迁过程

在考察积聚过程之前，我们还必须面对的一个问题是，针对两种不同的怨恨，是否存在不同的解决方式。因为如果存在缓解后一种怨恨的机制，那么前者怨恨的不能解决，就不必然带来后者的累积。

针对此一问题，法学界关于多元纠纷解决机制的研究，大多便建立在肯定答案的假设基础之上。这一假设的最佳表述，便是纠纷金字塔模型④。这

---

① NADRE W，TODD H. The disputing process. New York：Columbia University Press，1978：1-40.

② MICHELSON E. Climbing the dispute pagoda：grievance and appeals to the official justice system in rural China. American Sociological Review，2007，72（3）459-485.

③ STEINMULLER H，Wu F. School killings in China：society or wilderness? Anthropology Today，2011，27（1）：10-13.

④ 关于纠纷金字塔模型，经典描述可参见 FELSTINLER W，ABEL R，SARAT A. The emergence and transformation of disputes：naming，blaming，claiming... Law and Society Review，1980，15（3/4）：631-654。在中国的适用度分析可参考陆益龙. 纠纷解决的法社会学研究：问题及范式. 湖南社会科学，2009（1）。

个模型描绘的是建立在法治基础之上的纠纷解决机制体系，人们首先选择诉诸的纠纷解决机制或许是合法性最弱，但效率最高的，一旦不能解决，则提交到合法性层级更高的上一级机制。例如，当协商无法解决纠纷时，我们就提交到更高一级的调解，由于调解的合法性和有效性高于协商，因此协商失败所带来的失望情绪，会为对调解的期待所吸纳。在上升的过程中，前一层级的怨恨本身得到了包容和疏解。也就是说，在金字塔模型里，人们是对一整套有机系统的机制抱有期待和希望的，底层的失效并不会导致对整体机制的怨恨。

麦宜生的纠纷宝塔模型，证明了在中国基层纠纷解决机制当中，并不存在类似的逐级上升。[①] 在中国，各种纠纷解决机制之间并未建立起系统性的得到广泛认可的层级关系，相反，各机制之间是封闭的。人们在选择第一次纠纷解决机制时，秉承的并非效率性原则，而是根据自己的认知，以及可控资源的种类和多少，选择最有可能解决纠纷的机制。当最抱希望的机制无法启动或者失败时，其失望很难通过诉诸其他机制来缓解。也就是说，在纠纷宝塔模型里，任何一种机制的合法性都是独立存在的，任何一次失败都会导致选择项的缩小，以及无法被后来行动效果修复的失望。

回到访谈数据，我们可以勾画出一个三维的纠纷解决过程图：时间、选择和怨恨（见图 3 - 1）。

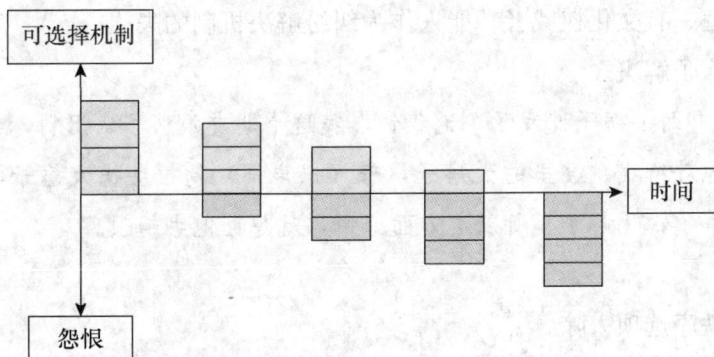

图 3 - 1　纠纷解决过程

案例 5 中的 D 可以给我们提供一个非常直观的例子：

---

① MICHELSON E. Climbing the dispute pagoda：grievance and appeals to the official justice system in rural China. American Sociological Review，2007，72（3）：459-485.

（1）自行解决。

"我就直接找她跟她说呀，直接找她根本就……她就鬼迷心窍的，就迷上他了。我找过好几回了，三天一次三天一次的，跑了九个月，我钱都掏空了，都扔半道上了。"

无效。

夫妻-家庭选项去除。

对个人情感和核心家庭作为纠纷解决机制的失望。

（2）老师解决。

"我信任老师，老师有文化，讲道理。"

无效。

有文化权威者选项去除。

对家庭、有文化权威者作为纠纷解决机制的失望。

（3）可能有政府关系的远亲解决。

"好像懂法律这方面还是啥的，公安局也好啊各方面可能认识点人儿，也能点拨点拨。"

无效。

能人选项去除。

对家庭、有文化权威者、能人作为纠纷解决机制的失望。

（4）痞子解决。

"有次有两个痞子讹我了，讹我钱，我这个朋友跟痞子认识啊，我就拉着找他去，他就给我找县里的大痞子，哼（拟声词）就拉去找大痞子，大痞子一来就给解了，化解了。所以这方面好用，就想让他去趟呗。"

无效。

地下秩序选项去除。

对家庭、有文化权威者、能人、地下秩序作为纠纷解决机制的失望。

（5）司法部门解决。

"开业那天他们就被潘山市公安局给抓过去了，因为没有合法手续，把他俩都给抓走了，他们家（C）大哥和侄儿一个电话就给放了，他大哥在司法局上班，他侄儿，他大哥的大儿子，在检察院上班。所以为啥我就不敢相信这个司法部们呢，人家都有，那小子，那男的都有直系亲属在里边上班，你说我他妈能上哪儿告去啊，我能告得了吗?"

不敢。

司法部门选项去除。

对家庭、有文化权威者、能人、地下秩序、司法部门作为纠纷解决机制的失望最终导致了私力解决。

"我一个小穷工人……就只能……实在是没办法了，实在是咽不下这口气，就让她去死吧。"

也就是说，对于日常生活中的行动者而言，纠纷解决机制并非一个同时空出现的多项选择题，而是一个不可逆的过程。在攀爬纠纷宝塔的过程中，每上升一级，便累加了对前一层级第三方的不满。纠纷解决机制越向上推，则原本抱有希望的选项越少，而累积的对于第三方的抱怨则越大。

纠纷宝塔模型确实勾画出人们在这个体系中向上攀爬的努力和过程，却漏掉了在这个过程中新怨恨的产生，以及新的怨恨随着进程推移而累积的过程。而应星的"忍-气"模型则忽略了"忍"是一个积极解决实体性需求的过程，以及这个过程中新怨恨的被激发和累积，简单地总结为从消极回避到爆发，从而将两端简单处理为文化-心理层面的变化，未能充分展现各机制和社会行动在变化中的意义，有可能错失实践层面的丰富性，忽略真正的问题。

四、"法"与"忍"：两种选择，两种寄托

当纠纷解决被看成是两种怨恨不断交织累积的时间过程时，那么，这个累积过程的终点，有什么样的可能呢?

第一，利益纠纷在某个阶段为某种机制所解决。至此，有关利益的实体性需求被满足，相关怨恨被消除，但有关纠纷解决第三方的怨恨则可能作为个人经验和记忆被保留下来。研究者已经指出，在国家、社会观念尚未完全成型的情况下，人们对于个体与国家、与社会关系的认知，正是在彼此相互遭遇的过程中被具体塑造的。[①] 在具体过程中形成的观

---

① 关于个体对自己与国家、与社会关系的认知在行动过程中被塑造的理论分析，可参见孙立平. 迈向实践的社会学. 江海学刊，2002 (3)；相关经验分析可参见强世功. "法律"是如何实践的——一起民事调解案的分析//王斯福，王铭铭. 乡土社会的秩序、公正与权威. 北京：中国政法大学出版社，1997：488-514。

念，会进入他们接下来的社会生活，通过他们讲述自己的故事，分享自己的经验，甚至仅仅通过结果本身，传达给其他人，成为社会行动的现实背景。

第二，利益纠纷一直没有得到解决。双方的利益矛盾，在长期的纠纷解决过程中累积的对于各种机制的失望和怨恨，没有任何渠道得以疏解，在此背景下，很容易导致信访事件和群体性事件的发生，甚至成为极其恶劣的暴力事件的起因。[①]

第三，就是我们的研究所涉及的案件：利益纠纷一直没有得到解决，但纠纷本身随着暴力事件及由此而来的国家强制力而结束。在法律的眼睛里，纠纷解决过程至此已告结束。然而，这一法律的内在观点，没有考虑到这个过程当中，实际上纠缠着两类完全不同的怨恨，以及两种完全不同的诉求。国家强制力所带来的惩罚，对于这两类怨恨，究竟有怎样的实际效果，在当事人的意识层面，会带来怎样的影响？

针对上述问题，我们询问受访者："回过头看，你们对过去的纠纷怎么看？"从侧面切入当事人在经历过整体失败的纠纷解决机制和强制力惩罚之后，对于需求的认知。

综合访谈材料，受访者都提到了两个维度：不值得，委曲。

首先，几乎所有受访者都提到，"不值当"，"为了那么点事情，不值当"，"不是个事儿"。纠纷所涉及的利益冲突，日常生活秩序的断裂，变得不再重要。这与他们回忆起在纠纷解决过程当中的行动时，有相当大的差异。当对方死伤，自己入狱，被剥夺自由时，面对国家强制力所表现出来的压制性，没有人再觉得实体性需求是一件重要的事情。

但同时，他们仍然表达怨恨，表现出"我怎么陷在这里"的态度。这种"不应该"和常识所认为的"冤枉"有相当大的差异，他们并非觉得自己遭受冤枉，"打了人，我认了，没什么好辩的"，但对于成为罪犯这个结果，他们更多地表现出一种荒谬感，"我就没想到……"。

这种委屈指向的并非利益纠葛中的对与错，或者法律适用的合理与否，

---

① 应星. "气"与抗争政治——当代中国乡村社会稳定问题研究. 北京：社会科学文献出版社，2011.

而是一种对于自己从最初实体性需求的诉诸走到今天成为刑事罪犯过程的迷惘。透过这种委屈的表达，我们发现，恢复正常的生活秩序这种实体性需求此刻已经不再是最根本的需求。他们转向对于个体在社会中位置的诉求：什么是他们得以和平生活不被卷入类似事件的保障？因此，他们如何理解各种纠纷解决机制的重要性，成为一个关涉到个体在社会中找到安全生活方式的问题。

为了解这个问题，我们提问："如果再有类似的纠纷，你们会怎么办？"从访谈材料中，发现以下三种可能性。

(1)"忍"。

在回答这一问题时所表述出来的"忍"，与在纠纷解决过程中反复出现的"忍"有明显的差别，更接近于纠纷宝塔模型中的"忍忍算了"。正如案例 5 中的当事人 D 所说，"那时候再让人给介绍一个，一晃就完事儿了，当时就该喝点酒拉倒吧"。他放弃了原先纠纷解决过程中对于美好生活的想象，不再坚持要得回一个完整的家庭。那么，是不是说他真的认为之前的实体性需求不重要呢？紧接着，在没有被问及原因的情况下，他主动补充：

> 如果那时候他家没人在公安局，或者他给公安局抓起来了给罚款了，那我也能相信公安局，但根本就第一天就放了，你说这……就不敢相信公安局，就脑瓜也太简单了，我就相信老师，结果老师也没起作用。因为我媳妇儿结婚的时候告我了，说她家好几个姑，七八个表姑，好几个都在公安局上班呢，所以说我对这方面……他们（公安局）不可能给我好果子吃。你看我媳妇儿的大姐夫，是潘山农场的一个党委书记，你看这相当有名的，她二姐夫油田的，也是管事儿的。

在这段关于对方可能拥有的关系和权势的表述里，我们仍然能看到他的留恋，也许不是留恋那个具体的人，而是一种关于家庭完整的想象。与之密切联系的是，在对过往的追忆里，他再次表达了对于公安局、老师的失望，以及对于权力互相包庇的恐惧。

应星引用寺田的说法，认为传统中国人强调面子，遇事先忍。但在这个案例当中，我们可以非常清晰地看到，"忍"作为一个选项，是当事人无奈的选择，是面对残酷的后果所作出的理性决定。这并非由文化心理决定，而是由他们的社会地位以及可以动用的资源决定的。

（2）"法"。

案例2的当事人L非常明确地提出，"像我这个例子啊，关键处理呢，还是找派出所，经过法律"，"要经过法律手段调解。调解来调解去，肯定能调解一个好。或者是离，或者是……简单就我个人的看法……或者是离，或者是怎么个事情。经过法律来判断，还是很好"。

从表面陈述来看，案例2似乎正呼应了"迎法下乡"的基本假设。董磊明等认为当下的中国农村已不再是传统意义上的"乡土中国"和"熟人社会"，因此法律在乡土社会的实践场景和逻辑已发生变化，乡土社会对法律的需求增大。这些变化使得"迎法下乡"具有了现实的可能性。在"迎法下乡"的框架中，乡土社会已不仅仅是一个"立法和执法对象"，农民也从单纯的国家司法权力规训的客体和法律知识的被动接受者转变成具有能动性的法律实践主体。[①] 但正如郭星华等所指出的，"迎法下乡"的结论是建立在农民相信法律权威，对法律有着较高信任度的基础上的，需要证明对国家法的需求是基于对法律的信任，相信法律会公正地解决纠纷、提供正义、维护自身的合法权益。[②] 杨敏和陆益龙基于CGSS的研究则发现，人们越是认同法律权威，选择法律途径解决个人纠纷的概率反而越小。[③] 这从经验数据上说明，这一假设并非不证自明，甚至可能并不存在。

案例2则进一步为这一假设提供了反例。在案例2的当事人明确提出对国家法的需求之后，我们追问具体怎样的解决方式更好，他表示：

"还是公安局和村里吧。还是经过合法的手段吧。来调解这个事，是最好的。"

"（你觉得打官司也可以？）打官司，我个人想，打官司也没有什么太必要。因为经过村委会也好，还是司法部门也好，已经调解这个问题了，你再打这官司也没用。"

---

① 董磊明，陈柏峰，聂良波. 结构混乱与迎法下乡——河南宋村法律实践的解读. 中国社会科学，2008（5）.

② 郭星华，邢朝国. 从"送法下乡"到理性选择. 黑龙江社会科学，2010（1）.

③ 杨敏，陆益龙. 法治意识、纠纷及其解决机制的选择——基于2005 CGSS的法社会学分析. 江苏社会科学，2011（3）.

这段表述充分说明，他对于国家法的理解，与学者关于"迎法下乡"中的法的理解，有着相当大的差异。他一面表达对于法律介入的需求，一面仍然对于打官司有着相当大的抵触。同时，他甚至不区分司法部门和村委会，将之统一归入法律手段。

既然他对于法及其实践方式并无明确认知，那么为什么他会将希望落在"法"身上？

"因为他们懂法，能把这个事情从头到尾……他们也不会外出去告'谁谁谁，他们家什么个情况'，都很保密的。调解起来。"

"因为家里啊，她一个娘的，她有些事情，也没法去说，啊。你派侄子兄弟，兄弟媳妇也好，还是谁也好。女方家庭呢，她家里，姊妹和母亲，知道去丢人。男方呢，也是这个问题。所以呢，找他们力度不大。"

因此，如果要支持"迎法下乡"这一结论，至少要先排除一点，即在基层民众的观念里，法并非一种虚幻的"据说非常有用，从来没用过，因此说不定比现在其他的更好的东西"。如果不能排除，那么在调查中表现出来的民众对于国家法的欢迎，也许只是和案例 2 中的当事人一样，不过是在其他所有解决机制被证明不可靠之后的想象。

（3）"强力"。

案例 7 的当事人 W 则表现出了对强力的愤怒和信仰。一方面，他以控诉的语气反复重申他们是强力的受害者；另一方面，他也在控诉中加强了对于"强力"是唯一纠纷解决方式的确信。他认为"上面有人"是这场悲剧的所有根源。对于传闻中对方所拥有的遍布公检法的亲戚，虽然他无法确认，但在他的想象里，正是这些亲戚导致了他被国家判了刑，同时也让他根本无法就这一纠纷做出任何假设性的解决方案选择。当我们问他"有没有想过其他方式可以解决"时，他说："想什么东西。人家挺霸道的。""朝廷有人好说话，不就这么个事。"然后再次表达关于对方"上面有人"的判断。

五、启示

对于当事人需求和期望的访谈，给了我们一个相当灰暗而复杂的图景：人们因为利益冲突而起纠纷，为了恢复原有的生活秩序而求助于各种纠纷解决机制，纠纷解决没有固定体系可以参考，人们按照自己的生活经验、认知和资源来选择"应当有效"的纠纷解决机制。在选择当中，他们将自身对于世界的期待和想象投射出去，而选择结果的失败，则构成了原有期待的落空，想象的破灭，在这个过程当中，他们与国家和社会完成交往，并积累下埋怨和愤怒。交往一次一次地发生，一次一次地失败，埋怨和愤怒越来越深，直到他们感觉不到有一个第三方构成强有力的期望对象，来约束他们以暴力来解决问题。最后，国家法强行介入，终止了这个失败的民事纠纷解决过程，以"罪犯/受害人"来重新划分纠纷当事人关系。起于利益冲突的纠纷到此结束，对第三方的怨恨随着个体进入监狱被终极性强化，变成了对一整个金字塔体系的不满和怨恨。这种怨恨，将他们从"社会"当中连根拔起，丧失对所有经历过的纠纷解决机制和第三方的信任，退缩回个体独立面对强力社会的世界里，寄希望于自己的忍耐、遥远的保护，或者成为强人。这个图景，构成了当前诸多暴力事件和群体性事件的背景——忍，爆发/上访。

透过以上分析，我们发现，在现实利益需求和伦理需求之间，并非一个选择关系，也不是非此即彼的两个抽象层面。在拨开理论造成的阻碍之后，现实或许比我们想象的都要简单：现实利益冲突引发的实体性需求，必须得到妥善解决，才能阻止个体化的怨恨跃迁为对各种体制的怨恨，从而阻绝人们理性地选择看似非理性的解决方式。

具体而言：

第一，实体性需求是纠纷解决的根本问题。无论是权利，还是"气"，都是在具体纠纷和利益冲突得不到解决之后，当事人不得不面对与外部世界的关系时才产生的伦理性需求。也就是说，当中国老百姓不得不诉诸国家法来解决纠纷时，他们对于法律的期待里，蕴含着清晰可见的实体主义需求。[①]只有当实体主义需求得不到满足时，他们才会转而去质疑和需要抽象的制度/机构/理念。正如黄宗智所分析的，坚持从"权利"和"权利保护"出发的形式主义法律逻辑，难以回应这种中国式的实体主义需求。[②]而基层社会结构

---

① 关于中国诉讼中的实体主义需求及其对制度构建和法律实践的要求，黄宗智以清代司法和当前法律实践为例做出了深刻的讨论。具体可参见黄宗智. 过去和现在：中国民事法律实践的探索. 北京：法律出版社，2009。

② 黄宗智. 过去和现在：中国民事法律实践的探索. 北京：法律出版社，2009.

的混乱①则使得传统上回应实体性需求的机制从日常生活层面撤离，或者逐渐失效，二者叠加，几乎从根本上导致了巨大的断裂。从我们的研究来看，这个断裂本身可能内在地导致基层怨恨的跃迁、累积和激化，最终让实体性需求成为海市蜃楼，只存在于失望和激愤民众的想象里。因此，正视实体性需求，应当成为纠纷解决机制构建的关键。

第二，伦理性需求是构建整合性纠纷解决系统的原因所在。目前中国基层纠纷解决机制，与其说整合度不够，不如说在互相攻讦。究竟是要依赖政府，还是相信法律，抑或是选择民间机构来提供帮助，在目前中国的境况下，成为一个单项选择题，而非层次递进的过程。例如，倡导法治优先性的舆论宣传，往往隐含了对于政府权威的否定。我们的研究表明，在大量纠纷仍然得不到迅速解决而不得不进入纠纷解决过程的情况下，这种合法性的互相竞争和攻讦，会导致纠纷解决机制失效这一事实问题转化为该纠纷解决机制及相应的权威无效的价值判断问题。当伦理性需求在不断累积的"无效"判断中逐步升级，往往会爆发个体针对政治权威的总体性冲突。在此意义上，我们认为，构建一个整合性的纠纷解决系统，是防止反社会暴力事件和群体性事件发生的重要前提。

第三，在此基础上，有必要重新认识基层法律工作者的必要性。社会自我调解能力下降，人们开始将目光投向来自外部的权威，这同时构成了迎法下乡和基层建设的现实基础。然而，法律是一项复杂的技艺，更是需要成本和相关知识才能够启动的程序。迎法下乡，如果不能配合以送法下乡，那么迎来的只能是抽象的作为意识形态的"法"，被抽空了内容，在人们的意识当中扮演着遥远保护者的大写概念。谁来担任"迎"与"送"的边疆角色？当前的大量讨论都将焦点聚集在律师队伍的扩大和职业化上，而基层法律工作者的位置则相当尴尬：它既非传统村治的核心部分，也不符合法治话语构建下的律师要求。位于法律与政府之间的定位，甚至影响到了它存在的合法性。目前关于基层法律工作者的讨论，往往从理念上去探讨其多么不符合法治原则，考虑与村委会勾结捞取案源的可能性，以及基层法律工作者队伍的非专

---

① 董磊明，陈柏峰，聂良波. 结构混乱与迎法下乡——河南宋村法律实践的解读. 中国社会科学，2008（5）.

业性的危害。这样的讨论确实可以帮助我们反思如何建立一个完善的社会秩序，但在目前的情境下，却有可能导致更为严重的社会问题。当大量利益纠纷淤积在基层人民的日常生活中得不到及时的解决时，人们必然要开始启动诉求纠纷解决的漫漫长路。无论是基层伦理秩序重建还是乡村政权建设，这些大的工程都非一朝一夕可以完成，那么，在取得成效之前，人们势必要面对一连串的失望，积累不能缓解的怨恨。仅仅面对这种外显性的怨恨，来谈论是"依法抗争"，还是政府疏导，可能已经是亡羊补牢了。不正视这个基本问题，仅仅片面强调法治的唯一合法性和重要性，在远离基层的位置设立法律援助，期盼基层民众越过重重经济和智识上的障碍，启动司法程序，在律师和法官的世界里实现自己的正义。我们的研究，以及现实生活当中基层暴力情绪和事件的累积，都在说明这种逻辑的荒谬性。考虑到现实存在的实体性需求，我们认为，或许和倡导取消法律工作者的观点正相反，法律工作者的跨界位置和所谓的"不专业"，正可以弥补形式主义司法的不足，成为纠纷涌向司法程序之前的减压阀。

（储卉娟）

第三节　农村社会纠纷解决途径的选择与满意度

纠纷普遍存在于任何一个社会之中，当然，在不同的社会形态和文化脉络中，纠纷的呈现形式及其解决方式是存在差异的。具体到中国农村社会，由于受传统的纠纷解决文化、法治建设状况以及现代性因素的综合影响，农村地区纠纷的类型、产生原因、特征、演变过程和解决方式愈加复杂，需要给予关注。

一、历史上中国农村社会的纠纷形态

从历史维度来看，中国农村社会的纠纷形态存在着一定的变化。明初《教民榜文》对乡里组织受理范围内的民间纠纷所做的分类是："户婚、田土、斗殴、争占、失火、窃盗、骂詈、钱债、赌博、擅食田园瓜果等、私宰耕牛、弃毁器物稼穑等、畜产咬杀人、卑幼私擅用财、亵渎神明、子孙违犯教令、师巫邪术、六畜践食禾稼、均分水利。"清代法律将这些纠纷大体概括为"户

婚田土细故"，主要包括"婚姻、家庭、赡养、抚养、继承、债务、房屋、田地、宅基地、山林、墓葬以及斗殴、伤害、损害赔偿等方面……清代乡土社会常见的纠纷和诉讼类型恰好反映了大陆法系民法中的'物权编'、'债编'、'亲属编'和'继承编'所调整的范围"①。

对于新中国建立之后的民事纠纷，高见泽磨将其形态分为"户婚"（如婚姻、家庭、继承等纠纷）、"田土"（如土地、房屋等纠纷）与"钱债"（如债务、经济等纠纷）三大类。其中户婚类纠纷主要有这几项：干涉恋爱、干涉婚姻自由所引发的纠纷，即家长做主订立的婚姻关系不符合男女双方本人的意愿，导致纠纷产生，甚至引发械斗、自杀；围绕恋爱、订婚、成亲的财物发生的纠纷；家庭关系不和，媳妇与婆家的人产生的纠纷；离婚纠纷；继承、抚养（赡养老人、抚养子女、抚养配偶）、分家所引起的纠纷。田土类纠纷则主要涉及不动产，如土地、房屋。土地是农户的重要经济来源和生计保障，人多地少的状况使中国农村土地纠纷极为频繁。在中国农村，围绕土地、山林、水利、坟地所产生的纠纷往往引发村庄之间、宗族之间的激烈冲突。

随着经济体制改革，钱债类纠纷在中国农村地区日益增多，尤其是土地承包合同纠纷极为多见，如拒交土地承包费、单方面变更或解除承包合同等。到20世纪80年代，农村债务纠纷的主体已经不限于个人，农村企业或者作为企业的农户成为纠纷主体中的重要一方，如个体工商户、农村专业户、乡镇企业，而且纠纷涉及的债务额也越来越高。与此相伴而生的是，农村的金融纠纷作为一种新类型受到关注。另外，民间借贷、担保、交通事故及医疗事故等损害赔偿纠纷也占到了一定的比例。总体上，与钱债类纠纷相比，有关婚姻、家庭、继承的户婚类纠纷和有关土地、房屋的田土类纠纷比较容易激化成械斗、自杀等流血暴力事件，并且往往牵涉到家族、宗族的血缘联合。

当然，上述对中国农村纠纷形态的探讨更多的是在法律史的脉络中进行的。近些年来，社会学、人类学对中国农村地区的纠纷研究为我们提供了不一样的视角。例如，郭星华等基于2002年中国人民大学社会学系在全国6个县30个村的入户问卷调查，研究了中国农村社会的纠纷状况。该项调查的数

---

① 春杨. 晚清乡土社会民事纠纷调解制度研究. 北京：北京大学出版社，2009：9.

据显示，55.1%的中国农村家庭遇到了"不满"事件，排在前五位的不满事件类型是人身伤害索赔、财产受损索赔、婚姻纠纷、邻里纠纷、对他人伤害。在所有的"不满"事件中，65.7%进入了权利要求阶段，演变成了冲突。在所有进入冲突阶段的事件中，27.5%出现了"请人帮忙或者找有关部门解决问题"，转变成了真正意义上的纠纷。该研究考虑到了纠纷的发生通常包含了三个阶段，即不满或前冲突阶段（单向的）、冲突阶段（双向的）以及纠纷阶段（三方的）。郭星华等指出，在前冲突阶段，一个个体或者一个组织感受到自己受到不公正对待并且思考这种怨恨或者抱怨的根源……如果在前冲突或者不满阶段，这一状况没有得到化解，冲突阶段将出现。在冲突阶段，受伤害者将对抗冒犯者，并且表达自己的愤恨感和不公正感。在纠纷阶段，冲突被公开，第三方开始参与进来。

董磊明通过对宋村（位于河南省中部地区）近二十年发生的纠纷的研究，为我们理解转型期中国农村地区的纠纷提供了一个样本。在宋村，1985年至1995年是纠纷发生最多的时期。"1985年后，因为经济合作引起的纠纷明显增多。分田到户以后，宋村普遍出现了两三户人家合买大型牲畜、手扶拖拉机的情况，但是经过几年的合作，彼此之间的不满与纠纷就纷纷出现了，到90年代中后期，这些合作基本都解体，在分割财产时很容易发生纠纷……到了1995年之后，很多村民开始建造新房，圈地建院墙，房屋的高低、朝向、侵占集体道路等问题都很可能成为纠纷的引爆点……从90年代末至今的十多年间，宋村的纠纷逐渐减少了……1992—1997年的6年间，村委调解纠纷共72起……而2001—2006年的6年间，村委调解的纠纷只有20起"①。另外，在经村委会调解的家庭内纠纷中，发生在父子、公婆儿媳、娘家婆家之间的代际纠纷占到了49%，远高于夫妻之间的纠纷（18%）、兄弟之间的纠纷（18%）和其他亲属之间的纠纷（15%）。就纠纷的直接诱因而言，37%的家庭成员之间的纠纷是由生活琐事引起的，16%是由婚姻矛盾引起的，16%与赡养有关，13%涉及财产问题，9%属于宅基地问题。与此相比，家庭间纠纷的诱因主要是宅基地问题（26%），其次是财产经济问题（18%）。

---

① 董磊明. 宋村的调解：巨变时代的权威与秩序. 北京：法律出版社，2008：99.

　　基于以上文献资料，我们对近代以来中国农村社会的纠纷形态有了一个历史纵向的了解。与这些研究相比，这里使用"千人百村"的调查数据，以期对当下中国农村社会的纠纷状况提供一个总体性的描述，并重点分析农村居民选择的纠纷解决方式与其满意度，以期管窥当前中国农村社会的纠纷解决效果。该项调查由中国人民大学于2012年组织实施，调查在样本的抽取上使用分层随机抽样法。从东、中、西部区域抽出福建、山东、湖北、河南、广西等9省份，再从这9个省份中抽出90个村委会。另外，样本还包括权威机构评选出的10个名村作为先进村样本。因此，总共的调查样本是100个村委会。调查分为社区问卷调查部分和村民问卷调查部分，共获得95个村委会样本和2 714个有效村民样本。

二、当下中国农村社会的纠纷状况

（一）以村庄为分析单位

　　在过去一年里，被调查村庄中用水方面纠纷的总数量达到了361件，是所有纠纷类型中发生次数最多的，其次是土地方面纠纷（324件），再次是邻里纠纷（296件）和婚姻家庭纠纷（247件），这四类纠纷的数量明显高于其他类型的纠纷。人身伤害纠纷和医疗纠纷发生的总数分别为146件和121件，数量上明显低于前面四类纠纷，但也明显高于其他类型的纠纷，在所有类型的纠纷中处于中间位置。相对而言，发生次数较少的纠纷类型依次为财产纠纷（61件）、债权债务纠纷（49件）、计划生育纠纷（38件）、干群纠纷（23件）和环境纠纷（10件）（如表3-1所示）。

　　就村庄一年内发生的纠纷平均数来看，排在前四位的是用水方面纠纷（平均发生次数为5.55次，同样是所有纠纷类型中发生次数最多的）、土地方面纠纷（4.76次）、邻里纠纷（3.95次）和婚姻家庭纠纷（3.48次），这四类纠纷的平均发生次数同样明显高于其他类型的纠纷。

　　就单个村庄来说，用水方面纠纷在单个村庄发生次数最多的达到了150次，土地方面纠纷在单个村庄发生次数最多的达到了90次，邻里纠纷和婚姻家庭纠纷在单个村庄发生次数最多的也都达到了50次。当然，标准差显示，这四类纠纷的发生次数在村庄之间存在较大的差异。相较而言，财产纠纷、债权债务纠纷、计划生育纠纷、干群纠纷以及环境纠纷的发生次数在村庄间的分布并没有特别大的差异。这提醒我们，用水方面纠纷发生的总数和平均数如此之高，很可能是由个别村庄用水方面纠纷高发导致的，并不一定能反映出村庄用水方面纠纷的普遍状况。对此，我们将在以农村居民为单位的纠纷分析中进行验证。

表 3-1　　　　　　　　　　村庄一年内发生纠纷的次数

纠纷类型	平均值	标准差	最大值	最小值	合计	有效样本
婚姻家庭纠纷	3.48	8.789	50	0	247	71
邻里纠纷	3.95	8.702	50	0	296	75
计划生育纠纷	0.6	2.044	15	0	38	63
干群纠纷	0.37	1.097	6	0	23	63
财产纠纷	0.98	2.956	15	0	61	62
债权债务纠纷	0.79	2.490	15	0	49	62
土地方面纠纷	4.76	13.835	90	0	324	68
用水方面纠纷	5.55	21.348	150	0	361	65
环境纠纷	0.16	0.553	3	0	10	61
人身伤害纠纷	2.28	8.922	50	0	146	64
医疗纠纷	1.92	8.827	50	0	121	63
其他纠纷	0.08	0.400	2	0	2	25

综上所述，在村庄层次上，无论是从纠纷的绝对总数来看，还是从纠纷的平均数量来看，当前中国农村地区不同类型的纠纷发生频次从高到低依次为用水方面纠纷、土地方面纠纷、邻里纠纷、婚姻家庭纠纷、人身伤害纠纷、医疗纠纷、财产纠纷、债权债务纠纷、计划生育纠纷、干群纠纷和环境纠纷。

另外，根据纠纷的发生状况，这些纠纷大体上可以分成"常发型纠纷"（如土地方面纠纷、邻里纠纷、婚姻家庭纠纷）和"偶发型纠纷"（如人身伤害纠纷、医疗纠纷、财产纠纷、债权债务纠纷、计划生育纠纷、干群纠纷和环境纠纷）。根据以往关于中国农村纠纷的媒体报道以及学者研究的结果，土地方面纠纷、邻里纠纷、婚姻家庭纠纷一直是农村社会中最为常见的纠纷类型，这一状况在本次调查中再次呈现，但相比之下，财产纠纷、计划生育纠纷、干群纠纷这三类过去发生频次较高的纠纷已转变成"偶发型纠纷"，已不像以往那样多见。此外，值得注意的是，医疗纠纷、环境纠纷这类新型纠纷已经浮现在当前中国农村社会，需要给予关注。

（二）以农村居民为分析单位

在过去的两年内，被访者或其家人经历过最多的纠纷类型是邻里纠纷
（6.6％），其次是婚姻家庭纠纷（5.9％）和土地方面纠纷（4.1％），经历过
这三类纠纷的被访者或其家人的比例是最高的。被访者或其家人经历过其他
类型纠纷的比例分别为干群纠纷（2.5％）、计划生育纠纷（1.8％）、医疗纠
纷（1.5％）、财产纠纷（1.4％）、债权债务纠纷（1.3％）、用水方面纠纷
（1.2％）、人身伤害纠纷（1.1％）和环境纠纷（1.0％）。

图3-2和表3-2进一步说明了农村居民在过去两年里经历过的纠纷情
况。其中图3-2显示了被访者或其家人在过去两年里经历的各类纠纷数量在
纠纷总数中所占的比例。根据该图我们可以看到，婚姻家庭纠纷（27％）和
邻里纠纷（26％）的比例远高于其他种类的纠纷，土地方面纠纷（12％）和
干群纠纷（10％）所占的比例处于中间位置，余下的纠纷所占的比例大体上
处于相同层次，如计划生育纠纷5％、医疗纠纷4％、财产纠纷4％、债权债
务纠纷3％、用水方面纠纷3％、人身伤害纠纷3％、环境纠纷2％。

表3-2的数据显示，平均每个被访居民或其家人经历过2.42件婚姻家
庭纠纷，2.14件邻里纠纷。另外，经历过的纠纷平均超过1件的类型有干群

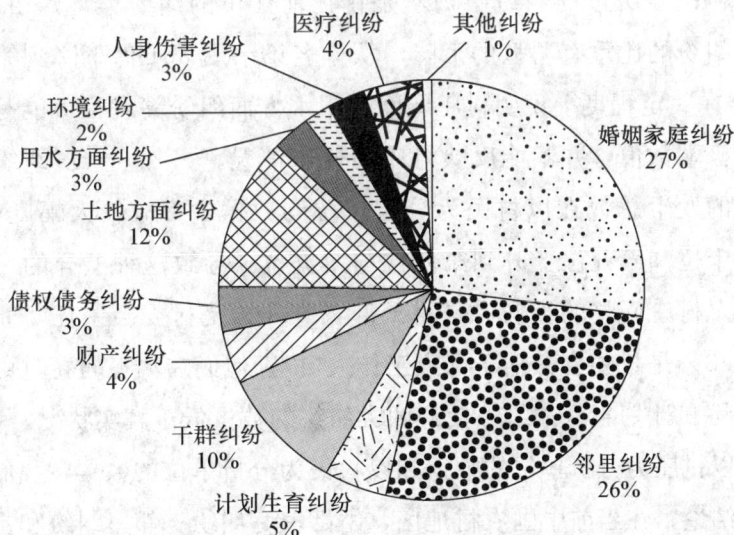

图3-2　农村居民经历过的各类纠纷数量在纠纷总数中所占的比例

纠纷（1.67 件）、土地方面纠纷（1.41 件）、医疗纠纷（1.27 件）、计划生育纠纷（1.11 件）、财产纠纷（1.06 件）和债权债务纠纷（1.02 件），经历过的纠纷平均不到 1 件的类型是人身伤害纠纷（0.9 件）、用水方面纠纷（0.86 件）和环境纠纷（0.74 件）。

表 3-2　　　　　　　　被访者或其家人两年内经历过的纠纷次数

纠纷类型	平均值	标准差	最大值	最小值	合计	有效样本
婚姻家庭纠纷	2.42	3.385	20	0	348	144
邻里纠纷	2.14	4.183	50	0	338	158
计划生育纠纷	1.11	1.930	10	0	60	54
干群纠纷	1.67	3.575	30	0	122	73
财产纠纷	1.06	1.144	5	0	52	49
债权债务纠纷	1.02	1.300	5	0	44	43
土地方面纠纷	1.41	2.028	20	0	151	107
用水方面纠纷	0.86	1.060	5	0	37	43
环境纠纷	0.74	1.094	4	0	26	35
人身伤害纠纷	0.90	1.319	6	0	37	41
医疗纠纷	1.27	1.648	7	0	56	44
其他纠纷	0.90	0.876	2	0	9	10

与以村庄为分析单位的数据相比，婚姻家庭纠纷、邻里纠纷和土地方面纠纷在村民经历过的纠纷中仍然是排在前几位的纠纷类型，相比之下，用水方面纠纷的比重有明显的下降，从排名第一的 361 件下降到第九位的 37 件，这在一定程度上说明村庄层面的用水方面纠纷高发很可能是因为单个村庄的极端数值，并不能反映村庄的普遍情况。另外，干群纠纷和计划生育纠纷的发生总数在以村民为分析单位的数据中都有较大幅度的上升，从之前第十位和第九位上升到第四位与第五位。导致这种差异的一个可能的原因是，村庄问卷的被访者是村干部（27.6% 是村委会主任，30.1% 是书记，42.3% 是村委会其他干部或工作人员），他们在填答问卷时可能会缩小干群纠纷和计划生育纠纷，使这两类纠纷的数量低于真实状况。

结合以村庄为分析单位的数据和以村民为分析单位的数据，我们可以做出这样的结论，在当前中国农村地区，婚姻家庭纠纷、邻里纠纷和土地方面纠纷是最为常见的纠纷形态，属于"常发型纠纷"，这一状况与以往中国农村社会并无多少差异；计划生育纠纷和干群纠纷已不像 20 世纪 80 年代和 90 年代那样突出；财产纠纷、债权债务纠纷和人身伤害纠纷仍然是农村社会中比较常见的纠纷形态；医疗纠纷和环境纠纷作为新型的纠纷形态出现，尤其是医疗纠纷发生的比例不容小视。

三、当前中国农村社会的纠纷解决

问卷询问了被访者最终采取何种方式解决纠纷，这些方式包括忍忍算了、双方协商、找村干部帮助解决、上访和打官司。另外，问卷还询问了被访者选择该种纠纷解决方式时的主观意愿情况（是自己主动，还是迫不得已，还是听别人建议）以及对该纠纷解决方式的满意程度。下面，我们逐个对各类纠纷的解决情况进行一般性描述分析。

（一）纠纷解决途径的选择

图3-3综合呈现了各种类型纠纷的解决途径状况。第一，双方协商在所有类型的纠纷解决中都占有重要比重，尤其在婚姻家庭纠纷、邻里纠纷、计划生育计划、财产纠纷、债权债务纠纷、土地方面纠纷、用水方面纠纷、环境纠纷以及人身伤害纠纷中，被访者选择最多的纠纷解决途径都是双方协商。

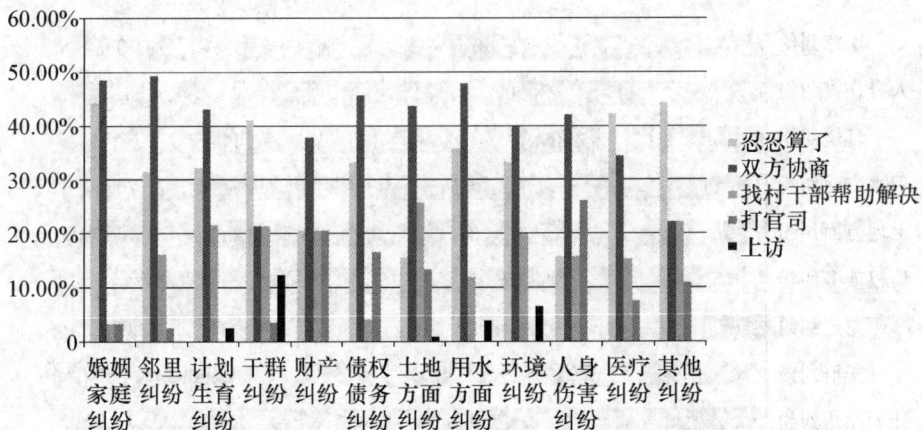

图例：
忍忍算了
双方协商
找村干部帮助解决
打官司
上访

图3-3 所有类型纠纷的解决途径比较

第二，在所有的纠纷解决中，忍忍算了也是被访者常选择的一种纠纷解决方式，尤其在处理干群纠纷、医疗纠纷时，被访者选择忍忍算了的比例最高。另外，在婚姻家庭纠纷、邻里纠纷、计划生育纠纷等之中，选择忍忍算了的比例也非常大，占到了第二位。

第三，在邻里纠纷、土地方面纠纷、干群纠纷、计划生育纠纷以及财产纠纷的解决中，找村干部帮助解决是一个重要的纠纷解决途径，尤其在处理土地方面纠纷时，被访者选择找村干部帮助解决的比例仅次于选择双方协商解决。另外，在干群纠纷的解决当中，被访者选择找村干部帮助解决与选择双方协商的比例相等。

第四，打官司在财产纠纷、债权债务纠纷、土地方面纠纷、人身伤害纠纷的解决中占有一定的比例。其中，在人身伤害纠纷的处理中，被访者选择打官司的比例处于第二位，在财产纠纷的处理中，被访者选择打官司的比例与选择忍忍算了、找村干部帮助解决的比例相等，均处于第二位。此外，需要注意的是，没有一例计划生育纠纷、用水方面纠纷以及环境纠纷是通过打官司的方式解决的。

第五，上访在干群纠纷的解决中占有一定的比例。另外，计划生育纠纷、土地方面纠纷、用水方面纠纷以及环境纠纷各有1例是通过上访方式解决的。

（二）从村庄层面看村干部参与纠纷调解的状况

上面的数据都是从农村居民个人的角度来考察农村纠纷解决途径的选择等问题，图3-4则从村庄层面展示村干部参与过村庄各类纠纷解决的比例。

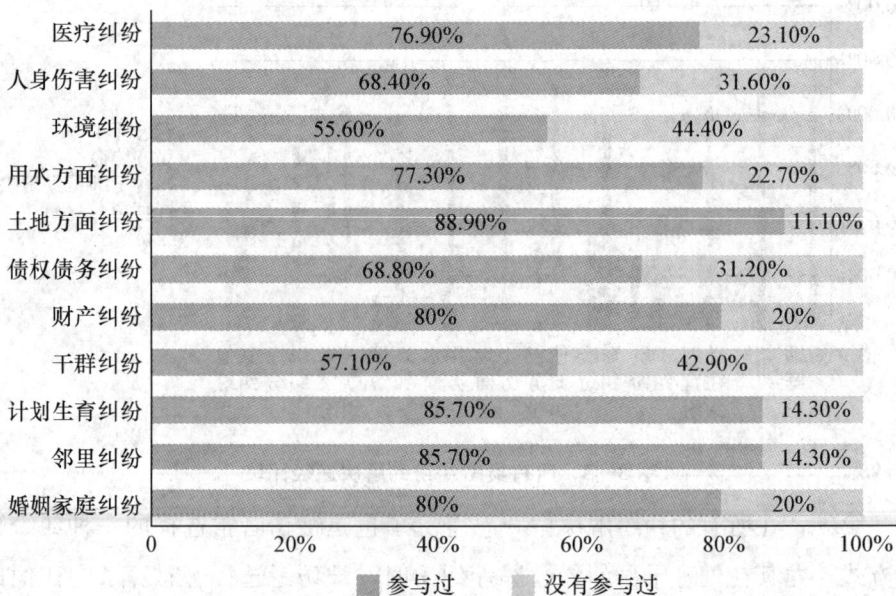

纠纷类型	参与过	没有参与过
医疗纠纷	76.90%	23.10%
人身伤害纠纷	68.40%	31.60%
环境纠纷	55.60%	44.40%
用水方面纠纷	77.30%	22.70%
土地方面纠纷	88.90%	11.10%
债权债务纠纷	68.80%	31.20%
财产纠纷	80%	20%
干群纠纷	57.10%	42.90%
计划生育纠纷	85.70%	14.30%
邻里纠纷	85.70%	14.30%
婚姻家庭纠纷	80%	20%

图3-4 村干部参与过村庄纠纷调解的比例

其中，88.9％的村干部参与过土地方面纠纷的调解，这是村干部参与调解比例最高的纠纷类型。村干部参与计划生育纠纷调解和邻里纠纷调解的比例都是85.7％，该比例仅次于村干部参与土地方面纠纷调解的比例。处于第三位的是婚姻家庭纠纷和财产纠纷，村干部参与这两类纠纷调解的比例都是80％。其后按比例从高到低依次是用水方面纠纷（77.3％）、医疗纠纷（76.9％）、债权债务纠纷（68.8％）、人身伤害纠纷（68.4％）、干群纠纷（57.1％）和坏境纠纷（55.6％）。由此可见，村干部参与村庄里各类纠纷调解工作的比例都是比较高的，尤其是涉及发生在村民之间的纠纷，如土地方面纠纷和邻里纠纷。

（三）被访者选择纠纷解决途径的主动程度

被访者迫不得已选择纠纷解决途径的比例从高到低依次为医疗纠纷（70.4％）、人身伤害纠纷（65％）、计划生育纠纷（58.3％）、干群纠纷（56.4％）、用水方面纠纷（54.2％）、债权债务纠纷（47.8％）、财产纠纷（41.4％）、环境纠纷（35.7％）、土地方面纠纷（32.6％）、邻里纠纷（25％）和婚姻家庭纠纷（17.6％）（见图3-5）。

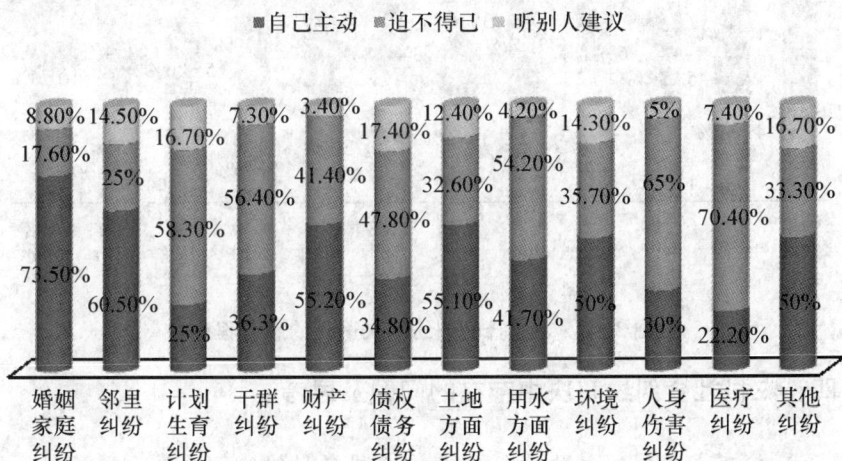

图3-5　被访者选择纠纷解决途径的主动程度

（四）被访者对纠纷解决途径的满意程度

图3-6显示了被访者对所选择的纠纷解决途径的满意程度。其中，对于婚姻家庭纠纷，被访者表示所选择的纠纷解决途径令人满意的比例为59.1％，这一比例在所有的纠纷类型中是最高的，其次是邻里纠纷（47.6％），之后依次是

债权债务纠纷（39.1%）、土地方面纠纷（32.6%）、用水方面纠纷（30.4%）、财产纠纷（27.6%）、环境纠纷（26.7%）、医疗纠纷（21.4%）、人身伤害纠纷（20%）、干群纠纷（14.8%）和计划生育纠纷（11.1%）。总体上，一半以上的被访者对婚姻家庭纠纷的解决状况表示满意，接近一半的被访者对邻里纠纷的解决状况表示满意，二者的比例远高于被访者对其他类型纠纷的解决状况的满意比例。另外，被访者对医疗纠纷和人身伤害纠纷的解决状况表示满意的比例仅为1/5左右，对医疗纠纷解决状况表示不满意的比例高达64.3%（这一比例在被访者对纠纷解决状况表示不满意的比例中是最高的），对人身伤害纠纷解决途径的不满意比例也达到了55%。除此之外，被访者对计划生育纠纷和干群纠纷的解决状况的满意比例非常低，前者只有11.1%，后者为14.8%，被访者对二者解决状况不满意的比例达到了58.3%和61.1%，该比例在所有的纠纷类型中位于第三位和第二位。

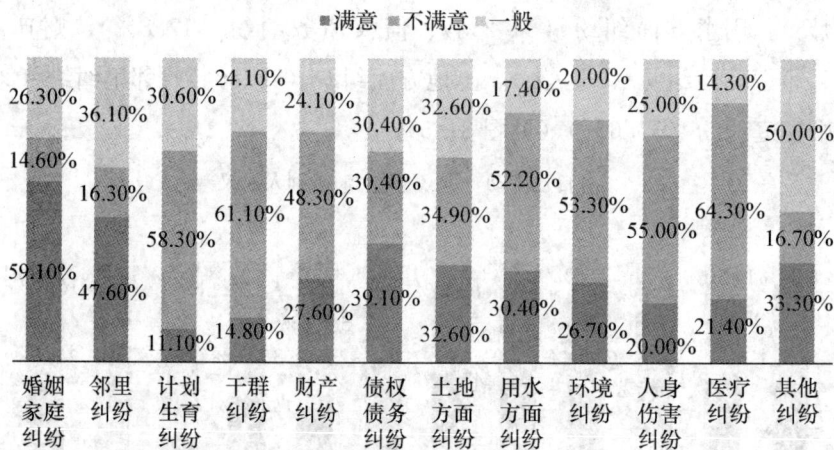

图3-6　对选择的纠纷解决途径的满意程度

四、农村社会纠纷解决中存在的问题及思考

（一）非正式的纠纷解决途径是当前中国农村纠纷解决的主要途径

对于所考察的各类纠纷，双方协商解决、忍忍算了以及找村干部帮助解决是最为常见的纠纷解决途径，而农村居民选择通过诉讼的方式来解决纠纷的比例相对较小，即使对于像人身伤害纠纷、债权债务纠纷以及医疗纠纷这类很可能成为司法案件的纠纷，其多数也是通过非正式的纠纷解决途径来解决的。

　　另外，需要注意的是，在每类纠纷的处理当中，均有相当比例的纠纷当事人选择忍忍算了。这也就是说，相当数量的纠纷只是被消极地压制，没有得到实质的解决。当然，在这种消极回避中，当事人之间的紧张或对抗暂时得到了缓解，甚至部分冲突就此停息，但是忍耐没有解决冲突、不满或者纠纷，因为当事人一方倾向于对纠纷中的问题视而不见，它通常取决于相对弱势一方的决定或者牵涉到纠纷解决的社会成本、经济成本或者心理成本。这意味着，消极忍让并没有真正疏解隐忍一方（通常是弱势一方）的不满情绪，更没有从根本上解决矛盾，而在隐忍的过程中，这些被压制的不满情绪不断积蓄，转变成怨恨，极易促发暴力事件。

　　（二）纠纷当事人被迫选择纠纷解决途径的比例较大

　　数据显示，除了婚姻家庭纠纷和邻里纠纷之外，农村居民在选择其他纠纷的解决途径时迫不得已的比例均超过了30％，尤其是农村居民在处理干群纠纷、计划生育纠纷、人身伤害纠纷和医疗纠纷时迫不得已选择纠纷解决途径的比例非常高。

　　另外，从具体的纠纷解决途径来看，农村居民迫不得已选择忍忍算了的比例较高，其次是迫不得已找村干部帮助解决。例如，在干群纠纷的处理当中，82.6％的农村居民是迫不得已选择忍忍算了，54.5％迫不得已找村干部帮助解决；在计划生育纠纷的处理当中，农村居民迫不得已选择忍忍算了的比例高达75％，迫不得已找村干部帮助解决和双方协商的比例也都达到了50％；在人身伤害纠纷的处理中，农村居民迫不得已选择忍忍算了的比例为66.7％；农村居民在处理医疗纠纷时迫不得已选择忍忍算了的比例高达90.9％，迫不得已选择双方协商解决的比例也有55.6％。

　　由此可见，有相当一部分的纠纷当事人并不是自己主动选择相关的纠纷解决途径，这一状况在忍忍算了、找村干部帮助解决、双方协商以及打官司中均存在，尤其需要我们注意的是，选择忍让的纠纷当事人很多时候是迫不得已的。可以肯定的是，纠纷当事人迫不得已选择纠纷解决途径会产生诸多负面影响。

　　（三）纠纷当事人对所选择的纠纷解决途径的满意程度不高

　　除了婚姻家庭纠纷和邻里纠纷之外，农村居民对其他各类纠纷的解决途径的不满意比例都比较高。另外，就具体的纠纷解决途径来说，纠纷当事人对通过打官司的方式来解决婚姻纠纷的不满比例为 60%；在邻里纠纷的解决中，纠纷当事人对打官司的不满比例高达 75%，对忍忍算了的不满比例为 23.9%；在干群纠纷的解决中，纠纷当事人对忍忍算了的不满比例达到了 73.9%，对上访的不满比例为 71.4%，对找村干部帮助解决的不满比例为 63.6%，对双方协商的不满比例为 30%；在财产纠纷的解决中，纠纷当事人对忍忍算了、找村干部帮助解决以及打官司的不满比例均为 66.7%；在债权债务纠纷的解决中，纠纷当事人对忍忍算了和打官司的不满比例都高达 75%；在土地方面纠纷的解决中，纠纷当事人对打官司的不满比例为 60%，对找村干部帮助解决的不满比例为 39.1%，对忍忍算了的不满比例为 30.8%；在用水方面纠纷的解决中，纠纷当事人对忍忍算了的不满比例为 77.8%，对找村干部帮助解决的不满比例为 33.3%；在人身伤害纠纷的解决中，纠纷当事人对打官司的不满比例为 60%，对双方协商和找村干部帮助解决的不满比例都为 50%；在医疗纠纷的解决中，纠纷当事人对打官司的不满比例为 100%，对忍忍算了的不满比例为 72.7%，对双方协商的不满比例为 55.6%。这些数据在一定程度上告诉我们，农村居民对于纠纷解决途径的不满意状况值得关注。

对于农村纠纷解决中存在的上述问题，一个重要的应对措施是建立和完善多元纠纷解决机制，让纠纷当事人有自主选择的可能性，尤其是降低正式纠纷解决途径的使用成本，提高其解决纠纷的效率。另外，对于特定类型的纠纷，如计划生育纠纷、医疗纠纷等，可设立专门的、中立的纠纷处理机构。简言之，通过多种措施，促进农村居民对正式的纠纷解决机制的使用，缓解农村居民迫不得已选择纠纷解决途径的状况，提高农村居民对所选择的纠纷解决途径的满意程度。

（邢朝国）

第四节　民转刑：纠纷解决的震荡效应与漏斗效应

当代中国社会正处在矛盾频发的阶段，有些矛盾甚至会引发暴力冲突，从而导致犯罪，相关原因很多，本节将关注点放在了社会转型和社会控制手段的变迁上。

　　我国正处在从传统型社会向现代型社会转型的时期，旧有的社会结构和社会控制机制正在解体并失去故有的效力，而新的社会结构和社会控制机制仍处在萌芽状态，尚不完善，控制效力也不强。这一格局造成的直接后果就是，不论是传统社会遗留下的社会问题，还是伴随着社会转型所产生的新的社会问题，都处在一个混沌的状态，没有一个固化的社会结构和社会控制机制对其进行消解，导致当代中国社会面临传统社会和现代社会都不曾面临过的问题。

　　虽然每一种类型的社会都要面对自己特有的社会问题，但是从社会稳定性来考察，传统社会在沿袭下来的伦理道德、风俗习惯以及既存的社会制度控制之下，是一个相对稳定的社会，而现代社会在民主与法治的社会话语下也是一个相对稳定的社会。当代中国的转型社会处在一个从旧的平衡状态向新的平衡状态过渡的不稳定状态，不稳定的主要表现即是社会失范和大量纠纷的产生。

　　一个常态的社会，并不是没有纠纷，而是纠纷较少，而且，一旦产生了纠纷，由于有良好的纠纷解决机制，纠纷能得到较好的解决，而不至于演变成恶性事件。博登海默曾指出："如果一个纠纷根本得不到解决，那么社会机体上就有可能产生溃烂的伤口。如果此纠纷是以不适当的和不公平的方式解决的，那么社会机体上就会留下一个创伤，而且这种创伤的增多，又可能严重危及人们对令人满意的社会秩序的维护。"①

　　由民间纠纷所演化的暴力犯罪则是伤口或创伤的一种。本节所关注的就是这一类特殊的暴力犯罪，此类暴力犯罪由琐碎的民间纠纷引发，且当事人双方为生活在农村社会的熟人。此类暴力犯罪数量并不太多，但是造成的社会影响往往十分巨大，而且处理起来极为困难，我们将其称为"民转刑"案件，即由民事纠纷转化为刑事犯罪的案件。当事人双方经过了漫长的纠纷解决过程，但是都无法消除纠纷。传统的民间纠纷解决模式往往对引起此类犯罪的民间纠纷束手无策，无法有效地抑制犯罪的发生；现有的法律体系则是

---

　　① 博登海默. 法理学——法律哲学与法律方法. 邓正来，译. 北京：中国政法大学出版社，1999：505.

一种事后处理模式，只对有犯罪行为的案件予以处理，也不利于此类纠纷的消除，最后纠纷累积导致暴力犯罪。

鉴于此，笔者尝试通过对由民间纠纷引发的刑事案件进行"深描"（吉尔兹语），探究其演化的原因和特点，以期发掘当下民间纠纷解决机制失效的深层根源，进而为构建一套适合当代中国社会的纠纷解决模式提供有益的思考。

一、理论与视角：实践社会学与场域

本节研究的是发生在中国乡土社会初级关系圈中的暴力犯罪，即发生在家庭成员、亲戚、邻里、亲密朋友之间的暴力事件，对其产生机制进行理论上的解释。这种暴力犯罪是与纠纷联系在一起的，即"纠纷式暴力犯罪"，但此类纠纷式暴力犯罪与广义的纠纷定义有所不同，其逻辑起点并不是法学概念中所界定的冲突的一部分，而是源于他人（纠纷事件中的另一方）"欺负人""不道义"，使自己蒙受委屈，影响到自己过正常的日子以及对幸福生活的追求，从而源起和演变成为嵌入中国乡土社会的草根伦理以及社会场域的暴力犯罪。

中国乡土社会初级关系圈中的纠纷式暴力犯罪作为一种特殊的犯罪类型有其自身的特点和实践逻辑，中外学界对此都缺乏应有的关注。一方面，目前有关中国民间纠纷解决研究的社会学范式和法学范式鲜有对初级关系圈中的暴力现象进行系统的经验研究。另一方面，不论是社会学范式还是法学范式对纠纷的研究普遍关注已解决的和未发生的纠纷，而对纠纷所引发的严重后果缺乏关注。

鉴于此，笔者对这种发生在中国乡土社会初级关系圈中的暴力犯罪给予重点关注，不仅针对纠纷引发犯罪的时间点，更采用一种过程式、回溯式、整体式的思路对纠纷进行分析。

笔者认为发生在中国乡土社会初级关系圈中的暴力犯罪能够更深层次地折射出当下中国农村社会的现代性变迁，同时暴力犯罪作为社会冲突的一种重要类型，对其衍生机制进行分析，对构建良性互动的多元纠纷解决机制以及健全纠纷预防机制有着重大的意义。扎根于中国乡土社会，从社会学视角研究初级关系圈中的暴力犯罪，在社会转型这一大背景下考察发生在中国乡

土社会初级关系圈中的暴力犯罪的社会场域和文化脉络，以期建立一套符合中国情境、能够有效解释中国乡土社会暴力犯罪的理论体系。

但单纯的理论分析并不能向我们展现纠纷解决机制在处理纠纷时的全部运作过程，要想真正地对纠纷解决的每个环节进行研究从而得到纠纷解决机制的运行逻辑，还需要注重实践的状态，结合具体的案例对纠纷解决机制进行分析，在"纠纷—犯罪"的演变过程中来展示纠纷解决机制的运作实施。

孙立平教授提出的"过程—事件"的实践社会学的分析思路很值得借鉴。实践社会学的研究方法提醒我们要在一种动态的过程中分析事物本身所展现出来的特征、事物内部不同因素之间的复杂关联，以及这一事物在遭遇不同的情境时可能发生的种种出乎意料的变化。在这一视角下，我们关注的应该是处于实践形态的社会现象，也就是处于实际运作过程中的社会现象。这种社会现象呈现出来的是一种流变的状态，而非静止的、僵化的状态。在实践的状态中，我们还会看到一种"实践的增量"，即在实践的过程中生成的时间的紧迫性和总体性，它将各自独立的事物通过实践连接成一个整体。这种"实践的增量"可以帮助我们进一步解释社会现象。"过程—事件"的研究策略的基本点是力图将所要研究的对象由静态的结构转向由若干事件构成的动态过程。[①] 这一研究思路提醒了我们将暴力犯罪与纠纷结合起来，将关注点由引发暴力犯罪的个体纠纷转移到一个持续的纠纷过程，寻求纠纷的源头和发展历程。

从实践社会学的视角出发，我们可以发现，中国乡土社会初级关系圈中的纠纷有着特有的"场域"标签。"场域"是指在各种位置之间存在的客观关系的一个网络（network）或构型（configuration）。[②] 对于这个定义有三个概念需要解释：位置、网络和构型。场域是以各种社会关系联系起来的表现形式多样的社会场合或社会领域，场域是各种形式的社会网络。如果场域是一张社会之网，那么位置可以看成是这张网上的各种网络。在布迪厄看来，场域是由不同社会要素联系而成，不同社会要素在复杂的社会联系中都占有特定的位置，或者说社会不同要素通过占有不同位置而在场域中存在和发挥作

---

① 孙立平."过程—事件分析"与当代中国国家—农民关系的实践形态//清华大学社会学系.清华社会学评论（特辑）．厦门：鹭江出版社，2000.

② 布迪厄，华康德．实践与反思：反思社会学导引．李猛，李康，译．北京：中央编译出版社，1998.

用。构型概念说明场域具有能动性，它可以用自身的特殊结构重新构造各种进入其中的关系或力量。①

社会转型背景下的中国乡土社会就是本节所关注的暴力犯罪所发生的"场域"，它是一个独立自主的世界，而纠纷解决机制对纠纷的处理也是"场域"运行的结果。这个场域的特定逻辑是由两个要素决定的：一方面是权力关系，另一方面是司法运作的内在逻辑。② 当我们将纠纷解决机制看作一种用以维持动态的社会秩序和社会稳定的社会控制手段时，纠纷解决机制就不仅仅是我们在纸面上看到的规则和原则，也不仅仅是国家进行社会控制的工具和民众用以解决纠纷的途径，而是一个动态、鲜活的运作过程，它由人们的实践活动组成。

通过这一视角我们可以发现，对民间纠纷解决机制的探讨与当下我国特殊的时代背景和社会背景是密不可分的。

（1）社会转型以及现代乡村社会结构的变迁。中国处于由传统型社会向现代型社会转型的时期，即从农业的、乡村的、封闭的半封闭的传统型社会，向工业的、城镇的、开放的现代型社会的转型。③ 伴随着当代中国的社会结构转型，现代乡村的社会结构也发生了巨大变迁，如村庄共同体虚无化、人际关系理性化。与此同时，民间纠纷的内容与形式发生了很大的变化。这些使原有的纠纷解决机制需要适时地做出回应和调整。

（2）乡土社会中民间法与国家法的冲突。在乡土社会中，民间纠纷解决机制与正式法律诉讼之间会产生新的冲突，这种冲突构成了乡土社会法律生活的主题，并使诉讼这种国家法律治理途径在乡土社会中被迫发生流变。在一个缺少对现代性法律充分信仰的乡土社会，现代性的诉讼被乡土社会重新分割改造，诉讼及支撑诉讼的现代性法律知识和制度被抵御、侵蚀、蜕变和整合。④

（3）公力救济的缺位与私力救济的失范。公力救济对当今法治社会权利维护起主导作用，而私力救济在传统的纷争解决过程中也扮演着重要角色。⑤

---

① 刘少杰. 后现代西方社会学理论. 北京：社会科学文献出版社，2002：199-201.
② 布迪厄. 法律的力量：迈向司法场域的社会学. 强世功，译. 北大法律书评，1999（2）.
③ 郑杭生. 社会转型论及其在中国的表现. 广西民族大学学报（哲学社会科学版），2003（5）.
④ 蔡杰，刘磊. 乡土社会冲突与诉讼的再冲突解析. 江苏社会科学，2001（5）.
⑤ 姚虹. 私力救济的现实基础及其法律规制. 学术交流，2006（4）.

但一方面，当下诸多的私力救济并没有在法律的框架内进行，法律对其缺乏有效的规范。另一方面，由于"正式司法制度在乡村社会的派出机构负责审判的人民法院和担任基层政权司法行政工作指导民间调解活动的司法助理员，本身就难以胜任被指派给他们的繁重工作……相对于乡村法律事务的繁复和庞杂，这些基层司法机构无论在人员配备、专业素质还是在财政力量方面都明显地不足。这种正式司法制度'供给'上的不足，反过来抑制了民间对正式法律的需求"，以及"司法腐败常常妨碍实现公正，没有司法独立以致法律本身就缺乏权威"[①] 等原因，公力救济并没有发挥其应有的功能。

本节就是在以上时代背景和高速社会转型的乡土社会这一场域下对初级关系圈中的暴力犯罪进行探讨的。本节集中关注的问题如下：

第一，当前的纠纷解决机制在调解纠纷时遇到了哪些问题，为什么难以调解纠纷？

第二，作为暴力犯罪当事人的双方在纠纷解决时都采用了何种手段，产生了何种结果？

第三，是否能够通过对纠纷解决过程的描述，得到初级关系圈中暴力犯罪的产生逻辑？

带着这些问题，笔者在 2009 年 1 月 17 日到 2011 年 2 月 20 日的两年多时间里，5 次进入东北 D 市的 4 所监狱，对 10 400 名在押犯人进行了实证调查。[②] 通过个案访谈、问卷调查与二手资料分析，本节尝试从整体上探讨民间纠纷解决的现状以及导致其困境的原因，以期揭示当下中国社会纠纷解决机制存在的问题。

二、弱化与困境：中国民间纠纷解决机制

（一）当代中国社会转型与民间纠纷

社会进化论者认为人类社会是一个不断发展渐进的社会，表现为由低级

---

① 梁治平. 法治：社会转型时期的制度建构——对中国法律现代化运动的一个内在观察//梁治平. 法治在中国：制度、话语与实践. 北京：中国政法大学出版社，2002：125.

② 因为在两年多中监狱犯人总体发生了一定变化，一部分人刑满释放，一部人新入监狱，所以调查总体发生了变化。四所监狱实际在押人数为 9 800 名，后期的访谈和心理测试涉及了一部分刑满释放人员。

到高级，由简单到复杂，由此及彼地向前发展。中国社会当然也不能违背这个规律，当代中国社会正处于一个由传统社会向现代社会转型的加速期。[①]工业化、城市化进程加快，具体表现就是科学技术与时俱进，生产力水平飞速提高，人类改造自然、征服自然的能力大大加强。但是在这些巨大成就的映衬下，精神生活的匮乏却随着社会转型的进程而越来越突出，人与人之间越来越缺少理解与沟通。人们盲目追求财富，为了物质利益而忙碌终生。在这种情况下，人们的精神需要势必受到压抑，感情交流必将受到经济利益的冲击。人们为了满足各自的物质利益，去争夺有限的财富，这很容易造成尔虞我诈、钩心斗角，从而使人们之间缺乏真情，人际关系冷淡、松懈。[②] 社会权力资源是有限的，没有获得权力的人为了自身利益要求获得权力，已掌握权力的人要防止别人夺走他们的权力并想获得更多的权力。[③] 这在中国社会转型、权力再分配的大背景下显得尤为突出，人们对权力无止境的追求导致了对有限权力的争夺从而使矛盾频发。体制、社会和文化的纽带纷纷断裂；个人主义被放了出来，享受、寻欢逐乐、个体化被放了出来，于是我们目睹了越来越多的矛盾。[④]

我们也可以将这种矛盾理解为一种社会失范。失范（anomie, anomy）一词，是由法国社会学家迪尔凯姆在谈到社会参与的某些情况时第一次使用的。在这些情况下，人们不具备为实现自我和获得幸福所必需的条件。他认为这些条件是：行为必须由社会规范控制；这些规范应该形成一个完整的、没有冲突的体系；个人应该在道德上与他人发生关系，以便使一个完满的人的形象变成与我的形象不能分离的形象，并且给生活中所能得到的快乐规定明确的界限。迪尔凯姆认为，凡是存在着不明确的、彼此冲突的分散的地方，个人与他人就不存在有道德意义的关系，或者没有规定获得快乐的界限，这就是社会失范状态。[⑤] 自迪尔凯姆以后，社会失范作为一个社会学概念已经被社会学家广泛地接受，不过在赋予它的含义及表述方式上各有不同。美国

---

① 郑杭生. 社会行动的意义效应——社会转型加速期现代性特征研究. 北京：中国人民大学出版社，2005.

② 曹孟勤. 试论初级社会群体的发展趋势. 河北大学学报，1994（1）.

③ 杨善华，谢立中. 西方社会学理论：下卷. 北京：北京大学出版社，2006.

④ 图雷纳. 20世纪的社会转型. 国际社会科学杂志，1999（2）.

⑤ 米切尔. 新社会学词典. 上海：上海译文出版社，1987：12-13.

社会学家默顿就认为社会失范是指这样一种社会状态：社会所规定的目标同决定着达到这些目标的规范不一致。默顿首先提出两个重要的又相互联系的社会因素，即文化目标和制度化手段。默顿认为，所谓失范，就是在人们用社会认为合法的制度化手段不能实现自己的文化目标的时候发生的，而对于这种情形的一个共同反应就是越轨行为。① 默顿对"失范"一词的内涵进行了修正和发挥，并用失范来解释越轨行为，从而形成了社会失范理论。

中国的社会转型是一个复杂的过程，也是社会失范现象多发的土壤。有学者认为，中国的社会转型是从前市场经济社会向市场经济社会过渡的一种"过程态"，它必然要打破前市场经济社会中稳定的联系，并努力建立起新的社会秩序，因此，社会失范是转型社会的必然现象。从社会结构的角度分析，失范具有不同的层次：第一，社会结构中"点"的失范，即由某一点发生变化而导致的失范；第二，社会结构中"面"的失范，即由一个结构的改变而引起的双重结构之间秩序的改变；第三，社会结构中"体"的失范，即社会结构关系的全面"混乱"。其中，"体"的失范是最可怕的。② 还有一部分学者认为，我国当前的失范与过去的相比，出现了一些新的特点：第一，社会规范出现二元形态。在公开的社会规范之外，还出现了"第二规范"。许多失范行为被非公开、非成文的规范固化，在"第二社会"里通行无阻。第二，失范行为的利益刚性，表现为一味地追逐利益而置价值取向于不顾。第三，失范的敏感部位在异质体之间的交接处，社会在从同质向异质的转变过程中，从同质体分离出相对独立的异质体，这些异质体之间产生了许多利益"边界"，这些"边界"成为失范的主要部位。③ 对于我国社会失范的具体表现，有学者认为可以分别从无序行为的数量、强度以及涉及面这三方面考察，即从数量上表现为无序行为的大量增生，从强度上表现为越轨行为愈演愈烈，从涉及面上表现为病态行为日益泛滥。④ 也有学者主张分别从政治生活、社会生活和经济生活三个方面考察我国社会失范的具体表现。

这种社会失范现象在当代中国乡土社会尤为严重，这与社会转型在乡土

---

① 郑杭生. 社会学概论新修. 3 版. 北京：中国人民大学出版社，2003.
② 杨桂华. 转型社会控制论. 太原：山西教育出版社，1998：252.
③ 朱志杰. 社会失范行为及其矫治. 江汉论坛，1990（11）.
④ 阎志刚. 社会转型与转型中的社会问题. 广东社会科学，1994（4）.

社会的运行有很大关系。一方面，传统农业社会的影响根深蒂固，传统观念与现代性思想冲突剧烈；另一方面，中国的社会转型在世界上来说还是一个新课题，没有样本供我们学习，只能靠自己逐步地探索。[①] 这两方面原因决定了我国的社会转型是一个漫长的过程。所以前文提到的问题和矛盾将长期存在，并且在社会转型完成之前可能会有一个加剧的过程。这一加剧的过程在中国的乡村社会有着很明显的表现。费孝通老先生曾经指出，中国是一个人情观念、血缘关系十分强烈和突出的社会[②]，概括地讲就是一个"人情社会"。但是这个"人情社会"正经受着社会转型的冲击。

从以上分析我们可以得到这样的结论：社会转型下的当代中国乡土社会矛盾频发，社会失范现象突出，集中表现为传统"人情社会"的人际信任度下降，乡村人们之间的猜疑和不信任增多，且基层权威的感召力下降，乡村基层权力运行存在障碍。

（二）传统民间纠纷解决机制的弱化和解体

历史地看，中国的民间纠纷解决模式有三种：第一种是传统模式，即"民间自治＋官府判案"，在乡村，这种民间自治主要体现为"乡绅自治"和"长老统治"；第二种是现代模式，即"单位制治理＋政府干预"，这种模式的起讫时间是 1949—1978 年；第三种模式是当代模式，这是一种在混合了前两种模式的基础上的法治模式，即"法制建设＋本土文化"。毫无疑问，当代模式是最复杂的一种民间纠纷解决模式。

在中国传统乡土社会则是另一种情形，在论述这个问题前我们先来讨论下中国传统农村纠纷解决机制的实践过程。在传统的中国农村，村庄是大多数人口居住的地方，清代和民国时期大多数民事诉讼案件是从村庄的纠纷开始的，只有当双方当事人无法由社区和宗族调解时，才会上诉至法庭。大多数民事案件的解决不是通过正式的法庭审判，而是由非正式的社区调解结合法庭的意见来完成的。一个案子一旦起诉而进入法庭审理，社区调解的努力就会加强。同时，县官对告状和诉词所做的批语诉讼当事人通常都能看到，这些批语向他们显示了法庭判决的可能结果，民间调解一般是在县官意见的

① 李庆霞. 传统农业到现代工业：当代中国社会转型特点. 人民日报，2005-07-18.
② 费孝通. 乡土中国 生育制度. 北京：北京大学出版社，1998.

这种影响之下实现的。[①]

　　在这种情况下纠纷的解决方式一般有以下三种类型："教谕的调停"，即县官或者乡绅站在一种劝导的立场上而不是代表严苛的法律，其身份象征更像是父母的角色而不是正式权威；庭外社区和宗族调解的理想图景，这是传统中国纠纷解决机制最主要的实践模式，通过社区和宗族势力的努力把纠纷消弭于传统社会内部而不会外放于司法领域或置之不理；道德和实用主义，这是传统农村社会对于纠纷调解的实用主义价值观，即把关注点放在道德理性上，采用实用主义的视角选择最简便、损失最小的方式来解决纠纷。[②]

　　而在当代中国乡土社会，笔者将纠纷的解决方式同样归纳为三种类型：忍耐，息事宁人；私了，由冲突双方自行解决；第三方调解。这里的第三方角色往往是由那些与当事人双方都有一定的关系，且具有一定声望的人物或者权威的组织、机构来扮演的。因此，第三方调解又可以细分为民间调解、组织调解以及司法调解。其中民间调解通常是通过纠纷当事人都信任的"中人"解决；组织调解是由村委会或乡政府等政府职能部门出面解决；司法调解则是通过乡村派出所、法院等法律部门解决纠纷。

　　中国社会是一个重视人情面子的关系社会，关系网络在纠纷的解决中会起到非常重要的作用。[③] 当面对纠纷的时候，生活在乡土社会的人们常常运用的应该是前两种纠纷解决方式以及第三方调解中的民间调解和组织调解。换言之，乡土社会传统的纠纷解决方式就是靠村规民约、民间习俗、小传统、关系网络以及非正式权威来调解乡村社会的矛盾。但是随着中国社会的快速变迁，城乡一体化程度提高，村庄共同体逐渐虚无化，人际关系也趋于理性化，这些传统乡土社会的纠纷解决方式在应用于当代民间纠纷时显得力不从心。

　　现代乡村社会结构发生了深刻的变革，原本依靠初级关系连接的个人逐渐个体化。此外，随着社会流动的规模扩大、频率加快，大量农村劳动力外流，他们不断把城市文明和现代观念带回乡村，冲击着乡土社会传统的思想

　　① 黄宗智. 民事审判与民间调解. 北京：中国社会科学出版社，1998：导论.
　　② 黄宗智. 中国法律的实践历史研究. 开放时代，2008（4）.
　　③ 郭星华，王平. 中国农村的纠纷与解决途径——关于中国农村法律意识与法律行为的实证研究. 江苏社会科学，2004（2）.

和理念。这些都使乡土社会传统的纠纷解决方式失去了效用。那些曾经活跃于乡土社会纠纷解决中的权威逐渐瓦解，走向没落①，进而使第三方调解中的民间调解方式在纠纷解决的过程中越来越无力，面临着弱化和解体的危机。

下面笔者将通过分析几则案例来说明这一问题。②

【案例8】冯某，23岁，男，因犯故意伤害罪被判处有期徒刑3年。

冯某： 本身在很早以前，在我爷爷那辈和对方的父亲就有过冲突，两家一直关系不好，总打仗。原因就是以前我们家住的那个地方和他家有一个3米宽的水渠隔着，水渠上边以前是一片地，我爷爷有4个孩子，到我爸和我老叔的时候，我老叔小，就把我们家地劈成房场，盖房子用的，问我爸和我叔叔谁要那片地，然后我爸就要了，我们就在那盖房子。被害者家他爹以前在村上干点什么，有个什么职务，然后他就想要那个地方，就跟我爷爷有过摩擦，他是我们家邻居。后来我爸就结婚了，在那块地就盖了个房子，他家就把门口的道堵上了，我们要回家要过那里，堵上了不好走。堵上之后，我爸就为了这个跟他们打。我记得我小时候我爸的手指头被他们家砍断了，砍断了4根。后来俺家盖房子，那块地因为30年规划要重新分地，我家那是房场，前边那趟道分的时候又分出一趟道，我们家就找派出所把道给开了，拿推土机推开的。推开以后这趟道不光是我们一家走，乡亲都从那走。后来他家就弄上树枝又给堵上了。我们家到秋收的时候得弄车往家拉东西，我们家一走就得开路，就得把树枝拿开，然后就老发生冲突。2003年早上，我母亲在院子南边放羊，邻居家赵某赶着牛上山放牛去，碰见我母亲，为了门口那条道又吵吵起来了。她就把我妈打了，打完之后我妈就回家了，回家之后我就看我妈，看我妈脸被打青了，我就问我妈怎么回事，我妈就说让她打了，然后我就去了，正好走在她家大门口的时候我就堵着她了，然后就给她打了。

笔者： 为了门口那条道你们家与被害者家里沟通过吗？

冯某： 以前找过，找人调解，他家不同意。

笔者： 找什么人调解的？

① 田有成. 乡土社会民间纠纷解决与秩序格局——一个法社会学的视野. （2014-03-05）[2017-12-20]. http://www.fsou.com/html/text/art/3355681/335568198_3.html.
② 后面所涉及的所有案例中出现的人名均为化名。

冯某：就是找村上说话比较有用的那些人，不好用。他家老是不同意，就说那趟道是他们的。

笔者：找过几次？具体怎么说的呢？

冯某：找了两次都没有结果。那个时候我还小，听我父母说就是找人上他家说给他家多少钱，然后他把道让开，一开始他家同意了后来又多要十垄地，我爸不同意。后来再找都没用了，然后就开始打了，经常打。

对于这起案件，我们可以发现其真正起因其实是冯某家门前的路被邻居给堵上了，致使两家有了纠纷，又因为纠纷长期得不到解决，矛盾越积越深，最后因为一点小摩擦，发生了伤人的惨剧。这就是一件因为民间纠纷没有得到及时有效解决而导致的刑事案件。从冯某的叙述中可以看出，他很小的时候两家就已经因门口的路被堵而矛盾频发，而且"我记得我小时候我爸的手指头被他们家砍断了"使冲突进一步升级，这场纠纷至少持续了十几年的时间。在此期间，冯某家多次尝试解决纠纷，但是都没有结果。邻里感情沟通失效，村中长辈调解失效，村委会斡旋失效，甚至重新分地这种政策性手段也失效了。民间纠纷解决方式在面对一条被堵了的路时集体"哑火"，没有发挥它们应有的作用，或者说在面对社会转型的复杂背景下，在经济利益越来越凸显的今天，在人与人之间联系逐渐理性化的今天，"打感情牌，打权威牌"都没有用了。换言之，乡土纠纷的特点发生了变化，但传统的民间纠纷解决方式却没有做出适宜的回应和调整。

服刑人员王某则为笔者提供了一则这样的案例：

【案例9】 王某，男，59岁，因犯故意伤害罪被判处有期徒刑6年。

王某：我是和我家邻居赵某打起来了，我们两家以前就有摩擦的地方。以前那个赵某和我关系还挺好的，逢年过节经常走动走动。后来出了个事，俺屯有个小伙包了个沙场，我在那儿负责沙场，我给人家帮忙。沙场有杆子是给那些车垫车轱辘的，好让车往外走。有一天赵某来扛杆子，他把杆子往家扛，就是偷东西。我去告诉了那个包沙场的小伙，他们和那个沙场的人打起来了，家里玻璃都被砸了。后来为了这个事他们见到我都不放声了，里外里我成敌人了。我后院那块地是机动田，村里让你种一年就一年，不让你种拿回来就不是你的。但是村里管不了他们，我家后院那块地一直被霸占着，我来回在家门口走摩托车碰着都不行。他们还在我家后院栽了一溜树，又是桑树又是柳树，这在农村是有讲究的。柳树你出门就得溜，桑树你出门遇丧事。我后来把他们种的树都给拔了。有一天赵某又在我家后院门口那骂，因为我走车回家的时候碰着那块地了，然后就打起来了。

笔者：你是否就沙场那件事与赵某谈过呢？

王某：找了，没用。我说咱是邻居，但是这边是这边，我在沙场给人帮忙，你们来扛杆子，沙场丢了杆子得来找我，再说我也没参与这件事，也没去打。你们以前不拿这个杆子什么事没有，现在事已经发生了，咱两家就别再在一起凑合了，就这样算了。他就说不该他的事怎么怎么的，还说了些不三不四的。他哥说我"你别说了，你在这里指定是帮人说话了，你不是帮我们说话，你拉倒吧"，还骂了我几句。

笔者：私了不成，你有没有找过第三方比如村委会或者村里有威望的人去调解一下呢？

王某：没有找过村委会，他们也没来管。村里的管事的没有用，他们把会计的账本都撕了，指着村民组长的脑袋瓜骂。我家后院那块机动田按理不应该每年都给他们，可村里不敢管，不给人家就打你。

对于这起案件，导火索是王某的车碰着赵某家的地，双方发生争吵，进而导致了纠纷的升级。但实际上，真正的原因是受害人在沙场偷杆子，赵某在沙场帮忙，向沙场管理者报告了这个情况，导致沙场管理人员和赵某发生了冲突，赵某在冲突中吃了亏。之后赵某就记恨王某，处处找茬，虽经过多种途径进行调解，但仍没有化解矛盾。这与冯某的案子有很多相似之处，但也有很多不同之处。在这起案件中，王某对于第三方调解没有信心，认为对方是村中恶霸所以没有人能管得了他们（"村里的管事的没有用"）。那是什么原因使王某形成了乡村权威无用这种看法呢？在笔者的访谈过程中，王某向我陈述了赵某平时与村委会的一些冲突，比如说殴打会计、强要机动田、辱骂村民组长等，面对这些冲突，村委会选择了忍让甚至姑息。王某向村里反映的机动田问题村里也没有给予解决，对于王某和赵某的冲突村里也没有主动来调解，这让王某很无奈。

　　在后乡土社会或新乡土社会中，基层行政组织的角色和功能发生较大的变迁。当下，乡村基层调解组织的涣散和功能的弱化已是一个社会事实。调解人（村长、村支部书记等）大多数本着多一事不如少一事的原则，对于调解工作并不热心。加上乡村基层调解组织在进行调解时基本不收费，而进行调解又要花费一定的人力物力，比如请客吃饭等，出于经济因素的考虑，调解人也很难拿出调解热情。在他们看来搞好村里经济、创造实在的经济增长要比这种"吃力不讨好"的调解工作更有意义。再加上遇上赵某这种平时便横行霸道的"硬茬"，调解不成可能还要挨顿打，就更没人去调解了。

　　再来看这样一起案件：

【案例 10】 于某，29 岁，男，因犯故意伤害罪被判处有期徒刑 7 年。

　　于某：我打的那个罗某（被害人）好像是我叔叔。我也不是很清楚，我们那个村里大部分有点亲戚关系。其实一开始就是为了门口那块菜地，那块地一直都荒着，我就想去种。他说他先种了，不让我种。我们俩为这个就吵起来了。后来那天我去打水浇地，他就过来了，说地是他的，不让我浇。我也挺生气的，他骂了我几句，我们俩就打起来了，我拿耙子打了他，没以为打那么重。为这个事家里人也说过（我），不过我没听。村里也来说过，村长说他（罗某）是长辈让我让着点，我觉得地又不是他的凭什么给他。

　　在这起案件中，于某对于家人和村里调解的反应充分反映了民间纠纷解决机制在当下中国乡土社会所面临的弱化和解体的危机。亲情联系的疏远、乡土权威的没落使传统的纠纷解决机制在面对于某和罗某这对叔侄在土地上的冲突时一筹莫展。

　　以上这些案例都在一定程度上说明了传统的民间纠纷解决方式在后乡土社会或新乡土社会已经面临诸多困境，其效用已经大打折扣，对乡村社会秩序的维系力已经微乎其微。

　　（三）司法解决方式的困境

　　随着市场经济体制的建立，经济结构、产业结构等方面调整步伐加快，村民内部的利益关系的调整也随之加快,矛盾必然显现出来。伴随着民间纠纷解决机制的解体和弱化,人们尝试寻求一种切实有效的纠纷调解机制。随着"送法下乡"和"普法运动"在乡土社会如火如荼地开展,民间纠纷解决方式中的司法调解成为人们新的选择。诚然,法治社会是中国社会转型的一个重要内容,法治化是社会的主导方向,甚至成为一种公众信仰力。[①] 当代中国的社会控制方式正在由传统权威、感召权威向法理权威转变。[②] 这些似乎都印证了人们选择的正确——司法手段应该是解决中国乡村纠纷的最好手段。

与此同时,社会治理的法治化是社会转型的题中应有之义。中国正在走向法治,法治已经变成了一种公众的信仰,就如同先前中国人对"革命",如今对"改革"的信仰一样。[③] 随着法治化进程的推进,法理权威在乡土社会的影响力逐渐上升,在民间纠纷的调解中扮演着越来越重要的角色。结合二十多年来"送法下乡"运动的成果,村民的法律意识和维权意识已经有了一定程度的提高,大部分村民对法律制度、法律规范已经有了一个大概的认识。从这一点来看,维持公平正义的法律应该是调解民间纠纷最好的手段。但是这种重视证据、严守规则秩序的法律裁判体系因为诉讼成本较高、司法腐败等原因在乡土社会秩序维系中并不像人们所期望的那样有效。笔者将导致这一结果的原因归纳为以下五个方面:

第一,取证困难。常见的初级民间纠纷并不会产生犯罪行为,冲突过程也不会被客观地记录下来。冲突双方在司法调解过程中往往各执一词,强调自己的无辜以及对方的凶恶,而司法调解者在缺乏客观有效的证据时也无法利用明确的法律法规来解决纠纷。此外,乡村社会仍然存在着一种"关门"的概念,即家丑不可外扬,"小事不出村,大事不出乡"这种理念在乡村社会仍普遍存在。因此,发生纠纷的双方往往会力争把纠纷放在本村内解决,不到万不得已不会牵扯到国家法律,这也使司法调解在取证过程中面临重重困难。

第二,法律成本高。昂贵的诉讼费用和律师费用对整体上并不富裕的村民来说不是个小数字。即使他们运用法律途径来解决纠纷,也很可能出现

---

① 苏力. 道路通向城市: 转型中国的法治. 北京: 法律出版社, 2004.
② 韦伯. 经济与社会: 上. 林荣远, 译. 北京: 商务印书馆, 1997.
③ 冯象. 木腿正义. 广州: 中山大学出版社, 1999: 8.

"赢了官司输了钱"的现象。此外，由于诉讼过程要经过立案、取证、审案、判案、执行等烦琐的过程，诉讼时间往往拖得较长，短的一月两月，长的半年一年。对时常发生民间纠纷的村民来说，有一种等得"黄花菜都凉了"的无力感。所以冲突双方在面对如此高昂的诉讼费用和不可预知的诉讼时间时往往退避三舍，因为诉讼可能影响他们的生计，危及其生计安全，这与乡土社会的生存伦理是不相符的。

第三，处理结果的尴尬。在乡村社会，人们认同的主要还是实质正义而非程序正义，这与法律所代表的程序正义是相违背的。在乡土社会传统的民间纠纷解决过程中，经常会出现于情可原、于理不容的"和稀泥"现象。违反"老规矩、老传统"的人应该受到村里的"制裁"，即使这种"制裁"是违反法律的，但它仍为大多数人所接受。而法律的介入终止了这种"制裁"的执行，甚至维护了违反规则的"反叛者"。在这种情况下，法庭的审判结果很难被村民接受，村民会刻意地规避法律的裁量范围，让法律在民间纠纷这一领域无计可施。

被访者谭某向笔者叙述了他的一次经历和体验：

【案例11】谭某，男，因犯故意伤害罪被判处有期徒刑7年。

谭某的父亲因为土地纠纷被邻居于某打成轻伤，村里人看不过告诉了谭某。谭某马上赶回家中，在村民的帮助下找到了于某并把他打成重伤，然后逃逸。

谭某：当时我回家看到俺家老爷子身上都是血，我杀了他的心都有。我去于某家找他他不在，回家以后给小卖铺打电话，他们偷偷告诉我说于某在那儿，然后我就赶紧过去。于某看到我的车就跑，我在半路上堵到他了，就把他打了，然后我就跑了。村里人都在旁边看，没人来拉架，也没人敢来拉架。我打完他走了以后也没人管他，他就是活该倒霉打俺家老爷子。

谭某对于某实施暴力行为之后，于某受伤倒地，周围村民既没有报警也没有对于某施与帮助，看完于某被打后就都各自回家了，谭某在毫无阻拦的情况下离开了。于某在案发现场躺了两个多小时之后才被回来看看的谭某送往医院，但是由于伤势过重、失血过多、抢救不及时，于某成了植物人。

回顾这起案件：村民明知道谭某要殴打于某，不但不劝阻谭某反而向谭某通风报信；在谭某实施暴力伤害后也没有村民对于某施与救助。这看似与乡土社会人与人之间地缘情感浓厚很不吻合，但这正反映了村民对于这起事件的理解，即于某被打罪有应得！村民的逻辑是：你打了人家的爹，人家回来找你报仇是理所应当的，谁让你先打别人的，活该！虽然这是违法犯罪行为，但还是被村民接受，甚至主动向谭某提供帮助。试想如果村民及早报案，而不是通知谭某回来找于某报复，也就不会发生后来的流血冲突事件。"血债血偿，天经地义"这种传统的乡土恩怨观念深深根植在村民心中。由此可以看出，国家法与民间法的冲突也是人们遇事不靠法的重要原因。

第四，村民对法律法规的不熟悉，即我们常说的"不懂法"，也是目前法律在乡土社会境遇尴尬的重要原因。虽然经过了二十多年的"送法下乡"和"普法运动"，但是在人均受教育程度普遍较低①的农村，受教育水平的相对低下导致村民对法律知识的了解十分有限。对于普通村民来说，他们不仅缺乏学习和掌握法律法规的能力，而且他们中的大部分是依靠土地过活，繁重的田间工作占用了他们大量的时间，可用于了解法律法规的时间少之又少。再加上农民的法制观念淡薄和农村不重法的大环境的影响，懂法、知法、用法的农民可谓是凤毛麟角。上文描述过的冯某案件（参见案例8）为我们提供了这方面的例证。

笔者：纠纷发生这么长时间？您有没有想过通过法律途径解决呢？

冯某：什么是法律途径？俺们都不太明白，就找过村里派出所，派出所说门前的路有我家的一块，我们就找推土机给推开了，后来又被堵上了。派出所也再没来管过，我们也没再去找过，找了有用吗？

笔者：有没有想过通过诉讼手段来解决呢？

冯某：哪有法院俺们都不知道。太麻烦了，家里人都不会弄，找谁去告？告了也没用，都找过派出所了，路都推开了，人家照样给堵上，找法院也

---

① 笔者曾对59名犯人的受教育程度做过分析，小学及以下20人，初中34人，中专及以上5人。

没用。

邻居把冯某家门前的路堵上了，阻碍了冯某一家的正常通行，极大地妨碍了冯某一家人的正常生活。邻居的堵路行为违反了《中华人民共和国民法通则》第 83 条规定：不动产的相邻各方，应当按照有利生产、方便生活、团结互助、公平合理的精神，正确处理截水、排水、通行、通风、采光等方面的相邻关系，给相邻方造成妨碍或者损失的，应当停止侵害，排除妨碍、赔偿损失。但是冯某并不知道邻居的堵路行为是违法行为，不知道通过诉讼可以解决这个问题，甚至不知道法院在哪儿、找谁去诉讼，这就是一种典型的"不懂法"行为。而中国的民事诉讼实行的是"不告不理"原则，这也导致中国的法律制度体系在处理这一类的民间纠纷时有劲使不上。

第五，法律与民间规范的冲突。民间规范和法律也有很多相冲突的地方，即合法不合理或合理不合法的情况。特别是在社会转型的语境下，法律的完善和发展与一部分传统民间规范是相背离的。例如中国传统观念中有"欠债还钱天经地义"的说法，但是民法规定，所有与债有关的诉讼都要遵循诉讼时效的规定（普遍为 2 年），如超过诉讼时效后起诉欠债者则法律不再保护当事人的债权，也即欠债者不还钱法律也不会追究其责任。这一规定在很多人看来是不可理解的，欠债不还仍能受到法律保护，这就出现了合法不合理的情况。"大义灭亲""亲亲相隐"等也是法律与民间规范冲突的体现。此类冲突的出现使村民对法律的认同度降低，更对法律的处理结果怀有不满，使他们在面对纠纷时有意地规避法律。

除了上文所提及的法律在乡土社会中面临困境的原因外，村民对法律的不信任对此也有着不可忽视的影响。乡土社会的司法系统不管是在人事还是财政上都高度依赖于地方政府[①]，这也就导致了乡土社会的司法系统无法完全独立，受外界干扰较多。而且在中国特有的人情面子机制以及"关系"的影响下，"出事找路子"是一种很常见的现象。"七大姑八大姨"都来帮忙，层层传达，层层影响，这也就使司法系统在处理纠纷时受到各方利益的左右。这种利益与利益、关系与关系的博弈，对司法公正产生诸多负面影响，这是村民不信任法律的重要原因之一。我们再来看王某这起案件（参见案例 9）。

---

① 黄家亮. 法律在基层法院中的实践逻辑//北大清华人大社会学硕士论文选编, 2006.

笔者：赵某霸占你家后院的机动田，你有没有想过通过法律途径来解决？

王某：什么法律途径？怎么弄？

笔者：就是向你们当地派出所反映，或者到法院提起诉讼。

王某：还去派出所呢！没用！上次赵某把村里会计账本撕了，把村民组长打了，派出所也来了。派出所前脚抓了，后脚一个电话就给放出来了。人家有亲戚在金州检察院，就是霸道，派出所管不了他。法院也一样，到哪里去找，找了也没用。人家亲戚就是硬，说什么都没有用。

（王某还告诉笔者审判过程中赵某的亲戚也靠着自己的影响力左右了法院的判决）

王某：人家那个亲戚老厉害了，我们打了以后派出所都没下来取证，就找了赵某家几个亲戚作证就把我判了。我也被打了，你看头也开了，膝盖也开了个口子，可是人家赵某都没判，我被弄进来了。这个事弄不了，就是我吃亏了，我重人轻，人照样没事。

王某的叙述可能有添油加醋的成分，但是王某对于司法系统的不信任却是显而易见的。王某的这种思想代表了很大一部分农民，他们没有社会关系可以直通司法系统，不知道司法部门是如何裁判的，总觉得其中有猫腻。再加上一部分基层司法部门确实存在着一定的阴暗面，给农民求助司法调解的热情浇上了一盆冷水。

梁治平教授关于"法治"问题的思考为案例中所展现的法律困境提供了注解："法治"本身就不是一个抽象和无差别的普遍事业。它所要求的不仅是知识，同时也是权力，是支配和控制。正因为如此，通过法制或者法治来实现的"社会进步"有时就不但是残酷的，而且是非理性的。[①] 同样的，把解决民间纠纷的全部希望投入"法治"话语，也是一种非理性的行为。在当代中国乡土社会，"法治"并不能发挥其创造者所期望的功能和价值，各种因素的制约导致其行动力大大降低，甚至陷入困境。

（四）解决机制的真空与纠纷当事人的困惑

由于乡土社会传统的民间纠纷解决方式的解体与弱化以及司法解决方式面临的困境，乡村社会民间纠纷的解决已处于相当尴尬的境地。相对于现代

---

① 梁治平. 法治进程中的知识转变. 法制资讯，2010（12）.

社会来说，转型加速期的乡土社会正处于"旧力将竭，新力未生"之际，对于纯传统的和纯现代的观念，都还未确立一个鲜明的态度和立场。对于乡村民间纠纷的解决来说，传统的观念应该是忍耐、私了或者找村里有权威的"中人"来调解等。这是一种依靠初级关系中牢固的情感联系来解决问题的方式。但是由于乡土社会结构的变迁等众多因素的影响，乡村的初级社会群体逐渐衰落，非正式控制手段的影响力大大降低，这就增加了社会控制的难度。情感联系程度的松弛使人与人之间的包容性降低，乡间纠纷已不像以往那样靠"请客吃饭赔不是"就能解决了。此外，由于现代思想观念的冲击，法治观念也慢慢渗透到乡土社会之中，使人们不再完全听从传统的乡土权威的调解，老一辈的乡土权威在社会转型的浪潮中正逐渐走向没落。现代的法治观念应该是依法办事，"运用法律的武器"来维护自身合法的权益。可是受困于取证困难、法律成本高、处理结果的尴尬、村民对法律的不熟悉不信任等原因，法律在调解民间纠纷时也往往四处碰壁，即使强行介入也是心有余而力不足，起到的效果十分有限。这些因素使民间的纠纷解决机制逐渐真空和虚无化，进而导致那些琐碎的民间纠纷由于得不到及时有效的解决而演化成恶性事件。

笔者在调查中遇到了一个因妻子外遇将妻子情夫打死的犯人。杜某是一个在当地村中很有地位的人，他常年在外面做生意，家里经济条件很好。发现妻子有外遇后，他与妻子谈过，但没有取得预期的效果，家里人也劝和不劝离，对解决妻子外遇的问题帮助不大。再加上他常年在外，跟村里人关系疏远，又顾及面子问题，不能向村中人求助，无法利用舆论的压力或村中权威解决妻子的外遇问题。法律在面对外遇时更是束手无策，无法对他提供任何帮助。杜某的际遇充分反映了在民间纠纷解决机制真空化的背景下，当事人只能选择隐忍来规避矛盾，最后发生忍无可忍的悲剧。

【案例 12】杜某，51 岁，男，因故意伤害罪（致人死亡）被判刑 20 年。

杜某：嗯……当时经过……是这么个事……我出外做生意，回来听家里人说，我爱人和这个爷俩有关系。有关系呢，我只能说是听说，我就不信，不信完了呢，我就自个儿暗地里来调查。来怎么看，看看确实有这个情况。我就找我老婆说了，我老婆保证以后断了，那是 2005 年的事。但是没用，又有人跟我说了他俩的事，我也发现过几次。我一般都不在家，在外面收古董，后来我有一次来个突然袭击，提前回家，家里门锁着，后来开了看到他俩在一起，这是 2007 年年前。

还没过（正月）十五，我就在家喝了酒，我越寻思这事我就……他始终还不承认，我就去找他，他就往我家闹。我就叫他两人证实，看一看，他就不来，然后呢就跟他撕吵，打，打起来了呢，就在这个期间呢……互相……肯定都没有好气，我就这样打起来了。他一拿菜刀，来砍我，没砍到我。他个儿比我还高，我俩岁数差不多。完了呢，我就提着……最后就提着刀，砍他了，两下。就这么个情况。

笔者：你老婆外遇的事情你跟别人说过吗？有没有找人帮你出出主意，或者找人跟你老婆谈谈，让她回心转意？你有想过通过法律途径解决吗？

杜某：这种事跟谁说呀，我以前在生产队当过队长，现在一般很少在村里，跟村里人不怎么熟，但是人家都知道我在外面混得挺好，也挺有威望一个人，这事让人知道了多丢人，家私不可外扬。家里人也是劝和不劝离，也没什么用。这事找派出所谁管呀，太丢人了。

诺思指出，人们过去做出的决策决定了他们现在可能的选择。[①] 同样的，过去无法解决的民间纠纷决定了如今冲突的升级。伴随着民间纠纷解决方式的解体与弱化以及司法解决方式所面临的困境，如今的乡村民间纠纷解决机制在社会加速转型的今天处在一个真空的状态。民间纠纷得不到及时有效的解决导致了诸多问题，严重影响了乡村社会的稳定与和谐。据笔者在某监狱对故意伤害案进行的统计：400 宗暴力犯罪中有 59 宗发生在乡村，这些纠纷是邻里或者朋友熟人之间因琐碎事件产生的，由于没有得到及时解决，日积月累，矛盾越来越深，最终导致了刑事案件。此类案件在 400 宗暴力犯罪案中占据了将近 14.8%。这里还不包括因为民间纠纷而引发的其他类型的案件，如果都计算进去，数字可能更加触目惊心。

三、震荡与下漏：一种新的解释框架

社会转型导致一些原本共同遵循的社会规范，如道德、习惯、公约、行

---

① 诺思. 制度、制度变迁与经济绩效. 杭行，译. 上海：格致出版社，2008.

政性规则等逐渐失去了约束力，舆论和社会评价也失去了以往的影响力。凝聚力的失落使社会成员之间缺乏自制和自律意识，这就使各种纠纷极易表面化或激化。① 这种情况在转型期的中国乡土社会中格外凸显，因为在一个被学者构造的理想型乡土社会中，"乡土社会里的人口似乎是附着在乡土上的，一代又一代下去，不太有变动"，同时"乡土社会的生活是富于地方性的"，是"一个没有陌生人的社会"，其秩序主要是依靠长者的权威、教化及乡民习惯来维系。②

在社会转型的大背景下，无论是长者的权威、教化还是乡民习惯都陷入了弱化和解体的漩涡，随着社会转型所带来的"法治"思想也同样没有起到预想的作用。法律的介入会改变纠纷的处理模式，改变农村社会人与人间相互熟识、相互依赖的现实，变"商量着来"为"按法律办事"，导致了农村人际关系的倒退甚至破裂。法律的话语自动地规避了农村社会中的"和气""情面"等传统思想，在日后"低头不见抬头见"的乡土社会形成了一种"伤和气""不留情面"的效应。法律所营造的民间纠纷调解是一种"书本中的民间调解"——构建了一个个框架，所有的纠纷都有其对应的框架，无论有什么理由都不能脱离法律的话语体系，而不会考虑民间纠纷解决机制的内在运行逻辑和导致其成败的因素是什么。正如王铭铭等在《乡土社会的秩序、公正与权威》中写道："置身于现代性漩涡里的法律人虽然能觉察到乡土社会自身运作秩序及可能蕴含的法律伦理，但很少能够从乡土社会制度、秩序的生成流变和若干社会变量的博弈中获取充分的学术资源，所以被笼罩于现代性法律话语下的现代诉讼制度已经到了一个应该被反思的时刻。"③ 以法律为主导的纠纷调解模式在当代中国乡土社会同样面临困境。

中国乡土社会的民间纠纷是在特定的时空中发生的，是在中国农村的生活逻辑里展开的，与其对应的应该是与乡土社会的自然环境、社会环境相适应的纠纷调解机制。但是，正如上文所述，无论是传统民间纠纷解决机制的弱化和解体还是以法律为主导的纠纷解决机制所面临的困境，都使当前中国

---

① 范愉. 当代中国非诉讼纠纷解决机制的完善与发展. 学海，2003（1）.
② 费孝通. 乡土中国　生育制度. 北京：北京大学出版社，1998：7.
③ 王铭铭，王斯福. 乡土社会的秩序、公正与权威. 北京：中国政法大学出版社，1997：前言.

乡土社会的民间纠纷解决机制在调解纠纷时力不从心。纠纷在现有的民间纠纷解决机制中并没有消解，而是沿着一种特殊的轨迹运行。

（一）纠纷金字塔理论和纠纷宝塔理论

针对民间纠纷解决机制的分析，国外学者做过很多。20 世纪 80 年代费尔斯丁勒和萨拉特等人提出纠纷金字塔理论。纠纷金字塔理论范式包括三个基本假设：第一，按照双方解决还是引入第三方，非正式权威介入还是正式权威介入，纠纷解决机制被分为不同层次，且同时存在。也就是说，多种纠纷机制分层级地同时存在，构成了纠纷解决机制体系最基本的前提。第二，人们在生活中产生的大部分冤屈（grievance），都会在较低层次得到解决，只有少数冤情会上升到司法程序，即金字塔顶。第三，纠纷金字塔的结构取决于各个层次的纠纷解决情况。低层次纠纷解决比例的减少，相应就会使高层次纠纷解决比例上升；上升到司法程序即纠纷金字塔顶的纠纷越多，说明低层次的纠纷解决渠道较少为人们所选择。换句话说，如果让更多的人选择基层的纠纷解决方式，那么就会大大降低正式法律意义上的纠纷（见图 3-7）。[①]

Court Filings	50
Lawyers	103
Disputes	449
Claims	718
Grievances	1 000

图 3-7　纠纷金字塔模型

在纠纷金字塔模型中一共有 2 320 个样本，其中真正进入司法程序的仅有 153 个，占总体的 6.6%，绝大多数的仍停留在冤屈、索赔和辩解的范畴，也即没有进入法律体系，停留在忍耐和私了的阶段。这也就构成了一个上窄下宽的金字塔形状。

同时，对于中国的纠纷解决机制，国外学者也进行过很深入的研究。麦宜生结合中国的经验，对纠纷金字塔理论作了进一步修正，提出"纠纷宝塔"（dispute pagoda）的概念。通过 2002 年对 6 个省 3 000 户农村居民法律意识

---

① FELSTINLER W, ABEL R, SARAT A. The emergence and transformation of disputes: naming, blaming, claiming ... Law and Society Review, 1981, 15 (3/4): 631-654.

的调查，麦宜生发现纠纷金字塔理论的范式并不能很准确地概括中国农民的纠纷及其解决情况。因为在不同类型的纠纷和不同方式的纠纷解决之间，并不存在此消彼长的相互关系。也就是说，纠纷宝塔各个层次之间的关系是相对封闭的，各个层次的纠纷及纠纷解决的比例的增长或下降，并不一定会导致其他层次尤其是塔顶结构的变化。而导致农民选择正式法律途径来解决纠纷，或者说将冤情上升到司法程序的主要影响因素是农民与行政系统的关系。农民与干部的关系联系越密切、联系干部的级别越高，通过司法途径申冤或解决纠纷的概率越高（见图 3 - 8）。[1]

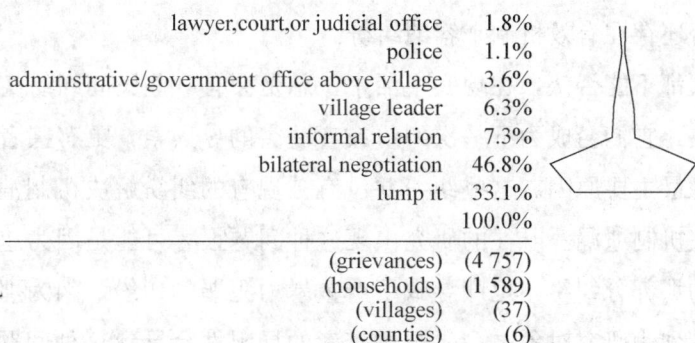

lawyer, court, or judicial office	1.8%
police	1.1%
administrative/government office above village	3.6%
village leader	6.3%
informal relation	7.3%
bilateral negotiation	46.8%
lump it	33.1%
	100.0%
(grievances)	(4 757)
(households)	(1 589)
(villages)	(37)
(counties)	(6)

图 3 - 8　纠纷宝塔模型

从纠纷宝塔模型中我们可以发现，农民在遇到纠纷时有 33.1% 的人选择忍让（lump it），46.8% 的人选择双方沟通（bilateral negotiation），这两种纠纷解决方式（79.9%）占到了所有纠纷解决方式的绝大多数，这也是笔者上文所分析的忍让和私了这两大纠纷解决方式。只有少量的纠纷会涉及第三方调解，有 6.3% 的人遇到纠纷时会求助村庄领导者（village leader），有 3.6% 的人会求助行政或政府部门（administrative/government office above village），而选择司法途径（lawyer, court, or judicial office）的只占 1.8%。

纠纷金字塔和纠纷宝塔模型，对于我们理解中国社会总体的纠纷解决机制有非常重大的意义，它们在一定程度上将我们的注意力从简单的国家-社会两元对立重新拉回到复杂的社会状况之中，构建了多元化、互为补充、共同作用以及相互影响的纠纷解决模型。然而，由于这种建构方法将纠纷、纠纷解决机制以及纠纷解决过程纳入同一个分析模型，也就在某种程度上造成

---

① 陆益龙. 纠纷解决的法社会学研究——问题及范式. 湖南社会科学，2009 (1).

了模型的超稳定性。①

无论是纠纷金字塔理论还是纠纷宝塔理论都为我们构建了一个理想的纠纷解决过程。任何类型的纠纷，都将在纠纷解决机制中找到自己的位置，无论是选择了忍让、私了还是第三方调解，纠纷终将被稳定的"金字塔"消解。通过对纠纷金字塔模型与纠纷宝塔模型的研究，我们可以发现，无论是从纠纷的产生，还是从人们选择何种纠纷解决机制，纠纷解决机制之间的互动似乎把所有的纠纷都涵盖了，这是一种理想化模型。但是这种理想化模型在现实生活中真的能够实现吗？在中国乡土社会民间纠纷解决机制真空化的大背景下，是否还存在有效机制来容纳纠纷？

任何人都不能否认，在现实生活中，总是会有一些民间纠纷实际上并没有得到解决，它们会成为下一次纠纷或者冲突的导火索，更有甚者成为一次暴力事件的最主要原因。这些纠纷并没有被现有的纠纷解决机制消解，相反被纠纷解决机制遗漏。既往的研究出现这种问题很有可能是因为忽视了未被良好解决的那部分纠纷，也即导致了严重暴力犯罪的纠纷。因为那些研究都没有将犯人列为研究对象之一，被调查者的局限性会导致这种问题。而且无论是纠纷金字塔理论还是纠纷宝塔理论讨论的都是人们选择纠纷解决机制的偏好，没有对现实的纠纷进行分析，偏好并不能代表纠纷能被解决。但是这一问题是不能被忽视的，即在现实社会中有一类纠纷不能被既有的纠纷解决机制消解。那么这些没有被纳入纠纷解决机制的纠纷应该如何解决，它们所演化出的问题又有什么样的运行逻辑呢？

（二）一个新的解释框架：纠纷的震荡与下漏

美国人类学家劳拉·纳德尔等总结了一个经典的纠纷分析框架，即把纠纷过程分为三个阶段：不满，冲突，纠纷。单向的（monadic）不满阶段（grievance or preconflict stage），指当事人意识到或觉得自己受到不公平待遇或权益受到侵害，从而心怀不满，并可能采取某些单向的行动（诸如忍受、回避和提出问题）的过程。双向的（dyadic）冲突阶段（conflict stage），指局限于纠纷当事人之间相互作用的过程，表现为当事人相互的对抗斗争，

————————

① 储卉娟. 暴力的弱者：对传统纠纷解决研究的补充——基于东北某市监狱的实证研究. 学术研究，2010（2）.

冲突处理方式主要有强制与交涉。随着冲突升级和第三方介入，就进入了三向的（triadic）纠纷阶段（dispute stage），即纠纷外主体介入纠纷并充当第三方，此时纠纷解决方式主要对应着审判、仲裁和调解。[①]这一分析框架与纠纷金字塔理论和纠纷宝塔理论不谋而合，都对纠纷的解决模式进行了分类，但是它给我们提供了一个新的假设，那就是纠纷是有不断发展的特点的，也即纠纷可能遵循一定的路径变化。纠纷不是固定的，它可能随着个人心理、社会环境、第三方介入等等原因走向不同的形态，就如游戏人物击杀怪物升级一般，纠纷也会遵循一定的规律愈演愈烈。

基于这一假设，笔者对前文所述的那一类没有被消解的纠纷进行了研究。通过对既有数据和文献的分析，笔者发现存在于中国乡土社会并导致暴力犯罪的这一类纠纷，在纠纷解决过程中有着一定的运行规律。根据这一发现，笔者构建了两个新的概念来指称这一规律，即"纠纷震荡"和"漏斗效应"（见图3-9与图3-10），这两个概念实际上是对纠纷金字塔理论和纠纷宝塔理论的延续和发展。

（1）纠纷震荡。

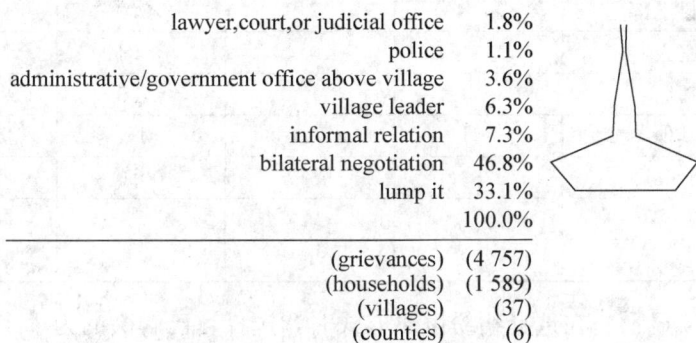

lawyer,court,or judicial office	1.8%
police	1.1%
administrative/government office above village	3.6%
village leader	6.3%
informal relation	7.3%
bilateral negotiation	46.8%
lump it	33.1%
	100.0%
(grievances)	(4 757)
(households)	(1 589)
(villages)	(37)
(counties)	(6)

图3-9　纠纷震荡模型

纠纷震荡是对纠纷在纠纷解决机制中的运动所进行的分析，通过对东北D市4所监狱案例的分析，笔者发现很多纠纷不是一次性解决的，都经历了各方势力博弈的过程，所以会在纠纷解决机制的不同层次间产生震荡。例如在忍耐、私了和第三方调解之间反复选择，尝试用相同方式中的不同

① NADER L，TODD H F. The disputing process：law in ten societies. New York：Columbia University Press，1978：1-40.

逻辑来解决纠纷。从宏观上来说，是社会结构和社会资源影响着农民对纠纷解决方式的选择；从微观上来说，则是个人利益和交易成本影响着农民对纠纷解决方式的选择。农民以解决纠纷为出发点，在不同情形下会选择不同的途径来消解纠纷。图 3-9 就是在纠纷宝塔模型基础上对纠纷震荡的一种直观显现。

笔者对符合本节研究条件的 272 名犯人前两次选择的纠纷解决途径进行了统计，有效问卷共 272 份，其中填答了第一次寻求解决途径情况的为 263 人，填答了第二次寻求解决途径情况的为 234 人。表 3-3 和表 3-4 反映了刑事案件当事人的纠纷在纠纷解决机制中震荡的过程。

表 3-3　　　　　　272 宗刑事案件当事人第一次寻求解决途径情况

		Frequency	Percent	Valid Percent	Cumulative Percent
1	自己解决	141	51.8	53.6	53.6
2	朋友	73	26.8	27.8	81.4
3	亲戚	32	11.8	12.2	93.6
4	派出所	3	1.1	1.1	94.7
5	村干部	8	2.9	3.0	97.7
6	家人	1	0.4	0.4	98.1
7	邻居	4	1.5	1.5	99.6
8	其他	1	0.4	0.4	100.0
	Total	263	96.7	100.0	
Missing	0	9	3.3		
Total		272	100.0		

表 3-3 显示，在选择纠纷解决方式时，选择自己解决的为 141 人，占到了 53.6%；选择朋友调解的为 73 人，占 27.8%；选择亲戚调解的为 32 人，占 12.2%；选择邻居调解的为 4 人，占 1.5%；选择派出所和村干部等行政和法律途径的为 11 人，占 4.1%；选择家人调解的为 1 人，占 0.4%。这里笔者将家人与亲戚区别开来，家人代表直系一代血亲，血缘关系较亲戚更加近，话语权更大和调解效果更好。从总体上看，选择各种纠纷解决方式的比例总体上也会构成一个纠纷宝塔的形状。

再将这些选择与笔者划分的三大类纠纷解决方式进行比较，我们可以发现，在遇到纠纷时有 53.6% 的被调查者选择忍耐或私了，46.4% 的被调查者选择第三方调解。在第三方调解中又分为民间调解、组织调解以及司法调解。其中民间调解通常是通过纠纷当事人都信任的"中人"解决纠纷；组织调解是由村委会或乡政府等政府职能部门出面解决纠纷；司法调解则是通过乡村派出所、法院等法律部门解决纠纷。调查中有41.9％的被调查者选择了民间调解，3％的被调查者选择了组织调解，1.1％的被调查者选择了司法调解。

表3-4　　　　　　272宗刑事案件当事人第二次寻求解决途径情况

		Frequency	Percent	Valid Percent	Cumulative Percent
1	自己解决	141	51.8	60.3	60.3
2	朋友	49	18.0	20.9	81.2
3	亲戚	14	5.1	6.0	87.2
4	派出所	3	1.1	1.3	88.5
5	村干部	15	5.5	6.4	94.9
6	家人	1	0.4	0.4	95.3
7	邻居	10	3.7	4.3	99.6
8	其他	1	0.4	0.4	100.0
	Total	234	86.0	100.0	
Missing	0	38	14.0		
Total		272	100.0		

表3-4显示了在第一次纠纷调解不成后，刑事案件当事人对纠纷解决的第二次尝试。对比表3-3和表3-4我们可以发现有29人放弃了对纠纷解决的尝试，也即这29人的刑事案件是在第一次纠纷解决尝试未果后发生的。在第二次选择纠纷解决途径时，自己解决仍为最主要的选择，比例上升为60.3％，村干部调解也即组织调解上升到6.4％，派出所调解也即司法调解上升为1.3％，民间调解比例则下降为31.6％。这表明经过第一次尝试，当事人对通过亲戚、朋友、家人、邻居的调解解决纠纷的期望值降低了。

　　笔者在东北D市4所监狱搜集的许多案例也能表现出纠纷的震荡过程，特别是冯某的案件（案例8）体现出纠纷在现有纠纷解决机制下无力的流动过程。笔者进入冯某居住的村庄，对冯某的父母、冯某居住村的村长、冯某的邻居也是村中唯一的小卖部的老板娘和她的女儿进行了访谈。结合冯某的叙述，我们将纠纷过程尽量还原，试图通过这一案例看看纠纷的震荡过程是如何运作的。

案情简介：2003 年 5 月 24 日上午，冯某的母亲丁某因琐事被邻居赵某打了两个耳光，丁某将此事告诉了丈夫和儿子。于是，冯某父子和丁某来到赵某家门口与赵某及其丈夫发生了争吵、厮打。在厮打中，冯某用木棒打在赵某头部。经公安机关刑事技术鉴定，赵某头部损伤系开放性颅脑损伤，属重伤。但因案发时冯某未满 18 周岁，从轻处罚，判处有期徒刑 3 年。

冯某居住的村庄并不大，绕着走一圈用不到 20 分钟。离公路较远，交通很不方便，村庄内的道路也是坑坑洼洼，而且很窄，一辆普通轿车都很难通行。这个村庄是当地的贫困村，大部分青壮年在外打工，中老年人则留在村里种地。冯某家里很穷，冯某的家里盖了两层房子，但是第二层只砌了砖，没有涂水泥也没有安窗户。冯某的父母告诉笔者，案发后冯某家赔了赵某很多钱，打了 3 年多官司也花了很多钱，现在家里没有钱再盖房子了，只能等儿子回来以后再说。

冯某与赵某的案子是近几年来村里的大事，村长和小卖部老板娘在谈起这个案子时都很熟悉，因为两家上代就有仇（冯某的父亲与赵某家因土地纠纷结下仇怨，并被赵某丈夫打断过 4 根手指），并且他们两个都参与过两家的纠纷调解。冯某告诉笔者，为了解决他们两家的纠纷，他们家找过村长，找过村里的老人，找过调解委员会，找过派出所，找过乡里，找过市交通局局长，但是都没有解决。纠纷的起因发生在 1997 年，那时冯某刚刚 12 岁，对很多纠纷调解过程并不清楚，所以笔者向冯某的父母确认了纠纷调解过程，并根据他们的叙述第一个找到了村长。

村长：我那时候是治保主任，村里有事没事的都找我，有管有不管的。那两家找我好几回了，姓赵的还拿刀哈呼（注：东北话，吓唬的意思）我。他俩就是因为地沟的事，车过不去了就打起来了。

冯某家是种果树的，果林在村边的小山上，平时浇水、施肥、采果都需要用车上山。赵某家住在山下，离村中上山的公路很近。赵某将自家砍的柴火和收的玉米秸秆堆在路旁，堵住了冯某家开车上山的必经之路，这就是本次冲突的导火索。

村长：我去说过了不好使，说了两回。第一次去人家要 1 000 块钱，第二次要 5 000 了，冯家就不干了，说太多了。后来又答应给钱了，结果人家又不干了，给钱都不给挪道了，我也就没办法了。后来人家还拿刀上我家来了，让我别管别偏向，后来就打起来了。

村长是冯某家解决纠纷的第一选择，但是以失败告终。随后冯某家又向村里的老人求助，老人也姓冯，是当事人冯某的大爷。笔者就此事向冯某的父母求证：

冯某：再就找了我大爷。（为什么找你大爷呢？）我大爷以前在村上也是……干……就是说村里一个小队的队长，所以还说得上话，也没做通。

冯母：找了个说话挺有用的，五十七八了，往前走就是。但是像他们老的相互之间都有些牵制，咱也说不上来哪个关系，反正他们去说了也没有用。

冯父：有些规矩都是他们定的，以前你要有些什么事还怕他们治你呢，但是现在不好使了。

冯某家还向村里的调解委员会求助过，也无果而终。"调解委员会有管有不管的，有什么事有时候管有时候不管。比如谁家地头打仗了，弄不开了，去找他来，就调解了，看他调解。边边角角的，你得找，你不找谁知道你打仗了。"这是冯某家向调解委员会求助的初衷。"没用，你说人家根本不听，说什么都没用，就是不给你倒地方。"

冯家见村长、村里的老人和调解委员会这些村内调解方式都失效后，想到了报警，向司法权威求助，冯家找到了派出所，派出所民警介入了此次纠纷。

冯母：派出所来了，让我们两家以后别打了，让他们把道收拾下别挡着。他家根本就不理，走了以后照样。（那派出所没再来管过？）再没来过，人家怎么能来，又没打坏，没出事他们才不管。

冯家见派出所也管不了就向乡长和市交通局局长求助，希望通过政府权威，运用组织调解来解决问题，但是仍然以失败告终。

冯母：找乡里，乡里让你找村里，村里说俺们管不了，你找乡里。找市里他就让你找乡里，他们管不了。村里说他们管了管不了，让你自己管。就这么推，来回推。现在没有管事的，谁管你？

冯父：赵某他哥在乡里管什么的，人家上面有人。没说吗，官向官，吏向吏，这玩意就这么点事。人家乡长和局长不向他，还能向咱们吗？

对于冯父说赵某的哥哥在乡里管事，笔者向小卖部老板娘求证，获得了肯定的答复，但是赵某是否利用其哥哥的影响力阻碍了乡里对纠纷的解决仍有待考证。

这个纠纷经历的过程十分漫长，从上两代人就开始了，可谓是世仇；并且在漫长的解决过程中，双方都寻求过不同类型的外界帮助途径，其中有村干部、村中有威望的老人、派出所、行政机关，但最后都没有解决问题。正如前文所述，在社会高速转型的大背景下，现有的纠纷解决机制几乎都处于困境之中，传统民间纠纷解决机制面临着弱化和解体，法律手段也并不适用，这就导致了虽然冯某家极力想解决纠纷，但是纠纷仍然只能在这个破碎的纠纷解决机制中来回震荡得不到消解。那么这种震荡的结果是什么呢？笔者将其定义为纠纷解决的"漏斗效应"（见图3-10）。

（2）漏斗效应。

```
lawyer,court,or judicial office
                         police
administrative/government office above village
                 village leader
                informal relation
             bilateral negotiation
                        lump it
```

刑法，国家暴力机关

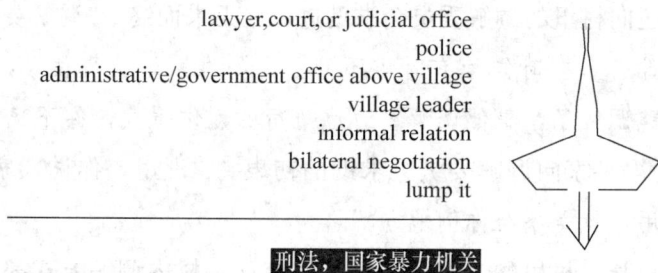

图 3-10　纠纷下漏模型

漏斗效应是对纠纷震荡理论的补充，也纠正了纠纷宝塔模型和纠纷金字塔模型所秉承的一切纠纷都可以涵盖的理论。笔者认为虽然暴力犯罪所引起的诉讼也属于司法介入纠纷的一种，但是如果把它等同于双方协商解决纠纷这种皆大欢喜的局面未免太过牵强。而且这种司法介入也与自主诉讼有着很大的不同，一种是自诉性案件，一种是不受个人左右由国家强制力主导的刑事诉讼案件。所以这种最后引入了国家强制力解决纠纷的暴力犯罪事件，笔者把它叫作纠纷金字塔的漏斗效应。图3-10箭头所包含的就是此类在纠纷解决机制漏出而成为暴力犯罪的事件。

虽然这类事件在全部的犯罪事件中并没有占很大比例，本次调查所涉及的312名犯人也只占样本总容量（所有在押犯人）的3%，但是其造成的后果和影响却是不可忽视的。这种没有解决的纠纷所导致的暴力犯罪往往涉及两个家族，并且其暴力行为并不是纠纷的终点，由于纠纷的漏斗效应所引入的国家强制力只能解决犯罪层面上的问题而对原有的纠纷并不能解决，所以更严重的后果可能会继续发生。正如笔者在访谈中遇到的案例 9 的当事人王某所说："这事没完，我现在算是明白了，出去了我还得闹，不能吃这个亏。"

我们再回过头来检视冯某的案件（参见案例 8）：

笔者：如果你们家与邻居的纠纷早点解决的话，你觉得还会发生今天的事情吗？

冯某：应该不会了吧，都是乡里乡亲而且是邻居，本来也没什么事。其实我们也不想打仗，两家住得那么近，低头不见抬头见的，为了门口那条道总吵吵也不是个事。可是找了人去说也没结果，村里管事的人的话他家也不听。还找了派出所都没用也没办法。

从冯某的叙述中可以看出他还是很想解决与邻居家的矛盾的，可是经过数次调解都没有成功。从门口路被堵这样一件小事，因为调解不成最后发展到犯罪行为，这个结果实在让人扼腕叹息。

王某的情况（参见案例 9）与冯某的案件比较相似：

笔者：如果你与邻居赵某因为沙场那件事所起的纠纷能早点解决，是不是就不会发生今天的事了呢？

王某：（王某苦笑了一下）肯定的，在沙场那件事以前我们两家关系挺好的，他家厉害，我一个老头子平时都挺注意的，也不会去招惹他们。沙场那件事之后他们就处处找我事。他家就是霸道，村里管不了。而且人家金州检察院还有人，派出所也管不了他们，我去说了也没用，解决不了。不过我在这儿也想明白了，这事（指法院对于王某案件的判决）有问题，我出去还得闹。

王某在叙述时一直强调赵某的霸道和自己的无奈，长久的忍气吞声也让王某的心中积攒了仇恨的火焰。纠纷的无法解决使犯罪行为成了一个迟早要发生的事件。

但是为什么在寻求纠纷解决方式后他们的纠纷并没有得到解决，反而在纠纷解决模式中不停震荡得不到消解，最后下漏形成了暴力犯罪，酿成了社会惨剧？我们可以从村民选择的纠纷解决机制中发现端倪。在村民选择的纠纷解决方法中，私了和民间调解占据了 95.7%，也就是说在农村纠纷的调解过程中，私力救济和民间调解占据了相当大的部分。但在这里私力救济的非规范性和民间调解的非程序性却极大地阻碍了农村民间纠纷的解决。私力救济很大程度上取决于当事双方的社会地位对比，若双方社会地位相差悬殊，那么较弱一方就很难满足自己的基本诉求，纠纷就无法解决。而民间调解缺乏严格的程序要求和合法性，这也导致了证据收集的困难，也使其对纠纷的裁决缺乏信服度，影响了纠纷解决的质量。另外一方面，负责这些私力救济和民间调解的普遍都是村长和村中有威望的人，但是这部分人的自身素质和专业水平却很难适应调解复杂纠纷的要求，特别是对一些疑难问题更是力不从心。

四、总结与思考

随着改革开放的深入和社会关系的调整，过去农村的"熟人社会"正在转变为"陌生人社会"，农村人对"陌生人社会"的陌生与生疏使得他们无所适从。农村民间纠纷呈现出很多新的特点，其发生率和激化率急剧上升。因此，认真研究乡村民间纠纷的特点、原因和规律，因地制宜地设置一套完善的多元化的乡村纠纷解决机制，给不同层次的社会纠纷以适当的出口，避免纠纷的下漏，对于维护乡村社会的和谐稳定具有极高的理论价值和现实意义。[1]

笔者将暴力犯罪（即由民事纠纷转化为暴力犯罪）这部分由国家强制介入的纠纷从普通纠纷中提取出来，加以分析，并对中国乡土社会初级关系圈中民间纠纷引发的暴力犯罪进行了深层剖析，提出了民间纠纷解决机制真空化的观点。通过对纠纷金字塔理论和纠纷宝塔理论的探讨，对纠纷在现有纠纷解决机制中的运行路径进行了描述，试图找出它们在纠纷解决机制这一语境中存在的空白，分析当代中国社会大量农村民间纠纷转化为暴力事件的深层次原因。笔者认为，当代中国的乡土社会已与费孝通所说的"乡土社会"有了很大的不同，村庄共同体的虚无化、人际关系的理性化，传统儒家学说让位于市场经济理性人的假说，村庄熟人社会的"半熟人化"[2]导致了传统的民间纠纷解决机制在面对当代农村民间纠纷时举步维艰。没有被纠纷解决机制及时解决的纠纷在纠纷解决机制的大框架中反复"震荡"，导致矛盾越积

---

① 孙冕.法社会学视野下的乡村民间纠纷解决机制——来自田野的调查与思考.南京财经大学学报，2006（6）.

② 梁开银.现代乡村社会结构变迁与民事纠纷解决路径选择.社会主义研究，2005（6）.

越深，最终"下漏"演化为暴力犯罪等极端事件。

面对当代中国农村民间纠纷所出现的新情况和新特点，建立一套切实可行的纠纷解决机制就变得迫在眉睫。国外多元化的纠纷解决机制可以为我们构建当下中国乡土社会的民间纠纷解决机制提供有益的参照。自 20 世纪 20 年代后半叶以来，多元化纠纷解决机制在国外的研究得到快速的发展。70 年代以来美国的"替代性纠纷解决方式"（ADR）运动也得到广泛应用。这种 ADR 运动在中国同样有所体现。因为正式的司法程序在实践中难以满足社会纠纷解决的需求，社会需要建立一种在法治基础上的多元化纠纷解决机制。"20 世纪 90 年代后期开始，人民调解的改造和转型出现了一些新的迹象，其他非诉讼纠纷解决机制也正在进行重构，人民调解已经进入了一种现代化的转型，开始融入世界性的 ADR 潮流之中，并在中国当前纠纷解决机制的重构中扮演新的角色。"[①] 但无论是本土化的纠纷解决模式还是舶来品式的 ADR 运动，笔者认为都应该本着妥协互让的原则，原因在于村庄相对稳定，人们才对村庄有比较稳定而长远的预期。"生于斯，长于斯""低头不见抬头见""冤家宜解不宜结"，这些俗语都反映了农村民间纠纷的及时消解对农村社会发展的重要意义。

正如前文的案例所示，如果这些琐碎的民间纠纷能够及时有效地得到调解，那么许多流血冲突可能就不会发生，一幕幕惨剧就可以避免。但是在乡土社会传统的民间纠纷解决机制不断弱化而司法调解又面临着重重困境的情况下，我们靠什么来有效地调解民间纠纷呢？

笔者曾看到过这样一个数据，截至 2006 年年底，中国有人民调解组织 84 万多个。[②] 如此多的民间调解组织如果能够加以合理利用，那么对民间纠纷的解决应该是一个巨大的助力。在 2007 年 6 月的全国人民调解工作会议上，有官员指出："人民调解是一项中国特色社会主义法律制度，是预防和化解矛盾纠纷、促进社会和谐稳定的有效途径。做好调解工作，便于以

---

① 范愉. 当代中国非诉讼纠纷解决机制的完善与发展. 学海，2003（1）；范愉. 浅谈当代"非诉讼纠纷解决"的发展及其趋势. 比较法研究，2003（4）；范愉. 非诉讼纠纷解决机制研究. 北京：中国人民大学出版社，2000.

② 参考 2007 年 6 月全国人民调解工作会议的数据，来源于国际在线网（http://gb.cri.cn/1321/2007/07/07/157@1667255.htm）。

最小的成本、最便捷的方式把矛盾纠纷化解在基层，防止矛盾纠纷激化和转化。今后要大力拓展人民调解工作领域。"时任中国最高人民法院院长肖扬也表示："法院要进一步完善以人民调解为基础，行政调解为补充，诉讼调解为主导，司法审判作保障的多元化纠纷解决机制，不断促进社会和谐。"

郭星华也曾于2004年在《社区》上发表过一篇文章，提出了一系列很有建设性的意见。他建议将村里的"五老"——老党员、老干部、老教师、老劳模、老复原退伍军人组织起来，组成所谓的"一会五站"——志愿者协会、卫生环境监督站、公益事业服务站、社会互助救济站、问题活动联络站、民间纠纷调解站。① 这样，通过政府引导建立起的以"五老"为中心、以"一会五站"为平台的社会网络，承担了发展公益事业、调节社会关系、丰富闲暇生活的社会功能，形成一个村落社区自治与互助的格局。这是通过新模式恢复重建传统民间纠纷解决机制的一个成功典范。

"和谐社会"概念的提出也是指导民间纠纷解决的重要理论依据。所谓和谐社会，就是指构成社会的各个部分、各种要素处于一种相互协调的状态。而现如今高发的农村民间纠纷很明显地与和谐社会的理念相背离。在如何建设社会主义和谐社会这一命题中，有两点很值得借鉴。首先，通过营造良好的社会氛围来形成良好的人际环境。其次，通过加强民主法治建设来维护社会稳定。这两点都能有效地缓解和改善民间纠纷解决方式的弱化和解体以及司法解决方式所面临的困境。

1 400多年前孙思邈曾经说过："上医医未病之病，中医医欲病之病，下医医已病之病。"如果机制健全完善且能切实有效地发挥作用，那是不是能使大部分纠纷在演化为暴力犯罪前就得以消解呢？用机制来医未病之病和欲病之病，用法律医已病之病，构建一个具有本土特质的多元化民间纠纷解决机制才是笔者要探究的话题。

（郭星华、曲麒翰）

---

① 郭星华. 专家观点："现代乡绅"对城市的启发. 社区，2004（24）.

第四章　现代法治的逻辑

第一节　涉诉信访：行动逻辑与发生机制

一、涉诉信访的概念界定

涉诉信访与行政信访一样，是一种主要的信访类型。最高人民法院于2004年在全国涉诉信访工作会议上首次提出这一概念：涉诉信访指的是在那些已经或应当被执行机关和司法机关受理，或者已经进入诉讼程序的案件中，有利害关系的当事人对于执法机关和司法机关的作为或不作为所提起的申诉和控告未能如愿，转而向上级机关投诉，或者寻求法律程序之外的请愿活动。有学者对此予以归纳，认为在各种上访中，涉及对生效裁判不服的申诉可以与涉及法院其他工作的投诉一起统称为涉诉信访[①]；也有学者更为概括地将其定义为与法律有关的，或者可以以及应当通过法律手段来解决的信访问题[②]。

在当前的诉讼中，我们不得不面对这样的现实：人们对于司法的权威性和公正性的认可度在下降、上诉率居高不下、涉诉信访大量存在等。[③] 只要当事人对法院的判决不满意，就有可能通过上访诉诸高于法院的权力来否定不利判决，法院判决在纠纷解决机制中的最终性被打破。[④] 2003年至2007

---

① 王亚新，等. 法律程序运作的实证分析. 北京：法律出版社，2005.
② 李宏勃. 法制现代化进程中的人民信访. 北京：清华大学出版社，2007：26-39.
③ 王赢. 涉诉信访压力下的法院与诉讼——以G法院为考察对象（未发表）. 2010.
④ 周永坤. 信访潮与中国纠纷解决机制的路径选择. 暨南学报（哲学社会科学版），2006（1）.

年，全国法院来信来访总量达到 1 876.4 万件（人），其中来信年均 79.7 万件，来访年均 295.5 万人。① 这些数量还不包括各级政府、人大以及党政机关信访机构转送的案件。大规模的信访活动给法院的日常运作带来了巨大的压力，"缠诉"情况屡见不鲜。

本节研究主要聚焦于涉诉信访中持续上访的事件/实践过程，聚焦于上访人的行动逻辑及主观意识。在这里，上访过程不仅仅是利益矛盾的对抗和博弈过程，也是上访人与法院系统之间不同意义、价值和解释的相互碰撞过程。笔者通过对上访人话语、法官话语、法律文本以及实践的考察，展现出上访人与法官行动逻辑之间的冲突，描绘出上访人在上访抗争中的策略以及与法律系统的互动，从而揭示涉诉信访特别是持续性上访的发生机制。

笔者选取了王丽琴与国家赔偿的信访个案、李胜利与民事诉讼的信访个案、陈美凤与刑事诉讼的信访个案展开具体研究。这三个个案涵盖法院受理案件中行政诉讼（国家赔偿）、民事诉讼、刑事诉讼三大类型域，笔者试图通过研究这三种不同类型的上访行动，勾勒出三个不同生活世界的持续上访人抽象、共同的行动逻辑与抗争策略。同时，这三个个案也分别被法院法官划分为"有理访""于情有理、于法无据访"以及"无理访"三种类型。②

王丽琴 7 年前因一起民事纠纷被区法院强制执行财产。区法院在执行中缺乏"执行证书"，故王丽琴认为区法院非法执行，向市中院提起诉讼，要求国家赔偿。市中院认为执行确实存在瑕疵，但不构成违法。逐级申诉也被逐级驳回。

李胜利在多年前因一起房屋买卖纠纷而提起诉讼，法院未将房屋判给原告而是判决房款返还。李胜利认为自己吃了亏，于是进行长达 11 年的上访，后获得改判。但李胜利仍未获得房屋，选择继续上访。

陈美凤则是为其儿子故意伤害罪而上访。其儿子在一场群体斗殴事件中获罪，陈美凤认为证据不实、审判不公，法院姑息了真凶，故上访 9 年要求

① 佟季. 全国法院申诉信访案件情况调查.（2008-07-30）［2018-1-01］. http://www.jcrb.com/fzttb/zymt/200807/t20080730_57382.html.
② 法院对于上访人类型的划分原本是基于法理考虑的有理/无理的简单二分，但他们对如李胜利等于情有理的上访人会酌情考虑，可能给予一定补偿和处理。为形象地展示情理与法理之间的冲突，笔者将"于情有理、于法无据访"也归为一个类型进行研究。

为其儿子改判。陈美凤被最高人民法院驳回立案。

值得注意的是，在这三个个案中，只有李胜利的上访取得了改判的阶段性胜利。其他二人从始至终未有任何结果。

用表格的形式简单地归纳一下这三个个案的基本情况（见表4-1）：

表4-1　　　　　　　　　三个个案的基本情况表

	干丽琴	李胜利	陈美凤
涉诉类型	国家赔偿	民事诉讼	刑事诉讼
上访年限	7年	11年	9年
之前有无司法经验	无	无	无
抗争主要形式	正常申诉、进京访	正常申诉、在市中院北门绝食及"冲门"、进京访等	正常申诉、进京访（高频）
诉求	法院承认执行违法、赔偿经济损失	拿回房产或拿到同等价位的赔偿	改判，减少儿子刑期
法院定性类型	"有理访"	曾为"有理访"，2010年改判后被定为"于情有理、于法无据访"	"无理访"
上访结果	无结果	2010年上访成功，案件得到改判。未获房屋后继续上访	无结果

二、涉诉信访的行动逻辑：上访动因分析

学界对集体上访的动力机制研究中形成了三种不同的取向：政治取向，即改变社会的资源分配体制甚至重建社会结构；利益取向，取得实际的利益以及最大化的补偿；价值取向，即讨回公道，讨个"说法"。[1] 个体上访的动力研究也可以参照这三种解释框架。

（一）"老百姓没其他办法，不然不会走这条路"

基于理性人假设，每个主体都会通过成本-收益分析，经过深思熟虑后对其所面对的所有机会和手段进行最优化选择，以追求自己目标利益的最大

① 黄家亮. 通过集团诉讼的环境维权：多重困境与行动逻辑——基于华南P县一起环境诉讼案件的分析//黄宗智. 中国乡村研究：第6辑. 福州：福建教育出版社，2008.

化和风险最小化。在寻求司法救济失败后，当事人为了达到维权的目的，唯一能利用的资源只有信访制度了。① 因为，在此种情况下当事人的选择其实有限：要么放弃，要么上访。

个案中的三人及其家庭都在诉讼中损失巨大：王丽琴失去了经营多年的饭店，李胜利失去了养老的房屋，陈美凤的儿子失去了自由。而他们的诉讼程序都走到了终端：最高人民法院给出了不予立案或立案被驳回的判决。要想挽回损失，就只有信访救济的渠道还为他们敞开。如果上访，损失还有可能得到补偿；如果不上访，损失一定得不到补偿。在理性选择的逻辑下，三人迈出了上访的第一步。

我没有关系，打不赢官司。……当时我就想我不怕花钱出力，就是让我儿子出来（出狱）。老百姓没其他办法，不然不会走这条路。（摘自陈美凤访谈资料）

然而，正如有的学者提出，理性选择并非一种完全理性，而是有限理性，必须使理性选择的预设条件与现实生活一致。以有限理性代替完全理性，承认人的选择也有非理性的一面。② 个案中的三人对自己在上访过程中即将付出的金钱、精力、时间等成本毫无预计，而这些成本随着他们的持续上访而不断累加，甚至达到令人难以承受的地步。

对于李胜利来说，他在长达 11 年的上访中除了付出金钱、精力、时间等成本外，还承受了与妻子感情破裂、妻子患病去世的精神打击。他为房价上涨的 2 万元损失而上访，结果却搭进了自己整个晚年的安宁和幸福。虽然2010 年他迎来了改判，但改判补给他的 2 万元来得太晚，相比上访的整个付出，他显然得不偿失。这并不符合理性人的理性选择。

但是，对于持续上访人而言，成本的增加提高了他们的预期收益，同时也封死了其退路：一旦停止上访，就是前功尽弃。

（二）"我要是摊了王丽琴的案子，我不拿个 300 万，我就不是人"

"利"的逻辑是三名上访人所共有的。他们三人及家庭成员的个人命运、生活际遇发生了颠覆性的变化，三人的自述告诉我们，诉讼失败损害了他们

---

① 周永坤. 信访潮与中国纠纷解决机制的路径选择. 暨南学报（哲学社会科学版），2006（1）.
② 丘海雄，张应祥. 理性选择理论述评. 中山大学学报（社会科学版），1998（1）.

最切身的利益，他们急切地寻求救济：

王丽琴： 我一百多万的财产，就这么没了。常年上访让我的亲戚朋友都离我远远的，我为上访欠了很多债，不得不把房子卖了还债。我原来有三处房子，有两套房子要卖了。我现在最大的问题就是，孩子结婚也没有房子，一直也没有结，就这么被耽误了。我也是没办法，为了社会稳定，给我司法救济我就息访。（摘自王丽琴访谈资料）

李胜利： 法院造假破坏了我和老伴养老的小康生活，老伴十年忧郁，长期压抑，使她患上乳腺癌，已含冤去世半年多了！我也因此患上了高血压，并导致眼底出血，右眼已失明，活着很吃力也很痛苦。照顾我为我养老送终的侄女，因为我没房现在要走，为我解决住房问题是急中之急！（摘自李胜利《追究区法院造假判案抗法不纠摧残当事人致死的责任》，2010）

陈美凤： 儿子朱子健同女友一直在美国的塞班岛开旅店，生意兴旺，回国变更护照期间与朋友聚会才发生本案的殴斗事件。追究朱子健刑事责任以及无期徒刑，纯属冤案。这使我儿子国外的生意彻底失败，导致同女友分手，家庭破碎，葬送了他的大好前程。我要求为孩子减刑，要一直上访到改判为止。再打（官司），就是打国家赔偿。（摘自陈美凤《刑事案件申诉书》，2010）

但重新启动司法程序、获得保护权益的司法救济显然不是一件简单的事情。统计显示，仅有6.9%的上访人的案件再次进入程序进行处理。即使案件进入再审，也难以获得改判的结果，或者即使改判，仍然无法弥补当事人的权益损失。

司法救济是司法实践中开辟出来的处理信访问题的新路子。签下息访保证书的上访人就会被纳入信访终结程序，即使再次越级、进京上访，也不会对法院的工作业绩有任何影响。统计显示有接近三分之一的上访人接受了司法救济。

公民寻求救济的行动并不拘于司法救济/非司法救济之分，他们把法律和上访同样都视为权益救济的手段，就如同支配者把法律和信访作为权益治理的手段一般。[①]

---

① 应星，汪庆华. 涉法信访、行政诉讼与公民救助行动中的二重理性（未发表）. 2006：191-221.

但值得注意的是，个案中三名上访人的上访也并非"谋利型"上访：

他们（其他上访人）骂我太老实了："我要是摊了王丽琴的案子，我不拿个300万，我就不是人。"但我不会这么做，我家庭每个月有三四万的收入。我100多万的财产，我只是想拿回我该得的补偿。（摘自王丽琴访谈资料）

用梯利（Charles Tilly）的说法，这种反抗行为是反应性的（reactive），而非进取性的（proactive）。[①]

(三)"我要求党和人民政府严格惩治司法腐败分子，还社会公平正义"

当事人对司法判决的不满，是因为其不接受法院判决中的"理"，而法院也对他们心目中的"理"不予采纳。这种矛盾和冲突促成了上访人的动力：寻找"青天"说理。在个案中，几乎所有上访人暗含有"寻找青天"的意识。诉讼过程中上访人的"理"与法院的"理"的冲突促成了上访的最初动力。

(1) 上访人"情理"与法院"法理"之争。

"情理"为"人的常情和事情的一般道理"，其实也就是人们为人处世的基本道理。上访人陈美凤试图用"有难同当"的"情理"逻辑来构建她反抗的合法性，并在此基础上"筛选"出证据做出推论，认为杀人行为与她儿子无关。

本案是群殴事件，所有参与者都存在刑事和民事方面的连带责任。然而，本案中除了我儿子一人被判重刑外，其他四人全被置于法律之外，难道我国法律规定群体犯罪可以一人顶罪吗？（摘自陈美凤《刑事案件申诉书》，2010）

陈美凤的案件被法院认定为"无理访"。这种"情理"与"法理"的冲突在刑事案件中是比较常见的。陈美凤以一个悲情母亲的形象，拿起了上访的武器为她的儿子不断上京寻找"青天"和"公道"。

而对于李胜利而言，他获得改判后还选择继续上访的行动逻辑也是基于这样的"情理"。在他11年的上访中，房价飞涨，2万元的补偿已经远远不够他再购置一套房产。同时，这2万元也完全不能给他带来公正感。

(2) 上访人"法理"与法院"政治原则"的博弈。

王丽琴对案件中的"执行瑕疵"是这样理解的：

我的理解就是，在任何法律体系中，违反国家的法律程序就是违法犯罪，这个所有懂得法律的人都懂得。作为维护社会正义和社会稳定的基层人民法

---

① TILLY C. Social movement，1768—2004. Boulder：Paradigm Publishers，2004.

院，竟然用"瑕疵"的说法来掩盖法官的职务犯罪行为，是知法犯法，是保护职务犯罪。那么作为受害者的我就要上访，要求党和人民政府严格惩治腐败分子，还社会公平正义。（摘自王丽琴《控告书》，2011）

我们无从得知原案中"瑕疵"为何会产生，是否如当事人所说的存在"司法腐败"，但中级人民法院的裁决维护了这种"瑕疵"：

区人民法院在缺少执行证书的情况下予以立案执行，在程序上确有一定瑕疵，但因该执行证书可以由当事人向原公证机关申请取得，使程序问题得到相应补正，故区人民法院因该程序上的瑕疵并不足以承担国家赔偿的责任。（海北市中级人民法院裁定书，2005）

执行证书的申请能否通过的核心因素是王丽琴是否已经还清债款。而王丽琴的还款问题，中级人民法院在裁决中这样认定：

本案审理的是确认申请人认为区人民法院执行违法要求国家赔偿确认纠纷，本院仅审查区人民法院的执行行为是否违法，应否承担国家赔偿责任，虽然确认申请人提出部分证据以支持自己缴纳了合同履行期间租赁费，但因确认申请人该项主张不属于国家赔偿确认案件审理范围，故本院对该项理由不予认定。（海北市中级人民法院裁定书，2005）

法院一旦承认王丽琴还清债款，那就没有执行财产还债的法律依据，而"执行证书"也无从申请获取。那么，区法院在执行中缺乏"执行证书"的行为，实际类似于王丽琴所认为的"强抢"。但法院以"缴纳了合同履行期间租赁费"不属于国家赔偿裁决中的审理范围为由拒绝确认王丽琴已经还款，那么，就可以顺理成章地认定"执行证书"的缺失可以在程序上获得修正。于是王丽琴败诉。

应该说，王丽琴的"理"是国家承认的"法理"，但在实践中法院的判决会有更多的考虑。除法律效果之外，法官判决更需要考虑两种效果——政治效果、社会效果。

摆在首位的政治效果是判决结果不能违背党的治理理念和方针政策，同时，法院会倾向于维护国家机关的利益，维护经济建设、安定团结的大局。在王丽琴的案件中，中院若要对其所管辖的区人民法院处罚，就像"老子"打"儿子"一样难以下手，同时，裁决法官职务犯罪会损害法院的正面形象。

因此，"民告官"的案件极难胜诉。正如法院在"清积报告"中提到的另一起行政诉讼的上访案件：

上访人刘某的案件，从个案看，这种拆除法律根据又是不充分的。海北某广告公司诉至法院后，两级法院从海北市整体利益出发，判决驳回了海北某广告公司的诉请，刘某开始上访。

从我们整个社会的经济和社会发展大局的角度上讲，从维护行政机关的行政管理功能和行政形象的角度上讲，我们的处理结果是符合经济和社会发展需要的，我们承担了这个特殊历史时期应当承担的历史责任，承接了其他行政机关行使行政职权产生的结果。（摘自海北市中院《法院清积案件情况分析》，2011）

王丽琴所秉持的公正"法理"与法院裁决中的"政治原则"发生了冲突，这促成了她上访的意义取向。她的上访被中级人民法院归为"有理访"，但迟迟未予解决。

（3）上访人"法理"与法院"判决空间"的冲撞。

在访谈中，法官坦言在判决中确实存在空间：

你说判决的空间，那还是有的。总之，对和错，还是有中间的缓冲地带……只有给你一点余地，他（法官）才能，用咱们的话说就是捏、捏、捏，才能把你两个当事人捏到一起。（摘自市中院某法官访谈资料）

对于法官而言，案件审执后预期的社会效果会影响法官的思维，有时甚至取代了法官的法律思维。那些态度强硬、反复缠访的上访人令法官深感头疼。法官在审执中会有顾虑："如果我这么做，会不会产生涉诉信访？"在法官的判断过程中，如果发现严格按照法律处理有可能激化社会矛盾、引发涉诉信访时，法官通常会规避相应法条的适用。

法律效果、政治效果和社会效果的综合权衡得出判决结果，这种结果很容易与当事人所期待的公正有所偏差。实践中是否存在大量的司法腐败这并不是本研究所关注的，但笔者发现，司法判决中的弹性处理几乎无一例外地被认为是"司法腐败"。上访人通常使用"清官/贪官"的二分思维分解和看待国家权力。李胜利常说："中央的领导人和政策是好的，但是地方的司法腐败和不公太多。"应星在调查中将下层民众心中的国家形象归纳为："闪着神奇光辉的党中央、损公肥私的多数地方贪官和为民做主的少数清官。"[①]

---

①　应星. 大河移民上访的故事. 北京：生活·读书·新知三联书店，2001：205.

"司法腐败"的话语泛滥正是基层法院治理逻辑与上访人的"贪官"意识之间的差异造成的。而所谓的"司法腐败"观念也形成了上访人的上访动力——"寻找青天"。

中央政府出台了诸多的利民政策，地方政府为什么拒不执行，将矛盾推向中央，地方法官的不作为行为说明了什么问题，近十年的司法的独立性给某些法官自由飞翔的空间，他们玩弄文字游戏，凌驾于政府政策之上，把百姓握于股掌之中，把神圣的法律殿堂当作他们角逐名利的竞技场。这些不负责任的法官，必将成为历史的罪人！（摘自王丽琴《控告书》，2011）

当前中国的党政机关包括法院都以科层制形式组成，科层制是一种理性化的管理组织结构，由基本职能是执行决策者的经任命产生的官员组成的大型组织，必须遵循一套特定的规则与程序，有明确的权威等级，权责自上而下传递。但是在处理实际案件时，上级机关或有关领导可以直接批示或者交办案件。对于还未审判的涉诉信访案件，领导批示和交办文件直接转送到案件承办法官的手中，这对案件的审判活动的影响是不言而喻的。有法官坦言，法院确实有接收领导批条的办公室。因此，对于上访人来说，运用各种方式和手段最终得到任何机关领导的重视，就可以说是距离成功只差一步之遥。

法官在法官职业等级划分之外无一不附加行政等级划分。一人背负两种使命，法官身份要求其独立办案，而行政职务身份则要求其服从上级的绝对领导。信访制度的存在使得下层民众可以利用各种策略，借助国家政策法令，借助权力之光的反射去寻觅光明正大的清官形象，发现自己案件中存在的问题，从而催促解决自己的实际问题。

总的来说，基于理性选择，上访是寻求司法渠道失败的当事人可以选择的唯一途径。"利"和"理"的取向是个案中三名上访人的内在逻辑。上访一开始是当事人的反应性维权，随后是其对司法救助及"法外之利"的期待，同时当事人寄希望于通过上级领导交办而解决问题的"曙光"。正是这线曙光，使得围绕信访进行的斗争以及斗争中使用的策略具有了意义。①

---

① 陈柏峰. 缠讼、信访与新中国的法律传统——法律转型时期的缠讼问题. 中外法学，2004（2）.

三、涉诉信访的抗争策略：冲突与互动

（一）上访人的抗争策略

（1）"伟大的中国共产党万岁！！！"

构建话语的合法性是上访人最重要的抗争策略。上访人的"规定行动"是走申诉程序，主要行动就是逐级向上级递交申诉材料。在漫长的等待和上访中①，不论是口头表达还是书面表达，上访人都对其语言进行了合法性的构建。

合法性即抗争行为的正当性，或者说在多大程度上能够使得不同的主体（当事人和法院）、纠纷解决的第三方（如上级机关）及其他主体接受其维权的价值和意义，而围绕合法性建构的活动亦可被称为"意义工作"。②

上访人在上访的"意义工作"中常常使用"国家执政为民""建立社会公平公正""构建和谐社会"等一系列主流话语，作为自己上访行动的合法性来源。如王丽琴在《控告书》的末尾这样写道：

一、坚决维护中国共产党领导下的司法体制！

二、坚决反对打着司法独立旗号的司法体制！

三、坚决反对司法独立体制凌驾于中国共产党之上！

但笔者在调查中发现，在私下的表达中，他们往往难掩对上级、中央机关的失望和愤懑。

其实现在大部分官员不怎么愿管事。上级领导按要求批给我，要处理他（指地方法院），但他是同事或者下属，以后是要和他共事的。领导能和我这个告状人共事吗？这是不可能的。他们抬头不见低头见，所以能拖就拖。……（如果最终拿不到司法救助怎么办？）我想如果现实真的这么黑暗，我就等着天来告他，我想老天爷总长眼睛，不能害人。（摘自王丽琴访谈资料）

随着上访人对国家法律的熟悉和理解，他们在言谈中也善于选用法律语言来为自己正名和辩白。李胜利就曾经将许多法条脱口而出：

---

① 海北市中院申诉的结果下达平均需要 1 599 天。

② 张晶. 策略与话语：纠纷解决中的弱者. 北京：中国人民大学，2011.

法律法规是国家规定的，你不能拿国家的法律当儿戏。中院的判决我抗诉，因为什么我抗诉呢？我要房子，这是合理合法的。法律第 111 条规定，你得利益了得报回我的损失，这是国家的法律规定。再一个法律规定，最后的结果不影响当事人要求赔偿（指上访）的权利。（摘自李胜利访谈资料）

但我们不难看出，上访人无论是对于政治话语的选取还是法条的"筛选"都出于功利。这再一次印证，当事人寻求救济的方式更多考虑的是实用效果而非手段本身。

（2）"会哭的孩子有奶吃。"

"闹访"是上访人上访行动中的过激行为。真正引起法院关注的正是这些过激行为甚至暴力行为。上访人"冲门"、威胁自杀、与法官发生肢体冲突，甚至在敏感时期上访，或越级进京上访甚至前往中南海、天安门等"非上访地"上访，或通过打横幅、穿状衣、竖标语、散传单、呼口号、闯会场、下跪、拦车、堵门等上访。尽管上访人可能会因为这些行为被处理、被拘留，但这些行为也是法院最害怕的不稳定、不和谐因素。

在三个个案中只有李胜利采取了冲突较为激烈的"闹访"策略。首先，李胜利撰写了措辞激烈的申诉材料送达各级机关，材料中多次使用"恶霸""黑帮"等耸人听闻的词语来形容法院，企图制造冲突，引起重视。他的标题如"立即停止恶霸占我住房""海北市法院、检察院已腐败到结黑帮践踏法律""追究法院造假判案抗法不纠摧残当事人致死的责任"等，十分引人注目，内容也耸人听闻。其次，他高频率、态度强硬地到各级机关接待处"闹访"：

"四院帮"太猖狂了，我若不舍得一身剐，是难以破海北市执法黑帮了！因此，我已动用喊话器、录像机三次。区法院扬言要抓我，市检察院已叫来110 三个官。到中午用餐时答应安排下周三检察长接待（开始市检察院与原判意见一致，坚决不再安排领导接见）。

由于执法腐败、保假案强势，用推、拖、压等方法使我累讼十年之久。2010 年 7 月做出了重审裁定，还是判我败诉！9 月 12 日我绝食斗争取得法院答应次日 8 点举行听证会。会后还拖压未办。如果法院坚持不同情支持我，铁心不办，我立即把材料交上，开始第二次绝食斗争。我宁可被抓、拘禁或饿死！（摘自李胜利《抗议书》，2011）

李胜利闹完中院闹高院，有时间还上北京"闹访"。"闹访"行为为问题的解决带来了希望。中央政法委 2010 年 4 月部署了一次集中清理信访积案的统一行动，确定给海北市两级法院化解的案件 494 件中，李胜利的案件列在名单之中。中央政法委要求在 2011 年 6 月 30 日之前基本完成化解目标，化解率达到 95％以上。李胜利的案件在这次清积行动中得到了改判。

而在 2007 年王丽琴的案件被最高法院驳回之前，她一直在"老实"地走着申诉程序。申诉被最高人民法院驳回后，她采取的也只是一遍遍递材料、找领导的方式，情绪最激动的一次也只是在市法院门口举过一条标语。

我从来没有闹过……"司法要公正，执法要严厉。"我就写了这样一个标语，我那天拿出来了，我还觉得怪害臊的。人家警察看看就走了。……上北京我不会像他们去闹天安门。他们很多老的，70 岁以上的，闹外国大使馆。……然后他们收了，收了就转给北京市公安局、海北市驻京办。不管你闹大使馆、闹天安门，不管闹什么，（海北市）要受罚，五万块钱一个人。但我不会那么做，儿子是国家公职人员，不愿给孩子添麻烦。

两级法院不断有法官承诺为她争取司法救助。然而，这种口头承诺在王丽琴看来只是一种拖延策略，虽然申请书写了一箩筐，但是她的司法救助款项始终没有得到落实。

（3）"我就要到北京讨个公道。"

"缠访"也是上访人的常用策略。"缠访"主要是指信访人反映的问题虽经多次处理，但其仍然不服，后采取有违常理的偏激行为，甚至是国家明令禁止的不法行为，以反复纠缠的手段表达申诉的非正常上访行为。"缠访"者的一个主要特征是，越是禁止去的地方越要去，越是敏感时期越要去，目的就是造大声势，扩大影响，引起上级领导关注，迫使下级领导就范。"缠访"者往往选择在重大政治活动、重要节日、重要公共场所以及特殊敏感期进行"缠访"活动。

身体瘦弱的陈美凤是进京访老户，专爱选择全国"两会"和七一期间去北京上访，7 年间她一共去过北京上访 50 余次，平均每年进京上访 7 次。她上访的主要策略就是进京"缠访"，也因此被当作重点对象监控起来。

我就要到北京讨个公道，我还跪过红旗，后来被武警抓起来送回来了。（摘自陈美凤访谈资料）

陈美凤的"缠访"获得了领导的重视。2008年11月5日，省政法委书记到市中院听取了陈美凤上访一案的工作情况汇报，对下一步的工作进行了部署：中院再对此案进行阅卷复查，必要时市政法委协调，责成公安机关复查是否遗漏了嫌疑人、是否有其他凶器。中院经过仔细的审理，对陈美凤提出的案件疑点进行一一说明，最后认定陈美凤为"无理访"。

（4）无言的结局。

无论上访人采取什么样的行动策略，在他们逐年累月的上访中，逐渐形成了自己一套系统的话语和理论，这些话语和理论符合中央的政策和精神，是他们在上访中使用的主要武器，这正是欧博文、李连江所归纳的"依法抗争"。

而对于上访人的最终结局，笔者发现不同类型的案件亦有不同的规律可循。法院对于行政纠纷（国家赔偿）的处理更重视"政治效果"，偏向于国家机关；在民事纠纷处理中更考虑"社会效果"，顾全维稳大局；而在刑事案件的处理中则更注意"法律效果"，注重证据和程序。

这就不难理解三人上访的结果：王丽琴申诉被四级法院驳回，上访无结果，改判无希望，但目前有得到司法救助的可能；李胜利迎来了改判，判决的错误得到了修正，不过他多年上访的实际损失没有得到补偿；陈美凤的申诉被四级法院驳回，上访无结果，目前来看没有获得改判的希望。

（二）法院的治理策略

实事求是的原则赋予了信访人寻求客观真相和实质正义的合法性基础。中国的法律并未建立一套区别于客观真实的法律真实，法律形式主义的目标从来不是法院判决时最重要的考虑。正如某些法官所言，"我们50%的精力用于处理上访了"。

（1）庭外调解机制。

长年累月地处理信访工作已经让法院不堪重负。因此，在民事诉讼中，法院十分看重调解工作，把调解的思想贯穿于整个诉讼过程，尽量把矛盾化解在诉讼之外。海北市中院建立了较为完善的调解体系：

诉前的调解有街道的调解。虽然我们法院没有到街道进行调解，但是街道有民调组织，就是调解委员会，我们法院对于调解委员会具有指导作用。

我们对调解委员会的具体调解人员进行司法培训，那就相当于他们在我们工作的前沿开展（工作）。这样不出社区门，矛盾能够在社区解决的就在社区解决。法院还有调解队的调解，涉及妇女维权组织、儿童，方方面面。这是社会创新工作，这都是事前（调解）。

那么事中，就涉及我们法院来立案。立案之前还有调解，把双方当事人找来对话，化解矛盾。在诉讼过程中，我们还要进行调解，贯穿，也就是我们要把化解社会矛盾贯穿整个工作中。（摘自市中院某庭长访谈资料）

对于庭外调解不成的民事案件，法官的判决则要进行全方位的"拿捏"。涉诉信访中越级访、进京访案件数量对法院工作的"一票否决制"，使得法官不能超然于当事人的情绪和言行，从而在判案时顾虑重重。

（2）推诿与拖延。

推诿与拖延是基层法院应对上访人的重要手段。访谈中上访人讲起法院的这些手段时大多是带有情绪的：

9年来我一直不停地追诉、催办，四级法院狡猾地推诿、拖延到9年。这是什么国家的恶霸手段？（摘自李胜利访谈资料）

他们认为基层法院不仅办案推托，有时对承诺的司法救助也有拖延：

从2006年，区法成立了两三次以副院长为首的赔偿小组，一次次要我写赔偿材料、金额，每一次都是石沉大海。从2010年夏天，又说要给我司法救助，我按照法院提供的范本，照着他们写好的样子写了，司法救助30万元。我为稳定、和谐，我不得不委曲求全写了（因为我已经得了心脏病）。但一年多又过去了，我也没见到一分钱。（摘自王丽琴访谈资料）

地方法院的拖延，使得当事人信访的成本大大增加，使他们的时间、精力和金钱在上访中大大消耗，很多上访人经不起这种消耗，中途退却，放弃上访；而部分人坚持下来了，他们纠缠很长时间后，有的以极端的上访行为引起了上级的注意，其问题被认定为严重，非解决不可。

在信访实践中，国家机关形成了一套判断事件紧急与否的标准，即"来访比信访紧急，缠访比一般上访紧急，越级上访比一般上访紧急，进京上访比省内上访紧急，集体上访比个人上访紧急"[1]。这个标准说明了上访所受的

---

[1] 应星. 大河移民上访的故事. 北京：生活·读书·新知三联书店，2001：271.

重视程度与上访人所付出的成本基本成正比。

（3）接访与截访。

在中央设定的"执政为民"国家机关形象下，法官必须对上访人耐心接待、好言劝说，否则将招致非议。法官跟上访人讲理、讲感情，但上访人始终讲的是中央的利民政策，形成了"当事人讲政策、法官讲感情"的局面。访谈中有法官提到，有时候必须与上访人"做朋友"，用人格魅力征服上访人，这样较容易通过劝说达到息诉罢访的效果。还有法官提到为了安抚上访人，逢年过节还要去拜访一番。

现在都害怕，怕他们出来又上访。有的人他们好像不达目的不罢休。我们过年过节都得走访，安抚信访。你以为你能空手去？还得买点水果。（他们成大爷了？）对啊，就是大爷。（摘自市中院某法官访谈资料）

截访，"截"就是拦截、堵截的意思，主要针对的是上访人越级访、进京访。

采取一切可以采取的措施，利用一切可以利用的条件，阻断上访人进京上访的势头，消除部分无理上访户要把海北法院送进全国法院信访排名前五十强和前一百强的恶劣念头。（摘自市中院信访工作报告，2011）

逢奥运、"两会"、七一等特殊时期，法院截访分两组进行。一组法官留在市里控制上访老户不让他们上京：

他（指市法院、公安局）在家里给我看起来，不让我走。前面一个车，后面一个车，我家住五楼，不让走，天天看着像犯了多大的罪似的，连一点人权都没有。街道一直看着我啊，我就说我不走。我答应他们七一不上京去，但七月六号我还是走了。（摘自陈美凤访谈资料）

另一组法官则在北京蹲点，在最高院、最高检、全国人大、中央政法委、国家信访局等地方寻找上访人，拦着他们登记：

我们在北京的工作人员非常辛苦。他们在北京不是像我们一样有一个信访室来接访，他们是在信访大厅门外的一条马路上截访。截访的目的是拦着他们进最高法院登记。（摘自市中院某法官的访谈资料）

从接访到截访，法院全都小心翼翼地依法进行着，不敢动用暴力和强制手段，多是耐心劝说，"上访户特别想法院来硬的，这样他就找到切入点了"。

（4）司法救助。

当长年通过上述手段都无法让当事人息访，又无法通过司法的渠道救济当事人时，法院还有最后一种息访手段，即为当事人争取司法救助。司法救助是涉诉信访区别于其他国家机关信访处理的息访手段。

光靠咱劝说，这个力度很小，谁能听你说？人家没见到钱，就听你这么一说（就能息访），你说话就这么好听？我们要承担的上访的压力很大。从我们受案范围就可以看到，就像烙烧饼一样，翻过来覆过去，都这么多年了，当事人的心态、心理都已经疲了，他要不弄点事出来，拿到钱，他也不会善罢甘休的。（摘自市中院某法官的访谈资料）

作为息访策略的最后手段，司法救助并没有那么容易获得。司法救助由政法委专项拨款，通常要走当事人提出申请—法院确认上报—政法委批准—财政局核拨的流程，任何一个环节出差错都能让司法救助"流产"。在海北市，20万以上的司法救助还需要分管信访的副市长签字。如果不跟随"清积行动"一同办理，个人的司法救助很难落实。司法救助通过与否与市委、政法委领导的态度息息相关，这也在某种程度上推动了上访人上访强度的增加。

司法救助的息访作用力呈现出下降的趋势，现在有的上访人有一种拿了钱也不息访的态势，司法救助呈现出被"谋利型"无理访利用的态势。"谋利型"无理访具有"示范效应"，容易引发同类型上访人的效仿，同时，"谋利型"无理访的成功加剧了其他正常访的上访人对法院的不满。

（5）"弱势"的法院。

在上访治理中，法院缺乏对某些"无理访""闹访""缠访"的强制手段。从2003年国务院废止《城市流浪乞讨人员收容遣送办法》之后，公安局再无法随意对城市流动人员进行收容和遣送。这在之前，收容和遣送是对上访人员进行打击的最有效的强制手段。缺乏强制手段保障，在应对强硬的"无理访"时，法院处于"弱势"地位。

笔者在调查中发现，中院的北门常年是关着的，上访人只能在门外闹事。究其原因，法官告诉笔者："在门外出了事，就是归公安局管，在门内出了事，就得法院负责。我们负不起这责。"这种频繁的上访使法官们常年处于紧张之中：

一个案件来了，原告找，被告找，在权力之内总有偏的，但有时候偏大了，脱离了法律的实践范围之内的，一找一闹，又是个问题。现在监督部门也多，人大、政法委、检察院，信访压力非常大。因为你要处理那么大的案件，稍微有一点闪失，不但是名誉上的问题，还有可能更恶劣些（指不稳定局面出现）。所以，现在每天神经绷得太紧，都太紧张。（摘自市中院某法官访谈资料）

四、涉诉信访的发生机制

和农民集体上访维权行动不同，涉诉信访大多是个体的维权。这些个体形成了一波不可小觑的抗争浪潮。个案中的三名上访人平均上访年限为 9 年，均为持续上访人，其中的艰辛是普通人难以想象也难以理解的。

但不是每一个上访人都会在这场"马拉松"中坚持下去。[①] 究竟持续性上访如何产生？笔者尝试从国家、地方法院和上访人三个维度分析三者的互动、博弈和相互作用，揭示持续信访的发生机制。

（一）国家对信访的态度

从目前中央政策方向和主流媒体宣传来看，国家支持人民合理合法信访，要求各级机关做好信访工作，同时在努力健全信访机制、畅通信访渠道。《信访条例》指出：

各级人民政府、县级以上人民政府工作部门应当畅通信访渠道，为信访人采用本条例规定的形式反映情况，提出建议、意见或者投诉请求提供便利条件。

任何组织和个人不得打击报复信访人。

《人民日报》也刊文指出：

各地各部门深刻把握社会转型期人民内部矛盾多发、早发的阶段性特征，以理念创新推动工作创新，自觉地把信访工作放在党和国家工作的大局中去思考，放在实现全面建设小康社会目标和构建社会主义和谐社会的伟大实践中去推进，使信访工作的过程成为落实科学发展观、践行为民宗旨的过程。[②]

然而，在实践中，基层政府和司法机关却对信访持抑制态度。保持社

---

① 在笔者对案情报告的统计中，持续上访的上访老户占比为 27%。

② 党的十六大以来信访工作成就综述 . （2007 - 09 - 19）［2017 - 03 - 05］. http：// politics. people. com. cn/GB/6285131. html.

会安定团结大局是中央政府下达的一个最基本的政治任务，该任务层层下达、层层考核，要求地方控制上访、减少上访、处理上访。正如海北市中院的报告提到的：

（2011 年）与以往年份不同的是，一方面，复杂的社会背景加剧了今年信访形势的严峻性。中央和省、市对做好驻京信访稳定工作的要求更加严格，既要做好劝返接待工作，确保海北驻京控访工作有序、有力、有效进行，又要一律不准拦截，并采取有效措施，保证群众正常上访渠道的畅通。（摘自市中院年终报告）

一方面，国家不能禁止或打击上访，反而应该畅通上访渠道以保持与群众的联系；另一方面，从现实来讲，国家又不得不对信访进行控制。当上访数量在一个可控范围内时，中央可以接受民众的诉求并约制地方的行为，地方可以有效行政并接受群众监督，当事人还可以寻求司法公正和信访救济。达到这个平衡的关键是制度的安排：一是必须允许上访；二是要有信息甄别机制，从而有效抑制"无理访"。

上访人在选择上访或者上访初期并未意识到上述情况。随着上访层次的提高，上访也对上访人对于高层政府的信任产生了负面影响。到过省级政府和北京上访的上访人，对包括中央和省级政府的信任度明显降低。实际上，到北京上访次数越多、逗留时间越长、走访部门越多，对中央政府的信任度越低。①

（二）地方法院的治理困境

一些地方法院治理的"不出事"逻辑显示了其背负的体制重压。中央政法委 2010 年要求 95％以上的化解率，而在笔者的统计中，息访率仅为 59.3％。涉诉信访中的越级访、进京访案件数量对法院工作是一票否决的，这使得上访人抓住了法院的"软肋"，"缠访""闹访"不断，一些法官只得与上访人"讲感情""交朋友"，不断地将问题拖延，只希望在自己的任期内"不出事"。

法院的治理困境还在于其缺乏可利用的权威性资源，对"无理访"的治理缺乏力量。旧的权威性资源的流失，批斗、游街、禁闭等阶级斗争年代的手段不能再被使用，新的权威性资源的聚集则需要建立与现代法治社会相匹

---

① 胡荣. 农民上访与政治信任的流失. 社会学研究，2007（3）.

配的公共规则和公民意识，这在短时间内还难以实现。① 这使得法院在与上访人的互动中处于被动地位，甚至在某些强硬的"闹访"者面前处于弱势地位，但仍不得不硬着头皮面对此起彼伏的信访案件：

基层、中院、省院的程序都走完了，按理说没有什么问题。你要说有问题，三级法院都有问题？但是现在往往很多信访案件都是这样，三级法院都来告。……法官你说有没有情绪？肯定有情绪。但是现在就要求我们法官你得讲政治，大前提就是这样。法官已经按照法律原则来判了，但是面对信访还得讲政治。心理上想不通。（摘自法官顾松访谈资料）

法院的职能与上访人对其职能的期望并不一致。上访人要求法院承担无限责任，满足他们的各种要求，包括某些不合理要求。如十年"文革"中的遗留问题，至今仍有人"闹访"，要求法院改判并做出国家赔偿，这显然超出了法院的处理能力范围。又如个案中的李胜利，房价上涨给他带来的经济利益损失，他也要求法院为其赔偿，这也是一种对法院家长式职能的期望。国家机关的转型要求它从过去的家长式全能型国家机关转型为选择性的、有进有退的治理型国家机关。由此，在民众的期望与党和国家所推动的转型之间存有张力，当下地方法院的困境，正是这种张力的表现。

（三）上访人的心理机制

上访人最初对上访有较高的心理预期，这种预期会唤起新的行动，使得上访人感受到遭受的一切充满意义以及上访成功的希望。

我一开始是觉得，他不就是职务犯罪吗，我有足够的证据。我想着别人问题能解决，我也一定能拿回我的损失。（摘自王丽琴访谈资料）

在与法院的长期博弈中，上访人对问题的解决处于希望与失望交替的状态。随着上访人的投入越来越多、成本越来越高，他们对问题解决的心理期望如滚雪球般增长。倘若上访人出现较大的负面情绪，这种情绪就会激化上访局面。如李胜利在老伴因病去世后，一度出现非常过激的情绪，上访策略也更加强硬和激烈。

在长期的上访过程，上访人逐渐显现出偏执的心理状态。在法律知识的学习中，他们只留意对自己有利的信息；在与法院的互动中，他们只关注法

① 陈柏峰. 无理上访与基层法治. 中外法学，2011（2）.

院的不当行为，寻找机会加以谴责和要挟。他们的生活渐渐变得只剩信访一件事情，信访支撑起他们整个生活的重心和目标。

在上访行动中，上访人还存在"二重理性"的取向。在韦伯对社会行动的分类中，有两类社会行动是他分析的重点。① 一类是目的理性行动，即由对周围环境和他人的客体行为的期待决定的行动，这种期待被当作达到行动者本人所追求的和经过理性计算的目的的"条件"或"手段"。另一类是价值理性行动，即有意识地坚信某些特定行为——伦理的、审美的、宗教的或其他任何形式——之自身价值，无关乎能否成功，纯由其信仰决定的行动。在韦伯看来，这两类行动之间的张力构成了理性行动的内部张力，而现代文明的全部成就和问题都源于这种张力。

由于涉诉信访的艰难性和不可预期性，有的人可能早早地就退出了，而持续上访的人则选择了价值理性行动："不顾及可预见的后果，只维护他对其义务、荣誉、美感、宗教情操、忠诚或某件'事务'之重要性的信念而义无反顾的行动。"通俗地说，坚持寻求救济的人是由"人活一口气"的信念支撑着的。② 王丽琴就曾经多次表示，现在她上访不为钱，就想讨个"说法"。

值得注意的是，这种二重理性在上访不同阶段的表现是不一样的。如上文所言，在人们最初选择寻求救济抑或放弃救济时，在选择司法救济或信访救济或双管齐下时，更近于采取目的理性行动。而一旦走上"中国式维权"的道路后，上访人就更近于采取价值理性行动了。这种价值理性所系并非法治或"青天"，而是自己的生命尊严之气。③

（王嘉思）

第二节　拆迁：法律与权力博弈的资本与策略

一、研究缘起与问题提出

依照现行法律，我国土地性质分为国家所有土地和集体所有土地两种。

---

① 韦伯. 社会学的基本概念. 顾忠华，译. 台北：远流图书出版事业股份有限公司，1993：49.
② 同①51.
③ 应星，汪庆华. 涉法信访、行政诉讼与公民救助行动中的二重理性（未发表）. 2006：191-221.

前者主要包括城市土地以及法律明确规定属于国家所有的城市郊区或者农村的土地，而后者主要指位于农村或城市郊区的土地。近年来城市化进程不断加快，为了解决城市建设所需土地不足的问题，政府往往将城市郊区和农村的集体所有土地征为国有土地，集体土地农村房屋拆迁由此产生。目前在城市国有土地房屋拆迁工作中，已经有了由法律法规确定的相对比较完整的补偿安置办法。但在农村集体土地上的房屋拆迁中，实行的仍然是各个城市地方的土办法。这些实施办法不尽相同，存在着不同程度的差异，而实际操作过程中往往又会遇到种种新情况新问题。农民在土地被征用过程中的利益诉求和愿望如果不能得到表达与满足，就容易与基层政府和征用者之间产生矛盾或纠纷。

研究表明，土地征用纠纷在乡村纠纷中的比例最高，有5％的农民遭遇过土地征用方面的不公；在有过纠纷经历的人中，43.3％的人遇到过土地征用纠纷。农村土地征用问题成为引发农村纠纷的最重要原因。[①] 而农村房屋拆迁交织着各种法律关系，其背后掺杂着错综复杂的利益冲突，关系到社会稳定和政治安定的大局。做好农村征地与拆迁工作，对保证国民经济持续快速健康发展，保障被征地与被拆迁农民的长远生计，保障社会长治久安具有积极作用。

近些年，我国在立法上对土地征收和房屋拆迁问题给予了高度重视，从《中华人民共和国物权法》《中华人民共和国土地管理法》和《城市房屋拆迁管理条例》到《国有土地上房屋征收与补偿条例》，法律法规在逐步修改和完善，力求使公民的合法权益得到最大限度的保护，维护社会和谐稳定。但在集体土地征收和房屋拆迁补偿方面，依然没有统一明确的规定。各地在集体土地拆迁中采取的补偿政策及法律依据各不相同，具体实施的补偿标准参差不齐。集体土地拆迁与安置补偿方面的工作无据可依、补偿标准混乱，拆迁人与被拆迁人的对抗性越来越强，暴力拆迁事件时有发生。拆迁问题已严重危及社会的稳定，成为当前亟须解决的社会问题之一。为了深入剖析集体土地拆迁中相关主体的博弈过程，笔者开展了此项研究。

---

① 陆益龙，杨敏. 关系网络对乡村纠纷过程的影响——基于 CGSS 的法社会学研究. 学海，2010（3）.

虽然土地征收与征地拆迁联系十分紧密，二者在法律行为上存在先后顺序，但在具体内容上还有着细微区别。在狭义上，拆迁是指"房屋拆迁"，并且特指在城市规划区内国有土地上的房屋拆迁。但在广义上，拆迁还包括对其他地上建筑物、构筑物的拆迁，并且还包括在非城市规划区的国有土地以及集体所有土地上的拆迁。《物权法》第 42 条第 3 款规定：征收单位、个人的房屋及其他不动产，应当依法给予拆迁补偿，维护被征收人的合法权益；征收个人住宅的，还应当保障被征收人的居住条件。拆迁补偿是指在征收单位、个人的房屋及其他不动产时，应当依法给予的补偿。当拆迁做动词使用时，是指征收决定作出后的具体实施行为，即拆除迁走。集体所有的耕地被征收，依法应当给予村民以征收补偿而非拆迁补偿；只有当耕地上依法存在须拆迁的房屋等建筑物时，针对此类财产的征收补偿才能称为拆迁补偿。

本节主要研究集体土地房屋拆迁过程中相关主体的博弈过程。集体土地房屋拆迁是指有关主体将位于集体所有的土地上的建筑物、构筑物及其附属设施（以下简称房屋）予以拆除，并对其所有权人进行补偿安置的现象。集体土地房屋拆迁常被称为农村房屋拆迁，在法律适用上区别于城市房屋拆迁（后者为《城市房屋拆迁管理条例》所规范）。

二、拆迁地情况和案例搜索

2012 年 7 月 9 日至 8 月 10 日期间，笔者在 Y 市拆迁事务所实习，全程参与了 X 拆迁项目（以下称 X 项目），与工作人员一同到拆迁户家中进行谈判，收集整理了 9 段工作组会议录音和 63 段谈判录音，并撰写工作日志，复印收集了部分政府公文和政策宣传资料。本节研究主要基于此次收集的资料，以 X 项目作为典型案例，对集体土地房屋拆迁过程中相关主体的博弈过程展开研究。

本节选取的调查点为 Y 市开发区 X 社区东 11 组，X 社区原先就是一个村，改制后归开发区管理委员会管理。开发区 X 社区区域面积 519 公顷，耕地面积 1 569 亩，现有 42 个居民小组，社区总户数 1 682 户，总人口 4 827 人。2011 年，社区集体收入 125 万元，农业总产值 1 109 万元，工业总产值 4.5 亿元。

进行 X 项目是为了将拆迁后的土地给当地 X 厂新建厂区。X 厂是一家民营企业，主要制造工业配件，共有两个厂区。主厂区在拆迁地东侧，副厂区位于开发区另一处。Y市申办省园艺博览会（下简称"园博会"）成功后，将X厂的副厂区划作了会展园区的配套建设区，因而和X厂协商决定将其副厂区与主厂区合并，才开展了X拆迁项目。

X项目一共需要拆迁65户，其中红线内54户，红线外11户。红线内的54户是必须要拆除的，红线外的11户也在此次拆迁范围内，但不影响X厂区搬迁，因此暂时不做强制要求。65户拆迁户中近半由方、沈两个大姓构成，家庭以务工为主要收入来源，少量拆迁户经营着家庭手工作坊。笔者一共参与了其中55户的拆迁测量以及谈判工作，按照接触的时间顺序将其分别编为1~55号案例。

涉及此次拆迁的人员主要有拆迁事务所及评估公司的人员、开发区管理委员会（下简称"管委会"）和X社区的成员，详细情况如下：

拆迁事务所是住建局下属的事业单位，一共有工作人员16个人，和Y市拆迁办公室（下简称"拆迁办"）合署办公，并受其管辖。拆迁办主要负责Y市拆迁政策的起草、建议和相关行政事务，而拆迁事务所负责实地操作事务，最主要的是对拆迁房屋进行评估并与拆迁户谈判。拆迁办、拆迁事务所同时进行多个项目的拆迁工作。由于X项目时间紧、任务重，因此拆迁事务所安排了K和U两个人参与该项目。其中K是拆迁事务所副所长，在项目临时工作组中代表拆迁事务所，也是此次调研全程跟访的对象。

评估公司是一家民营企业，代表第三方专门负责评估房屋价值，并协助核算每一户的拆迁补偿总额。评估公司为拆迁事务所雇佣，拆迁事务所给每一位拆迁事务所成员配备一位专门的估算师，二人一组开展工作，符合相关规定。X项目中的两位估算师没有参与谈判和实际操作，因此文中并未给其编号。

管委会是X项目的委托方，行政级别为乡镇级。C作为管委会主管工业的党委副书记，全权负责实施X项目，并且主持每次项目工作会，统筹安排部署。此外管委会还有多名干部、会计参与项目的谈判过程，协助开展工作。

X社区由原先的村改制而来，在日常人员称呼上还保留了原先的叫法。社区最主要的代表是W和B两位，W是社区党支部书记，B为社区主任，不做特殊说明的话，下文中的村支书和村长便指这两位。W和B对该地基本情况比较了解且具有一定威信，因而是项目中的谈判主力。

三、拆迁户与拆迁方：博弈的目标和资本

（一）两方立场

（1）拆迁户。

传统社会中，农民的行为取向是从公域出发的，即他们行动时要遵守村落社区规范，所以他们的行为取向是集体主义的；但是现代社会中，农民的行为取向主要是从私域出发的，他们行动的主要目的是寻求个人利益的最大化。[①] 根据作者实地观察调研，拆迁户的利益主要是经济利益，X项目谈判过程中的核心一直围绕着经济利益。这一结论或许稍显武断，但在笔者参与谈判的55个案例中，并没有发现对故土情深意浓、铁了心坚决不拆的特例。41号案例中虽然户主父亲在谈判过程中一直坚决反对拆迁，并且担心自己今后的养老问题，但户主及其妻子都先后要价，这种"红脸黑脸"的行为可能仅是谈判的一种策略。27号案例中户主妻子在K报出评估总价后非常生气，扬言宁死不拆，但在前期房屋测量评估时该户非常积极，拦住工作组，要求必须先测量他家。由此可见，基本上拆迁户是否接受拆迁，关键在于价码是否令其满意。

现在的农民有着越来越强烈的摆脱土地束缚的愿望。例如，陆益龙在凤阳县小岗村就发现，不少农户争相把自己的承包地按每亩7 000元的价格转让出去，先捞点现钱再说，因为毕竟这土地不是自己的，承包期满后能否再承包到还是个未知数。[②] 后乡土社会的农民眼光更长远、视野更开阔，具有了理性人的特征。

（2）拆迁方。

开发区管委会和拆迁事务所的目标基本一致且容易理解。第一，在维稳大环境下，保证拆迁工作不出现重大事故。对于基层干部来说，工作目标之间的优先次序是明白无误的：维护社会稳定是压倒一切的目标。这尤其体现在"一票否决"制度上，即一级政府无论在其他领域的成绩多么突出，只要在社会稳定上出现问题，其他领域中的成绩一概忽略不计。[③] 第二，在不出

---

① 郭星华，汪永涛. 农民行动逻辑的演变. 黑龙江社会科学，2012（4）.

② 陆益龙. 农民中国——后乡土社会与新农村建设研究. 北京：中国人民大学出版社，2010.

③ 周雪光. 一叶知秋：从一个乡镇的村庄选举看中国社会的制度变迁. 社会，2009（3）.

事的前提下，按照政策要求尽快完成拆迁工作。管委会和事务所的工作人员分别为公务员编制和事业编制，也就是俗称的"铁饭碗"。拆迁是他们日常工作的一部分，工作完成的好坏与其部分奖金挂钩，但没有与拆迁户产生直接的尖锐的利益冲突。

社区人员的积极性就颇令人玩味了。虽然 X 社区归开发区管委会管辖，但是管委会并没有对社区提出过高要求，一般而言，社区干部也仅仅是配合工作组工作而已。X 项目中，W 全程参与并承担了主要的谈判任务，同时还从社区账目上给拆迁户不菲的补助（补助金额详见下文"困难报告"部分），超出了自己的职责范围。这一点令笔者十分费解，还曾就这个问题专门请教过 K：

笔者：村里为什么费力支持拆迁，给这么多困难补助？

K：这也是因人而异，困难报告这么大的数额在 Y 市也是特例，困难户给民政部门打报告才补助 800～5 000 块钱。W 积极卖力主要出于三个原因：一是为了自己在村里的声望，帮助百姓下次选举就会有更多人选他；二是为了 X 厂，X 厂搬过来之后肯定要拉动经济，村里的产业、门面房能赚更多钱；三是为了开发区，政策执行得好，区里面肯定会给奖励和支持。

单从账面上来看，社区并不足以支付如此巨额的困难补助，开发区应该给了社区特批的 X 项目补助资金，因此 K 的解释还是比较令人信服的。而在对各方的立场简单梳理之后，才能更好地理解各方之间的博弈。

（二）拆迁户的博弈资本

（1）舆论同情。

翻阅近期征地拆迁相关的新闻，似乎拆迁方总是目无法纪、为所欲为。在网络舆论大环境中，城管和拆迁队一向是恃强凌弱、无法无天的代名词，由此给大部分民众造成一种刻板印象：拆迁过程中拆迁方必然居于强势地位。这也符合民众的一般逻辑。

在面临不利的情况时，弱者可以利用外界资源和力量，以媒体的声音扩大舆论同情的因素。[①] 弱者身份作为一种博弈和博取同情的武器，极自然地激起人们天生同情弱者的心理，围观者在行为选择上倾向于支持和帮助弱者。

---

① 张晶. 策略与话语：纠纷解决中的弱者. 北京：中国人民大学，2011.

在 X 项目的拆迁中，拆迁方始终未曾表露出强拆的警告意味，因而博得舆论同情也仅仅作为拆迁户的一项制衡威慑手段，个别拆迁户会提及相关的钉子户案例，来保持双方地位平衡，但没有付诸实践。而在 Y 市 S 镇的某拆迁项目中，受到威胁的拆迁户联系并接受了电视采访。

在政府面前，拆迁户自身的力量是弱小的，他们之间结成战略同盟也没有实现的基础。但是强弱的分野并不是绝对的，有时候恰恰"弱者的身份"可以成为制衡强者的有力武器。因为弱者具有强大的社会力量，蕴含着道德资本，暗含着对不平等的反抗和对正义的伸张。① 因此，当拆迁户以不惧强权、坚忍不屈的弱者姿态出现时，往往能得到社会舆论一边倒的支持，进而给当地政府施加压力，使其做出不同幅度的让步。

（2）法律武器。

目前规范集体土地房屋拆迁的法律法规尚未出台，各地方做法不一，主要有以下三种做法：一是参照地方性法规、政府规章以及政策文本。到目前为止，我国尚无专门法律对农村集体土地上的房屋拆迁进行规范，实际上此种拆迁目前多由省、自治区、直辖市人大、政府部门发布的地方性法规或政府规章进行规范。② 二是参照《土地管理法》中有关征地的补偿与安置。《土地管理法》中只是对征地的土地补偿费和安置补助费作了规定，而作为农民私有财产的地上房屋仅被包含在地上附着物中。三是参照《城市房屋拆迁管理条例》。城市国有土地的房屋和集体土地的房屋在土地所有权性质、所有权主体、拆迁安置对象以及土地管理方式等方面均存在差异。事实上，不论是地方性规章、《土地管理法》还是《城市房屋拆迁管理条例》，都不具有直接的参照性。

但即使目前集体土地房屋拆迁的相关法律法规尚未出台，拆迁户依旧在法理上牢牢占据了有利位置。首先，根据《土地管理法》第 2 条第 4 款：国家为了公共利益的需要，可以依法对土地实行征收或者征用并给予补偿。参照该条规定，征地的唯一原因在于公共利益的需要。国家行使征收权必须以公共利益需要为前提，如果不是出于公共利益的需要，国家不能也不应当动用征收权，不然就构成侵权行为，启动征地程序就是违法的，应当承担国家

---

① 董海军. "作为武器的弱者身份"：农民维权抗争的底层政治. 社会，2008（4）.
② 赖淑春. 农村集体土地房屋拆迁法律问题探讨. 山东大学学报（哲学社会科学版），2008（5）.

赔偿责任。然而，我国正处于并将长期处于城市化进程中，其中必然伴随大量集体所有土地转化为国家所有。但在现行制度下，土地征收是集体所有土地转化为国有土地的唯一渠道，非公共利益需要的存在几乎不可避免。而 X 项目的公益性难以辨析，因而在法理上难以牢牢站住脚，项目执行过程中拆迁方也就显得底气不足。

　　其次，不断完善的法律条文也明文禁止了强制拆迁、暴力拆迁、断水断电等等违规行为。2004 年我国《宪法》修订后明确了对私人合法财产权的保护，区分了"国家征收"和"征用"这两个不同的概念，明确了征收、征用作为国家强制取得私有财产的唯一路径，这是对国家行政权的重要限制，防止公权的过分膨胀侵犯私人的合法权益。之后国家先后印发颁布了《关于印发〈关于完善征地补偿安置制度的指导意见〉的通知》《关于进一步严格征地拆迁管理工作切实维护群众合法权益的紧急通知》和《国有土地上房屋征收与补偿条例》，并废止了原有的《城市房屋拆迁管理条例》。国土资源部 2010 年《关于进一步做好征地管理工作的通知》中明确规定：征地批准后，征收土地公告和征地补偿安置方案公告可同步进行。公告中群众再次提出意见的，要认真做好政策宣传解释和群众思想疏导工作，得到群众的理解和支持，不得强行征地。这些通知、规定、条例，在法律上彻底禁止了强制拆迁行为。对于这一点，K 深有感触："我做这行从 2002 年到今天，刚开始的时候老百姓都是主动积极配合，后面慢慢地就多要一点是一点，讲讲道理也能行，到今天变成了'就要这么多，少一分都不干。'"

　　法律条文的完善仅仅是给拆迁户提供了武器，近些年伴随着思想的解放，民众权利意识的觉醒，以及市场经济"在商言商"观念逐步深入人心，越来越多的拆迁户敢于发出声音，运用法律武器维护自己的权益并谋求更多利益。随着法治现代化的推进，人们更为普遍地使用法律话语和权利宣称来使自身的诉求合法化。因而，即使在不触及其生存底线的情况下，一旦民众的权利遭受侵犯，他们也会奋起抗争。主导民众行为的已经不再是人们的生存愿望，民众有了更高层次的追求，即对于自身权利的重视。[①] 农村已有越来越多的

① 于建嵘. 利益博弈与抗争性政治——当代中国社会冲突的政治社会学理解. 中国农业大学学报（社会科学版），2009（1）.

纠纷者选择法律诉讼途径，法律的力量已明显进入乡村纠纷。[①]

在权治社会里，法律权威是第二位的，政府权威是第一位的，在社会中拥有最高权威的不是法律而是政府的权威。[②] 经过三十多年改革开放和法治建设，我国已由权治社会逐步过渡到法治社会，政府权威逐步让位于法律权威，X项目中相关主体的博弈过程便充分证明了这一点。拆迁户可以运用法律武器，对拆迁方进行必要的威慑，这也是拆迁户博弈的最大资本。

（三）拆迁方的博弈资本

（1）给付权力。

给付权力主要包括政策规定、越矩补偿、困难报告三方面。

第一，政策规定拆迁补偿要严格遵循"同地同价"和"拆一还一"两个原则。

同地同价原则，是指相同区位、相同地类、同一项目的补偿地价应当基本一致。拆一还一原则，是指拆除一个平方批建面积就应当还一个平方的安置房，保证拆迁户的居住质量不下降。而违章建筑，比如"批二建三"（批建二层实建三层）、私搭乱建的情况，测量估价时只计算建筑成本，不核算区位价。

Y市的拆迁补偿主要有货币补偿、产权调换和异地重建三种模式。货币补偿，就是以货币单位计算并支付所拆迁房屋的价值，这是目前各个地方房屋拆迁中采取的一种主要补偿方式。实物补偿，又称产权调换，即以同等价值的房屋对所拆迁房屋进行置换。异地重建，即按照重置成本的原理在别的地方划拨宅基地，建设房屋对所拆迁房屋进行补偿。至2012年年底，Y市已经在城市、集镇的主要社区取消了异地重建的方式，但农村偏远地区拆迁依旧可以划地。在拆迁项目中，采取何种补偿形式一般依项目具体情况而定，不同项目的政策不太一样。

在X项目中，拆迁补偿分为货币补偿和产权调换两部分内容。被拆迁房屋的价值要通过评估公司测量评估确定，然后计算出货币补偿的总补偿款，之后被拆迁人再用这笔补偿款去购买政策规定的两套安置房。两套安置房均

---

① 陆益龙. 农民中国——后乡土社会与新农村建设研究. 北京：中国人民大学出版社，2010.
② 郭星华，王平. 国家法律与民间规范的冲突和互动——关于社会转型过程中的一项法社会学实证研究. 江海学刊，2003（1）.

为全产权房，一套位于 S 镇（Y 市中心城区），一套位于开发区。如果安置房的价值高于被拆迁房屋的价值，那么拆迁户应当补缴一定数额的差价。如果安置房的价值低于被拆迁房屋的价值，那么在给予拆迁户安置房的同时，还将采用货币补偿的方式补足二者之间的差价。

Y 市规定，拆迁费用由需要实施拆迁的行政单位出，不同的项目政策不尽相同。像园博会拆迁项目由市财政拨款，X 项目则由开发区总公司支付拆迁费用。而开发区管委会、开发区总公司、开发区 X 街道办的组成人员完全一致，评估公司也是由拆迁事务所聘请的。因此，虽然很大程度上都是例行公事，但政策给予了拆迁方评估、核算和给付的权力。

第二，政策规定不予补偿的一些项目，核算时也计入了补偿总价，即越矩补偿。

在征地实践中，普遍存在着抢栽抢种现象。抢栽抢种行为是违法的，依法不能获得补偿。这样的行为之所以被定性为"抢"，是因为在征地公告发布后，补偿登记即着手进行，凡经登记列入补偿范围的青苗、其他地上附着物等，都可依法获得一定的补偿。在利益驱动之下，为多得补偿款，拆迁户有可能采取一定的投机行为，通过抢栽、抢种、抢建等行为，不合理地增加可获得一定补偿的财产的价值或数量。这样的行为显然超出了正常合理的范围，不恰当地增加了拆迁方的补偿负担，因而为法律所禁止。国土资源部《关于完善征地补偿安置制度的指导意见》（2004 年）中规定：在征地依法报批前，当地国土资源部门应将拟征地的用途、位置、补偿标准、安置途径等，以书面形式告知被征地农村集体经济组织和农户。在告知后，凡被征地农村集体经济组织和农户在拟征土地上抢栽、抢种、抢建的地上附着物和青苗，征地时一律不予补偿。

但在 X 项目实际测量估价时，对于所有抢栽抢种的植被，都按照市政工程的造价单给予了补偿。据介绍，Y 市之前最夸张的一个拆迁户一共在其宅基地及自留地上抢种了 3 万多棵树，拆迁方也只能照价赔偿。

除了抢栽抢种的植被之外，工作组对违章建筑也给予了相应补偿。违章建筑是指违反国家法律法规的强制性规定建造的房屋，一般是指未取得建设工程规划许可证或者违反建设工程规划许可证核定的相关内容建造的建筑。就严格的法律规定而言，违章建筑一律不给予征收补偿。但在现实中，造成违章建筑的原因非常复杂，如果在征收中对违章建筑一律不予补偿，显然不合情理，也是不现实的。在 X 项目中，对超出批建面积、私搭乱建的违章建筑不核算区位价，但按照现在的市场价格补偿其建筑成本。

第三，在政策之外，部分拆迁户还享受到困难报告补助这一额外的补偿。顾名思义，困难报告就是农村居民因生活困难而向村里（社区）申请生活补助的报告。困难报告一般由拆迁户先交到社区，社区再提交到开发区，由集体讨论决定。在困难报告申请批准方面，W 有较大建议权，一般会听取其建议。报告批准后由村集体一次性发放补助金额。

在 X 项目中，困难报告作为拆迁协议的补充，是唯一波动较大且不确定的补偿部分。困难报告往往并不是由拆迁户主动提出的，而是双方谈判陷入僵持、无法达到拆迁户要求时 W 从社区发放额外补助的特殊形式。X 项目中约有一半的拆迁户得到了困难报告补偿。并不是生活十分困难的拆迁户才能提交困难报告，而是认为拆迁政策没有满足其补偿要求的拆迁户均可提出申请。困难报告补助的数额由 W 和户主私下商议决定，连 K 都不清楚每一户困难报告的具体数额，存在很大的操作空间。通过对谈判过程中双方言论的分析，笔者估算困难报告的数额大多在 4 万～7 万元之间，最高的可能有十多万元。

（2）信息优势。

拆迁方的信息优势主要体现在组织性、相对性两方面。

组织性表现在 X 项目拆迁谈判过程中，拆迁方拥有无可比拟的信息优势。一方面，拆迁方的组成人员大多有过其他项目的拆迁经历，并且熟知各项政策规定，对拆迁户可能采取的手段有一定的预判和了解。另一方面，早在项目开始之前，临时工作组就已经成立了。在每天正式下乡谈判前，开发区管委会、X 社区、拆迁事务所和评估公司的人员都会到 X 厂二层会议室召开例会，通报项目进程，说明出现的新问题新情况，盘点拆迁户的社会关系，并集体讨论解决办法。这一例会制度后期并没有天天坚持实行，但是一旦有紧急事项或特殊情况，临时工作组还是会立即召开临时碰头会，来确保口径和标准的统一。

有一个细节突出体现了拆迁户信息上的极大劣势。X 项目的补偿款并不是一次性到位，而是交房时先给付三分之一，剩余的 67％补偿款按同期银行利率上浮 20％的利率结算，在两年之内结清。这一点严重违背了国家政策精神，中央文件多次强调必须先补偿安置再入场拆迁，但没有一户拆迁户发现这个补偿政策上的漏洞，并以此为由提出增加补偿。K 也早已察觉这一细节，并采取了一些措施：

像预付款三分之一之类的事情，尽量不要写，中央已经明令禁止打白条，但地方上没钱还要这么搞。还是我觉得不妥，让区里重新弄了一份同意分期付款的协议，让拆迁户和拆迁协议一起签了。这份合同必须要签。不然你房子一拆，（拆迁户）跟在政府屁股后面要钱，告到法院，怎么判政府都输，政府也怕。

相对性即对拆迁户来说，获取拆迁相关的信息主要有两个途径：一是政府以政策、法规、通知、办法等形式颁布的公开政策。首先由于各方面原因，从正式渠道获取的信息往往是不充分的。同时由于拆迁过程中涉及的范围非常广，政策不可能穷尽所有事宜，一些规定比较模糊，在具体的实施过程中往往受到技术手段和执行人员主观因素的影响。二是通过口耳相传，利用亲戚朋友和乡村社会人际关系网络来了解 Y 市其他拆迁项目的补偿价格和相关政策，这也是拆迁户获得拆迁相关信息的主要渠道。这些价格包括前些年、近年来以及最新的价格补偿情况。拆迁户通过纵向和横向的价格变化，尤其是类似案例中补偿价格的变动，来了解当前拆迁过程中实际补偿价格的变化趋势，以形成自己对补偿的心理预期。

19 号案例：

户主：你们这补偿标准太低了！别以为我不知道现在拆迁什么价码。另一个村一个姓孙的也被拆迁了，我媳妇去他家看过，房子里面什么都没有，最后补了 100 多万。我这么好的房子才估 50 万，加上地皮一共才 90 万，想想也不可能。

K：姓孙的那一户是哪家？整个开发区的拆迁项目都是我们（拆迁事务所）来谈的。你把他的名字告诉我，我立马打电话问清楚他家的情况，告诉你为什么他的房子值 100 多万。如果真像你说的房子里面什么都没有最后补了 100 多万，我基本确定这家人就在造谣。

户主：算了算了，我们家也不挤别人家，我们就谈我们自己的事情。

K：你们这些道听途说的传闻都不可信。部分人整天造谣，给我们工作带来了多大困难！F镇有一个拆迁户四处散播谣言，明明拆迁补偿了90万，他硬要告诉别人自己补了122万。最后我们报警让他公开道歉说明事实。

46号案例：

户主：我跟你们坦率地讲，我知道园博园项目拆迁的情况，他们那个项目比我们的补偿标准高多了，好多人拿了房手里还富余五六十万。

K：你说园博园项目，我现在告诉你，这个项目我从头到尾全程参与，超过一半（拆迁户）是我谈下来的。你要与他们哪家比？明天我就可以把他们签的所有协议都带过来，你看看哪边补偿标准高。你说的拿了房又补五六十万的，肯定是只要S镇一套安置房，放弃了开发区的安置房。你要是放弃一套，也能补这么多。

拆迁户们对外宣称自己获得的补偿金额时，有的缩减自己的补偿金额，有的夸大自己的补偿金额。在很多情况下，拆迁户并不愿意将自己的补偿信息公开出去，"财不可露白"是许多拆迁户的处事原则和生活习惯。因此，当别人问及拆迁补偿款时，他们都会一带而过或者报一个相对较低的价格来保护自己，防止他人嫉妒。在另一种情况下，有很多拆迁户被突如其来的巨款冲昏了头脑，陷入一夜暴富的亢奋状态，不可避免地开始互相攀比。他们会在闲聊中报出比实际价格更高的补偿款，来获取心理上的优越感。

除此之外，信息在口耳相传的过程中失真的可能性更大，信息在每一个传播者转述的时候都会有断章取义、添油加醋以及无中生有的可能，传播学的相关理论早已证明了这一结论。因此，来源于民间传递的信息很多都是失真的。在信息博弈的过程中，拆迁户不可避免地居于劣势。

四、博弈策略：多种方式并用

自征地公告发布起，拆迁工作就已经全面开始。拆迁的实际操作总体上分为五个环节：第一步是测量估价，拆迁事务所以及评估公司成员对拆迁房全面测算，登记各项内容；第二步是将测量内容制成估价单，并发放到拆迁户手中进行核对；第三步是核算补偿总值，工作组前往拆迁户家中核对估价单内容，算出拆迁补偿总额，并讲解政策、进行初步劝说；第四步是继续进行谈判，直至双方能达成一致；第五步是签约，开具选房单，收缴拆迁房钥匙，并通知拆除队入场拆房。拆迁工作中最核心的环节是第三步和第四步，矛盾也集中爆发于此，说服拆迁户接受现有的拆迁补偿耗时最多、难度最大。下面将探讨双方博弈中的种种策略和方式。

（一）话语的博弈

（1）拆迁方的谈判策略。

拆迁方的谈判策略包括宣传政策、否认权责、细节补偿三种。

宣传政策即拆迁工作组在工作会议中已经统一学习过拆迁相关的文件精神和政策要求，总结归纳梳理了所有的补偿条款，并形成套路化的表达模式。第一次到拆迁户家中进行谈判的时候，工作组就用简洁直观的语言来体现政策优势，以打动拆迁户。

W（对拆迁户）：我们是来送人情的，但你们也要收人情。打来骂来吃亏不来，拆迁总要沾点光。我给你们算三本账，第一是评估价，各项条目和市场价相比只有高没有低；第二是安置房的价值，可以算算现在两套商品房的价格是多少；第三，除此之外，毕竟评估价以当前市价为准，哪里没有补偿到的，我们还要在这个基础上综合考虑（意即有上浮空间）。

否认权责指拆迁户通过各种渠道，已经了解到实际成交价格高于测量评估价后，部分拆迁户会直截了当地提出希望按照政策的最高标准补偿。但是工作组却不能轻易报价，一旦暴露政策底线，拆迁户再加码的话，谈判就无法继续。因此虽然 K 和 W 事实上有权在一定区间内增加补偿，但是却不得不坚持官方话语，否认自己的权责，这样才能控制拆迁户的心理预期，来获得谈判中的优势地位。

34 号案例：

K：你们先谈一谈自己的想法，报一个合适的价码。

户主：我们都是爽快人，你们直接说最多能上浮多少吧！

W：没有所谓的必须"上浮"的说法，叫作"综合考虑"。

K：账是我们算的，我们没有权利决定在这个基础上加多少钱，所以我们不能报价。让你们谈自己的想法，找出所有能上台面的理由，最后我们再综合考虑。这才是正常的程序。

户主：根据我们了解，你们手上应该有20万的机动，对吧？

K：我们手上没有那么大的权力，要是真按你说的，不如我多给你批100

万，我们两个私下里分分，这可能吗？就算我按你报的价格给你了，你能拿到这么多钱？你只能拿到预付款，也就是总价的三分之一，后面一审计，协议作废，不但你尾款一分钱拿不到，回头还要找我们的麻烦：究竟是我们收贿还是工作失责？

细节补偿指补偿政策中一些具体的人性化条款，不仅能在谈判陷入僵局时缓和气氛，也能使拆迁户切实感受到自己是获利方。

38 号案例：

K： 除了政策规定的补偿之外，另外给每户补贴 500 块的长条凳费用。

户主： 我这十多条长条凳是专门找人定做的，木质都非常好，特别结实。才补贴 500 块钱，我可亏大了。

K： 政府不要你的长条凳，这笔钱是补贴不是收购。将来你们住进了商品房，不一定有空间放这么多长条凳，考虑到这一点才加了这项补贴。至于长条凳怎么处理，那是你们自己的事，我们也不要。

安置房按拆迁户原有房屋的批建面积计算安置面积。而计算区位价的时候则按照实建面积，倘若没有建足，也将按照批建面积计算安置面积，以此来照顾部分没有建足平方的拆迁户。购买的安置房超出安置面积的部分，需要拆迁户按照市价补足。按照拆一还一的原则，平房在拆迁时吃亏较大，因为平房少了一半的安置面积以及相应的建筑成本补偿，基本上没有办法靠拆迁补偿款拿到两套安置房。所以该项目规定平房一律增加安置面积 60 个平方，但如果不购买安置房，这部分安置面积也不会折价返还。此外，安置房短期内还不收物业费。相关文件上并没有对这些细节的规定，这是工作组根据新情况，开会讨论后重新拟定的标准，以最大限度地保障拆迁户的利益，推动项目进程。

（2）拆迁户的谈判策略。

拆迁户的谈判策略包括质疑评估、突出困难、付诸过去与未来、公平交易、强调宅基地五种。

第一，质疑评估。拆迁程序的第三步是入户核算补偿总值，在这一环节中，拆迁户会比照测量评估单一项项核对补偿内容，对哪一项的单价有异议，都可以在谈判中及时提出来。K 和评估公司人员负责解答这些问题，对有争议的材料会专门去 Y 市的建材市场上询问价格。

2 号案例：

户主： 我这里列了一张清单，把所有遗漏的、估低了的，全部都写上去了。像我家里的浴霸、吊灯、围墙，当时可都是花了大价钱的，现在我还都把当时买建材的发票保留着。按照你们的评估标准，我就只能喝西北风了。

K： 评下来这么多钱，没有哪个人叫你就这个价格签。确实遗漏的项目，我们肯定会加上去，但有一些已经算在建筑成本里面了，就不能重复计算。还有一些高档材料价格有问题的，我们明天去市场上询价。知足吧，一百好几十万了，不少了，我一个月才几个钱，天天下乡来跟你们扯皮。

户主： 像我家的水泵和门口店面，就应该另外增加补偿。

K： 最终的成交价格为什么要上浮？就是因为有些东西对照（补偿）标准不好补。如果全部都补偿到位了，那还上浮什么？直接照着价格签就行了。现在全部都按超标准的估算价格，那上浮的部分我们怎么做账？

事实上，拆迁补偿协议签署后，K 和评估公司人员都需要重新修改测量评估单，将原先估价基础上增加的补偿款融入账目，即补偿的条目不变，各单项价格提高，最后体现在总价中。

第二，突出困难。诉苦是拆迁户最常用的手段之一。通过突出自己生活困难、命运不幸，来博得工作组的同情，以增加拆迁补偿。对于确实因拆迁而生活不便、工作受到影响的拆迁户，工作组会酌情考虑增加补偿，并尽可能从各方面给予帮助。村里某拆迁户家媳妇已经有八个月身孕，由于 Y 市地方风俗，房子里面见血不太吉利，因此该户拆迁后租房困难。K 知晓情况后让村里帮忙联系租房，如果实在没有合适的选择就住在人民医院病房里，村里帮忙负担一部分住院费用。

43 号案例：

女户主： 我们家情况特别困难。儿子得了重病需要开刀，病治好了以后都干不了重活，整个人都废了。女儿现在还在上高中，家里特别缺钱。我家的情况村里面都很清楚，我可没说一句假话。

K： 你家的情况我之前不太了解，如果确实存在生活困难，我们肯定会跟上级领导继续反映。但是拆迁跟社保不能混为一谈，一码归一码，拆迁不包打天下。拆迁不可能一次性解决你们家所有问题，村里面今后也还会照顾你们家。

47 号案例：

户主： 现在我在家里弄个车床，做点小配件挺好的。一拆迁，我还要到外面去租厂房，今后的厂房租金会越来越高，这点停业损失费根本不够。

K： 你的情况我们很理解，但是也没办法。像你们家没有工商营业执照，严格意义上是不该计算停业损失的，我们已经让步了。文件上没有规定要给厂房的租金，现在只能一次性补几万作为启动资金，但要包十年或者无限期不可能。

第三，付诸过去和未来。部分拆迁户会强调以往建房时自己付出的价值，以及房屋不拆迁的话未来可能取得的收益，来凸显自己要价的合理性。此外，安置房是期房，S 镇的康苑三年内交付，开发区的新城 2013 年年底交付，未来房价波动的可能性依然存在，这也是许多拆迁户强调的。这种观点虽然听上去很有道理，但却并不属于 K 所说的"能上台面的理由"，因此一般收效甚微。

10 号案例：

户主： 当时我们建房的时候可是花了大价钱，像外墙砖、木头柜子，现在这个价格确实可以买得到，但我们当时定做的时候可值钱了。

K： 时代不一样，政策也不一样，以前那些拆迁的少沾光也没办法。Y 市刚开始拆迁的时候，S 镇不管楼房平房都补三百块一间，他们找哪个说理去？我们现在拆迁，只认目前市场上的价格，要是都扯陈年旧账，那就没法算了。

53 号案例：

户主： 房子交付的时间太长，这段时间里我们要一直租房。没准到那时候，地皮更加值钱了，拆迁补偿的标准更高，现在拆不划算。

K： 以后的事情谁都说不准，万一以后再也没有项目在 S 镇拿安置房的呢？过了这个村可就没这个店。现在市区的房子就已经涨到七八千一平了，没准三年后房子还要继续涨价，到时候你赚大了也说不定。

第四，公平交易。部分拆迁户依然存在着朴素的道德观念：

你们把我的房子征去修路、造桥、建公园，给多少就是多少，我没有任何意见，就当为国家、为集体做贡献了。但是现在是给 X 厂建厂房，他老板那么有钱，给我们多补一点不是应该的吗？

对于拆迁户来讲，证明拆迁项目不牵涉公共利益具有非常重要的意义。因为无关公共利益，所以拆迁项目就是纯粹的市场行为，潜台词是各交易主体之间地位平等，双方一个愿打一个愿挨，只要成交，价格就有其合理性。

这一套逻辑却招致 K 的强烈批判。在 K 看来，同样是征地，最后结果一样，补偿标准就应当保持一致，人为区分公益征收和非公益征收，不单单没有实际操作意义，反而会增加更多矛盾：

（北大五学者）[①]上书要求区别对待公共工程和非公共工程，法律面前人人平等，非公共工程就可漫天要价？公共事业和招商引资区别对待的话，公平性在哪里？万一拆迁户不管公益不公益，只认高的补偿标准，你怎么办？

在此项目中，情况就更为复杂。X 项目拆迁后的土地是给 X 厂建设新厂区的，这一点所有的拆迁户都知晓，并且在谈判过程中多次强调，来表明这只是一次市场交易，自己完全有权利获得更多补偿。但是 X 厂厂区搬迁，是为了给园博园配套设施建设腾出空地。从这个意义上讲，X 厂搬迁实际上又是具有公益性质的，在法律没有规定的情况下，X 项目是否属于公益征收这一点也难以判断。

虽然法学界对于公益征收和非公益征收的讨论从没有停止过，但从实际操作的角度来讲，这一套逻辑并不是都能被理解，也许做出区分反而会加大谈判工作的难度，增加部分权力寻租的空间。

第五，强调宅基地。农村集体土地房屋拆迁实际上涉及土地和房屋两个方面。在房屋估价方面，基本上不会出现太大波动，也能得到拆迁户的认可。但大部分拆迁户认为宅基地（也就是"住场"或者"地皮"）给的补偿过低。事实上，拆迁户所认为的"地皮钱"是指征用宅基地的货币补偿，这实际上是征地费用，归国土局管理，并不是拆迁补偿中的区位费。征地费用与拆迁费用是分开核算的。Y 市征地主要由各地生产队来负责，村委会协助配合。国土部门的实际业务单位（与拆迁事务所类似）与生产队，按照国土、物价、房管等部门共同制定的标准，各家各户谈判，对宅基地、耕地、河塘等一一估价，再统一结算。之后，国土局将征地费打到生产队账目上，生产队内部

①　K 所指的五位学者是北大法学院姜明安、沈岿、王锡锌、钱明星和陈端洪，他们向全国人大常委会递交了《关于对〈城市房屋拆迁管理条例〉进行审查的建议》，并最终导致了该条例的废除。

进行分配。分法有很多种：第一种是按各户宅基地及自留地大小来分，一亩地6万元左右；第二种是各户平分征地款；第三种是大部分征地费留在生产队，小部分分给各户；第四种刚好与第三种相反，大部分征地费分给各户，一小部分归生产队。每个生产队分配的情况都不太一样。X项目的耕地补偿标准是51 200元/亩，青苗费是1 500元/亩，符合相关法律规定。由于此次调研我们没有参与征地的具体过程，下文将不再涉及征地事宜，仅在此简要说明。

土地归集体所有，拆迁户在法理上仅享有使用权，区位费是这块土地位置价值的体现。但一般拆迁户都倾向于将区位费理解为对宅基地的补偿，因为征地的补偿标准和宅基地的货币价值差额巨大，将宅基地的补偿算入拆迁补偿才符合一般拆迁户的认知。

47号案例：

户主： 现在我们这的地皮就要八九十万元，这你们根本都没算。把你们给的所有钱加起来，都买不了开发区的一块地皮，你说我愿不愿意签？

K： 首先，集体土地不能交易过户，不能改名字，现在的都是私下交易，没有法律保护，风险太大；其次，商品的价值要有人要才能体现，你这90万元的住场哪个会买？报这个价就卖这个价？这价格还不都是拆迁户炒上来的；第三，我们给你们补了一套市区全产权的房子，单从价格上就可以抵消你的住场，你的地皮值钱，我们的市区房子也值钱；第四，现在你们镇的地皮价格完全是被拆迁户炒起来的，你和周围两个镇比比，怎么可能要这么多钱？所以说你的住场我们已经补偿到位了。

（二）关系的博弈

（1）走后门。

在笔者调研中，拆迁户通过各种各样的关系来求情、走后门的事例屡见不鲜。在5号案例中，户主是区里原来的党委书记，W书记要"出力"。他的拆迁补偿协议上写的是80.55万元（达到了30%的上限），最终价格是85万多元，在W办公室当场就签，超出部分通过困难报告填补。在29号案例中，户主与拆迁办Z有关系，因此K明确表态："不仅不会让你吃亏，还要让你溅光（占便宜）。"8月7日，D村村委书记请两村干部和拆迁事务所的人吃饭，因为其岳父家在此项目拆迁范围内，已经签署协议并超额补偿，该书记宴请表达感谢。在 25 号案例中，户主是 B 村长的表亲，他家拆迁评估价 90.05 万元，但后来协议价 109 万元，最后交钥匙村里再补 6 万元，上浮系数远超政策，以至于 K 都有些不满："村长已经说了这么多，我一直都没有说话，这个价格实在已经突破底线，下次还有这种情况，一定要跟我说一声。"

X 社区虽然已经改制，大部分居民也不以务农为生，但乡土社会的基本格局并没有改变，熟人关系往往是人们解决问题的重要手段，并且卓有成效。大部分拆迁户会有意识地发动一切社会关系，尽可能谋取利益最大化。

（2）株连式拆迁。

一段关系的构成，至少要有两个主体，其作用同样也是双向的。关系不单单是拆迁户为自己谋取利益的手段，同样也是拆迁方推动项目进程的重要策略。7 月 28 日，K 在开会时对 W 说："我们不能包打天下，必要时也要动用组织关系。"在 47 号案例中，W 说："你儿子是法院书记员，知法懂法，这可是市里的项目，到时找你儿子领导做工作，别人可以不配合工作，你家可是吃公家饭的。你可要想想清楚。"在 50 号案例中，户主儿子在 X 厂工作，X 厂副总经理陪同工作组在厂里的二层会议室与其面谈，劝说其早日签署拆迁协议。

"株连""连坐"等责任形式的存在并不令人费解，它立足于一个稍长的因果链条而从初级关系内部问责的方式与中国传统社会的价值理念并不冲突。[①] 但需要指出的是，株连式拆迁是严重违法的征地拆迁措施。简单来讲，所谓株连式拆迁，就是以被征地拆迁者或者被征地拆迁者亲属中公职人员的"饭碗"或职业发展为要挟，不仅要求他们签订一些明显不合理的征地拆迁协议，而且还要求他们动员自己的亲属服从安排，签订征地拆迁协议，否则即予以停薪、停职、停优、调离等。这种株连式拆迁，表面上取得了良好效果，却严重违背了法治精神，严重侵害了被征地拆迁者的利益。现在，中央文件已经明令禁止株连式拆迁，并建立了相应的究责机制。但在 X 项目谈判过程中，这一现象依旧广泛地存在，并引发了项目谈判中最尖锐的言语冲突。

---

① 郭星华，刘正强. 初级关系变迁与民间纠纷解决. 江苏行政学院学报，2009（1）.

24 号案例：

B： 47 号家的情况你们都知道，他儿子在法院，现在他们领导已经找他们家谈话了。这个项目是市里的项目，必要时会动用组织关系，不要抱着侥幸的心态。尤其是你们家儿子在城管局，要多配合工作。

户主： 你这是什么意思？这是在威胁我家？我跟你们讲，我对 S 镇拆迁钉子户的事情非常了解，你们根本唬不住我。

W： 咱俩这么多年同学，我怎么会让你吃亏？你房子估下来 93 万，我再给你帮忙，再给你卖老脸，103 万就顶到头了。

户主： 103 万肯定免谈，不达到我的要求，坚决不让拆。要么今天就拍板，130 万现在就签协议，要么以后就不要再来找我。动用组织关系？把我惹火起来，你们谁都没有好日子过！

户主儿子： 我家要是没有关系，怎么可能把我从法院调到了城管局？怎么从没有编制的临时工拿到了编制？不要以为我们家好欺负。

户主： 我心里清楚得很，钉子户就是沾光。我也不是狮子大开口，就130 万这个价。现在省纪委的巡视组就在 Y 市，你们要是把我逼急了我就去找纪委。也不要拿 47 号家的事情来吓我，谁都不是好惹的！

托关系是谈判双方最有效的博弈手段。对拆迁户来说，要想提高补偿，托关系简单而有效。而对拆迁方来说，虽然株连式拆迁被法律明文禁止，也有可能引起拆迁户的强烈不满，但难以完全杜绝。

（三）暴力的博弈

（1）涉黑情况。

同为 Y 市同期拆迁项目，S 镇某项目却因涉黑而被江苏公共频道以"堵门骚扰限制自由，Y 市 S 镇如此拆迁"为题进行了曝光。在该新闻中，电视台记者来到拆迁户家中暗访，发现拆迁户因不同意签署拆迁协议，而被涉黑人员堵门骚扰。当记者问到堵门人员代表哪个政府时，他们高声回答："我代表阴曹地府！"

X 项目中是否也存在涉黑的情况？笔者调查中尚未发现类似情形，整个拆迁过程中都不曾出现过暴力行为。K 仅有一次发表过相关言论。8 月 9 日，与 16 号案例第三次谈判结束后，多天没有进展，K 有点着急："找那个 H 过来帮忙谈，谈成一户奖励两千到五千，立马速度就上去了。"社区司机："你不要把好事变成坏事。"

K 提到的 H 是一个流氓地痞，服刑多次，在当地知名度较高。笔者事后曾经单独询问 K 是否雇佣过 H，K 坦言当时只是一时气话，算不得数，X 项目绝对没有涉黑的情况。

（2）两种模式。

为何 Y 市两个镇上的拆迁会产生不同的谈判方式？这要从拆迁的两种操作模式上寻找根源。Y 市有两种不同的拆迁组织实施机构：一种是拆迁事务所，即笔者实习所在的单位，是住建局下属的事业单位；另一种是拆迁公司，是私人开办的专门负责组织实施拆迁的营利性企业。当然也有部分拆迁公司的名字叫作"某某拆迁事务所"，本节中为了加以区分，统一将私人承包、营利性质的拆迁组织实施机构都称作拆迁公司。

从 K 与拆迁户谈判的部分言论中，就可以理解拆迁事务所的奖励模式。

K：钱又不是我出，不给你我也不能装自己口袋里，我也跟你无冤无仇，能给你的干吗不给你？况且拆迁办的业务费就是此次拆迁款总额的 3%，我们巴不得你越多越好，你拿得越多，我们奖金还高一点。

拆迁管理实施费，是由拆迁单位（本节中就是开发区管委会）支付给拆迁事务所的劳务费，标准是拆迁补偿金额的 3%，但不记在拆迁补偿总额中，而是另支的。因此从拆迁事务所的立场上来看，自然希望拆迁补偿越高越好。而拆迁管理实施费也不是直接给拆迁事务所的，而是上交给 Y 市住建局，拆迁事务所只能按效益核算奖金。K 作为拆迁事务所的副所长，是一个副股级干部，每月工资 2 000 多元，和其他事业单位正式职工相比，额外多了 3 000 元拆迁下乡补助。拆迁项目进度的快慢，与 K 并没有直接的利益关系，仅仅影响到年终绩效的考核以及 1 000 元左右的奖金。因此，K 没有必要去采用非法的手段来推进项目，如果任务不能按时完成，不过是被领导批评几句，损失几百块奖金。但一旦涉黑被查出，那就肯定丢了工作，甚至还有被追究刑事责任的风险。

私人承包的拆迁公司一般采取的是包干模式，即拆迁单位支付给拆迁公司一笔总的补偿款，只要完成任务，剩余的补偿款全部都作为拆迁公司的劳务费。因此拆迁公司和拆迁户之间存在着尖锐的利益冲突。K 给笔者讲述了 Y 市某饭店拆迁的例子，双方谈了一年多谈不拢，政府转给私人公司，拆迁公司和拆迁户两边各请涉黑人员摆场子打架，最后拆迁公司带乙方小孩到江边"散步"，逼迫拆迁户签字才了结。

在利益驱动下，拆迁公司的积极性和效率都远胜于拆迁事务所，并且毫无顾忌，各种手段层出不穷。Y市S镇恰恰就聘请了拆迁公司来实施部分拆迁项目，才会出现本部分开头的一幕。

涉黑和强拆行为，往往是各地拆迁工作矛盾的集中爆发点，相关的惨痛教训数不胜数。研究表明，维权事件约占目前全国群体性突发事件的80%以上。广泛的维权事件主要是利益之争，而不是权力之争，经济性大于政治性。从目前的情况来看，在农民维权中，土地问题维权占65%以上。而目前农村土地纠纷最集中的地区是沿海较发达地区，其中以浙江、山东、江苏、河北、广东最为突出。这些地区争议的主要问题是非法或强制性征地，农民控告的对象主要是市、县政府。[①]

而在公关拿项目方面，拆迁公司也有着无可比拟的优势。

K：打个比方，拆迁公司他们赚拆迁补偿款总额的5%。他们返还一个点给工程项目的领导，返还一个点给村里的干部，皆大欢喜，谁不喜欢？但我们不一样，我们要保住自己的饭碗，一不能涉黑，二不能公关。

毫无疑问，在市场经济充分竞争的环境下，拆迁公司更灵活、更有效率，市场会选择拆迁公司而非拆迁事务所。部分学者认为应该用市场手段来解决农地征用问题[②]，笔者并不赞同这一观点。拆迁项目的组织实施工作，本身就具有民生保障的特殊性质，这一部分恰恰应当由政府来行使职能，而非推向市场。只有当拆迁实施人员与拆迁户没有直接利益冲突，并且双方可以实现共赢的时候，暴力拆迁、涉黑拆迁的现象才能根除。

五、博弈结果："戴着镣铐跳舞"的拆迁方

（一）对拆迁补偿的评价

维持被征地农民生活水平不降低、长远生计有保障，一直是相关政策和法律要求遵循的征地补偿原则，也是征地补偿中应遵守的一项具体行为规范。

---

① 于建嵘. 当前我国群体性事件的主要类型及其基本特征. 中国政法大学学报，2009（6）.
② 于建嵘. 用市场手段来解决农地征用问题. 人民论坛，2006（22）.

要保持被征地农民原有生活水平不降低，首先要严格依法定标准进行补偿。当按最高标准补偿仍不能保持其原有生活水平不降低的，被征地的农民可以依法要求增加补偿，直至其生活能够达到和维持原有的水平。

在理想状态下，最自然的确定征收补偿额的方法，就是拆迁方与拆迁户之间的自愿协商。这样不仅可以减少在确定征收补偿额标准过程中产生的成本，并且能够真正消除被征收人的不满情绪，促使其积极配合，保障拆迁程序的顺利进行。这种状态下达成的拆迁协议是最优选择。X 项目正是采用了这种自愿协商的方式来确定拆迁补偿。根据笔者的调研资料，55 个案例中大部分拆迁户最后能获得两套安置房，并富余 10 万～20 万元的货币补偿款。这样的补偿结果基本上符合国家的相关规定，较好地补偿了拆迁户的经济损失。

另一个事实也许能从侧面反映出拆迁户内心的真实评价。7 月 24 日，X社区 8 组（紧挨着拆迁地 11 组）的十几位居民来到了社区的办公楼围堵 W书记，他们强烈要求也对自家房屋进行拆迁。因此，笔者相信 X 项目中大部分拆迁户对拆迁补偿应该是比较满意的。

（二）"戴着镣铐跳舞"

国土资源部《关于进一步做好征地管理工作的通知》（2010）要求各级政府认真做好政策宣传解释和群众思想疏导工作，得到群众的理解和支持，不得强行征地。一系列法律法规的出台禁止了强行征地、强行拆迁等行为，保障了拆迁户的合法权益，但同时束缚了拆迁工作的手脚，给拆迁户留下了可以钻的漏洞。

K：《物权法》一颁布……在 Y 市即使你所有手续合法，拆迁户签了协议也会反悔，开始司法拆除程序，只要该户威胁自杀，立即全部停止。其实在《物权法》之前，Y 市也没有几例行政强拆，谁吃饱了撑的跟别人过不去？谁不怕上访？现在走司法程序，进度慢，约束力威慑力也不强，别人铆足了劲不签你也没办法，只能靠良知了。

"戴着镣铐跳舞"，这便是 K 对自己工作的评价。征地公告发布后，拆迁任务必须要在限定时间内完成。而伴随着权利意识的觉醒，拆迁户的补偿需求日益增长，直至突破政策底线。

K：这个项目还不错，没有撕破脸要无赖的，基本上都讲道理。要是真遇上那种"我知道我房子不值那么多钱，但我就要那么多"的人，就一点办法都没有。现在只能靠一点礼义廉耻来维持了。

与苏联和东欧的激进改革不同，我国在政治体制上实行的是渐进改革。关于"渐进改革"的真正内涵，不同学科有不同的理解。从政治社会学角度来看，渐进改革的最重要特征在于，这种改革是以保证政治体制和意识形态的连续性为前提和基础的。这样一种改革策略造成了一种特殊的"转轨体制"。[①] 这种转轨体制直接导致了 X 项目拆迁实施中的困境：既有行政命令要求限期完成拆迁任务，又同时要充分保护拆迁户的人身财产安全，但对于最重要的解决纠纷达成一致的途径，却没有相关规定。

K 曾在与拆迁事务所其他成员闲聊时表露自己的想法："那些非常爽快就签约的，一定要照顾。哪怕签了十块钱都不能让他吃亏。对那些慢慢磨不讲道理的，就是要守住底线。"这是 K 的一种理想，但在实际操作中，早早签署协议的拆迁户所得的补偿确实远不及拖延抬价的拆迁户。对于部分拆迁户漫天要价的行为，X 项目中的拆迁方缺乏有效的制约手段，只能一而再而三地退步忍让。在 7 月 9 日 X 项目临时工作组首次召开会议时，要求将上浮的系数控制在 1.25，意即最终成交价应在当前评估值的 1.25 倍以内。而在 7 月 18 日工作会的情况通报讨论之后，上浮系数被提高到 1.3，此外支持村里给予拆迁户数额不等的困难报告补助。9 月份最后签订协议的 20 多户拆迁户，基本都拿到了按照 1.4 的上浮系数估算的拆迁补偿款，此外还有困难报告补助。

斯科特对东南亚农民对抗行为的著名研究指出，诸如偷懒、开小差、装疯卖傻、诽谤、怠工等等都构成了制度之外的日常反抗。这种"几乎不需要事先的协调和计划、利用心照不宣的理解，通常表现为个体的自助形式，避免直接对抗、象征性地对抗权威"的对抗行为改变或缩小了国家对政策的选择范围，因此应当得到足够的重视。[②] X 项目中，拆迁户所使用的策略在形式上与东南亚农民的抗争行为存在着某些相似之处，即都是采取在法律、政策规定之外的"小动作"。区别在于，拆迁户并不是纯粹的弱者，由于拆迁方

---

① 孙立平. 实践社会学与市场转型过程分析. 中国社会科学, 2002 (5).
② 郭于华. 再读斯科特：关于农民反抗的日常形式. 中国图书评论, 2007 (8).

缺少相应的合法合理的反制措施，拆迁户事实上可以借机要挟拆迁方。理性选择无可厚非，笔者在此也并非批判拆迁户谋求自身利益最大化，而是仅仅从客观的角度描述现实状况。

通过对客观事实的分析，结果已经十分明显了：不论拆迁户是否意识到这一点，只要拆迁户软硬不吃，就可以完全掌握签署拆迁协议的主动权。工作组为了完成工作任务，不得不再三做出让步，给予越矩补偿、超额补偿，以求得任务完成，而缺乏反制手段。因此，与大部分人的刻板印象相反，在 X 项目中居于被动地位的恰恰是拆迁方。

这也就最终形成了拆迁工作的困境：好说话、老实知足、相信政府的拆迁户主动积极配合实施拆迁，率先签署拆迁补偿协议；而漫天要价、不知足的拆迁户却可以乘机要挟，在拆迁方制约手段缺乏而项目又势在必行的情况下，他们最后都能得到相对优厚的拆迁补偿。之前早签协议的拆迁户发现自己吃亏后，必然会不满申诉，前面已经完成的工作就可能会被推翻。越来越多的拆迁户认识到这一问题，益发有恃无恐、漫天要价，之后的拆迁工作就更难开展，陷入一个恶性循环。

六、困境出路的思考

本节以 2012 年发生在江苏 Y 市的拆迁项目为例，对拆迁双方在拆迁补偿协议达成的过程中所使用的博弈资本和策略进行分析和讨论。首先，笔者试图归纳出拆迁各方的利益诉求以及预期目标，并在此基础上分析双方参与博弈的资本，指出了各自的优势和劣势所在。拆迁户的资本主要是舆论同情和法律武器，而拆迁户则拥有给付权力和信息优势。其次，笔者从话语、关系和暴力三个角度，归纳出拆迁双方在此项目中所采取的策略。在话语博弈中，拆迁方的谈判策略包括宣传政策、否认权责和细节补偿，拆迁户则采用了质疑评估、突出困难、付诸过去和未来、要求公平交易和强调宅基地等方式。在关系博弈中，关系体现了双向性，拆迁户可以"走后门"来谋取利益最大化，拆迁方也可以采用"株连"的办法来推动项目进程。在暴力博弈中，笔者说明 X 项目并无涉黑情况，并将该项目与 Y 市另一个项目进行对比，来分析暴力拆迁何以可能。最后，笔者总结评论了博弈的最终结果，对该项目拆迁补偿进行了评价，在综合分析整个拆迁谈判过程的基础上，指出拆迁工作困境产生的根源。下面是笔者对如何摆脱拆迁工作困境的一些思考。

（一）对社区干部的监督

根据笔者观察，如果将工作组人员对 X 项目的贡献度从大到小进行排序，居于首位的应是 W 书记。W 在村中的威望较高，很多次谈判陷入僵局时都要他向拆迁户表态担保才能继续进行。事实上他承担了最主要的谈判任务，对拆迁户能够动之以情、晓之以理："如果你拆下来感觉吃亏，来找我一个人！""我也不可能一辈子当干部，绝对不干昧良心的事情。""我们农村干部还是敢承担风险的……能为百姓挑担子。"

事实上并非仅有笔者如此认为，拆迁经验丰富的 K 也对 W 的作用高度认可："现在拆迁，全部都靠村干部拍胸脯卖老脸，什么时候这招也不管用了，就彻底歇菜。其他地方的拆迁就是一户一户抠，还好这里有 W，大多他来谈。""X 项目比较特殊，特殊在村书记比较强势，其他地方都是以工作组为主。工作组主要包括：拆迁办（拆迁事务所）、评估公司、区里领导、村干部，村干部主要起配合作用。拆迁过程中村干部的素质也十分重要，比如是否具有大局观、是否公平公正、群众关系好不好等等。""你写的时候尽量（把村干部的形象）往正面写，基层工作全部都是靠他们做，你让那些领导下来谈拆迁试试。丑化村干部形象，万一引起公愤，集体撂担子不干，拆迁就彻底歇火。"

但是，W 仅仅是一个个例，并非每一位村书记都有如此威望并全力支持拆迁。W 谈判模式成功的背后也隐藏着许多隐患。在涉及土地占用、征用时，村委会代表集体出面，但由于相关制度缺失，现在还无法形成对村干部的监督制约。在政策层面上，村民无法知晓、参与、监督、控制拆迁项目的整个过程。这一点突出表现在 X 项目中的困难报告补助上，这笔金额数目巨大，而且没有明确严格的评判标准，可与不可基本上都取决于 W 一人。而且每一户的情况都不一样，具体的困难报告补助金额也由 W 和拆迁户私下商议决定，开发区管委会、拆迁事务所的众人均不知晓。这里并非对 W 的品格提出质疑，困难报告模式也确实有力推动了项目进程，不过在此过程中社区主要干部的权力应当受到制约和监督。

（二）转变程序的探讨

许多学者已经将关注点放在了既有的拆迁程序上，指出现有拆迁程序是造成拆迁困境的原因之一。刘峰认为，我国现行农村征地与拆迁的程序不够完善，缺陷表现在法律对征地与拆迁程序的规定不够清晰明确。另外有关征地与拆迁程序的立法比较粗糙，有很多具体内容在设计上存在漏洞。并且农村征地与拆迁的程序一般参照《城市房屋拆迁管理条例》①，实践中许多问题操作起来不统一、不规范，各个地方的情况也不尽相同，需要专门对农村征地拆迁的程序进行法律规定。②

对于转变现有的拆迁程序的思考，K 从来都没有停止过："国外谈不拢价格，就先按照要求的给，给完之后再起诉其勒索政府，退回多余的安置款。"经笔者查阅有关资料，并没有找到这种拆迁程序的先例，可能只是 K 道听途说而来的。这种程序乍一看十分有效，既能保证拆迁项目快速推进，又能对拆迁户形成有效威慑，使其不敢漫天开价。然而，一方面，如果将政府当作理性人来看待，它既然愿意支付高出市场的价格，自然有其考虑，例如迅速达成交易而节省时间和人力，减少征收中的摩擦和阻力等。事实上，在项目房屋拆迁补偿中，因在规定时间内完成搬迁而额外提供的搬迁奖励就起到了类似的作用。从拆迁户的角度来看，市场价格也只是一种相对合理的损失计算方法，事实上拆迁户还会遭受一些难以量化的损失。所以只要征收人愿意支付较高的补偿，就有其合理性。另一方面，如果被征收人愿意接受低于市场价格的补偿方案，或许也具有其合理性。虽然以金钱衡量，补偿看起来低于市场价格，但由于政府采取特定的补偿方式，能够达到金钱难以实现的补偿效果，如区位更好的宅基地等。但需要强调的是，这里必须是被征收人真正自愿接受，而不是基于误解或者被胁迫勉强同意。因此，当拆迁双方协议达成时，就应当认定双方都自愿接受并同意协议条款，这也是民法的基本原则之一。如果协议缔结时一方并不自愿，协议的有效性就值得怀疑。而事后重新起诉拆迁户索要多余的安置款，则严重违背了诚实信用的原则，因此这种做法不可行并且不值得提倡。

既然无法从拆迁最终结果上进行威慑，那么就应当在拆迁开始之前就加以控制。笔者认为，加强对拟拆迁项目的调研，科学地审批和立项才是走出

① 本条例已被 2011 年 1 月 21 日颁布的《国有土地房屋征收与补偿条例》废止，不再具备法律效力。
② 刘峰. 我国农村征地与拆迁法律制度完善研究. 长沙：湖南师范大学，2007.

困境的一条出路。现有的拆迁项目立项完全从需求出发，往往是政府召开几个工作会议，国土部门就开始发布征地公告，没有对拟拆迁地进行调研，也没有对拆迁项目进行可行性分析，估算拆迁实施成本。拆迁项目立项前应当开展充分的调研和论证，拟定多个拆迁方案，并根据调研结果择优选择。开展前期调研，把好立项审批关，不仅能充分了解拆迁户需求，制定出更令人满意的补偿方案，还能估算整个拆迁实施成本，提前做出规划，避免不必要的开支。

（三）土地和生活的补偿

在我国现阶段，集体土地房屋拆迁与城市土地房屋拆迁最大的不同点在于土地所有权的性质。我国严令禁止土地买卖，因此，一旦集体土地被征收，拆迁户就永远地告别了土地，这一过程是不可逆的。笔者认为，X 项目中拆迁户最重要的损失就是宅基地，也就是拆迁户所说的"住场"或"地皮"。土地对农民有多方面的保障功能，它可为农民提供基本的生活保障和就业机会，产生直接收益和资产增值等。这些功能随着土地征用一并丧失，而要保证失地农民的利益，则应该考虑给予农民在这些权利上的等价补偿。耕地是农民赖以生存的生产资料，国家征用和征收后，应当给予没有退路的农民完善的社会保障。

土地是农民的命根子。农村土地的经济功能、政治功能和社会功能三者有机地结合在一起。在农民那里，土地是整个生活方式的中心，其具有的增值能力和抵押价值是农民生存的唯一凭借，也是乡土价值的唯一凭借，更是产生家园感的物质基础。虽然 X 社区中大部分居民不再把务农作为主要收入来源，但乡土社会的基本格局还一直有所保留，拆迁后乡土社会的格局将受到较大冲击。农村房屋拆迁不仅仅是不动产价值补偿的问题，而且意味着生活方式、生产方式以及亲情传承的重大改变。农村的房屋及"住场"凝聚了众多的以至几代人的血亲宗族联系。可以认为，一个农屋就是农村社会关系网络的一个节点，拆迁瓦解了这一网络的一部分，而拆迁户所获得的赔偿，大多也仅仅是房屋在这个特殊时期的货币价值。换言之，补偿只考虑到房屋本身显性的货币价值，丝毫没有考虑到房屋的隐性价值，即附着在房屋之上的有关区域的、历史的、亲情的无形附加值。对土地的权利和对新生活方式的接纳，没有被列在拆迁测量评估单中，它们才是拆迁户最大的损失。

　　农村集体土地征收补偿过程中应充分考虑国情、民情，在国家法律与民间规范的互动过程中协调妥协谋求共赢。否则，法律将被大规模地违反，损害法律的权威，最终不利于我国法治化建设。建议进一步细化修订征收补偿相关规定，为司法规范提供依据，使集体土地拆迁工作有序进行，同时充分保护农民私有财产权利，推动安置保障机制不断完善。

（郭阳）

第三节　微博时代法治文化建设的机遇与挑战

　　微博，即微博客（MicroBlog）的简称，被网友昵称为"围脖"。随着以推特（Twitter）为代表的微博平台在国外的成功，国内微博平台近年来如雨后春笋般出现。2009 年 8 月 28 日，新浪作为大型门户网站正式启动微博服务，微博也凭借新浪的巨大影响力正式进入中国主流人群的视野。2010 年年初，腾讯、网易、搜狐等国内大型互联网企业都相继加入争夺微博客户的大潮，进一步促进了微博的推广。

　　与聊天软件、网络论坛（BBS）及博客等网络平台相比，微博在信息传播的快捷度、便捷性和广泛性方面有着独特的优势，一条信息很可能在极短的时间内传播到全社会的各个角落。正是因为具备这样的特点，加上良好的用户体验，中国微博的用户群体从 2010 年开始急剧膨胀，网民也大规模地向微博平台聚集。中国互联网络信息中心发布的《第 28 次中国互联网络发展状况统计报告》统计，我国微博用户的数量在 2011 年上半年从 6 311 万迅速增长到 1.95 亿，半年新增微博用户 1.32 亿人，增长率高达 208.9%。[①] 如今，中国已有数以亿计的网民聚集在微博上发言、分享并传播信息，他们在虚拟空间的一言一行都很可能产生极大规模的群体效应。与此同时，中国舆论的整体结构发生着重要的转型，普通民众通过微博形成的大量"自媒体"（We Media）对传统的官方主导性舆论传播方式形成了剧烈的挤压，不同的声音从而可以得到迅速、有力的传播。正是在这样的背景下，微博作为信息化时代发展的

---

　　① 中国互联网络信息中心. 第 28 次中国互联网络发展状况统计报告. （2011-07-19）［2014-03-05］. http://www.cnnic.net.cn/h/wfzyj/hlwxzbg/hlwtjbg/201206/t20120612_26719.htm.

新兴产物，引领我们进入了一个全新的"微博时代"。

我国正在如火如荼地开展社会主义法治建设。法治建设是一个系统工程，法治文化建设无疑是其中极其重要的一环，而网络世界的法治文化建设更是近年来凸显出的一个较为急迫的问题。有学者认为："法治文化是以追求民主、自由和权利保障为目标，在一定的治国理念和与此相适应的制度模式确立过程中，形成的一种社会文化形态和社会生活方式。具体而言，法治文化就是在建立法治社会的过程中，形成的一种文化形态和社会生活方式，其核心是法治理念和法治思维模式的确立，以及在此理念支配下相应制度和组织机构的建立与运行。"① 据此，将法治文化界定为一种文化形态和社会生活方式，而网络世界所具有的各种新的特点又赋予了法治文化以新的意涵。

与现实社会相比，建构在网络世界中的社会与其存在共通的特点，同时又在诸多方面表现出极大的差异。随着微博时代的到来，这些差异被放大得更加明显。微博正在深刻地影响着中国的社会变迁，微博时代的法治文化在这种变迁的过程中也被赋予了新的特性，表现出诸多全新的面相。不过，任何事物都有两面性，微博给法治文化建设带来的影响亦具有双刃剑的效果：微博对法治文化建设有积极的一面，正在从诸多方面对法治文化建设产生良好的助推作用；微博对法治文化建设也有消极的一面，例如微博空间中的不当言论以及违法犯罪对法治秩序带来的诸多负面影响已不容忽视，需要我们用新的思维、采取新的措施去积极面对。然而，关于微博时代的法治文化所表现出来的种种新的问题以及应对策略，目前还并未得到学界的广泛关注，相关的探讨只是较多地见诸报端而欠缺系统的分析，我们正是在这一背景下对此进行一番初步的研究。

一、微博时代法治文化建设的积极面相

微博作为一种新媒体和信息源，消除了传统的信息传播方式既有的弊端，同时也在很大程度上避开了政府以及传统媒体对信息的封锁，提供了一种将某一事件向社会有效发布的通道，使得信息能够在极短的时间通过"云传播"的形态涟漪式地向社会的各个角落急速扩散。正是基于这些优势或特点，我

---

① 蒋传光. 法治文化的内涵及其特点. 人民法院报，2012-09-21.

们可以发现，微博为法治文化建设的开展注入了新的动力，对法治精神的彰显与法治理念的培育和传播提供了切实的机遇，而微博时代的法治文化建设也因此至少表现出如下诸多的积极面相。

（一）微博作为法律事件的讨论所，成为了培育法治意识的新阵地

在当前的社会转型时期，大量社会矛盾层出不穷，却难以在现行的法律框架下得到妥善解决。特别是当一些涉及法律问题的事件为人们所关注而处理结果又未达到民众的惯常预期时，便极容易触动民众敏感的神经，从而引发强烈质疑。微博出现后，恰恰为这些法律事件大范围的传播和广泛讨论提供了平台。从近些年来引发社会广泛关注的一些法律事件中可以明显地发现，这些事件有很多便是通过微博而为人所知的。

例如，2010 年 12 月 25 日，曾担任浙江省乐清市蒲岐镇寨桥村村长的钱云会因一起离奇的"交通事故"而死亡。随即，关于他"被人陷害"的消息便出现在微博上并得到不断转发，迅速搅动起强烈的社会情绪。12 月末，由网友组成的三个公民独立调查团抵达乐清进行了实地调查。结果，这些调查团在调查之后均没有发现钱云会被谋杀的证据，并将此结论在网上进行了公布。尽管一部分网友对此调查结果仍持怀疑态度，微博上关于钱云会案的讨论在相当长的时间内也未平息，但是这些调查团作为来自微博的网友所组成的独立的第三方，其结论获得了许多人的信赖，这对于此案所受到的质疑的逐渐平息起到了良好的作用。虽然我们难以期望这种调查团在调查手段极其有限的情况下能实际得出怎样富有价值的结论，但是伴随着大量网民对此案持续的讨论，调查团的出现并付诸实践为公民参与司法迈出了积极的且开创性的一步，法治精神在这一过程中得到了彰显，而普通民众的法治意识得到了积极的培育。相比曾经广泛开展的单向的"送法下乡"，微博上关于法律事件的开放性探讨或许起到了更好的效果。

（二）微博作为法治新闻的来源地，成为了维护合法权益的新通道

当前，我国的微博已经表现出一个明显的特点，那便是已经成为一个重要的新闻源，并逐渐形成了一个具有一定独立性的媒体舆论场。在微博时代到来之前，公众对新闻事件和新闻人物的了解主要来自专业媒体的报道。如今到了微博时代，大量新闻报道越来越多地依靠参与者和目击者所提供的信息。于是，每个人都可能成为新闻发布的源头，"人人都是记者，人人都是真

相的披露者，人人都有发言权"。于是，传统媒体的责任也开始发生转变——"更多地解释新闻，更多地做深入的调查。"① 在这样一种背景下，微博自然成为涉及法律问题的新闻事件的一个极其重要的信息源头，近年来的大量此类新闻也正是通过微博为民众所迅速知晓的。这些新闻事件通过微博发布之后，很容易引起成千上万的网民集体关注，而处于这些新闻事件旋涡之中的人们的合法权益自然就成为众人关切的焦点。微博所具有的这种强大力量甚至让博友惊呼："上诉不如上访，上访不如上网。"

随着相关事件通过微博向社会曝光，许多底层人士摆脱困境也迎来了曙光。比如，2010 年 9 月 16 日，江西省宜黄县的钟氏姐妹因家中拆迁问题准备赴京参加凤凰卫视的节目录制，却被宜黄政府机构的人员堵在了南昌机场的厕所里。无奈之下，姐妹二人只得向一位记者电话求助，而后者则立即通过微博对此"女厕攻防战"进行了"现场直播"。此事被披露引发宜黄当地多名官员被免，而众多网友也对钟氏一家的困难提供了实际的帮助。事后，钟氏姐妹之一钟如九感受到了微博的力量，此后不再上访鸣冤，而是像许多人一样选择了微博维权。合法权益竟然通过微博的爆料才得以受到关注并得到重视，这当然是微博所体现出来的一个全新功能。但是通过以上案例，我们可以借此认真地审视现实社会的法治状况，并辩证地看待微博维权的功能。毕竟，微博维权显然不是常态现象，我们无法借助微博来实现所有合法权益的维护，而且从某种程度上讲，通过微博维权实际上强烈地折射出现实法治的困境。

（三）微博作为不法行为的曝光台，成为了实施社会监督的新工具

基于上文已经提到的微博所具有的内在特点，任何人在微博空间以及现实世界的一言一行都可能在瞬间为众多网民所围观，其产生的影响也可能通过不断的信息传播而被无限放大。在这其中，大量不法行为不仅得到曝光，甚至行为的细节还可能会被深度挖掘，从而便利了执法机关对相关违法人员的查处。正是在这个意义上，微博在今天已经成为开展社会监督的新工具。

微博成为开展社会监督的新工具并不是偶然的，它所具有的优势已经在实践中表现得淋漓尽致。2010 年 11 月 23 日，宁夏回族自治区吴忠市公安局

---

① 曹国伟：微博会改变整个媒体产业链．（2011－09－18）［2014－03－05］．http://tech.sina.com.cn/i/2011－09－18/14136077351.shtml.

利通区分局跨省对王鹏进行了错误的刑事拘留。几天后，关于此事件的消息出现在微博上，随即得到了大范围的转载，此案连续几天成为微博的热点话题。截至当年 12 月 2 日 21 时，"王鹏诽谤案"名列微博热门话题榜前列，提及次数达 20 650 次。[①] 很快，被以涉嫌诽谤罪刑事拘留 9 天的王鹏，在舆论和公众的监督下终于恢复了自由。诸如王鹏案中的不法行为通过微博被曝光，便可能立即引发大范围的关注，新闻媒体会相应地对这些事件进行尝试挖掘和追踪报道。于是，微博上的社会监督和媒体的新闻监督所形成的合力会给不法行为形成巨大的压力，从而促成相关行为得到妥善纠正。当一起又一起的不法行为被曝光，当一批又一批的网民加入揭恶扬善、激浊扬清的正义大军，法治建设随着民众的广泛参与而呈现出新的气象。

（四）微博作为政民互动的链接点，成为了推动政务公开的新窗口

微博的一个重要功能在于，它使得现实空间中基于多种原因而难以发生联系或者联络不畅的主体之间有了一个有效的相互沟通渠道，这突出表现在各类政务微博的出现。从 2010 年年初开始，一大批政府机构、官员通过微博开展问政，政治精英与民间草根有了一个新的平台开展直接的对话与互动，政务活动由此多了一个向社会公开的窗口，而普通网民则多了一条参政议政的途径。

在各类政务微博中，公安司法机关的政务微博尤其引人注目，直接促进了执法和司法活动的开展。比如，一些地区的检察系统开通的"反腐微博"颇具成效，在进行反腐宣传、公开反腐信息的同时，也有利于帮助侦查人员获取腐败线索。又如，公安部门的平安系列微博也日益发挥着非常重要的作用。2011 年 4 月 23 日，复旦大学舆情与传播研究实验室发布的《中国政务微博研究报告》显示，公安微博在政务微博中所占比例最高、服务性最强。公安微博在提供警务资讯和动态、资讯互动、突发事件发布和舆论引导、微博宣传等方面发挥了很好的社会作用。[②] 这类微博在便利了公安信息向社会公开的同时，也促进了一线执法部门与民众的双向互动，普通民众可以更加有效、更加民主地参与政务或公务活动，推动了相关执法工作的开展。

---

① 谢雪琳. 王鹏错案引发"诽谤罪"存废激辩. 第一财经日报，2010-12-03.
② 刘劲青. 公安微博实践现状扫描与反思. 湖南社会科学，2011（3）.

（五）微博作为信息交互的集散地，成为了实现言论自由的新平台

我国《宪法》第35条规定，中华人民共和国公民拥有言论的自由。自从信息化时代到来之后，人们有了多种渠道发布自己的言论并通过网络向他人进行传播。不过，其他渠道恐怕在促进言论自由并实现言论传播的快捷性、广泛性等方面都难以与微博相提并论。正是由于微博在信息传播方式方面具有其他渠道难以望其项背的优势，普通民众有了一个极好的发表自己意见和观点的平台。人们从而可以方便地通过微博就社会热点问题甚至敏感事件等发表自己的言论，而一些希望扮演意见领袖的人士更是将微博作为一个阐述见解、发布论断的极佳工具。正是基于此，2011年8月，北京市第一中级人民法院在被称为"微博第一案"的北京金山安全软件有限公司诉周鸿祎微博侵犯名誉权纠纷案的终审判决书中指出："个人微博作为一个自由发表言论的空间……为实现我国宪法所保障的言论自由提供了一个平台。"[①]

二、微博时代法治文化建设面临的困境与挑战

正如前文所言，微博所带来的影响具有双刃剑的效果，它在为法治文化建设注入新的活力并使法治文化建设表现出诸多积极面相的同时，其负面效应已经显露无遗，从而给法治文化建设带来了极大的挑战。由于中国目前正处于高速发展的社会变迁过程之中，法律法规对微博上出现的一些新问题经常无法给予及时的回应，抑或对这种新兴的网络平台中发生的违法犯罪现象予以打击存在着一定程度的困难，导致微博时代的法治文化建设面临着前所未有的多重困境与挑战。

（一）谣言充斥破坏法律秩序

时至今日，微博平台上的法律秩序并不尽如人意，而对其侵害最大且最为严重的问题或许莫过于谣言的泛滥成灾。正是由于任何人都可以成为信息发布者，而且通过微博发布一条谣言目前的现实成本比较小，因此微博已成为谣言扩散的重要据点。各种虚假消息借助微博平台不胫而走，并且通过不断被网民转发而迅速扩散到全社会。特别是某些未经证实的消息被一些名人转发，再通过众多"粉丝"所带来的辐射效应在全社会充

---

① 郭建光. 微博言论有了法律尺子. 中国青年报，2011-09-07.

分发酵、放大，从而对虚拟空间和现实社会中的法律秩序都造成了严峻的破坏。

迄今为止，最为令人注目的谣言当属引发全国范围疯狂抢盐的微博事件。2011年3月13号晚和14号凌晨，关于日本地震后海盐受到污染的消息出现在微博上，并受到大范围的转发，并最终一步步演变成一场波及全国的疯狂抢盐行动。谣言就是这样在微博中滋生和蔓延开来的。无良商家在这一过程中乘机囤积居奇或哄抬物价，进一步给普通民众的生活带来了极大的困扰，对法律秩序造成了严重的破坏。

（二）言论失当引发名誉侵权

上文已经指出，微博为言论自由这一宪法权利的实现和保障提供了新的平台。然而，言论自由的边界在目前的法律框架之下却并不是十分明确的。微博虽然有利于言论自由的实现，同时却也成为了许多人滥用该宪法权利的工具。一个明显的现象便是，注册用户在享受这一自由的同时，经常会出现言论过激、出格或者恶意诋毁的情况，这便导致他们在行使言论自由权利的时候极容易损害他人的合法权益。在这些违法行为之中，目前较为突出的便是微博用户的不当言论对自然人或法人的名誉、商誉等构成的侵权。比如，2010年5月25日至27日间，奇虎360董事长周鸿祎在多家微博平台向金山公司"开炮"，一度在微博上引起轩然大波。很快，金山以"严重侵犯名誉权和商业信誉"为由将周鸿祎告上法庭并获得了部分胜诉。

实际上，微博上的言论对他人的名誉、商誉构成损害的情况随处可见，如果动辄以民事侵权或诽谤来加以追究，并不利于社会的和谐发展。在这一点上，北京市海淀区人民法院在周鸿祎一案的一审判决书中的阐述应当引起我们的注意："在微博上，当言论自由与他人利益发生冲突时，应进行'法益衡量'，综合考量发言人的具体身份、所发布言论的具体内容、相关语境、受众的具体情况、言论所引发或可能引发的具体后果加以判断。"[①] 不过，"法益衡量"毕竟没有明确的标准。为此，如何把握微博上的批评、质疑、信息曝光等言论活动与侵权、犯罪的边界，从而避免言论侵权或因言获罪的扩大适用，将是司法系统未来仍将面临的一个难题。

---

① 郭建光. 微博言论有了法律尺子. 中国青年报，2011-09-07.

（三）信息曝光招致隐私泄露

如今，微博上经常出现一些爆料新闻，殊不知其极容易侵犯他人的隐私权。例如，2011 年七八月，时任昆明市发改委收费管理处副处长的成建军的"艳照"视频及截图在各种论坛和微博上被疯狂转载。实际上，成建军参与聚众淫乱，是由一伙罪犯诱骗所致，其过程由后者暗中拍摄下来用来对他进行敲诈。最终，成建军和 4 名勒索者都受到了应有的处罚。虽然成建军的违法行为遭到了揭露，但是这种揭露方式显然已经严重过度，上传网帖者的行为涉嫌违法。

不可否认，对违法犯罪行为在微博上加以曝光，无疑对于公民法治意识的培育和法治建设的实际参与都具有重大的意义。但是，违法犯罪者在此过程中应当享有包括隐私权在内的基本合法权益。否则，一旦对违法犯罪行为过度曝光抑或曝光的内容严重不实甚至根本就是子虚乌有，那么一定会对相关人员的隐私权等合法权益构成侵犯，有时还会令被错误曝光的人不堪其扰。因此，如何对微博中的信息曝光与隐私权的保护进行有效平衡，将是我国微博在未来的发展过程中必须正视的一个重要课题。

（四）特定乱象亟须法律规制

法律需要跟随社会变迁的步伐而向前发展，但是很难做到同步发展，这便导致许多法律规定自出台之日起便已经落后于社会生活的需要。于是，在社会变迁的过程中，总会存在一些新问题难以得到法律的及时回应，从而出现法律缺位的难题。微博时代的法治同样面临这样的困境。随着微博在中国的迅疾发展，微博平台上出现的一些新问题在目前的法律框架下很难找到合适的规则加以调整，从而导致乱象丛生。尽管某些乱象目前尚难以称得上违法或者很难根据现行的法律规定加以处理，但是由于其实际上已经严重影响了微博的合理秩序甚至对现实的社会生活造成了严重的干扰，因此相应的法律规定的出台已经刻不容缓。

比如，一种值得注意的微博乱象便是"粉丝经济"所导致的。微博上大量名人和意见领袖的出现往往会引来成千上万的"粉丝"跟随，其言论带来的巨大传播效应已经为一些商家所重视，从而诸如买卖"粉丝"、炮制"粉丝"的情况不断出现。而且，一些人假冒名人开通微博以吸引"粉丝"以实现广告效应的情况也屡见不鲜。此外，名人微博的巨大影响力还可能导致难以估量的负面效应。2011 年 8 月 24 日，巨人网络董事长史玉柱在其微博上批评中国人寿，同时抬高民生银行，该微博立马被网友迅速转发并搅动市场，造成民生银行的股价异常波动。然而，民生银行的股价波动到底是一种巧合还是由史玉柱发布的上述微博直接导致，实际上很难简单地判断，这种由名人在微博上发布的言论与股价波动之间到底是否存在法律的因果关系也很难厘清。不过，这一事件已经明显地反映出，名人的言论的确有可能对社会经济秩序构成严重的负面影响。然而，对于名人微博所出现的这种乱象，根据目前的法律规定还很难加以有效应对，从而亟须法律根据微博的全新特点而进行有针对性的回应。

（五）小结

实际上，上文所归纳的仅仅是微博时代的法治文化所面临的挑战中几个比较突出的问题，而实际存在的问题远不止这些。比如，著名体育评论员黄健翔抄袭他人的微博内容便曾一度引发著作权方面的纠纷。于是，一条微博中所包含的简短的文章是否达到了《中华人民共和国著作权法》对独创性的要求，还需要理论界和实务部门加以更加深入的分析和回应。又如，近年来以药家鑫和李昌奎两案所凸显出来的民意可能影响司法的困境在微博时代更加放大，如何在未来避免非理性的网络民意牵引司法判决也是我们面临的一个重要的难题。于是切实解决这样的难题对于我们开展微博时代的法治文化建设具有重要的意义。

与此同时，微博时代的法治文化建设还面临着执法和维权方面的诸多挑战。比如，根据《中华人民共和国刑事诉讼法》第 153 条第二款规定，"各级公安机关在自己管辖的地区以内，可以直接发布通缉令"。于是，有的地区的公安机关通过微博发布通缉令是否属于跨越了其所"管辖的地区"，需要理论上给予明确的解释。又如，对微博之中的违法犯罪进行查处，往往需要通过公证、专业人员取证等方式对电子证据加以收集，这对取证技术和费用都有较高的要求。总的来说，微博时代的法治文化建设正面临着多方面的复杂困境与挑战，这种新兴网络平台上的法治文化的培育与建设还任重道远。

三、应对策略及评价

针对上文反映出来的微博时代的法治文化建设所面临的诸多困境与挑战，

大量的应对措施已纷纷出台。这些措施有的已经发挥了重要的作用，但是有的也同时伴随着难以克服的缺陷并可能存在着合法性危机，因此需要我们认真地评判与思考。

（一）辟谣

正如上文所言，谣言充斥微博，扰乱法律秩序，与法治文化建设背道而驰，甚至引发社会恐慌，已到了不得不采取措施加以治理的地步。为此，微博上已经出现了一些新的应对措施，也取得了一定的成绩。比如，一些网友和机构在面临谣言危机的时候及时开通微博，对辟清谣言起到了重要的作用。除此之外，微博上专门的辟谣阵地的出现也引人注目。比如，新浪开设了专门的"微博辟谣"账号，开辟了"不实信息曝光专区"，第一时间利用微博辟谣。网易也开通了"微辟谣"，腾讯、搜狐则开通了"谣言终结者"，各大门户网站纷纷展开辟谣大战，成为微博中一道独特的风景线。除了官方账号外，另一个完全由民间人士组成的"辟谣联盟"也于 2011 年 5 月 18 日在新浪微博安家，也致力于对社会生活中受到广泛关注的事件进行澄清。

总的来说，微博辟谣平台的出现为遏制和粉碎谣言提供了一种新的应对途径，为微博空间的法治秩序注入了一股清新的气息，对法治文化的培育与建设也的确起到了一定的作用。然而，从微博辟谣的整体效果来看，却难以达到许多网民的期待，微博辟谣机制内在的缺陷并未得到有效克服。首先，从微博辟谣的信息公布方式来看，它一般只对谣言及事实予以公布，而对造谣者的个人信息并不公开——实际上在并不强制用户实名注册的情况下也谈不上公开。这种软弱的"执法"，极大地降低了再次造谣、重复造谣的成本，可能令造谣者肆无忌惮。其次，从微博辟谣的执行机制来看，它往往是针对一个个的谣言进行分别辟谣，似乎总是在谣言的背后疲于奔命，因此还较为欠缺对谣言的长效应对办法。

（二）惩戒

谣言充斥微博很大程度上是由于造谣的成本过低。按照这个思路，有的门户网站除了对不实信息予以曝光并辟谣之外，有时还对发布谣言的用户予以"禁止一定期限内发文、被关注"甚至"永久删除账号"等相应惩戒。此外，新浪微博还建立了"违规公示平台"，并明确了对违规行为的惩罚措施。

应当肯定的是，这些惩戒措施对在微博上发布谣言等不良信息的用户的确给予了一定的打击，对于实名用户更是如此。但是也应当清醒地认识到，这种打击力度显然太轻了。另外，大量用户保持匿名导致他们可能有多个账号从而穿多件"马甲"，即使一个账号被封也可摇身一变重新出现在网上，而且还可以重新注册新的账号。因此，这样的惩戒措施无异于隔靴搔痒，对于匿名用户难以起到实质上的打击作用。

（三）认证

当我们近年来还在探讨网络实名制的正当性、可行性的时候，实际上微博已经在这个问题上迈出了重要的一步。针对冒充名人开微博或因重名而导致身份信息混淆的情况，各大微博平台都不约而同地采取了实名认证的方式来加强管理，使得网友可以通过特定的符号鉴定名人或机构的真伪。即使经认证的用户身份信息有误，网友也可以向微博平台管理者进行举报。

微博实名认证措施的开展，对于遏制假冒名人或机构的身份信息的现象并防止不实信息传播起到了重要的作用。这也督促名人或机构在经认证之后，在微博上发言时必须考虑其社会影响，对不当言论的发布也起到了抑制效果。当越来越多的用户经过实名认证，不实信息或违法信息的传播通道便会受到极大的限制，因此对微博法治秩序的维护具有重要的意义。但是需要注意的是，微博实名的成效还有待未来的检验。一方面，由于信息获取方式的局限，微博平台管理者可能在进行认证的时候无法得到权威、准确的信息，从而导致认证错误，进而误导公众。比如，2011 年引发热议的"郭美美炫富事件"中，郭美美后来被证实其在新浪微博上经过实名认证的"中国红十字会商业总经理"身份实际上并不存在。另一方面，网络实名制在国外的推行也并不是一帆风顺的，而且存在着大量的现实难题。比如，韩国于 2007 年 7 月实施网络实名制后，网民个人信息在网络上被大批量偷窃或泄露，于是韩国宪法法院在 2012 年 8 月 23 日裁定网络实名制违宪并废除了网络实名制。因此，微博中网络实名到底能在多大程度上推广，今后是否会遇到像韩国那样类似的问题，还有待我们在未来更加冷静地体验和观察。

（四）监管

以饭否为代表的微博网站关停风波①之后，后来新建立的微博网站普遍

---

① 2009 年 7 月，饭否、叽歪等独立微博网站因为违反国家相关规定被关停。

都实行了较为严厉的"白名单"和内容审核制度。如果说白名单是通过机器自动审核，内容审核则是一方面进行关键字过滤，一方面派大量专人进行手动监控，即施行的是一种"普遍过滤的预审查与人工干预的后抽查相结合"的政策。① 比如，对于一些敏感的内容和敏感的人，新浪微博一直进行着监控，而对于普通用户偶尔发布的敏感信息，也会在后台进行即时处理。因此，新浪微博上发布的内容基本上是全审核的。②

不可否认，对微博用户进行预先审查和内容监管对于维持微博中的法治秩序是必需的，对法治文化的培育与建设也具有重要意义，而且这也是各个微博平台正常运转的内在要求，而不至于因充斥敏感信息而被主管部门关停。但是，对敏感人物和敏感信息进行所谓的监管，在某些情况下实际上面临着合法性危机。比如，有些特定网友的微博内容经常会被管理人员无端删除或屏蔽，甚至在极端的情况下连账号也会直接被系统删除。于是我们可以发现，微博本身所提供的自由言论与它对这种自由言论设置的限制已经形成了冲突。因此，如何保持微博平台本身的运营安全与自由言论的平衡，如何明确敏感人物及敏感信息的评价标准，将是微博在未来的发展中所必须厘清的一个重要问题。

目前，网络监管部门和各大网站的微博管理者都已经清醒地意识到了微博时代的法治文化建设所面临的诸多困境与挑战，采取了上述多种措施来加以应对，并且取得了一定的阶段性成果。但是我们仍应当清醒地意识到，微博正常运转秩序的维护与微博时代法治文化建设的深入开展无疑是艰巨的系统工程，需要多方共同努力、多管齐下地加以推进。比如，新浪自2011年以来便在着力进行研究，希望形成一套关于微博信息传播的信用体系，让那些造谣者和经常传谣的人不仅受到惩罚，而且无法得到大家的认可③，这是一个可以考虑持续推广的应对思路。

此外，细加分析可以发现，上文所列举的几项措施都主要从微博运营商的角度来阐述，实际上与微博相关的主体对于微博时代的法治文化秩序的维

---

① 赵蒙旸. "推"出的公民社会——微博在大陆的发展探究. 东南传播，2010（4）.
② 邝新华. 为什么笑到最后的是新浪——国产躯干盛衰史. 新周刊，2010（2）.
③ 曹国伟：微博会改变整个媒体产业链.（2011－09－18）［2014－03－05］. http://tech. sina. com. cn/i/2011－09－18/14136077351. shtml.

护都大有可为。除了微博用户应当加强自律外，政府管理部门也应当更加密切注意微博的发展动向，将自身的职权合理、有效地行使在微博秩序的维护之中。比如，政府可以考虑制定一些专门性的规章条例，有针对性地对微博中出现的新问题进行规制，从而对微博中的不当言论和行为形成更加有效的威慑，也为惩罚提供更加强有力的保障。政府也可以考虑同微博运营商一道，针对微博中出现的纠纷提供一种便捷、有效的解决机制，从而有利于及时化解矛盾，避免出现进一步的"网络群体性事件"进而影响社会稳定。政府还可以考虑加强与微博运营商的协作机制，使双方在违法犯罪等方面的信息交互沟通上更进一步，从而为微博时代的法治文化建设提供新的助推力。

（梁坤）

第四节　角色转变：法官职业角色的冲突与缓解

一、研究缘起与问题提出

2007 年，在北京市的司法领域发生了一件颇具争议的案件。弄清这个案件，需从 2005 年 4 月说起。当时，房山区村民韩某的 6 岁儿子被同村张家 13 岁的小儿子掐死后扔进一口井中。由于张家的儿子当时不满担负刑事责任的年龄，法院判张家赔偿韩某 15 万余元，张家小儿子被劳动教养 3 年，但宣判结束后韩某并没有拿到任何赔偿金。2006 年 11 月 25 日，心生怨恨的丧子之母韩某在公交车上把一斤浓硫酸泼向了张家的大女儿张某。2007 年 8 月 27 日，北京市房山区人民法院以"以危险方法危害公共安全罪"判处被告人韩某有期徒刑 13 年，赔偿附带民事诉讼原告人张某医疗费、鉴定费共计 36 万元。宣判后，无法平息怒火的韩某和张某的父亲在法庭上起了争执。

在原被告争执的过程中，已经脱下法袍的主审女法官回到庭中，坐在旁听席上。当她听见张父向记者解释，自己并不是不愿意支付韩某儿子的赔偿金而是准备分批慢慢支付时，忍不住站起身来驳斥："那你为什么一分钱都没有付过？你家不是还有两辆车吗？"张父一听，立刻把争吵的矛头对准了法官："你这样说，你是不是偏袒被告？她泼硫酸还有理了？"女法官回答得很坚决："你说这话，先问问自己的良心！"张父在审判书上签完字后，还一边朝法官大嚷着："你有本事当庭释放她啊！"等张父离开时，法官才慢慢平复了情绪："我脱下法袍也是个普通百姓，实在太生气了！"

这件案子在当时引起过很大的争议，除了案子本身，更是法官的做法。一方面，法官作为中立的裁决者，作为正义的最后守护人，有责任对种种违背社会道德的现象进行对抗。然而，法官只是法律法庭的法官，而非道德法庭的法官。尽管房山女法官驳斥当事人时已经脱下了法袍，但在当事人眼里，她依然是一位主持公平正义的法官。法官只能依据法律的理性来审判，而不能感情用事、站在道德的高地斥责当事人，道德和法律该如何选择？

这个案子发生在笔者刚来北京的那一年，给笔者留下了很深刻的印象。从那时起，笔者经常留意这类案件以及像法官一样一些特殊职业的从事者，发现这些带有强烈职业特征的群体大抵都承担了多重的社会角色。如证券行业的客户经理，尽管道德上承担着提醒客户"入户需谨慎"的义务，但是在工作中，为了业绩也会夸大本公司预测市场的能力，将不懂股票的民众拉进股市，甚至使其深陷其中，这是道德和工作的冲突。为了业绩，他们晚上加班跑客户，忽视了家庭，对家人照顾不周，这是工作和家庭的冲突。职业为个体再社会化的重要载体，影响和改变着原来的自己，诚如公务员的政治嗅觉、精算师的精打细算、研发工程师的耐心和创新，诸如此类，不同的职业塑造着不同的职业个体，而在个体职业化过程中，他们必须调整自己的职业角色和生活、社会角色的关系，维持个人和职业及生活的平衡状态。

法律从业者，作为"社会的最后一层防线"，即是这样一种有代表性的冲突载体，他们面对的多是社会最黑暗、最不易解决的事情，以及有苦有冤的群众、有烦有扰的百姓，他们的职业需要他们具有极大的耐心和细心，同时也需要他们具有一定的权威。他们上需听从领导，下需关心案件，有时候政令和法律规范、道德规范以及社会效果不免发生冲突，作为法官，该何去何从？

随着社会分工的愈加细化，每一种职业的内涵也愈加清晰。职业要求和个人原本特性发生冲突的状况时有存在，在有些行业尤为明显。马斯洛认为，最理想的工作状态，是工作（责任、目标、任务）和个人之间的选择是相适应的，呈现一种"心物同构"的现象①，两者很和谐。然而，某些职业，尤其是特殊的职业，个体为了适应这种职业需要，胜任并且"被尊重""被认可"，逐渐地使自己原本的价值判断或者行为发生改变，而在改变的过程中，存在着多样的角色冲突和自我压抑。本节以渤海市海沙区人民法院为例，来研究这样一种多重的角色冲突。

二、角色和人格的冲突：道德和需要

当人格需要不能与角色要求相协调而无法实践角色时，人格特性便成为了角色冲突的来源。何为人格？《现代汉语词典》（第 7 版）中"人格"一词的解释为"人的性格、气质、能力等特征的总和；个人的道德品质；人作为权利、义务主体的资格"。人格是个体在行为上的内部倾向，它表现为个体适应环境时在能力、情绪、需要、动机、兴趣、态度、价值观、气质、性格和体质等方面的整合，是具有动力一致性和连续性的自我，是个体在社会化过程中形成的给人以特色的身心组织。史美良认为，法官既是凡人肉身的普通人，又是从事一种高度理性化专业的职业人，在心理机制的意义上体现了自我与非我的矛盾。法官在特定的环境和教育中，形成了自己的价值观念、道德标准、意识形态，所有这些构成了法官作为常人的自我。② 在扮演法官的职业角色的同时，某个法官的人格特征已经通过其生命史的方式载入其性格、需要、道德观念，当这个角色要求和人格要求产生差距和矛盾时，冲突就发生了。下文在概述完区情和海沙区法院的情况后，从人格中抽离出两个比较重要的因素——道德观念和需要来论述法官面临的冲突。

（一）海沙区的区情和法院院情

海沙区位于渤海市区西南部，行政区域面积 49.83 平方公里，原为渤海的工业产区，产业工人原为主要居住人口。2003 年以来，随着"振兴东北老工业基地"国家规划和渤海"西拓北进"城市规划的实施，城区企业

---

① 马斯洛. 马斯洛谈自我超越. 石磊，译. 天津：天津社会科学院出版社，2011：246-250.
② 史美良. 法官角色的矛盾辩说. 浙江学刊，2004（4）.

的搬迁改造，市区人口和商业的集中西移，海沙区成为渤海市最大的人口居住区，户籍人口 80 万，常住人口近 100 万，目前有 9 个街道，90 个社区。海沙区已成为渤海市主要的商业区、金融区和旅游区，渤海商品交易所、渤海星海广场均在本辖区，2010 年区财政收入 18.1 亿元。海沙区也是渤海市医院、学校最多的城区，东北财经大学、辽宁师范大学等院校均在此辖区。

法院办公大楼于 1999 年投入使用，建筑面积 9 400 平方米，设 14 个审判法庭，庭审全部实行微机记录，但因办公楼条件所限，还无法实现数字化庭审。下设 3 个专门接待室，实现了办公区和审判区的分离。办公区较为拥挤，每位干警配备台式和笔记本电脑各 1 部，便于干警办公和实施区域网络管理。办公楼前交通阻塞，是渤海市最严重的交通阻塞区域。办公环境与审判形式的不相适应，在一定程度上影响了法院的工作效率、信息化水平和司法便民水平。法院下设刑庭、民一庭、民二庭、民三庭、民四庭、行政庭、审监庭、执行局（下设执一庭、执二庭）、立案一庭、立案二庭（调解中心）、审管办、研究室、办公室、政治处、纪检监察室、法警队等 17 个工作机构。

现有编制人员 137 人，实有干警 134 人（含刚招录 10 人），98.5% 的干警拥有本科以上学历，21% 的干警拥有研究生学历。

自 20 世纪 90 年代末起，海沙区法院案件数量开始大幅攀升，2008 年受理案件数量达历史最高值 11 351 件（含旧存），成为渤海市基层法院中审判任务最为繁重的法院之一。审判和管理资源的不堪重负，使法院出现了案件审判质量差、发改数量高、信访问题多、审判作风散、司法公信力低等一系列问题。几年来，海沙区法院通过创新社会管理，延伸法律服务，运用多元化解纠纷机制，将矛盾化解在诉前；开展全程调解，做到了案结事了人和；加强审判管理，提高裁判质效，控制与减少次生案件；落实监督措施，尽最大可能解决群众不满意的问题，信访案件逐年减少。自 2009 年起海沙区法院的审判形势得到好转，逐步摆脱了案多人少的工作困境[①]，详见表 4－2 中对 2008 年以来新收案件下降幅度的统计。

---

① 参考海沙区人民法院院情资料，2011.

表 4 - 2　　　　　　　　　 **2008 年以来新收案件下降幅度统计表**

年度	新收案件（件）	同比下降幅度
2008 年	10 708	历史最高收案记录
2009 年	8 854	17%
2010 年	8 185	8%
2011 年	6 096①	25%

①根据 2011 年上半年数据 3 048，推算整年数据为 3 048×2＝6 096。

在案件类型上，海沙区法院收案以民事案件和执行类为主。民事案件占 70%，执行类案件占 20.6%，刑事案件和行政案件分别占 6% 和 1.5%，发回重审再审案件为 1.3%。同时，为诸多法院所担忧的信访问题，同样困扰着海沙区法院。

从上诉案件构成情况来看，民事案件在法院总案件中占了绝对多数，是法院的工作难点和重点。在调查的过程中，笔者发现，海沙区法院法官最常提到和最困惑的是两类案件，一个是离婚案件，另一个是法院上访，也就是涉诉信访案件。在当今社会转型、社会维稳背景下，这两类案件无论是案件本身还是当事人行为都使法官工作起来困难重重。

（二）职业角色和人的道德

有学者将道德观念纳入"社会角色"中探讨。道德观念确实是人社会化的结果，然而，长期的社会化已将某个个体的道德内化为人格的一部分，笔者更倾向于认为道德归属于人格，如上述女法官脱法袍怒斥原告，是因为原告的行为确实对被告造成了伤害，被告走投无路才采取报复行为，尽管职业角色要求女法官惩处被告，但是于情于德，法官都是不忍心的，这即是人格和职业角色相冲突的体现。

在海沙区法院，职业角色要求和法官个人人格相冲突的案件不在少数，尤其体现在传统的民事案件如离婚案件中。曾经在民事庭工作过的包法官给笔者讲了这样一个案例：

有一段姻缘始于 2008 年 6 月，女方 22 岁大学毕业后来到渤海的公司工作，并认识了长自己 21 岁的上司李某。女方打听到李某家庭条件非常好，并且已经和妻子离婚，于是刻意地和李某保持良好关系。三个月后，其与 43 岁的李某在一起了。李某已离异有孩子，女方家人都非常反对，但是女方一再说"我不会让自己吃亏的"。不久，她不顾家人的反对，瞒着家人与李某登记结婚。他们婚后的生活并没有那么顺利，两人经常因为是否要孩子而发生争吵，女方渐渐动了离婚的念头。为了搜集证据，她买了录音笔。每当李某说不要孩子并和其发生争吵时就录下来，女方后来又拿出照片说是看到李某和某某女子进出大楼、一起吃饭等，怀疑李某有外遇。本来那时的李某并没有外遇，只是和某同事工作上的合作，但是每次一到家妻子就开始数落，李某后来连家都不想回，睡在了办公室。李某与那个女同事之间的接触多了，最后确实产生了不正当的关系。最终在 2011 年，女方以"男方有外遇，感情破裂，年龄差距太大"为理由向法院申请离婚，并向法院提交了录音和照片等证据。法院最终通过调解，同意他们离婚，认为本案原被告认识仅半年就结婚，且年龄差距大，相互了解不够，婚姻基础薄弱；婚后，男方出现外遇，多次调解双方感情仍未好转，甚至分居，遂通过调解协议离婚；离婚主要责任在男方，婚后一套 120 平米的房子归女方所有，其余的婚后财产各人一半。①

包法官在处理这个案件的时候，觉得女方嫁给男方的动机就不纯，是看上了对方的家产和能力，而后在婚姻生活中百般挑剔，并且有预谋地记录男方负面的言辞，"其实男方后来出轨很大程度上也是被女方逼的，尽管最后把房子判给她了，但我还是很同情这个男的"。在法官心中，两性婚姻是建立在相爱的基础上的，彼此都视对方为自己生命的一部分，是物质和精神的共同体，这是导向正确的道德观念，而女方把法律作为其个人获得财产的工具，将法律当作她合法取得房子、金钱的武器，这是非常悲哀的。

这个案子乍一看是男方过错，应同情女方，实际上是女方在婚后因为是否要孩子问题以及生活习惯差异多次挑剔男方，为了物质和某些需求的满足，诱使男方一步步将财产给她，并且有意地制造证据和"让证据产生"。在道德上，法官是不支持女方的做法的，但还是不得不遵从法律宣判，因此职业角色的要求和法官的本人道德价值观产生了冲突。法官无奈于有些年轻女性因冲动和功利而结婚，基于爱情而建立婚姻关系的道德底线被一次次突破。

---

① 摘自 2011 年 1 月 7 日在海沙区人民法院外青松律师事务所王同律师所给资料以及对法官包华的访谈整理资料。

（三）职业影响下的自尊与健康

从心理学的角度出发，需要是人格的重要组成部分，人本主义心理学大师马斯洛认为，个体需要和工作之间有紧密的关系，如果工作内化为自我的一部分，自尊与工作之间的关系就会更加紧密，以至于产生"心物同构"现象。[①] 然而，在实际中，个体需要和工作要求常常是不相一致的，甚至连安全的需要也会受到威胁，法官这个职业被他们自己戏称为"高危"职业，首要原因是法官承担着调解、审定矛盾的责任，稍有偏颇，就可能招致当事人的不满和报复。

对法官安全的需要、受尊重的需要造成影响的案例不在少数，当我们专注于构建和谐社会的同时，当代中国的民间纠纷亦如影随形、相伴而生[②]，尤其是随着人们解决纠纷"信访不信法"现象的出现，职业角色的履行一定程度上影响到法官的尊严、安全和休息的需求。执行庭的法官在这方面深有感触，这种冲突常常使他们不能安然入眠，处于烦躁、焦虑的情绪当中。执行一庭的赵元庭长和笔者谈起了这类案例，其中一个案子有些复杂，需要从渤海的国际啤酒节说起。

渤海国际啤酒节在每年的七八月份举办，在国内非常出名，这一天有大批人醉酒娱乐，场面非常难控制。被告钱某 35 岁，是渤海某建筑公司的员工。2009 年 7 月，被告相约朋友十余人参加啤酒节，后醉酒，手握着啤酒瓶开始砸桌子，直至后来乱扔酒瓶，砸到了路人林某，使得林某的头部略有伤痕，林某于是找到钱某理论。喝醉了的钱某在不清醒的状态下挥手就朝林某打去，在挣扎中拿起身旁破碎的酒瓶朝林某头部一击，林某被砸得当场倒下，血流不止，后来抢救无效死亡，法医鉴定为颅腔内大量出血致死。海沙区法院受理此案后，考虑到钱某是在不清醒的情况下伤人致死，并没有判其死刑，而判了他十六年有期徒刑，并且支付林某家庭 50 万元。50 万元赔偿强制执行之后被告家属屡次上访。

真正造成被告家属屡次上访闹了大半年是有一个导火线的。强制执行之后用被告家属的话说就是"把钱某家的钱全部抢走了"。被告的老父亲 70 多

---

① 马斯洛. 马斯洛谈自我超越. 石磊，译. 天津：天津社会科学院出版社，2011：246-250.
② 郭星华，刘正强. 初级关系变迁与民间纠纷解决. 江苏行政学院学报，2009 (1).

岁，因为儿子坐牢的事情心脏病发，而他们家此时无任何积蓄给老人治病。于是老人在医院的时候因为医疗费跟不上就去世了。老人的去世使得全家人陷入悲伤，他们不火化老人的遗体，说要留着证据，要告法院和主审法官因为执行50万元赔偿使他家破人亡，钱某的妻子还去执行庭的办公室，拿刀差点戳伤赵元庭长的手。钱某全家五六口抱着老人遗像，披麻戴孝的，问法院要钱。赵元庭长说：

> 那天我在办公室办公，我说什么糊了，可能是这栋楼老旧了，是否电线着了，到了二楼味更大，到了一楼，就是在刷门卡的地方，有个哥们在烧香，拿着个香炉，在那儿拜着了。这香不是往上蹿？就蹿到三楼了。就是他们一家，他们说要慰藉老人在天之灵，老人死不瞑目，反正说得很难听。①

这家人从2010年下半年起一直闹访了大半年，从2010年秋天到2011年的夏天。基本上就是一周来两三趟，全家人在法院门口哭。后来法院为他们申请了司法救助，大概有20万，但是他们还是不罢手，认为"老人死去是因为法院把他们钱抢走了，没钱治病了"，现在被告的老母亲和妻子还在上访。

在这个案件中，执行一庭的副庭长赵元法官不止一次对被告的家庭表示理解和同情，但是法律之下，杀人者判刑赔偿也是合情合理的，不然难以慰藉已死的受害人和他的家庭。这是法律要求的，作为执行庭法官，这也是职业角色所要求做的，他们必须强制执行。同时老人死亡无法预测，不能说是因法院而死的。但是，当事人就把这些都归咎于法官身上，尤其是对执行这件案子的赵元庭长，钱某妻子甚至差点用刀戳伤赵元庭长的手，这件事还发生在法院，法官的尊严何在，威信何在？赵元庭长对执行后老人的死亡感到难过，毕竟是因为执行使得当事人家里没有钱给老人看病。那段时间，他一夜夜地睡不着觉，心中感到愧疚和焦虑。

法官职业角色的履行对法官个人的影响较大，和其正常的需求产生矛盾和冲突。首先，因为这类案件的复杂和无奈，执行庭的法官背负这种"间接致人无法医治"的压力，难以入眠，并且办案的时候忙起来可能连饭都吃不上，使他们正常的健康需要也受到损害；其次，当事人在法院闹访，辱骂、攻击法官，甚至在执行地点对抗法官，使得法官有时处于"安全受威胁"的

---

① 摘自2012年1月9日在海沙区法院对执行一庭副庭长的录音整理资料。

环境当中，安全的需要得不到满足；再次，也是最重要的，法官本来作为一个受人尊重和敬仰的角色，而现在不管是社会还是当事人，对他们的质疑不断，法官公信力下降，甚至有些当事人还直指其行为不当。事实是，确实有一小部分有问题的法官，但绝大多数的法官还是好法官，当事人"信访不信法"对法官个人的自尊和被认同的需要造成了冲击。

三、角色内冲突

齐美尔在谈到社会文化现实时，深刻地感受到生命是被囚禁的。[①] 从某种程度上来说，一些职业和货币一样，形式大于实质，其中的个体时刻受着外部的限定和监督，要按外界所期望的那样行为举止，容不得有半点失误，这即是角色内冲突的表现。角色内冲突是指"角色互动对象"对同一角色抱有矛盾的角色期望而引起的冲突[②]，主要表现为外群体对同一角色持有相互矛盾的期待以及角色行为主体对规定的角色行为有不同的理解，甚至持有相反的意见，但还必须履行的时候，在角色内部就会发生激烈冲突。

（一）外群体对法官职业角色的矛盾期待

负向舆论的导火索一般都源于当事人，之后蔓延至媒体网络，他们既要求法官亲民不能有"官架子"，又不允许他们犯一点错；案件双方当事人一方期待法官这样判，另一方又希望法官做出完成相反的判决，这使得法官的职业角色内部处于难以调和各方的矛盾境况之中。法官们对这种矛盾的角色期待表达了恐惧之感，90％以上的受访法官认为自己受环境的干预太多，工作很不轻松。

（1）无法平衡的天平两端。

案件双方，总有一胜一败，胜的一方还好，但是输的就会觉得心里不平衡，认为法官偏向了另一方。按照张越法官的说法，大部分败方不是败了就认了，而是"把矛头集中到法院"：不是你判我败诉吗？你不判我赢，你就掏钱给我，他们很多人是这样一种思维。

海沙区法院的办公室主任高法官也表示败诉的当事人对法官的负面叙述

---

① 特斯特. 后现代性下的生命与多重时间. 李康，译. 北京：北京大学出版社，2010.
② 秦启文，周永康. 角色学导论. 北京：中国社会科学出版社，2011：117.

过大。败的这一方，不管是在亲戚朋友的酒桌上，还是其他场合，一说一传，说法院包庇对方，收了对方多少钱，才使自己的官司打输。并且，百分之八九十的败诉方不会实事求是地说明事实，而会增添一些子虚乌有的内容，给法院抹黑，如说法官不公正、贪污等，谣言一传十、十传百。一年八九千件案子，总有人败诉，而即使一半的败诉人这么做，法院和法官的公信力也会在流言中下降。当事人对法官的质疑在口口相传中不断扩大，加上有些群众确实目睹了当事人挂牌子、辱骂法官的场景，随之而来，法官工作的困难度就会上升。

由于法官职业角色的互动对象除了法官本身，还有案件的正方和反方，正方和反方势必对法官的角色行为产生不一致的期待，这种外群体的矛盾期待无法避免，而审判者本身——法官，就必须承受这样的职业角色内部冲突。判决结果总是有胜有败，这类角色内部的矛盾无法避免，法官的压力就成为必然现象了。

（2）选择却又怀疑。

法院作为社会矛盾化解的最后一道防线，是人们表达诉求的最后一个途径，也就是人们在通过个人协调、政府协调未果的情况下才来求助法院，为的是使自己的诉求得以实现。在根本上，人们必须要相信法律、相信法官；然而，他们在上诉的同时又对法官产生了质疑，处于"选择相信却又怀疑"的境况，尤其是在媒体时代到来以后。在调查中，也有法官提到，网络信息的传播很大程度上对法官的工作是不利的，因为很多老百姓，看见法院的好的作为，就认为是作秀，而看见个别的贪污腐败，就会认为法官是贪官，杀得好。

年轻法官可能对网上的信息关注更多，刘生法官在访谈时就特别说到网上的谣传，比如说在一些论坛上，经常会有骂法院法官的帖子，如"枉法法官某某某""某法院上下勾结""老人法院外裸奔求真相""百人跪访只为公正""丧夫妻子法院烧香为夫申冤"……很多情况下这些说的都不是事实，是某些败诉或是别有用心的人在将事情扩大化甚至将法院污名化。但是这种舆论迎合了普通老百姓对于公检法系统的偏见。刘法官也讲道：

烧法院、烧公安局，到法院抢枪，拿刀把法官捅死的，就这样的信息一报出去的时候，老百姓会觉得大快人心，然后我们会觉得很紧张，觉得这个社会已经扭曲了，可以说是很扭曲。法院有没有不好的人？有，社会上任何一个部门都有，政府、企业都有，但是唯独到法院这儿的时候大家会特别敏感，认为法院出现问题是不允许原谅的。

老百姓一方面选择法律作为申诉的最后手段，一方面又质疑法官的公正。这即是外群体对法官职业角色"信又不信"的期待，矛盾的期待势必造成法官的紧张、焦虑，在履行工作时产生角色内冲突。之所以那些负面的谣言能为人所信，一方面是因为在公检法系统确实存在枉法贪污的官员，另一方面是因为仇富、仇权的心理，当这种负面的舆论唤起部分人的这种心理时，他们就会选择去相信，以此来发泄心中对权富的不满，这是一种"无声的反抗"。而法院，承载了最多的不满，成为部分人发泄不满的牺牲品，增加了法官这个职业角色的从事难度和危险性。

（二）法官对自身角色行为的不同理解

当角色行为的主体对规定的角色行为有不同的理解，甚至持有相反的意见，但还必须履行的时候，在角色内部就会发生激烈冲突。法官在审判案件的时候，如果遇到像传统民事纠纷这类案件，往往谁对谁错很难分清，如何判、怎么判往往取决于法官对事实的理解，而不同理解所导致的结果完全不同使得法官陷入紧张、难辨的状态，引起角色内冲突。

"为一块钱打官司"的案件在当前丝毫没有消减，很多上访的人都是从一点小矛盾开始的，本来没有什么大事，但历经申诉的时间长了，付出多了，怨气就会累积，尤其是一些年纪大的上访人，以上访为业，诉求得不到解决绝不罢休。尽管客观上确实存在一些冤假错案，但是如海沙区法官所说，大多数案件是解决不了的案件，动用了多层级的诉讼资源，只是为了一点小事。渤海市中院的金法官和笔者提到，上访人的维权心理非常强烈。然而，碰到有的当事人比如老人，不给他解决于心不忍，去解决又无法满足上访人的预期，由此法官在办案的时候心里非常纠结和犹豫。

有一个案子是这样的，渤海庄河有一个农村，不知道为什么把坟地放在耕地里面，不像其他地方坟地是在山上的。其中有个坟，逝者的亲属在坟的周围种了6棵柏树。庄河有个老人，家里的地挨着那块坟地，就觉得那人种的树占了他家一垄地。他越看越看不过去，于是就私自把树拔了3棵。栽树之人就上法院起诉要求赔偿。当时是 2003 年，法院判了老人赔偿他 500 多块钱，老人最后付了这 500 块钱。这事情过去了以后，老人每当在自己地里看到旁边的几棵树，仍感到不平衡："你占我的地，我拔你的树，我没错啊，为什么要罚我钱？"偶尔在地里碰到那家栽树的人，那人也对老人不屑一顾，老人认为他仗着村委会撑腰欺负自己，心里怨气难消。

2011 年，八十多岁的老人到渤海市中院申诉，拿着自己的土地证，来申诉说自己有承包证，那人占了自己的耕地，认为自己的行为没有问题。这个案子已经八年了，当时村委会给种树的这个人出证明，说没有占老人的地，现在老人来申诉的时候，也拿村委会的证明，说占了他的地，当时村委会是拿了那人的东西才出这种证明的，是假的，要求拿回 500 块钱。事实上过了那么多年，村委会的人员已经发生了变动，现在法院对这个证明采信不了。然而这个老人上访情况比较严重，在市法院、省法院都闹访过，法官们又怕采取强制措施制止其上访伤害到老人身体，谁都不敢说过激的话，于是这个案子就打回市中院了。

老人八年后屡次坚持上访，如金法官所说的，如果现在法院判决还给他 500 块钱，他还不要的，他就是要这个理。在这个案子中，金法官的职业角色一方面要求其行使维持原判的权力，然而，另一方面要求她照顾年老当事人的心理承受能力和身体，考虑到案子的社会效果，职业角色对其提出了两种不一致的要求，导致角色内部的激烈冲突。在我国，法律的目的是维护公平正义，但也要照顾到人民群众的利益。有时候，这种要求让法官处于非常尴尬的位置，不知道如何行使和扮演好这个"法官职业角色"：

把人树拔了，法院通过鉴定，就得赔偿他的损失。我认为法院没有判错，即使这个树种在你家地上，你也没有权利把人家树给砍了。你可以要求法院判，要求他把树移除。你把人家树砍了，不损害人家财产吗？你不想让我上你家，我上你家，你就把我砍了？不是这个道理。怎么劝也劝不好，维持原判不还给他钱吧，老人又闹得厉害，怕这案子不小心就刺激到他身体，判原来的原告还他钱吧，当时的证据确实没错，案子程序也没走错，这种案子让我怎么判。

"经常我们看到来法院上访的，就为一二百块。信访法官说：'大爷我给你一二百块钱，你回家吧。'大爷说：'不行，我要回家我就活不了了，天天来上访我就有事干了，我当作事业来干，有精神追求。'就是这种状况。"信访法官的这一句玩笑话或许道出了上访老户的真实心理特点，因为上访不工作或是那些年纪大的老户，他们多年上访，抛家舍业，把自己的精神希望都寄托在上访上面，所以跪访、闹访、集体访的发生变得自然而然了。而面对这类案件，法官非常无奈，很多案子都是没有问题的，就如上述的案子。然而，他们的职业也要求他们不能伤害到这些上访老户，对他们要以解释和安抚为主，讲求案子的社会效果和社会影响。由此，在职业角色内部，产生了"办"与"不办"、"判"与"不判"、"赔"与"不赔"的矛盾，导致了职业角色内部的冲突。

四、角色间冲突

角色间冲突是指个体身兼几个角色时所发生的冲突，当一个人同时占有两个或两个以上的社会位置，不同的社会位置对他提出不同的期望和要求，他感到无法同时满足各方面的期望和要求而产生角色间冲突。[①] 代志鹏在研究基层法官角色时，认为在具体的案件审理中，法官们受制于"法律场域""权力场域""传统文化场域"和"社会生活场域"的价值压力，分别扮演法律人、社会人和行政人的角色。[②] 当这三者同时或其中任何两者对其提出不同的期望时，就会导致角色间的冲突。

在调查中，笔者发现法官在履行职业角色时，除了行政角色和社会角色的冲突，法官还面临着职业角色和性别角色、家庭角色的冲突。另外，调查发现，法官的行政角色和社会角色实则是一种行政干预及人情干预，这是由角色所处的社会环境决定的，由此，笔者将这两类干预统称为社会角色的干预。

（一）职业角色和性别角色的冲突

女法官可以说是海沙区法院的亮点，现有法官 122 人中女性占一半，女法官占比高于全国的平均水平，法院院长梁法官即是女性。梁院长非常重视

---

① 奚从清. 角色论——个人与社会的互动. 杭州：浙江大学出版社，2010：130.
② 代志鹏. 司法判决是如何生产出来的——基层法官角色的理想图景与现实选择. 北京：人民出版社，2011：29.

法院女法官的工作和生活，致力于将女法官培养成生活、工作上的能手。调查反映出法律系统的男性性别对女法官提出了更高的要求。性别角色和职业角色的冲突在女法官身上偶有发生。

（1）性别是否影响办案。

在本节的调查中，笔者分别询问了男法官、法院后勤人员、律师、案件当事人及女法官自己，以探析性别因素是否影响案件的审判及职业角色的履行，对"您认为男法官和女法官有什么区别吗"这个问题的看法，结果如下：

王同律师（男）：没啥区别，因为女性法官很多审判能力也是很强的，并没有因为性别有什么区别。

执行庭副庭长赵元法官（男）：她们（女法官）特别会调解，但是单纯在办案上，只要你坐在上面，男法官和女法官都是一样的，干起活来是不分男女的，都是按照一个流程和一个标准来的。女同志温柔善良，心比较软。

执行庭庭长颜炽（女）：打的时候打不过他们（当事人），受欺负的时候没有劲。平常讲话的时候都没有区别，法律赋予我们这个权利，虽然我们个人都是普通的个人，但是一旦穿上法官服了，在法庭上坐着，就有一定权利的，手中掌握一定威信的。

民事三庭陆振法官（男）：男法官会显得干脆一些，女法官更细腻一些，比如审理一个案件，我用一个小时甚至半个小时，女法官可能用两个小时，甚至半天。女法官有的时候抠得比较细，有一些无关紧要的东西，起码我认为一些无关紧要的东西，不是焦点，可能是了解了很长时间，与本案没有什么关系。

审管办顾潜主任（男）：我们院的女法官应该说是对海沙区法院做了很大贡献，有优于男法官的地方。比方说我觉得当今强调司法为民、强调文明语言这种比较软的政策下，女法官有她的优势。她可以做得非常好，不是很强硬的。在做调解工作，以情感动人（方面）有她的优势。男法官比较理性，说话直截了当。

中院立案庭金韩丽法官（女）：那倒没有，以前第一名办案能手有奖金，现在没有这样的了，现在考评优良。我看在这种考评下，干劲也非常足，说明我们都很善良淳朴。现在男女都是一样的。我没有考虑过区别，我自己不受干扰，下班后有自己的生活。

中院审监庭张郁法官（女）： 我们一下班就回家，去外面吃饭的少，树立威信难，不像我们院男法官……我们女法官社交圈子其实很小的，女性本来就家庭照顾得多些，男的应酬多，但是怎么说呢，各有利弊。

梁院长（女）： 每个人的审判思路是不一样的。有的人开门见山，有的是有序幕。性别上对案件的处理不会有根本上的分歧。因为基本上是客观事实，只是说有的女同志细腻些，更柔一点。但有的女法官也很强悍，可能比男法官更强悍。因为法官这个行当就是说太柔了也不行。女同志该柔的时候柔，该刚的时候刚，刚柔并济，你才能把这个事情处理好。完全刚不行，但你太柔，不行，信访的人会等着你。当事人骂你，你话都不敢说。

案件当事人刘易（男）： 判案没有什么不同，女法官也很严厉，一点都不好讲话，很难搞，男法官给他发个烟什么也能缓和缓和我们和他的关系，但是女法官就很难。对我们来说，不管男女，都要和他们打好关系，人心都是肉长的，你对人好点人家会对你好些的。不过女的小气，很容易生气，更加得讨好。①

根据调查情况，总体来说，女法官和男法官在性别对职业角色的影响上回答较为一致，认为在办案时男女法官并没有什么不同，不同的人有不同的办案风格，按照案件事实判案，和性别无关。但是在具体行为和态度上，女法官在调解等方面与当事人交流上更有优势，态度和缓、以情动人，女法官更重案件的细节，这是女法官的优势。然而，女法官也有弱势，比如：男法官更注重案件宏观方面，说话直接理性，女法官易过多关注细节而使审判时间过长；女法官树立威信比男法官更难；在当事人闹访的时候，易受伤；社交圈子小，更要照顾家庭。这些性别角色上的特点还是对女法官职业角色的履行产生了影响，使得性别角色的弱势和职业角色所要求的强势形成冲突。为了化解这种冲突，女法官会适度地改变原来不利于工作的性格特点，使自己尽可能呈现出理性、刚毅的一面，以更加符合法官这一职业的角色要求。

（2）为职业受伤和改变。

诚如北京房山区的那位女法官，海沙区执行庭的女法官也有过多次类似

---

① 摘自 2012 年初调研小组在渤海市海沙区法院及市中院做的调查的录音整理资料。

的经历。有一起子女起诉父亲的案子在当时引起较大反响，案件的被告是渤海第四建筑工程公司的退休职工刘某，原告是他的儿子。刘某的妻子生前也是工程公司的职工，然而不幸染病，老两口没有钱，于是刘某向其儿子借钱给妻子治病，承诺等十年之后，把房子给儿子。儿子答应，于是拿了十万块给其母亲治病，立字条为据。后来他妻子还是去世了，但是刘某还活着，他的儿子就三番五次要求刘某将房子给他。

儿子最后将父亲告上了法院，让法院强制执行，这个案子一直由颜庭长处理。于情，法院不能将其父亲驱赶让老人流落街头；于理，借据字字清晰。老人的退休工资有限，无法再去租房居住，思虑各种细节，颜庭长陷于两难之中，不知该如何判决。儿子始终没有罢休，表示已经和他父亲断绝了父子关系，也来法院闹过，质疑女庭长优柔寡断、有据不依，相互争吵中还砸烂了颜庭长办公室的电话、桌子、茶杯，撕烂了其他案件材料，大喊执法不公，后来甚至拿牌子砸颜庭长，将颜庭长的胳膊砸伤，被随颜庭长过来的保安拦下。颜庭长回到办公室，满腹委屈。

这个案子的结局是这样的，颜庭长感叹道：

虽然我们冻结了老人工资，这是法律要求的，作为执行法官按照合同内容走，但是从道德上我们是不认同这种做法的，这是有违伦理的。亲子间的关系沦落到连普通人之间借贷的那种关系都不如，太可悲了。我宁可没有法律的威信也不要没有道德，代价太大了。

这个案子是一个比较典型的性别角色和职业角色冲突的例子，其中也夹杂着职业履行和伦理道德的冲突。由于是女性执行庭长负责此案，女法官作为女性的弱势地位如易受伤害、不易受到尊重都显示在先前案件的处理当中，她们不仅受到办案的压力，还有性别差异所造成的先天和后天的弱势。当事人如此闹访，除了他本身的问题，与颜庭长在办理的时候拖得时间较长、思虑得过多、和当事人说话时有些非理性的指责等都有关系。此外，颜庭长在执行中受到身体上的伤害也不止这一次，她在之前访谈时曾和笔者说"打的时候打不过他们"。原本，女性树立威信和威严的过程就要更加困难些，她们可能需要表现得比男性法官更坚毅、更果决、更理性才能控制好整个案件和庭审过程。

历史地看，女性在法律职业中的相对缺位产生了一种具有男性偏见的法律制度。[①] 法律的"中性性别"是相对的，"隐蔽性别"确实存在。在性别角色给法律职业角色带来不便时，女性法官通过调适自身的行为来符合法律的"男性职业角色"期待。在法律框架中，女性法官会淡化某些影响其审案的个人女性特质，如柔弱、感性、同情心重、冲动等，甚至以男性化的行为来适应这个"中性职业"。

（二）职业角色和家庭角色的冲突

在研究法官职业的过程中，法官的成长史、生活环境、家庭情况都是笔者关心的方面。这些职业之外的因素会对法官办案产生潜在的影响，潜移默化地作用于法官的工作。法官作为一个常人，既要履行职业角色，又要照顾家人。同样的，法官的工作方式也改变着法官的性情、生活状态，使得他们呈现某种相似的"职业特征"（职业病），并显现在家庭生活中。他们有时候必须要控制自己的情绪、隐藏自己的想法、改变原本的行为方式，这些"不情愿"的行为正是他们压力来源的重要方面。职业所要求的时间和精力，占用了原本的家庭生活时间，并且影响着原本的性情和对家人的态度，使得职业角色和家庭角色发生冲突。

在调查的过程中，海沙区法院的梁院长和笔者反复强调一点：她努力让该院的法官做到职业角色、家庭角色、社会角色三者的统一，并让他们把每个角色都扮演好。把这些角色之间的关系都处理得妥妥当当对法官来说有比较大的难度，冲突无论在办案还是在生活中都有发生。该院在前几年还举办过"女性半边天"的活动，评选出了海沙区法院的"好母亲""好媳妇""好妻子""好女儿"，以这些楷模激励法官寻求避免冲突的平衡点，然而在个案调查中，笔者发现即使作为被模仿的法官，也存在职业角色和家庭角色冲突的情况，并难以处理。

先从作为"好媳妇"的执行一庭庭长颜炽说起。执行工作实施起来难度很大，并且常常需要外出，在遇到当事人抵抗的时候还有很大的危险性，需要法官有威严、有威慑力，这种要求很难和一个温柔贤惠的好儿媳联系起来。在和笔者的访谈过程中，她常常需要吸烟，面容憔悴，看起来有些疲惫。从

---

① 戴弗雷姆. 法社会学讲义——学术脉络与理论体系，郭星华，等译. 北京：北京大学出版社，2010：206.

对颜庭长的访谈来看,尽管她表现出"家里不会成为压力"的态度,但谈到自己的工作时,她表示确实照顾不好婆婆,顾不上家务,自己的脾气在做法官后发生改变,有时候"自己也感觉不到""会不自觉地表现出来",没有平和的心态,脾气暴躁、烦躁。除了婆婆,她谈到自己的父母都不在渤海,平常也没有时间去看他们。有一次自己的母亲跌倒腿骨折,从渤海到她的家来回就要两天,自己却请不出两天的假去看母亲。

相比"好媳妇""好女儿"难做,最让法官们担心的是对自己孩子的疏忽。由于海沙区法院37%的法官年龄在35岁以下,这段时间是结婚生子的高峰期。民一庭的王亮法官和笔者说起孩子时,就觉得非常亏欠孩子。当时她提审判员的时候正好怀孕,生完孩子上班后直接开始办案。那段时间她一面要学习如何审案、梳理案情,一面要带孩子,喂奶换尿布。由于白天要上班,孩子白天只能喝牛奶,晚上才能喝到母乳。有时候忙活案子,家里一整天只能给孩子喂牛奶,次数多了,她的奶水就渐渐少了。"他只喝了一个多月就没能喝了。"王法官认为因为母乳喂养时间太短,孩子大一点点时,老生病,两三岁以后,几乎一个月上一次医院,直到现在孩子体质都不太好。她提到当初在婴儿时期对孩子的疏忽照顾让她现在每每看见孩子生病都会异常着急。

职业角色和夫妻、父母、子女角色时而会发生冲突,像王法官这种情况的在法院不在少数,尤其是女法官。职业角色占用了法官大量的时间和精力,照顾不好父母、子女的情况确实存在。然而,法官工作的重要性和严肃性,不能因为孩子或是老人的照顾影响到工作的开展,职业角色可以说让法官背负了巨大的责任和压力。法官必须要克服这个家庭和职业两难的困境,甚至牺牲部分的家庭角色,来缓和两者之间的冲突。比如上文提到的法官没有时间照料长辈,给孩子提前断奶,像这些情况确实存在于海沙区法院的女法官生活中。

（三）职业角色和社会角色的冲突

法院也处于社会当中,不能要求其他空间充满关系网络而法官头上就一片晴空。中国是大陆法系国家,在大陆法系国家,法官手里的裁判权是有伸缩空间的,这种伸缩空间就与当事人的期望值形成了矛盾,比如说判3～7年,判3年也行,判7年也行。在这里,人情交互影响所形成的社会角色难免会对法官判案造成压力，使得法官的社会角色和职业角色发生冲突。

（1）社会角色中的人情因素。

人情因素关乎法律权威性、法官纯洁性，关于这类情况的争议非常多。有段在某市人民代表大会上代表们讨论法院报告时的争论如下：

代表甲： 法官腐败问题很严重，人情案子多，在网上都在骂某某法院，其实哪个法院都有，吃完原告吃被告，哪个吃的多偏向哪个。

代表乙： 你不能光看网上的说法，网友和群众回应的一般都很偏激，整个社会的大环境是这样的，我们怎么能单独要求法官的头上是一片晴空。对不对？整个社会状况是这样的，你凭什么要求法官是干净的，你给法官这样的环境吗？如果你当法官，可能还不如他们。

这两位人大代表的不同意见反映的恰恰是法官角色冲突的一方面——社会角色中的人情因素和职业角色的冲突。在法律允许的范围内，确实会存在因为人情而发生的倾斜，然而并不是所有案件都有范围的，很可能有的案件就是一个对与错、给和不给的问题。法官就在此时最容易陷入职业角色和社会角色的冲突，对公正判决产生不利影响。

市中院的金法官讲了这样一个例子。吴某系渤海一家个体户老板，跟原配育有两个女孩。后来在做生意的过程中，吴某认识了陈某，和其合伙开了一个公司，渐渐有了感情，后来又生个孩子，但吴某并没有和原配离婚。原配得知吴某把自己挣的钱给了陈某后就开始搅和，直至陈某把公司交给了原配。公司给了陈某一定的补偿金，并且把刚拿到的一个房产开发的项目给了陈某。陈某拿到了一份盖有公司章的房产转让协议和土地转让协议，而后自己出国了。

原配当了公司的法人后，就在渤海的中山区法院提起诉讼，要求撤销土地转让协议和房产转让协议，并确认土地属公司所有。由于陈某退出这个公司后就去澳大利亚了，送达起诉书的时候，未能与陈某联系上。原配找了当时中山区法院审理此案的法官的朋友，也找到法院的领导，希望他们能帮自己讨回公道。在法理上，就仅以这个章作废判断转让协议是虚假的，是无效的，实则不合法，毕竟这个章是在有效期内盖的，即使在这以后章作废了也不能把以前盖过章的法人行为都否定了。

然而，当时法院顾念原配的家庭遭受陈某的侵害，也因为原配寻求了很多关系为其打理，经过审理后法院鉴定这个章确实是作废的公司章，判定这个地的转让行为无效，原配在这样一种人情关系的支持下胜诉。后来在国外的陈某知道了这个事，于是就申请审查，市中院经过合议认为，无论这个地应不应该给陈某，中山区法院在先前审理的过程中，仅以公章作废来认定转让行为的效果，认定土地不归陈某，属于典型的证据不足，于是裁定中山区法院再审此案，对土地的转让过程进行清晰的审理。

这人情复杂就复杂在其无处不在。当时的合议结果，原配又通过中院的某个审判员知晓了，于是她通过律师找到了负责此案件的金法官，金法官知道女方人脉颇广，也知道她私下想见法官的意图，明确表示不能单独见一方当事人。原配最后直接打电话给金法官："哦，你拿了对方的钱了，见对方不见我……"就骂爹骂娘地骂，后来直接在市中院堵金法官。

我中午回来的时候，原配一些人就在大厅站着。律师我认识，我一看律师助理在那儿，我就知道是当事人。我就说："怎么啦，有什么事？堵着我算什么事，上午骂我，有什么事？""骂你怎么了，贪污腐败了……""我说我告诉你，我从干法官那一天，没拿当事人一分钱、吃当事人一顿饭，你赶快去告，你要是不告，大家还不知道我有多么廉洁，你赶紧告，告了我就出名了。""你让我告啊？你让我告我还不告了呢。"很难缠。然后庭长下来接待，说不管你这个案子再怎么样，但你对法官的态度是不对的，你要想跟我谈案件事实，先跟法官道歉。她立刻就道歉了。①

然而原配并没有就此作罢，还通过一些渠道给市领导写信，市里就把情况反映过来了："枉法法官金韩丽，不见我们当事人，我们认为法官包庇逃犯，纵容犯罪，造成损失……"市里领导的压力到了法院这里，法院庭长为了息事宁人，让法官又重新组织了一次开庭，双方再次举证。最后陈某也通过澳大利亚大使馆对案子表达质疑，衍生为外交干预。诸多的社会干预让法官难以判决该案，这就是法律妥协于人情、社会效果。当事人找法官、找政府领导，以人情来获取判决偏向的情况时有发生。不可否认的是，人情压力确实让法官在法律和人情两端左右摇摆，如果不把握好法律准则，很容易出现"执法犯法"的现象。这种人情的干预，是法官作为"社会人"的社会角

---

① 摘自 2012 年 1 月 12 日在渤海市中院对金韩丽法官的访谈录音整理资料。

色带来的，而程序和规制是职业角色要求的，当人情干预浸入职业角色，职业角色和社会角色的冲突就产生了。如若不能处理好这种冲突，将直接关系到法官的职业前途，绝大多数法官面临过这类困境。

（2）应对两者冲突五原则。

人情因素、社会效果和上级压力确实遍布审判前后的方方面面，促使法官的社会角色和职业角色发生冲突。综合来看，要应对两者冲突有五条原则：

原则一：黑白不可颠倒。

人情社会免不了人情，但是任何案件是绝对不能黑白颠倒的。审判委员会的刘法官认为："谁都不会为了这个做违法的事，除非你不想干了，必须要把握原则。"现在很多地区的法官待遇还不如普通职工，若是在异地就职，租房、生活等经济压力会很大，这就使得一些法官经不起诱惑，在人情上没有了原则，在审判的时候明显不顾事实，偏向一方当事人。然而，靠损害别人利益来争得自己利益，永远不会长久。作为法官，必须要维护法律尊严。

原则二：左右可以微移。

事情本身错对明晰的情况下，法官可以有自由裁量权，在允许的范围内做适当的微移。比如说离婚案件，孩子谁带就判给谁，孩子小就判给母亲，父亲给抚养费，这是惯例。房子问题比如有两套，谁来说情了，他可以挑大的，但是要给小的那一方钱。再比如说交通肇事后，肇事者可能有两人，一个负主要责任，一个负次要责任，那么主次责任可以六四，也可以是七三，也可以是八二，对于这方面法律赋予了法官自由裁量权，法官可以视情况而定。这种案件如遇到人情因素，法官可能会有倾向性，不能太勉强法官去规避这一点。

原则三：帮助有理的一方。

这是海沙区法官在市法院培训时习得的原则："人情关系谁没有？都有，要帮助什么？要帮助有理的一方。"每个案子，法官一般一了解就知道谁有理谁没理。被告没有理，做无理要求的，即使找人说情，法官也无法照办。像上述原配告陈某案件中，要求对已盖公章做无效处理是无法被法律支持的。当原配找人围堵金法官或是写信给市领导告法官，金法官仍未妥协。虽然陈某作为第三者破坏了原配家庭，但罪责更大的是犯重婚罪的丈夫吴某。况且一码归一码，企业是陈某和吴某一起开的，陈某确实为此付出很多，得到企业的一部分利益是合理的。

原则四：帮助弱势的一方。

这种原则在劳动纠纷案件、家庭伦理案件中最为常见。比如：如果是工伤，法官一般会偏向劳动者，判单位给付多一些，以保障受伤劳动者以后的生活；发生承包事故的，个体负责人担负赔偿的小部分，承包商担负绝大部分，以减少个人所承担的金额；而在职工追讨原单位薪资时，法院一般会尽量帮助原告找到证据，或是指引其找到劳动仲裁部门，并告知解决方式；在家庭伦理案件中，如果是老人和子女的财产纠纷，尽量照顾到老人利益，劝说子女撤诉或尽赡养义务。

原则五：可办可不办的不办。

在一些涉及政府政策的案件中，当事人往往牵扯甚广，部分当事人因为"会闹"或有人情关系，一旦获得了比其他人多的补偿，极易引发其他人向法院申诉。市中院的李院长表示，法院办理这类案件，如果不能办就全部不能办，要是能办就全部给办，不能因为"会闹""求情"出现这个能办那个不能办的现象。现在信息非常通达，只要一有人在网上或媒体上发表这类言论，消息传播之快难以想象，后果严重，甚至会影响到政府政策的执行。法院作为社会的"消防队"，必须灭火，在牵连甚广的案件中须谨慎审判和执行。

社会角色中的人情因素和行政影响作用于法官的职业角色行使，当社会角色和职业角色发生冲突时，大多数的法官是能把握好度的，坚持施行黑白不可颠倒、左右可以微移、帮助有理的一方、帮助弱势的一方、可办可不办的不办这五条原则。尽管有些案件的社会干预太大，让法官面临很大压力，然而，这或许是中国国情所在。差序格局中衍生出来的人情社会，人和人之间不是对立的而是亲疏远近的关系，需要法官在面临这类冲突时，把握好原则，处理协调各方关系，维护当事人的正当权益。这对他们的工作提出了更高的要求。

五、总结和讨论

在当今的社会背景下，角色转变很大程度上是伴随着社会转型而产生的，社会分工的细致化和专业化再造着角色内涵，也使得人们要扮演更多的角色，如若不能同时履行，角色冲突就发生了，而角色内部也随着外群体的期待和个人本身的观念相异产生冲突现象。本节基于渤海市海沙区人民法院以及渤海市中级人民法院的调查，从"角色和人格的冲突""角色内冲突"和"角色间冲突"三方面系统地描绘了法官职业角色的冲突，从亲情、人情、社情、性别、法理、道德等方面来探析角色冲突的作用因素。构建和谐的社会关系实则是建构和谐的角色关系，只有个人的角色冲突问题得到缓解和解决，整个社会才能协调发展。

（一）法官职业角色的冲突类型

通过对渤海市海沙区法院的调查，笔者主要论述了法官角色和人格的冲突、角色内冲突和角色间冲突三个方面。

其一，人格是个体在行为上的内部倾向，它表现为个体适应环境时在能力、情绪、需要、动机、兴趣、态度、价值观、气质、性格和体质等方面的整合。角色和人格之间的冲突主要考察了角色和人格中的道德、自尊、安全需要等之间的关系，也就是法官过不去根植在自己观念中的道德、尊严等这几个"坎"。海沙区法院法官在职业角色的履行中常会遇到这类情况。如以利益为目的的结婚及离婚行为，为了获取对方财产，违背道德伦理；诉后再访行为对法官尊严的损害和个人身体的伤害，使得法官承受了极大的压力。

其二，角色内的冲突体现在外群体对法官职业角色期待不一致和法官自己对职业角色的不同理解这两方面。案件双方对法官判决的期待相异，一个案子总有败方和胜方，而大部分败方不是败了就认了，而是"把矛头集中到了法院"。法官在履行职业角色时，其内部即是一个相互冲突的矛盾体。而法院作为社会最后一道防线，人们选择申诉但又对法官有所怀疑，这即是外群体对法官职业角色"信又不信"的期待，矛盾的期待势必造成法官的紧张、焦虑而又无法让人满意的心境，在履行工作时产生角色内冲突。同时，法官自己在判案中因为双方当事人都有理的论述，尤其是在"清官难断家务事"的民事纠纷中以及讲求社会效果的案件中，产生了"该判"还是"不该判"、如何判的两端纠结，也会导致职业角色内部的冲突。

其三，法官职业角色和性别角色、家庭角色及社会角色的冲突。在性别角色和职业角色的冲突上，由于女性的感性、弱势、思虑多等特性和法律的隐蔽性别的存在，女性法官在职业履行过程中易受质疑、易受当事人伤害，感性和过多的考虑可能会加重当事人的疑虑，引发对法官的不信任，使得原本就相较于男性缺少威严的女性法官更加面临办案困境，这就要求她们比男法官更加严格、坚毅和果决。法官也有正常人的家庭生活，而职业所需要的精力和时间占用了一定的家庭角色扮演的时间，使得法官的职业角色和家庭角色发生冲突，法官不免把工作中的压力释放在妻子/丈夫身上，对配偶、孩子、父母等疏忽照顾。另外，人情因素作为社会角色的干预也作用于法官的职业角色，使他们陷入两难，这就更加要求法官谨言慎行，增加了法官这个职业的从事难度和审慎性。在应对这种冲突时，法官需要把握好五条原则。

（二）冲突的自我缓解方式

如案例所述，法官面临着角色和人格、角色内部、角色之间的多种冲突。当人情、价值观、职位、安全等多重冲突交织的情况发生时，他们会适当地采取一些方式来应对这些冲突，以保证自己工作顺利、身心舒畅。在多数案例中，往往几种角色冲突是同时发生的，所以在解决措施上也有交叉性，主要形成顺应调适、模式化共识、自居坚持、寻求帮助四种方式来缓解和协调冲突。

首先，在一般的执行案件和涉诉上访中，面对当事人起初的质疑和矛盾心理，法官主要采取顺应调适这种措施。这种情况包含了职业角色和社会角色、性别角色之间的冲突以及外群体对职业角色的矛盾期待所引发的角色内冲突，要求法官耐下心来，以调解和安抚为主，稳定当事人情绪。面对大多数的质疑，他们只能调而再调，通过劝导将当事人引至正常的申诉途径，这就要求男法官变得耐心而善解人意，女法官在亲近感中又不失威严，直接导致因工作需要的性情改变。监察室包法官和民一庭的王法官都有类似的论述：

我们原来的院长说了一句话，也是开玩笑，说在法院干的时间长了，男的变成女的，女的变成男的。我觉得挺经典的，男法官干的时间长了，就有点婆婆妈妈，民事案件，接触的都是老百姓，你能像爷们那样火了就能解决问题？时间长了，男法官就变得婆婆妈妈，女法官就不能那么温柔了，太温柔了有些人你也镇不住。这话挺有道理。其实我，你们应该可以看得出来，我属于性格比较慢的人，但有的时候在法院干时间长了，你就得快，该急就得急。[①]

在思想和职业能力改变的同时，法官的性格随之发生变化。从事法律职业的女性，不得不或者不自觉地会表现出一些男性的气质和行为，从而使自身胜任这一职业，如义正词严的分析、果断的举动和有效率的执行；而男性亦如此，在某些需要耐性和亲切感的工作中，通过调适自身的行为，适当改变性别角色特点来符合法律职业角色的期待。

其次，在面对情、理与法的冲突，难以判定案件时，法官运用模式化共识来缓解。角色内部冲突（双方都有理难以判决）和角色与人格之间的冲突（职业角色和道德），尤其体现在法官因为案件双方都有一些道理或是"情"与"法"有冲突的案件中，如离婚案件。法官们在观念结构上有可能建立一种模式化共识来处理某些案件。在对法律的解读中，尽量平衡伦理道德和法律之间的关系。如海沙区法院在面对离婚案件时，形成了一些模式化共识：（1）劝和不劝离。（2）男性提出离婚的一般不判离。（3）尽可能不判"80后"夫妻及老年人离婚。另外，在社会角色和职业角色冲突的情况中，法官也有一些模式化共识（原则），即黑白不可颠倒、左右可以微移、帮助有理的一方、帮助弱势的一方、可办可不办的不办，通过遵循上面的共识来缓解角色冲突。

再次，面对无理的当事人，法官会采取自居坚持的方式。自居即坚持公正审判，忽视当事人的无理要求，这多发生在当事人对法官职业角色的质疑上。如在原配和第三者陈某争土地和房产的案件中，金法官按照合同盖章的有效性判定第三者陈某有取得该项目土地和房产的资格，纵使原配再闹、再找人都没有改变判决。如果法官也和她一样，紧张处理，反而会给原配造成"心里有事"的认识，使原配越告越凶。在有些案件中，冷静和自居也是法官需要做到的，否则会激怒当事人，对办案更为不利。

最后，当自己无法解决各种冲突时，寻求帮助也是必要的方式。多重角色交织造成的压力是人们的普遍经历，寻求他人理解有助于改变他人对某一职业角色的社会期望，获取他人支持，缓解自身职业压力。如面对家

---

① 摘自 2012 年 1 月 10 日在海沙区法院对民一庭王亮法官的访谈整理资料。

庭角色和职业角色的冲突，法官可以多和家人沟通，以良好的态度说明工作情况，适当让家人承担些家务，多对家人表示感谢，有时间多关心家人。这种方式需要法官适时地将他们所面临的矛盾表达出来，不管是对家人、上级还是对公众，即调适他人对法官角色的期望，争取他人的理解。比如在遇到社会角色和职业角色冲突而难以决断的案子时，找庭长或是其他同事帮忙，寻求他人意见，将案子的压力分散，都能有效地避免因个人决断而产生的失误。

（三）社会转型及冲突功用

在当代中国的社会环境中，权力和财富占有的不平等加之民间调解精英的消逝，大量矛盾产生。而法院作为社会的最后一道防线，责任重重。伴随着民众"知情祛魅"①过程的推进，祛魅后的法律已经不再是或者不仅仅是高高在上的、体现正义的神圣武器，而是"脆弱、多变、难以捉摸的东西，很容易被人操纵利用"②，人们对法院、法官的信任感和尊重感也在祛魅的过程中降低。这直接增加了法官履行职业角色的难度：一方面是职业角色和人格原态的矛盾，外群体对职业角色要求的提高和期待的相异性，法官自身对职业角色的不同理解；另一方面是职业角色和其他角色的冲突，如在履行职业角色的同时要处理好与家庭角色、性别角色、社会角色等之间的关系。

角色冲突和转型社会背景下价值观念、行为方式的急剧变化有很大的关联性，传统的道德伦理和社会分工受到前所未有的挑战。首先，法官个人的人格尊严不断受到挑战。传统社会中为人们所推崇的仁爱宽容、以德为先、父慈子孝、夫妻相敬如宾、百姓敬爱父母官等在现今发生了一些转变，尤其体现在社会中某些道德沦丧的申诉中，比如子女为房产状告父母，亲兄弟姐妹为赡养老人大打出手，妻子因为丈夫的家产而骗婚等这些案例都让法官叹息。"宁可没有法律的威信也不要没有道德"，或许是法官心态的最好写照。另外，"信访而不信法"的当事人，对法官尊严的不屑，甚至

---

① 所谓"知情祛魅"是指法律参与者在法律知识的获得、对法院和律师惯用策略的理解以及自身运用法律的效能感得到提高的同时，对法律的不公正性以及法律制度弊端的失望和沮丧。

② 郭星华. 从中国经验走向中国理论——法社会学理论本土化的探索. 江苏社会科学，2011(1).

动手伤害法官，这些都影响到法官的身体健康和人格尊严，动摇着道德的根基。

其次，角色内部的冲突也伴随着社会转型而显现。作为社会最后一道防线的法院，本来是最后也是最高的矛盾处理机构，法律和法官的威严性不容置疑。而今，伴随"知情祛魅"的过程，法官的神秘性已然淡去，群众更懂得利用法律来维护利益和获取利益，法律意识大大增强甚至某种程度膨胀。有些群众对法官苛责，强调自己的权利而忽视义务，既要求其公正又希望偏袒自己、既要求其亲民又不容许其言语有丝毫过错、既选择法院申诉又不断质疑，这些矛盾的期待很大程度上引发了法官职业角色内部的冲突，增加了法官工作的难度和压力。

最后，社会转型也加剧了职业角色和性别角色、家庭角色、社会角色等之间的冲突。长期以来，法律系统都是一个男性占主导的系统，伴随着社会分工，女性也参与各类工作当中，并且支撑起半边天，原本"相夫教子""大门不出二门不迈""女主内男主外"的家庭生活模式发生改变，职业角色的履行影响到女性家庭角色的扮演。另外，传统性别观念对女性的偏见，使得女性在从事法律职业中面临比男性更大的冲突，要求她们改变女性原本的感性、温柔等特质，而变得威严和果决，以支撑起法官这个神圣的职业。至于社会人情等因素，由传统社会演化而来，使得来自西方的法律变得某些程度上的中国化，如强调诉前调解、群众工作、社会效果等，都具有一定的"中国特色"。而法律职业角色来自西方，在和中国情况的结合过程中，法官职业角色和社会角色的冲突变得无可避免。

角色冲突问题并不是法官个人层面上的问题，更是社会问题。伴随着社会变迁和社会分工的推进，角色也发生转变，协调好个体的多种角色是社会和谐的基础所在。因为个体角色的不协调而引发的冲突，不仅影响到个人职业角色的履行，影响到个体真实的快乐，也影响到对社会的认同感和幸福感，从而影响到整个社会的导向。法官职业角色的冲突实则是社会转型中冲突的体现，从某种程度上来说是不可避免的，也是不能完全消除的。社会转型是一个长期的过程，职业角色冲突的缓解也是一条漫漫长路，适时适当的冲突能将角色矛盾通过正常的途径显现出来，在一定程度上能起到角色减压和创新职业职责行使方式的作用，利于西方法制体系和中国法官、国内社会现状的磨合。而在当下，除了法官自身通过顺应调适、模式化共识、自居坚持、寻求帮助四种方式来缓解角色矛盾外，根本的解决方式还在社会转型本身。随着道德观念的变化、西方法律中国化的进程推进、社会分工等的发展和完善，职业角色体系将逐渐成熟。然而，不能因为解决的长期性而忽视已有的角色冲突，只有法官恪尽职责、群众理解支持、政府倡导保障等各方结合，才能在一定程度上缓解目前法官职业角色冲突问题，从而建构良好、和谐的司法环境和社会环境。

（李晨璐）

第五章　反思：现代法治建设与传统文化

第一节　"全息"：传统纠纷解决机制的现代启示

自清末立宪修律以来，中国开始了漫长而曲折的现代法治建设之路。在取得法治建设巨大成就[①]的同时，也必须看到中国的法治建设一直深受西方法治模式和法律文化的影响，而且建设进程对于我们而言更多是被动卷入：法治体系移植于西方，与传统文化有着较为明显的历史裂痕。[②] 于是，当"先进""文明""普适"的西方法治随着现代化的大潮大举推进时，被打上"落后""愚昧""地方性"标签的传统文化只能步步退让，它所维持的地方秩序也在逐步瓦解。法治在现代社会固然有其总体上的合理性，但传统文化的遗产在当今语境下绝不应该被一味地摒弃和批判，它同样有其积极的历史和社会价值。[③] 我们将从纠纷解决入手，结合相关社会环境来探讨传统纠纷解决机制的价值理念和运作逻辑，以期对现代法治建设提供一些借鉴和启示。

一、初级纠纷与次级纠纷

纠纷是人类社会的一种普遍现象，可以说：有人的地方就有纠纷。"人生

---

① 2011 年 3 月 10 日，时任全国人大常委会委员长吴邦国宣布，中国特色社会主义法律体系已经形成，党的十五大提出到 2010 年形成中国特色社会主义法律体系的立法工作目标如期完成。具体参见吴邦国：2010 年形成中国特色社会主义法律体系的立法工作目标如期完成．（2011-03-10）[2014-03-05]．http://2011lianghui.people.cn/GB/214392/14107549.html。

② 这种裂痕也是必然的，中国在被卷入西方主导的"现代世界体系"的同时，已经没有时间依靠传统文化自生出一套现代社会制度来适应这一体系，而中西文化内核的重大差异使得中国的某些社会制度包括法治体系与传统文化表现出一定的不契合性。

③ 很多学者对中国的现代法治建设进行了深刻的反思，如苏力．二十世纪中国的现代化和法治．法学研究，1998（1）。

不能无群"(《荀子·王制》),社会中的大量纠纷往往源于人与人之间的生活琐事,这类纠纷处于纠纷金字塔(dispute pyramid)[1] 的底层,通过忍着、双方协商私了就能得以解决,并不需要中立第三方的介入,我们将这类纠纷称为"初级纠纷"(primary dispute)。一旦双方无法自行解决,相关的主张和利益诉求无法得到满足,初级纠纷就会升级从而流向纠纷金字塔的高层,也就会对社会秩序形成一定的冲击,此时需要中立第三方的介入。这个第三方在传统社会可能是宗族长老、头人、乡绅或官衙,在现代社会可能是政府、司法部门或其他仲裁机构。我们将此类纠纷称为"次级纠纷"(secondary dispute)。很显然,无论在紧张程度还是激烈程度上,次级纠纷都要高于初级纠纷。如果将纠纷作为一个谱系,在这个谱系中,次级纠纷缘起于之前尚未得到解决的初级纠纷。如果次级纠纷依然无法得到有效解决,就会形成新的紧张激烈程度更高的次级纠纷(见图5-1),日常生活中的"民转刑"案件就说明了这一点。[2]

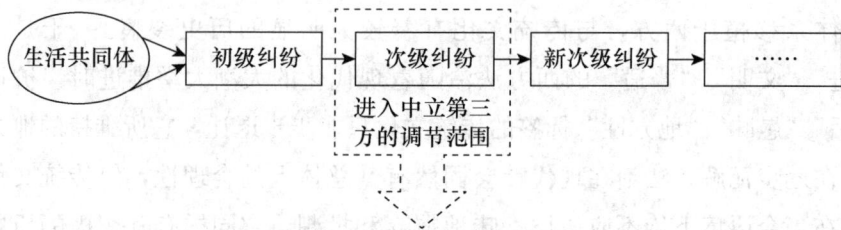

图5-1 纠纷谱系图

对于民间纠纷的处理,现代法治[3]尤其是现代审判方式基本只关注进入

---

① FELSTINLER W,ABEL R,SARAT A. The emergence and transformation of disputes:naming,blaming,claiming…Law & Society Review,1980,15(3/4):631-654.

② 我们在东北某市监狱调查得到的一个案例:冯某,男,与被害人是邻居。由于宅基地问题两家常年有矛盾。后来冯某家门前的路被邻居家给堵上了,致使纠纷升级。在长期得不到解决的情况下矛盾越积越深,最后因为一点小摩擦,冯某将对方打伤,因犯故意伤害罪被判有期徒刑6年。具体参见郭星华,曲麒翰. 纠纷金字塔的漏斗化——暴力犯罪问题的一个法社会学分析框架. 广西民族大学学报(哲学社会科学版),2011(4);储卉娟. 从暴力犯罪看乡村秩序及其"豪强化"危险:国家法/民间法视角反思. 社会,2012(3)。

③ 这里的"法治"都特指"现代法治",因为只有在特定的历史语境中解释特定历史语境中的法律问题才是有意义的,参见刘星. 现代性观念与现代法治——一个诊断分析. 法制与社会发展,2002(3)。即本文的"法治"更多从狭义来理解,尤其是指以程序、证据等为标志建立起来的现代审判制度。

其视野的"此时此地"发生的次级纠纷①，并只对这一部分的纠纷做出"非白即黑"的裁判，以实现其程序上的正义。而问题在于次级纠纷只涉及当事人全部关系中出现纠纷的一小部分②，这样一种"外科手术式"的"断面式"③处理方法虽然使纠纷得以暂时解决，但时常不能令双方满意，并且人们受损的社会关系未得到及时修补，也随之埋下了将来新的纠纷乃至更大冲突发生的隐患。电影《秋菊打官司》对此有过生动的描述：秋菊最终讨到了法律上的"说法"，但这个说法却不是她希望得到的结果。而在现实社会中，纠纷是呈谱系状的，一起纠纷的产生往往会牵涉到过去的许多人和事④（即"彼时彼地"）。此时纠纷中受害的一方，在过去的事件中有可能是伤害他人的一方，法治如此"断面式"的处理方式当然很难让当事人服气。

纠纷的谱系化存在决定了其实践逻辑是"全息"的。所谓"全息"，是指部分能够反映整体的全部信息，强调的是一种最大限度和最彻底的整体性，即"在一个整体中，不仅整体具有整体性，而且每个部分也具有整体性"⑤。将"全息"所揭示的这种"全整体性"以及部分与整体之间的关系引入纠纷研究，很容易看到现代法治在纠纷解决中的局限：由于它将视野仅集中在一个部分（次级纠纷），致使纠纷的整体性没有得到全部呈现。如北京房山区的一起案件：2005 年，韩某 6 岁的儿子被张家 13 岁的儿子掐死，法院判决张家赔偿韩某 15 万余元，但韩某一分钱也没拿到，心生怨恨的她把硫酸泼向了张家的女儿致其毁容。房山区法院依法判决韩某有期徒刑 13 年，并赔偿受害者（张某及被殃及的人）48.8 万元。宣判后，愤怒的韩某和张某父亲在法庭

---

①　需要指出的，这里纠纷的划分有相对性和时间上的动态性，如在初级纠纷—次级纠纷这个时段上，初级纠纷是"彼时彼地"的事件，次级纠纷是"此时此地"的事件；而在次级纠纷—新的次级纠纷的时段上，次级纠纷则成为了"彼时彼地"的事件，新的次级纠纷成为了"此时此地"的事件。但现代法治只为"此时此地"的事件设置了相应的制度空间。

②　王建勋. 调解制度的法律社会学思考. 中外法学，1997（1）；刘正强. 新乡土社会的事件与文本——鲁县民间纠纷的社会学透视. 上海：上海社会科学院出版社，2012；序言.

③　有学者将这种"断面式"的处理过程称为"甩干"，即法律在面对具体案件时有一套固有的逻辑：通过舍弃道德、习惯、经验等诸多非法律的元素，最终对案件做出权威性的"纯粹"处理，从而完成"洁净化"的目标。参见刘正强. 新乡土社会的事件与文本——鲁县民间纠纷的社会学透视. 上海：上海社会科学院出版社，2012：2（前言），106-115.

④　这种说法是相对的，一起偶然纠纷的发生，如一人将另外一人误伤可能就只存在纠纷谱系中的一个时段。

⑤　严春友，严春宝. 全息论对系统论与还原论的超越. 河北学刊，2008（2）.

上争执起来。脱下法袍的主审女法官目睹这一幕后，怒斥张家在当初的赔偿问题上违背良心。因为据法院调查，张家有两辆车。纠纷是"全息"的，但法院却只能以"此时此地"泼硫酸的事实依法判决韩某有罪，而不能溯及之前的纠纷（虽然在量刑上会有所考虑）。女法官也深知法治的局限，因而脱下法袍，以一种道德性话语表达自己情绪实属无奈。①

纠纷的"全息"性要求第三方在解决纠纷特别是熟人之间的纠纷时应观照到双方当事人既往社会关系的纠葛，现今纠纷产生的历史缘由和将来关系的修补。不仅依据"此时此地"的事实，还要追溯"彼时彼地"的事实，同时也需考量当事人双方未来的关系走向，努力还原纠纷"全息"的过程。②亦即这种"瞻前顾后"的纠纷解决方式在处理当前次级纠纷的同时也要考虑到初级纠纷，并且意在杜绝新的次级纠纷发生的可能。这一点无论是纠纷金字塔理论还是其他相关理论都有一定程度的忽视。而传统社会的纠纷解决方式无疑较好地适应了纠纷这种"全息"式的特点，这也是我们提倡从传统文化遗产中挖掘财富的初衷。

二、"全息"与传统社会纠纷解决方式的交融

"全息"式纠纷在传统乡土社会中体现得更为明显，有其深厚的社会基础和文化根源。费孝通先生在《乡土中国》一书中明确指出，中国基层社会有两大基本特性，即乡土性和地方性。乡下人离不开泥土，以种地谋生，世代定居成为常态；同样，人们以村落为单位聚集而居，安土重迁，也就形成了地域上的限制和孤立的社会圈子。由此，乡土社会就成了生于斯、死于斯的社会，一个熟悉的、没有陌生人的社会。③在这样一个以道德、礼俗、情感和经验支撑维系的乡土秩序中，邻里乡亲的家长里短、磕磕碰碰固然不可避免，但很少溢出其共同体之外，大多消解于彼此间的血缘、亲缘和地缘的关系当中。除了社会结构外，文化环境及其相关价值观念的影响或许更具穿透

---

① 丧子母亲硫酸泼仇家女被判13年，领刑后与原告再起争执，法官庭后斥责原告没良心. 京华时报，2007-08-28.

② 刘正强. 新乡土社会的事件与文本——鲁县民间纠纷的社会学透视. 上海：上海社会科学院出版社，2012：序言.

③ 费孝通. 乡土中国 生育制度. 北京：北京大学出版社，1998：6-9.

力。李约瑟在谈及中国文化时指出，"古代中国人在整个自然界寻求秩序与和谐，并将此视为一切人类关系的理想"。"和谐"不仅反映了人与自然之间的关系诉求，也影响了人们处理人与人之间的关系。[①] 儒家伦理所体现的入世理性主义因素也要求人们能克己复礼，通过"学"与"知"来实现自身人格完满的终极价值，以顺应社会秩序的和谐。[②] 因此，一起纠纷（确切地说是"次级纠纷"）能浮出水面出现在公共视野，尤其是熟人的视野之中，很多情况下是由于之前初级纠纷等矛盾的逐步积累。人们能舍弃面子将次级纠纷抛入公共领域，足见此类纠纷往往纷繁复杂，较多的社会关系和人情世故黏附其上，在解决过程中如果不溯及以往，还原纠纷"全息"的过程，则很可能导致事实的不公和民众内心的不满，影响社会秩序的稳定。

有研究表明，传统社会的大多数纠纷并没有经过官衙审判而直接通过社区调解在民间便得以消融[③]，进入官府衙门的纠纷也有一部分是通过调解得以解决的。"调解"[④] 的盛行固然有古代"民法"不发达的原因，但更根本的同样是社会结构和文化的统摄作用使然。梁漱溟先生指出，中国文化的一大特征是道德气氛浓重，"融国家于社会人伦之中，纳政治于礼俗教化之中，而以道德统括文化，或至少是在全部文化中道德气氛特重，确为中国的事实"[⑤]。在这样一个注重人伦、礼俗的文化环境中，"秩序"的稳定和谐成为第一要务。纠纷的产生已经对当地社区、社群的道德伦理和联结纽带构成了挑战，此时不以"情理"[⑥] 等对全盘关系进行调解而执意诉诸官府审判，这

① 梁治平. 寻求自然秩序中的和谐：中国传统法律文化研究. 北京：商务印书馆，2013：193.
② 韦伯. 儒教与道教. 王容芬，译. 北京：商务印书馆，1995：203-206，219-222.
③ 黄宗智. 清代的法律、社会与文化：民法的表达与实践. 上海：上海书店出版社，2007：12.
④ 梁治平指出，相对于"调解"，他更倾向于使用历史固有词汇——"调处"。因为将其称为"调解"的时候，其区别于法律判决的特性就已被潜在地规定下来了，隐含了现代意识的分类。具体参见梁治平. 清代习惯法：社会与国家. 北京：中国政法大学出版社，1996：16-17. 由于这里注重的是"调解"与"现代法治"（更准确地说是现代审判方式）在处理民间纠纷上的差异，因此依然使用"调解"一词。
⑤ 梁漱溟. 中国文化要义. 上海：上海人民出版社，2005：20.
⑥ 滋贺秀三指出，清代的"民事审判，无论是官府的还是民间的，并不依成文法或习惯法来进行，而是根据每一具体事件的特殊性，以合乎'情理'为最终的解决"。梁治平也指出，整个中华帝国的法律都是建立在情理基础上面的。均参见梁治平. 清代习惯法：社会与国家. 北京：中国政法大学出版社，1996：17-18. 黄宗智关于民间调解的"情理"也有相关论述，具体参见黄宗智. 清代的法律、社会与文化：民法的表达与实践. 上海：上海书店出版社，2007：11.

无疑宣告了当事人之间原有关系的解体。此外，在这样的文化氛围中也没有法律生长的土壤①，或者说法律发展的结果只能是与道德之间的界限越来越模糊，带有浓重的道德、伦理倾向②，最终法律也只能是"立于辅助道德礼教伦常之地位"，且"其法常简，常历久不变"③。如此之法在传统社会中解决"全息"式纠纷显得有些力不从心，更多的是对纠纷当事人的一种威慑。因此，调解这样一种游走在"情、理、法"之间，较好兼顾三者之间的关系，且带有较强人格化倾向的纠纷解决方式被广泛运用于"低头不见抬头见"的熟人社会，恰恰适应了中国传统追求以和谐为整体目标的道德化社会秩序。不仅能够达到息争止讼的效果，也观照了当事人之间的初级纠纷和潜在的新的次级纠纷，符合广大普通民众的生活诉求，体现了其真实的生活逻辑，有效维持了社会秩序。可以说，利于当事人未来利益的最大化和良好的社会效果是调解的正当性所在。④

三、法治与现代社会及其纠纷解决方式的契合

当人类由传统社会步入现代社会时，其组成单元和组织原则发生了本质的变化。传统社会是一个基于血缘、情感、伦理等建立起来，有某种共同价值观念的有机体；而现代社会则是由个人组成，以工具理性、个人权利等为基础的契约联结而成的群体⑤。换句话说，传统社会是一个关系亲密的熟人社会，而现代社会则是一个陌生人社会，即费孝通先生笔下的"各人不知道各人的底细"的社会。由于传统乡土社会中熟人之间的信任在现代社会中渐趋消失，在无法形成稳定预期的前提下，作为一种建立在分离个体基础上的契约，法律自然走向前台，以此来规范社会秩序。此外，传统社会权威体系的瓦解，传统权威的衰落，对正式法律的需要便应运而生。⑥ 可以说，从传

---

① 费孝通. 乡土中国 生育制度. 北京：北京大学出版社，1998：10.
② 瞿同祖. 中国法律与中国社会. 北京：商务印书馆，2010；苏力. 送法下乡——中国基层司法制度研究. 北京：中国政法大学出版社，2000：122；梁治平. 寻求自然秩序中的和谐：中国传统法律文化研究. 北京：商务印书馆，2013，102，278-322.
③ 梁漱溟. 中国文化要义. 上海：上海人民出版社，2005：21.
④ 范愉. 从诉讼调解到"消失中的审判". 法制与社会发展，2008（5）.
⑤ 滕尼斯. 共同体与社会——纯粹社会学的基本概念. 林荣远，译. 北京：北京大学出版社，2010：43-76；金观涛. 探索现代社会的起源. 北京：社会科学文献出版社，2010：12-13.
⑥ 弗里德曼. 法治、现代化和司法. 傅郁林，译. 北大法律评论，1998（1）.

统社会到现代社会的变迁过程中，社会日趋多元化，个人权利和工具理性得到极大的张扬，契约也随之具有了"高于传统血缘、道德和有机的人际关系的正当性并成为一切社会制度的框架"[①]。因此，从社会变迁伊始，法治（法律）[②] 便与现代社会表现出与生俱来的亲和性和极高的契合度。

现代社会的高度复杂不仅基于人们之间关系的陌生化、匿名化，更是由于社会组织原则和价值系统的转换，当然这一过程必定伴随着社会风险的增加，这就对人的行为合理性提出了更高要求。这种合理性的实现必然表现为"非人格化"的法律统治，在一些学者看来只有从这个角度来认识法与现代社会的关系才可能是深刻的。[③] 而法律统治的非人格化则要求法律的"形式化"[④]，注重程序、证据和逻辑，追求一种普适性价值。在韦伯看来，法律的形式化是法律现代性的基本特征和集中体现，也是现代法治区别于传统法治的基本尺度。[⑤] 因此，现代社会中人们之间的关系处理、纠纷解决就被置于这台工具或技术合理的"形式化法律"的机器之下。在审判车间的流水线上，受证据、程序和逻辑的操控指示，一个个案件被源源不断地生产出来。在案件的生产过程中，法律的形式化决定了它仅需要关注"次级纠纷"本身，其他的道德、人情、礼俗、关系这些具有传统社会色彩的元素在这里均需让位，或者进一步说是被法治压制。法治在现代社会中取得正当、合理的地位凸显了人们之间关系的契约性，社会组织原则和机制的变化也使得现代社会并不需要像传统社会一样重视对受损关系的修补以防止新的次级纠纷的产生，"全息"式纠纷及其解决方式在现代社会似乎失去了生存的土壤。

四、"全息"式纠纷解决方式对现代社会的启示

毋庸置疑，法治与现代社会之间存在很高的契合性，法治在维持现代社

---

① 金观涛. 探索现代社会的起源. 北京：社会科学文献出版社，2010：28.

② "法治""法律""法"等概念在具体含义上有一定区别，限于主题和篇幅，这里不做过多探讨，我们在广义上对以上概念通用。

③ 梁治平. 法辩——中国法的过去、现在与未来. 贵阳：贵州人民出版社，1992：86-87.

④ 在韦伯看来，法律的形式化是指"在实体和程序两个方面只有具有确凿的一般性质的事实才被加以考虑。这种形式主义又可分为两种：具有像感觉资料那样能被感知到的有形性，才可能是法律与之有关事物的特征……另一种类型的形式主义法律表现为通过从逻辑上分析意义来揭示与法律相关事实的特征，以及被明确界定的法律概念是以高度抽象的法规形式构成的和应用的"。转引自公丕祥. 韦伯的法律现代性思想探微. 学习与探索，1995（5）。

⑤ 公丕祥. 韦伯的法律现代性思想探微. 学习与探索，1995（5）.

会秩序中发挥了至关重要的作用。不过有一点需要强调，我们对"现代社会是一个陌生人组成的契约社会"作为一个学术命题总体而言没有异议，但就现实而言并不完全符合实际。即使现代社会已经发展到很高水平，在其整体框架下依然还有"熟人社会"的存在，正处于社会转型中的中国社会更是如此。城乡二元结构框架下的农村自不待言，即便是城市社会还是存在血缘、地缘和业缘关系，甚至在一些行业还出现了次级关系的初级化现象。① 因此，在现代法治的语境下，面对现实生活的高度复杂性，如何协调人与人之间的关系，构筑和规范良好的社会秩序是一个值得进一步反思的问题。

由上述命题反观具体现实，可以发现"熟人社会"其实就在我们每个人的身边，人们彼此间仍保持着某种"身份"的对应，费孝通先生提出的"差序格局"在今天依然有很强的解释力。理性笼罩下的现代社会既然还有熟人社会存在的土壤，对"全息"式纠纷及其解决方式的讨论就有了现实意义。② 在我们看来，与其说"全息"式纠纷与现代社会是天然抵牾，毋宁说相对西方，中国社会转型的过程更为复杂。脱胎于传统，至今仍带着乡土秩序鲜明胎记的中国社会，道德、礼俗、伦常、情感和经验在秩序建构中依然发挥着无可替代的作用。我们承认法治保障着西方现代社会合理运转，造就了资本主义灿烂文明的同时，也要看到在中国古代"法治"从来都不是正常社会必需的一部分，仅仅是服从文化的根本追求，实现社会"绝对和谐"的一种手段③，因而现代法治与中国社会的磨合也是题中应有之义。况且目前法律大多由西方社会移植而来，而非自发内生，如果将法律作为一种"地方性知识"，它也就必然存在与本土资源的适应与冲突。这一点在规范和构建熟人社会秩序，特别是解决"全息"式纠纷时显得更为突出，秋菊们的困惑也就由此而来④。

---

① 王思斌. 中国人际关系初级化与社会变迁. 管理世界，1996（3）.

② 不少学者指出了中国社会在变迁过程中一些传统村落共同体出现了虚无化的现象，人际关系呈现理性化和原子化的态势。应该说此类判断没有问题，但只要存在初级关系就有初级纠纷发生的可能性，若初级纠纷不能及时解决，次级纠纷乃至更为激烈的纠纷都有可能发生。

③ 费正清. 美国与中国，第4版. 张理京，译. 北京：商务印书馆，1987：88；梁治平. 寻求自然秩序中的和谐：中国传统法律文化研究. 北京：商务印书馆，2013：208.

④ 如上文所述，影片《秋菊打官司》展示了现代法治在解决熟人之间"全息"式纠纷时的弊端，不仅造成了秋菊的困惑和不解，甚至秋菊有可能会遭到村落的"驱逐"和"流放"这样极为严厉的处罚。让我们做一个大胆的想象：一个可能的画面是秋菊在村中受尽蔑视，无人与之相处。秋菊在无法忍受现状后，只好收拾行囊，抱着孩子，和丈夫一起带着愧疚与不舍，一步三回头地离开这个村庄。

熟人社会中"全息"式纠纷之所以难以通过法治彻底解决，很大程度上是由于以证据和逻辑推理为基础的现代法治发生作用的前提是分离的、原子化的个体社会，而熟人社会中的人们却是"一损俱损，一荣俱荣"的有一定生活联系的群体，因而现代法治在这样的环境中常常不能有效运作。① 此外，纠纷当事人之间的初级关系，以及初级关系上附着的道德、情感、人格等也是重要的影响因素。这种类型的纠纷在某种意义上不是"事实"，而是"关系"，或者说作为"标的"，它本来就无法化约为事实。② 因而，形式主义的法治在面对此类"整体性"纠纷时往往无法下手，其结果是只能就纠纷本身进行强制断面切割。对于当事人而言得到的是程序正义，失去的可能是亲密关系，甚至会引发新的紧张和激烈程度更高的次级纠纷；而对于社会而言是法治的又一次精彩出场，失去的则是无破损的社会秩序。

那么，在现代法治社会的语境下，应该如何处理熟人社会中的"全息"式纠纷？前文所述的"调解"这一传统的纠纷解决方式是否还有用武之地？毫无疑问，答案是肯定的。调解在当今社会多元纠纷解决体系中依然占据着举足轻重的地位。通过分类管理，对于"全息"式这类熟人间的纠纷尽可能采用调解的方式，在解决次级纠纷的同时，修补当事人之间的初级关系，而不是将其全部置于法治审判的规制之下。这里所说的调解③，从解决主体看，不仅包括诉讼外通过中立的第三方促成双方当事人在自愿的基础上达成一致，也指在审判的框架下通过法院的工作来促成双方的和解，并且要特别重视双方当事人的主体作用以及交涉性的合意作为其正当性基础；从解决方式看，在继承传统的基础上对其进行创新。现代法治社会的调解理应包含一定的契约精神，从而与传统的"和稀泥"式的妥协、权威主义或威压性的调解区别开来。④ 通过调解这样一种兼顾"情、理、法"的纠纷解决方式，还原纠纷"全息"的过程，以达到双方利益的平衡，同时尽可能杜绝新的次级纠纷，以

---

① 苏力. 法治及其本土资源. 北京：中国政法大学出版社，1996：29.
② 刘正强. 新乡土社会的事件与文本——鲁县民间纠纷的社会学透视. 上海：上海社会科学院出版社，2012：178.
③ 这里并不打算对调解类型作进一步的严格细分，更多只是从调解的一般性意义上对其进行讨论.
④ 季卫东. 当事人在法院内外的地位和作用（代译序）//棚濑孝雄. 纠纷的解决与审判制度. 王亚新，译. 北京：中国政法大学出版社，1994：3，7.

维持一种长远、稳定的关系。

法治与现代社会的契合，法治对现代社会的重要性这里无须赘述。我们只是强调法治应当回应社会的真实需求，法治的源泉和真正基础是社会生活本身。① 此外，在现代法治建设过程中还需从优秀的传统文化中汲取营养，立足当下，借鉴传统是现代法治建设的必由之路。如果不顾社会的需求，一味强行地用法治审判来切割真实的生活，将人们的全部关系都置于法治的监管下，那很可能"造就一个法律更多但秩序更少的世界"②。从另一个角度看，调解也是广义法治的一部分，虽然调解与审判在法社会学理论中往往被构建为两种相互对立的纠纷解决方式，但实际上二者是紧密联系、相互作用的。即使是通过调解方式完成的纠纷解决也并不是在与审判无关的地方独立地发挥作用，而是在法律制度的笼罩下，与审判、判决制度的现实机能密切相关。③ 可见，将现实生活中的纠纷解决过程截然加以区分是不可能的。因为相关影响因素总是混在一起不断流动的，且随着纠纷当事者、利害关系者的利益所在、力量对比等状况的不同而有所差异。④ 因此，我们强调用调解的方式来处理"全息"式纠纷并不意味着背弃法治和审判，那样的话只会导致对法治和调解理解的肤浅化和庸俗化。

五、结语与讨论

在"欧洲文明之子"马克斯·韦伯看来，西方社会的法律以纯粹形式和高度合理著称，因而也就保证了西方社会秩序的协调运转。而东方法律的本质是价值合理性的，追求的是实质原则。⑤ 或许韦伯在这里已经做出了自己对东西方法律文明价值上的判断，但也正是他所肯定的西方形式理性在后来为他构筑了一个"理性的牢笼"。这个牢笼不仅使韦伯个人在思想脉络上

---

① 苏力. 二十世纪中国的现代化和法治. 法学研究，1998 (1).

② 埃里克森. 无需法律的秩序——邻人如何解决纠纷. 苏力，译. 北京：中国政法大学出版社，2003：354.

③ 棚濑孝雄. 纠纷的解决与审判制度. 王亚新，译. 北京：中国政法大学出版社，1994：2-3；GALANTER M, "A settlement judge, not a trail judge"：judicial mediation in the United States. Journal of Law & Society, 1985, 12 (1)：1-18.

④ 棚濑孝雄. 纠纷的解决与审判制度. 王亚新，译. 北京：中国政法大学出版社，1994：7-14.

⑤ 韦伯. 法律社会学. 康乐，简惠美，译. 桂林：广西师范大学出版社，2005：222-223；公丕祥. 韦伯的法律现代性思想探微. 学习与探索，1995 (5).

陷入挣扎，也是西方社会秩序发展危机的最好注脚。这使我们应该重新审视东方法律文明的"价值合理性"（实质原则），可能对我们解决实际纠纷、构建和规范社会秩序更具启发性和建设性。而提出"全息"式纠纷及其相应的解决方式正是继承和借鉴东方法律文明的体现，同时也是对浸淫着西方中心主义的国家法治观保持一种警醒态度。这种反思源于我们对历史的感知以及对当下生活经历和切身体验的理解①，体现为一种文化自觉的意识。它使我们走出西方法治万能的迷阵，真正关注中国社会发展的真问题，观照普通民众真实的社会诉求。而本文所做的努力只能算是这方面一点小小的尝试。

应该说，在当今社会"全息"式纠纷依然有其普遍的意义。不仅在熟人社区，在非熟人社区类似纠纷也时有发生，屡屡出现的恶意报复事件就是明证。法治在处理此类纠纷时很少能还原纠纷"全息"的过程，虽然在量刑等方面有所考虑，但基本还局限于次级纠纷本身，基于其形式化的属性以及由此导致的断面式视野，对初级纠纷的关注较少。即使有，也只是法治的运作者——法官个人的"造法"。此时法治展示给我们的更多是"逻辑面相"，而其"经验面相"则被悬置或隐藏，由此纠纷当事人实现了程序上的正义和公平，而实质正义的需求可能并未得到满足。而"法的生命不是逻辑的，而是经验的"（霍姆斯语），包括法治在内的一切制度只有关注民众的生活向度，致力于解决民众的实际问题才能保持其生命的活力。

其实，各个社会都有共同点，也都有自身的特色。现代法治之所以在西方社会能取得成功，与其社会结构、法治传统不无关联。但人们有了纠纷是不是都会义无反顾地走进法庭将其付诸诉讼？很显然答案是否定的。且不说西方社会也存在一个个小的"熟人社会"，即使是商人交易这样的陌生人圈，很多时候人们也并不签订法律合同，而是依靠信用维持交易的进行。这不仅没有产生大量的商业纠纷，反而有效促进了商业的发展。② 另外西方非诉讼纠纷解决方式（ADR）的勃兴也有力地说明了这一点。可见，即使在法治高度发达的西方，现代法治也并未一统天下。而民间习惯制度在经历了工业革

① 强世功. 法制与治理——国家转型中的法律. 北京：中国政法大学出版社，2003：77.
② MACAULAY S. Non-contractual relations in business: a preliminary study. American Sociological Review, 1963, 28 (1): 55-67.

命和资本主义法律精神的重构后也并没有消失殆尽，因为人类社会对某些规则的需求终究不是以精英理性建构为基础的。①

对西方中心主义法治观的反思还需要强化我们对自身文化自觉和自信的意识。以调解为例，近年来调解作为一种纠纷解决的重要方式在西方社会得到了广泛应用，其本质原因在于调解等非诉讼解决方式在帮助人们实现正义的同时，也适应了其经济、快捷、符合情理地处理纠纷的需求。而我国调解发展的状况却不尽如人意，在经历了新中国成立后和改革开放初期极端化的发展（如"调解为主，审判为辅""着重调解"等方针）后②，20世纪90年代以后调解的衰落就成为必然。当现在重新对调解等非诉讼纠纷方式加以重视时，我们推崇的却是美国等西方国家的ADR，对有悠久历史的传统调解则不以为然。③ 西方国家的成功经验固然需要学习，但"出口转内销"的教训也着实不少。在立足自身的基础上学习西方，同时贴近普通大众的生活，满足民众的生活需求才是调解制度将来进一步完善和发展的方向。

当然调解与审判一样，并不是一剂"万能药"或"宇宙药"，也有其无法克服的弊端。就"全息"式纠纷而言，这种类型的纠纷多发生于关系亲密的当事人之间。双方如果撕破脸皮，把纠纷闹到法庭，意味着彼此间的关系可能存在无法调和的矛盾，这给调解工作带来了极大的困难。因此，防患于未然，将纠纷特别是次级纠纷化解于发生的早期，或许是此类纠纷解决的出路之一。此外，对调解方式的过分强调是否会像一些学者所担心的那样对国家法律体系产生不良影响，如司法开始脱离法治预期的轨道、纠纷解决逐渐脱离法律的规制，对审判制度形成冲击④，造就腐败空间形成新的不公正等问题都需要我们长期加以关注。很明显，如果单从价值判断和逻辑推论来理解法治显得过于理想主义，但随着现代法治理念越来越向现实主义回归，更多反映普通民众生活向度、符合民众生活逻辑的法治的推行，或许会让秋菊们

---

① 淡乐蓉. 论藏族"赔命价"习惯法与国家法的互动及其发展趋势. 山东警察学院学报，2011(3).

② 王建勋. 调解制度的法律社会学思考. 中外法学，1997（1）；强世功. 法制与治理——国家转型中的法律. 北京：中国政法大学出版社，2003：71.

③ 范愉. 以多元化纠纷解决机制保证社会的可持续发展. 法律适用，2005（2）.

④ 范愉. 从诉讼调解到"消失中的审判". 法制与社会发展，2008（5）.

少些不解和困惑，得到他们想要的那一个"说法"。

（郭星华、李飞）

第二节　从摒弃到尊重：传统文化与现代法治关系的新定位

在现代性扩展的进程中，"传统"被赋予了什么样的形象、这种形象是如何被建构的以及这种建构对"传统"的命运会造成何种影响，对这些问题的讨论不仅有助于我们理解传统与现代之间的关系，而且可以帮助我们窥探社会实践的隐秘。具体到中国近现代的改革历程，"传统"更是一个难以绕过的论题。一方面，知识界围绕"现代/传统"的论争不绝于耳；另一方面，实务界的变革直接触碰与传统相关联的各种事项。可以说，无论是作为历史背景的"传统"，还是作为现实资源的"传统"，它都会以各种不同的形象和方式嵌入社会变革。

一、由两项司法改革引起的思考

2011年的两项司法改革引起了社会的广泛热议：一项是《刑事诉讼法修正案（草案）》用"亲亲相隐"来代替"大义灭亲"；另一项是《最高人民法院关于适用〈中华人民共和国婚姻法〉若干问题的解释（三）》中有关父母给子女购买不动产的产权归属规定。

对于前一项司法改革，《刑事诉讼法修正案（草案）》第六十八条规定："经人民法院依法通知，证人应当出庭作证。证人没有正当理由不按人民法院通知出庭作证的，人民法院可以强制其到庭，但是被告人的配偶、父母、子女除外。"这一新规定强调犯罪嫌疑人的亲属有不出庭作证的权利。对于这一变更，草案说明给出的解释是："规定强制出庭制度，证人、鉴定人没有正当理由不出庭作证的，人民法院可以强制其到庭……考虑到强制配偶、父母、子女在法庭上对被告人进行指证，不利于家庭关系的维系，因此，规定被告人的配偶、父母、子女除外。"①

---

① 刑事诉讼法修正案（草案）条文及草案说明．（2011-08-30）［2014-03-05］．http://www.npc.gov.cn/npc/xinwen/lfgz/2011-08/30/content_1668503.htm.

《刑事诉讼法修正案（草案）》出于维系家庭关系而免除近亲作证的义务在一定程度上与中国儒家传统伦理相契合。《论语》中叶公与孔子的对话对这一伦理关系做了最好的注解。"叶公语孔子曰：'吾党有直躬者，其父攘羊，而子证之。'孔子曰：'吾党之直者异于是：父为子隐，子为父隐，直在其中矣。'"（《论语·子路》）儒家的这种主张融入了中国传统的法文化（即"兴容隐"的立法精神），古代法律对"亲属相容隐"的原则给予承认并且做了明确的规定。[①]"法律上既容许亲属容隐，禁止亲属相告讦，同时也就不要求亲属在法庭上做证人……唐以后的法律都明文规定于律得相容隐的亲属皆不得令其为证，违者官吏是有罪的，唐、宋仗八十，明、清仗五十。明时并规定原告不得指被告的子孙、弟、妻及奴婢为证，违者治罪。"[②]古代法律的这些规定旨在维护家庭伦常以及基于家庭伦常的社会秩序。即使在西化的民国法典中，隐匿犯罪亲属的行为所受到的罪罚也较轻。而新中国的刑事立法将"亲亲相隐"作为封建糟粕摒弃掉了，推崇"大义灭亲"，使许多人在法律义务与亲情人伦之间处于两难境地，而此次草案在一定程度上扭转了这一状况，向传统的法文化以及人伦精神归复。[③]

如果说"亲亲相隐"这一司法改革广受社会好评的话，那么《最高人民法院关于适用〈中华人民共和国婚姻法〉若干问题的解释（三）》则备受争议。该司法解释的第七条规定："婚后由一方父母出资为子女购买的不动产，产权登记在出资人子女名下的，可按照婚姻法第十八条第（三）项的规定，视为只对自己子女一方的赠与，该不动产应认定为夫妻一方的个人财产。由双方父母出资购买的不动产，产权登记在一方子女名下的，该不动产可认定为双方按照各自父母的出资份额按份共有，但当事人另有约定的除外。"对这一条款的批评大多集中在该规定偏向丈夫，忽视妻子利益，不利于婚姻稳定。这里，我们的旨趣不在于辩论这些观点孰是孰非，也无意于论证该条司法解释正当与否，而是想从中国文化传统的角度来理解这条司法解释。

在中国社会的文化脉络中，婚姻财产并不只是具体的物，而且被赋予了特定的社会文化意涵，比如"家业""祖产"，其制度表现形式便是家庭财产

① 汪慧君. 从"近亲可拒证"看传统伦理回归. 广州日报，2011-08-23.
② 瞿同祖. 中国法律与中国社会. 北京：中华书局，1981：57.
③ 傅达林. 司法让步给人伦更多空间. 京华时报，2011-08-23.

所有制。在这种财产制度下，子孙不仅通过分家的形式从父辈祖辈继承一定的财产，而且需要通过自身的努力，积攒家产，并将家产世代传承下去。可以说，家庭（家族）的延续不仅是人丁的繁衍，而且体现在家产（尤其是房屋、土地）的传承上。① 此外，在父系社会中，父子关系被看成是社会秩序的基石，家产也只在父系中流转，即所谓的父系传嗣单系继承。② 例如，在清代的成文法和民间习俗中，土地就被视为父系家庭的东西，土地财产被定义成家庭财产，并且在理论上可以永久持有，代代相传。这种接力式的财产原则和儿子对父母的赡养以及孝观念联系在一起，维系了费孝通所说的代际反馈供养-赡养模式，并且这一逻辑被扩展到与家庭财产相关的继承制度中，比如，"一对没有亲生儿子的夫妻必须从最近的父系亲属中过继一位嗣子，那就是说，某位兄弟的儿子。与亲生子一样，该侄子在继承他们的财产时，也有负责赡养他们的义务"③。

当然，无论是清律、民国法律，还是新中国的《婚姻法》，赡养父母都是一种无条件的义务，并且在法律逻辑中，财产分割与对父母的赡养义务是两个层面的问题，是分开处理的。但在民间习俗中，家产的分割是以身份为凭据的，继承了相应的家产往往意味着要承担一定的义务，尤其是赡养老人的义务。民间习俗的这套逻辑并不因为法律逻辑的扩张而消失，相反，它仍然在当今中国的婚姻家庭中起作用，尤其在农村地区，其影响力更为明显。④

如果将父母给子女购买的房产视为家产并且从家产继承与赡养责任的角

---

① 在传统社会，典卖田宅（家产）是一件极为失败的事情，即使迫不得已要典卖，出典人也有回赎的权利，并且同宗族人有优先典买的权利，以规避家族财产流失的风险。

② 费孝通. 江村经济. 上海：上海人民出版社，2007：45.

③ 黄宗智. 法典、习俗与司法实践：清代与民国的比较. 上海：上海书店出版社，2007：120.

④ 王晓蓓研究的河北翟城"招墓角"风俗便是一个典型例子。按照"招墓角"习俗，当丈夫因病或者意外事故去世之后，寡妇有两种再婚方式：一种是改嫁，即寡妇离开原先的夫家，嫁到新婆家去，当地人称之为"出门子""往前走"；另一种是"招墓角"，即寡妇留在原来的夫家，招赘一个新丈夫到亡夫家里来，接替亡夫在家庭中的位置和角色，协助寡妇进行生产劳动，履行亡夫抚养子女、赡养老人的责任。在当地习俗和观念中，"招墓角"婚姻与寡妇"出门子"改嫁有着本质的区别。"出门子"是寡妇离开了亡夫的家族，与婆家断绝了关系，她不能将夫家的家产带走，必须放弃对家庭财产的相关要求，尤其要放弃对男孩子的抚养权。但是通过"招墓角"的方式招赘一个新丈夫来顶替亡夫的角色，女方组建的新家庭避免了女方带着孩子改嫁，并且可以延续亡夫的香火和家业，因此不难获得婆家以及亡夫宗族的认可。"招墓角"既可以让女方守住家业和孩子，又可以有人帮其撑起整个家，维持家庭的运转，但新建立的家庭在承继亡夫家业的同时，需要履行对亡夫父母和家族的义务。参见王晓蓓. 乡土社会中的国家法与民间法——对华北农村地区"招墓角"习俗的法社会学考察. 北京：中国人民大学，2008.

度来看待上述《婚姻法》的司法解释，我们就可以获得一些新的理解。在当前高房价的压力下，父母往往需要花费大半生的积蓄甚至四处举债才能为子女购置房产。从父母的角度来看，购置的房产是他们传给子女的家产，是完成文化习俗赋予他们的帮助子女成家立业的义务。在习俗伦理层面上，子女继承了父母的财产，赡养父母便是更加义不容辞的义务。另外，从客观状况来看，当父母倾其所有为子女购买房产之后，他们的经济压力通常会比较大，往往需要子女在他们年老时提供经济帮助。此时设想一下，如果子女与配偶离婚，配偶可以对房产提出财产要求，分割相应的比例，这意味着老人积攒的家产被分割，而且子女赡养老人的经济能力势必受到极大影响。更重要的是，尽管离婚的配偶分割到了老人的家产，但在法律层面上，他（她）已经并不需要承担任何赡养老人的义务。在这个意义上，上述《婚姻法》的司法解释与中国文化脉络中的"家产观"以及习俗传统对财产继承与赡养义务的规定形成了一定的连接。

综上所述，在中国的社会场域和文化脉络中，财产往往具有特定的社会意涵，与西方社会中子女继承父母的遗产是有差异的。中国的父母是生前就将财产分割给子女（子女成家后的分家或陪嫁），西方的父母则是留下遗嘱以便死后将财产（遗产）分配给子女。中国父母的子女与配偶离婚后，不再承担赡养自己的义务，当然也就不应该分割自己赠与的财产。但是，这样一个十分符合中国文化传统的"情理"竟然一直没有得到中国法律的认同。

因此，上述《婚姻法》司法解释为我们提供了一个现代法治建设观照中国本土文化的范例。遗憾的是，这样的范例在中国的现代法治建设进程中实在是太少了。因此，中国法治建设的主流思维方式是将中国传统文化与现代法治视为两个截然不同的事项，认为中国传统文化不仅难以为现代法治的生长提供土壤，而且在很大程度上阻碍了现代法治建设，因而是需要加以批判的对象，甚至要彻底摒弃。在这一思维模式背后的逻辑是现代法治孕育于西方文明体系，因此，中国推进现代法治建设的路径就是借鉴和移植西方法治发达国家的理念与制度。这种思维模式实质上是一种东方主义，它贯穿于整个中国近现代以来的法治实践。

二、传统文化的摒弃：法治建设的东方主义

中国近代以来的法律改革总体上走的是西化的路子，从法律概念、术语、

原则、结构和分类体系上借鉴和移植了西方社会的法则。在法律移植的路径中，西方式的法律被认为是普适的，等同于现代社会的法律，因而是中国需要学习的榜样和模仿的对象。这种法治建设路径深嵌了东方主义逻辑。

在东方主义的认知体系中，西方与非西方（他者）是两个不同的且彼此排斥的实体，并且西方（欧洲）是文明的、先进的、理性的、成熟的、优等的，非西方是野蛮的、落后的、非理性的、幼稚的、卑劣的。[①] 这种认知体系确立了西方对东方的权力关系、支配关系和霸权关系，使西方具有了一个弹性的位置优势（positional superiority），借此西方可以完全肯定自身的价值观，并理所当然地建构其对东方的想象，生产关于东方的言说模式和知识。换言之，东方丧失了独立的主体性，成为了西方观察、研究、判断、限制和管束的对象，其存在的意义与价值甚至需要通过西方的确认才可以被理解。用萨义德的话来说：

就 19 和 20 世纪的西方而言，人们普遍接受了这样一个假定：东方以及东方的一切，如果不明显地低西方一等的话，也需要西方的正确研究（才能为人们所理解）。东方就像在课堂上、法庭里、监狱中和带插图的教科书中那样被观看。[②]

可以说，东方主义呈现了一种文化作用于另一种文化的实际模式，是文化力量的具体运用，即西方文化（"强文化"）对东方文化（"弱文化"）的殖民。在这种权力关系下，中国被抛进了西方式的现代化进程，开始以西方为标准来改造自身，进行各个层面的"变法"。"鸦片战争后，中国虽然在法律上还算得上一个主权国家，没有完全沦为殖民地，但是，在文化上却可以说被彻底打垮了。西方文明借助'现代化'的浪潮，征服了中国。"[③] 更重要的是，这种征服后来成了中国近现代改革者（包括法律改革者）的主动需求和强烈要求。

当然，从文化变迁的角度来看，西方文明对中国的征服并不是一蹴而就的，而是最先兴起于物质文化层面，之后逐步扩展到非物质文化（制度和价值观念）层面。纵观近现代中国的变法实践，在接引西方文明的伊始，中国

---

① 萨义德. 东方学. 王宇根，译. 北京：生活·读书·新知三联书店，1999：49.
② 同①50.
③ 夏勇. 飘忽的法治：清末民初中国的变法思想与法治. 比较法研究，2005（2）.

的改革者们并没有立刻否定自身的文化，而只是在器物层面上认为西方船坚炮利，主张学习西方的技术文明，即所谓的"师夷长技以制夷"，此时中国传统文化中的价值理念层面尚没有成为被大肆攻伐的对象。"体用"之争、"华夷之辨"和"本末之辨"中出现的"古学复兴"现象便是一个明证。

但这种尊重本土文化资源的基调和立场在西学东渐的洪流中愈益式微，取而代之的主导思维是将中国传统文化视为封建的、滞后的、狭隘的、沉重的，因而是需要"变革"的。在一场场运动和革命（如新文化运动）中，传统文化更是被贴上了"陋习""陋俗"的标签，被视为中国遭受外辱和落后于西方的渊薮。知识分子对传统文化的态度从"师夷长技以制夷"转变到"打倒孔家店"，从之前在器物技术以及制度层面认可中国弱于西方，演变成从价值理念层面接受中国传统文化的落后性。至此，社会改革者们深信，只有从中国文化的根源进行改造，移风易俗，让国民学习西方的理念和行为，才能实现"建设西洋式的新国家"的目标，才能真正强国保种。对中国传统文化的这种摒弃态度集中体现在胡适和陈序经的"全盘西化论"中。

当我们凝视中国人对传统文化的态度转变过程时，有一点非常明显，那就是在现代性的追求中，"现代/传统"的二元对立范畴进入了中国人的思想观念，"传统"逐渐成了一种话语，被意识形态化了。在这种二元分类体系中，与传统沾边的东西基本上被归入旧世界、旧秩序的符号谱系，文化同样也不例外。在这个分类范畴中，中国传统文化意味着陈旧、保守、没有生命力，西方文化则代表着现代、全新、开放、充满活力。而这样的分类范畴满足了当时知识分子对新世界的希求，并且为社会革命者打造新秩序提供了合法性来源。因此，无论当时的知识分子和社会革命者在政见上存在多大差异，他们在对传统文化的批判上似乎是契合的，他们都认为，否定以及摆脱传统文化是全新社会到来的一个必要条件。

简言之，在与西方文化的碰撞中，中国传统文化从器物层面到理念层面节节溃败，并且"传统文化"已经演变成了一种意识形态模式，遮蔽了我们对传统文化的理性认知。

检视中国近现代以来的法制演变历程，我们可以管窥到中国传统文化在器物和理念层面上的渐次衰败。清末，各路列强为了实施侵夺、攫取在华的各种特权，逼迫清政府签订了一系列不平等条约。这些条约对中国传统法制的内容和形式产生了直接冲击。在列强的压力和"承诺"下（如尽力协助中国进行律例整顿，并将改良法制作为放弃领事裁判权的前提），清政府于1902 年颁布谕令："现在通商交涉，事益繁多，著派沈家本、伍廷芳将一切现行律例，按照交涉情形，参酌各国法律，悉心考订，妥为拟议，务期中外通行，有裨治理。"据此，沈家本等秉持"参考古今，博稽中外"和"专以模范列强为宗旨"的原则修订清律，起草新法典，对大清律例进行改革，开启了中国传统法制的现代转变之路。①尽管对于法制的这种转变，一个常见的判断是，清政府修律实质上是用西方法律形式来救偏补弊，维系既有统治，其实质是固守旧法统（这种立场在之后清政府为缓和国内外矛盾而进行的"预备立宪"中表现得极为明显）②，但是它开创性地将西方近现代法律思想和观念引入中国的法制创设，实现了法律制度的"形式合理性"以及"大传统"的西方化。

值得注意的是，在此阶段，中国传统法制并没有立刻被摒弃，而是仍然被认为是有价值的。除了以沈家本等人为代表的"法理派"（主张引进西方法律理论和观念来改革中国传统的法律制度）与张之洞等人为代表的"礼教派"（对法律改革持消极态度，主张法律与礼教相混合）产生激烈争论之外，以章太炎、刘师培、梁启超等人为代表的晚清"新法家"似乎对中国传统法制与西方法治之间的关系秉持了更为理性的态度。他们通过解释先秦法家的思想来表达自己的治国主张，对原始法家思想进行了创造性转化，即"以西释中，用现代西方'法治'或'法治主义'的话语，归纳和解说原始法家的思想；或以中格西，用原始法家的思想定义'法治'或'法治主义'，从而找到'法治'或'法治主义'的本土资源"③。大体上，在清末知识分子看来，法治、民权都是从西方移植来的强国工具，本身不具有多少值得尊崇的价值。④

伴随着中国社会危机的加深、革命运动的兴起以及西方法治文化的广泛传入，从形式内容到理念精神上彻底改革中国传统法制，建立现代意义上的法治，愈益成为社会改革者们的追求。此时，法治不仅仅是一项治理工具和

---

① 曾宪义. 中国法制史. 北京：北京大学出版社，2000：240−243.
② 同①244.
③ 程燎原. 晚清"新法家"的"新法治主义". 中国法学，2008（5）.
④ 强世功. 法制与治理：国家转型中的法律. 北京：中国政法大学出版社，2003：43.

强国策略，更是现代文明社会的标志以及建设现代民族国家的重要路径。"在这里，法治被作为代表西方或现代政治法律制度的重要内容，和民主、自由等文明标志联系在一起，成为接引西方、融入所谓现代制度文明的途径和方式。"①

这种法治观在民国时期法制近代化的实践中得到彰显。辛亥革命之后，中华民国南京临时政府移植了西方宪法，先后颁布了一系列的律令、条例，积极推动中国法律的现代转变。在中国法制史中，这一阶段及其后的法律改革更为广泛和繁杂。就我们所关注的议题来说，国民政府于1929—1930年颁布的民法典在以晚清草案为蓝本的基础上几乎全部仿照德国民法典。"20世纪中国立法者自身以德国民法典为出发点，对该法典几乎全盘采纳。总体上，现代西方法律体系（特别是德国法律体系）被认为是法学科学中最好的和最进步的成就……几乎所有参与其事的中国编撰者都受过西方法学的训练，其中某些人在西方优越性的假定上或许比他们的西方同代人更东方主义。"②

不可否认，民国民法典在一些律例上存在维持民间习俗的状况③，但在中国社会移植一部高度西方化的法典之后，法律原则与民间习俗所代表的传统文化理念之间的背离和矛盾就注定成为法治实践中的重要面相。很明显，西方的器物文明和文化理念在征服国家层面的"大传统"之后，逐渐延伸到民间社会，挤压作为"小传统"的传统习俗及乡规民约。在法律与习俗"小传统"的种种冲突与对抗中，习俗所代表的传统文化越来越丧失力量，处于边缘位置，其包含的诸多理念和原则在立法层面以及司法实践中被完全摒弃，而源自西方制度理念的成文法在"现代性"的扩张进程中逐渐确立了绝对的主导地位，并演变成为一种新的"大传统"。

需要指出的是，在20世纪三四十年代，作为中国学习榜样的西方"正处在不可师法的状况"，中国知识分子对传统文化的态度相比于新文化运动时期

① 夏勇. 飘忽的法治：清末民初中国的变法思想与法治. 比较法研究，2005（2）.
② 黄宗智. 法典、习俗与司法实践：清代与民国的比较. 上海：上海书店出版社，2007：172.
③ 黄宗智认为民国的法律是新旧法律的混合体，旨在将"西方的个人主义重点与中国传统的家庭主义重点，综合成新的以'社会'为重点的法律制度"。参见黄宗智. 法典、习俗与司法实践：清代与民国的比较. 上海：上海书店出版社，2007：173。

要缓和得多，甚至为传统文化呼告。在这一时期，基于中国本土之上的现代发展模式折射出了知识分子对于多样现代性的现实追求。[①] 这样一种追求在革命根据地新民主主义法律建设的成熟完善时期同样有所体现，即将马克思主义理论与中国本土实践相结合的人民民主法制建设路线，形成了马锡五审判方式和人民调解制度。

以调解制度为例。从文化的角度来看，调解与儒家秉持的"必也使无讼"的态度相一致，体现了传统儒家文化对自然秩序和谐的追求，因此，调解制度可以看作儒家文化的产物。[②]"古代中国人把'和谐'奉为社会中绝对的目标，把法律看成是实现这一道德目标的手段；其法律因此只具有否定的价值，争讼乃是绝对的坏事。"[③] 在此意义上，人民调解制度与传统的调解制度具有文化上的连续性。

但是，这样的本土追求并不持久。随后，中国的社会改造重回旧辙，从本土回到了本本，只是模仿的对象多了苏联。在新中国的法治建设中，国家法与民间法之间的差异和冲突被进一步延续，而且存在扩大的状况。这一时期，在法治的资源方面，新中国的法律除了受到之前既有的法律和社会主义理念的影响之外，还继续受西方法律的影响。尤其在改革开放之后，西方法律对中国法治建设的影响更为广泛和深入，建立一套与现代西方立法相一致的法律体系仍然是立法者们的追求。其缘由之一是中国"文化处于断层期和实用主义哲学泛滥的时期。中国的社会经济发展模式处于一种既没有历史也没有世界格局的真空发展阶段。西方现代化因此很自然地成为唯一的社会发展模式"[④]。其结果是，我们似乎在重走西方早期现代化的发展道路。"由于文化中国与文化自觉之间的断裂，又恰逢 20 世纪 90 年代冷战结束以西方自由化、市场化与现代化为原则的全球化的影响，中国的社会经济发展模式并没有得到足够的反省空间。"[⑤]

具体到改革开放之后的司法实践，20 世纪 80 年代以来的"普法运动"

---

① 舒建军，贺雪峰，黄平. 乡土中国文化自觉导言//黄平. 乡土中国与文化自觉. 北京：生活·读书·新知三联书店，2007：3.

② 强世功. 法制与治理：国家转型中的法律. 北京：中国政法大学出版社，2003：248.

③ 梁治平. 寻求自然秩序中的和谐. 北京：中国政法大学出版社，1997：217.

④ 同①4.

⑤ 同①7.

"送法下乡"以及"基层司法建设"不仅重建了国家对个人的权力关系以及使国家意求的秩序在乡村社会得以贯彻落实，而且在某种意义上，也确立了国家法所主张的知识、理念、原则对乡土社会本身的知识、习俗、惯例的优势地位和权力关系。在"送法下乡"的司法运作模式中，法律作为一种外来的、陌生的规则，要想在乡土社会扎根并发挥实效，就需要改变农民的一些固有习惯，尤其是要否定与国家法不一致的习俗传统（当然，二者之间也存在相互适应的一面）。在这一过程中，诸多为人们所熟知的、遵循的民俗传统被贴上了"野蛮""封建""落后""前现代""小农""不平等""不尊重个体权力"等标签，成为批判对象。于是乎，"除旧布新"、改造人们的"传统"思想观念便很自然地成为法治建设的题中应有之义。比如，对于中国的法治建设，一个常见的表述是法律意识淡薄是法治建设的重要障碍[1]，因此，法治建设不仅要构建法律制度体系，而且要塑造人们的现代法律观。由此，在法治现代化以及建设现代法治国家的宏大叙事下，法治作为国家层面的"大传统"对民间社会的"小传统"的宰制越来越严厉，乡规民约、习俗民德所代表的传统文化越来越不具有合法性和正当性，越来越难以对人们的衣食住行、日常用度进行调节。

毋庸置疑，对一些特定的习俗传统进行批评甚至摒弃是有正当理据的，或者是符合社会发展需求的，但是我们的法律制定者们似乎更多地满足于构建一个精致自洽的法律世界，相比之下，对于这个高高在上的世界到底在多大程度上能够连接老百姓的日常生活世界以及在多大程度上可以观照中国的本土文化则关注不多。由此所引发的法律制度设置与中国社会不相适应甚至相冲突的状况便俯拾皆是，毕竟法治需要的不仅仅是一套精美的制度，而且还需要一套与其相匹配的观念形态、价值判断以及行为模式，需要适合其运行的社会环境和文化土壤。[2]

总体上，在现代法治建设的道路上，传统文化更多地被放置到与现代法治相对立的位置上，被认为与现代法治义明格格不入。毫不夸张地说，谈现

---

[1] RANDALL P. China's long march to rule of law. Cambridge, United Kingdom: Cambridge University Press, 2002.

[2] 郭星华，王平. 中国农村的纠纷与解决途径：关于中国农村法律意识与法律行为的实证研究. 江苏社会科学，2004（2）.

代法治言必称西方、唯西方独尊已经成为常态。近几十年来，中国的知识分子们不仅接受了西方对自身形象的定义和描述，而且还热衷于膜拜作为异国情调的西方，以及建构不真实的西方形象。公丕祥将法律发展中的这种倾向称为"西方主义"，即"把东方法律发展看作从属于或依附于西方法律发展的一种非独立的、非自然的历史过程，突出在全球法制现代化进程中的西方法律发展的支配与主导地位，反证东方法律发展的消极与被动的角色，从而起到了与法律发展问题的'东方主义'的异曲同工的效应"①。换言之，中国的法律改革者们在自我东方化的思维模式中越陷越深。

需要我们警醒的一点是，这种自我东方化的思维方式极易使我们陷入一个认知误区，那就是对于中国法治实践中出现的种种问题，尤其是当法律制度与老百姓的行为习惯出现悖反时，我们习惯于甚至热衷于从中国文化的价值理念层面来寻找原因，如中国传统的法律文化、中国人的法律观念以及中国人的"陋习""陋俗"等，相反，我们甚少去质疑法律制度本身。"接受法理型权威并将法律禁止的行为解释为或建构为'错误的'或者道德败坏的，这有助于降低认知混乱（行为与认知之间的差异）。因此，法律不仅代表着可接受的行为模式，而且强化这些被接受的行为模式。"② 而成就这一思维模式的奥秘在于，法治作为现代化符号谱系中的一员，具有福柯所说的"话语"力量，在引导社会变迁方面拥有很强的合法性。

在中国的司法实践中，法律制度试图"规训"习俗传统的例子比比皆是。这里，我们以北京市烟花爆竹的"禁改限"为例。③ 燃放烟花爆竹作为传统年俗之一，在现代性的话语空间中，它因为产生环境污染，容易造成人身伤害、火灾等问题而被视为"不环保的""危险的""浪费的"，因而成为治理的对象。1982 年，北京市出现了禁放烟花爆竹的提议。1986 年，北京市政府出台《北京市烟花爆竹安全管理暂行规定》，提出"逐步限制、趋于禁止"的管理方针，从生产（生产者、规格品种）、运输、销售、燃放地等方面对烟花爆竹进行管制。1993 年，北京市在元旦、春节期间查获 146 起非法生产、运

---

① 公丕祥. 全球化时代的中国法制现代化议题. 法学，2009（5）.
② 瓦戈. 法律与社会：第 9 版. 梁坤，邢朝国，译. 北京：中国人民大学出版社，2011：253.
③ 倪凯. 习俗与法律的冲突与妥协——对北京市烟花爆竹"禁改限"的法社会学分析. 北京：中国人民大学，2007.

输、销售烟花爆竹的违法行为。该年 2 月，209 名北京市人大代表在市人大一次会议上提出 17 项议案，要求北京市通过法律严禁烟花爆竹燃放。7 月，北京市人民政府向市人大常委会提交了《北京市关于禁止燃放烟花爆竹的规定（草案）》，该草案在随后召开的北京市第七届人大四次会议上得到与会代表的赞同，之后广泛征集市民意见。从当时市政府以及主流媒体的表述来看，烟花爆竹被作为一种"问题"来讨论，被描述为"公害""陋习"，并且与"春节文明化""申奥"等议题联系起来。这种话语策略不仅吸引了市民广泛参与禁放讨论，而且使禁放草案得到了市民的广泛赞同。该年的 10 月 12 日，《北京市关于禁止燃放烟花爆竹的规定》在北京市人大六次会议上一致通过，其中第一条便明确指出该规定的意旨："为了保障国家、集体财产和公民人身财产安全，防止环境污染，维护社会秩序，根据国家有关法律、法规，结合本市情况，制定本规定。"该规定自 1993 年 12 月 1 日实施，禁放烟花爆竹自此成为法律条例。①

这项起初广受称赞的规定却在之后的实施过程中困难重重。在禁放区，部分市民违反规定，偷放爆竹，使禁放令几乎成了摆设。为了贯彻禁放令，光 2005 年除夕夜，北京市就出动了 13 万人上街巡查禁放。在爆竹声一浪高过一浪的现实面前，禁放令陷入了"执法成本很高，社会效果不好"的尴尬境地。② 在开禁烟花爆竹燃放的呼声中，2005 年 9 月 9 日，北京市正式出台《北京市烟花爆竹安全管理规定》，废弃之前的禁放规定，从全面禁止燃放烟花爆竹改为"限放"，由此放爆竹迎新年的民俗乐趣重新回到市民的生活世界中。

北京烟花爆竹"禁改限"的变化过程极大地彰显了法律所主张的现代性价值与传统文化习俗所秉持的理念之间的张力。对于这种张力的化解，中外思想家们早已给出了答案。中国古代法家代表人物商鞅在《商君书》中对法律与习俗之间的关系作了这样的论述："故圣人之为国也，观俗立法则治，察国事本则宜。不观时俗，不察国本，则其法立而民乱，事剧而功寡。"（《商君

---

① 倪凯. 习俗与法律的冲突与妥协——对北京市烟花爆竹"禁改限"的法社会学分析. 北京：中国人民大学，2007.

② 《禁放令》如何走出立法尴尬.（2005-04-07）［2014-03-05］. http://www.cctv.com/news/china/20050407/102867.shtml.

书·算地》) 德国著名的历史法学派代表人物萨维尼同样强调，法律如同民族的语言、建筑以及风俗一样，是由民族特性决定的，它"深深地植根于一个民族的历史之中，而且其真正的源泉乃是普遍的信念、习惯和'民族的共同意识'"①。因此，当法律干预公共"道德"的社会变迁，尤其是压制私人道德时，其局限性就暴露无遗了。② 司法实践一再证明，当法律有意识地引导社会变迁时，它需要道德和价值观的支持，不受道德和价值观支持的法律系统容易失效。③ 究其原因，"法律不仅仅是一种由国家强制推行的外在规范，它同时更是一套需要人们自觉遵循的价值体系，因而，它的制定需要以某种伦理观念作支撑，它的实施更需要社会大众的道德支持"④。

三、传统文化的融合：迈向文化自觉的法治建设

在东方主义思维模式的主导下，移植西方的法律制度被视为现代法治建设的必由之路。但在司法实践中，这种移植的法律与中国社会现实、文化传统以及民众的生活习惯产生了诸多冲突。在面对这种冲突时，我们通常将后者"问题化"，甚至污名化，以通过改变后者来消除二者之间的张力，以期为法制运行提供一个适宜的社会文化环境。这样的做法至今仍然盛行。

值得一提的是，在现代化、全球化的宏大叙事中，部分有识之士开始反思中国法制现代化、中国法的现代性以及中国法律文化的现代性问题，呼吁用"文化自觉"的心态来看待、发掘和利用中国传统文化中有价值的资源，重视中国传统文化（包括法文化）。⑤ 这种反思一直存在于中国近现代化的历程中，其力度和影响力近些年愈益增强，尤其是伴随着中国经济的快速发展、综合国力的显著提升，社会精英和普通大众对中国传统文化的自信心和自尊心大幅回升，传统文化的被贬斥状况得到明显扭转，出现了诸如国学热、汉服运动等现象。目前，尊重和继承中国文化传统的呼声越来越强烈。这种呼声不仅反映了我们对自身文化认同的诉求，而且彰显了我们对中国社会改革

---

① 博登海默. 法理学——法哲学及其方法. 邓正来，姬敬武，译. 北京：华夏出版社，1987：82.

② SCHUR E M, Law and society: a sociological view. New York: Random House, 1968.

③ 瓦戈. 法律与社会：第9版. 梁坤，邢朝国，译. 北京：中国人民大学出版社，2011：253.

④ 胡旭晟. 法的道德历程：法律史的伦理解释. 北京：法律出版社，2006：119.

⑤ 孙育玮. 关于"中国法的现代性"问题探讨. 政治与法律，2008（6）.

摒弃中国传统文化而衍生的各种问题和困境的深切体会，当然，其背后也暗含了我们对存续几千年的中国传统文化（包括法文化）在西方文化全球扩张态势下的命运以及中国社会在现代化、全球化范式中何去何从的省思。

在这种省思中，一个逐渐形成的共识是，中国的社会改革唯有与文化传统相结合，才能具有旺盛的生命力，才能为中国社会的良性运行提供重要促动力，其中法治建设也不例外。其中有代表性的观点如甘阳提出的"新改革共识"，认为当前中国的社会改革需要将中国社会的三条主线进行整合，一条是以"市场"为中心所延伸出来的自由和权利，一条是毛时代形成的平等和正义追求，另一条是注重人情乡情和家庭关系的中国传统文化或者说儒家文化；在"新改革共识"中，这三条主线的正当性都必须得到承认，彼此之间既相互制约又相互补充。① 具体到中国现代法治建设议题，我们的研究结果表明，在中国，文化传统所形塑的行为惯性仍然在很大程度上影响着人们的行为。因此，在追求法律体系的形式理性的同时，法治建设要考虑中国的国情现实以及普通民众基于文化传统之上的价值取向和行为惯性，法律只有结合中国本土文化的法治实践才能持久运行、发挥效用。②

2008 年横扫全球的金融危机为这种省思提供了一个重要契机。在这场全球性危机中，西方神话的幻灭以及中国经济在短时间内率先复苏，使中国的知识界开始反思西方文明自身的问题，并且这种反思明显摆脱了东西文化"先进/落后"的思维模式，取而代之的是反思东西文化类型的差异。这种反思促使知识界认真检视中国社会的特质，随之"中国经验""中国模式"一跃成为一种新的言说模式。例如，郑杭生认为："在上世纪与本世纪的交替期间，旧式现代性已经进入明显的危机时期，全球社会生活景观因此呈现出重大转折的种种迹象。在世界，在中国，探索新型现代性便成为一种势在必行的潮流和趋向。"③

上述立场及言说模式同样浮现在法律的学术视野中，并且愈益受到重视。如有论者倡导运用中国人的创造性智慧，"探索出一个既吸收人类法文化精华

① 甘阳. 中国道路：三十年与六十年. 读书，2007（6）.
② 郭星华，王平. 中国农村的纠纷与解决途径：关于中国农村法律意识与法律行为的实证研究. 江苏社会科学，2004（2）.
③ 郑杭生. "中国模式"的社会学解读. 人民论坛，2008（24）.

又继承本民族文化和法文化优秀传统，既反映时代特点要求又具有中国特色、中国风格和中国气派的法学理论和法治文化"①。概言之，中国的法制现代化必须打破"西方中心主义"的思维模式，尊重本国的传统、条件和现实，体现中国文化的特质和民族法精神。②

在迈向文化自觉的法治建设道路中，梁启超晚年游历西洋之后给青年人提出的发扬中华传统文化的步骤为我们提供了一定的借鉴："第一步，要人人存一个尊重爱护本国文化的诚意；第二步，要用那西洋人研究学问的方法去研究他，得他的真相；第三步，把自己的文化综合起来，还拿别人的补助他，叫他起一种化合作用，成了一个新文化系统；第四步，把这新系统往外扩充，叫人类全体都得着他好处。"③

（邢朝国、郭星华）

---

①　孙育玮. 关于"中国法的现代性"问题探讨. 政治与法律，2008 (6).
②　公丕祥. 全球化时代的中国法制现代化议题. 法学，2009 (5).
③　梁启超. 欧游心影录节录//梁启超. 饮冰室合集·专集之二十三. 北京：中华书局，1989：37.

图书在版编目（CIP）数据

现代法治建设与传统文化变迁/郭星华等著. —北京：中国人民大学出版社，2018.7
（社会学文库）
ISBN 978-7-300-25597-2

Ⅰ．①现… Ⅱ．①郭… Ⅲ．①中华文化-关系-社会主义法制-建设-研究-中国
Ⅳ．①K203②D920.0

中国版本图书馆 CIP 数据核字（2018）第 032916 号

“十二五”国家重点图书出版规划项目
社会学文库
主编　郑杭生
现代法治建设与传统文化变迁
郭星华 等　著
Xiandai Fazhi Jianshe yu Chuantong Wenhua Bianqian

出版发行	中国人民大学出版社			
社　址	北京中关村大街 31 号		**邮政编码**	100080
电　话	010 - 62511242（总编室）		010 - 62511770（质管部）	
	010 - 82501766（邮购部）		010 - 62514148（门市部）	
	010 - 62515195（发行公司）		010 - 62515275（盗版举报）	
网　址	http://www.crup.com.cn			
	http://www.ttrnet.com（人大教研网）			
经　销	新华书店			
印　刷	北京玺诚印务有限公司			
规　格	170 mm×240 mm　16 开本		**版　次**	2018 年 7 月第 1 版
印　张	19 插页 2		**印　次**	2018 年 7 月第 1 次印刷
字　数	297 000		**定　价**	65.00 元